La Gazette Fortéenne

Vol. I

(2002)

LES ÉDITIONS DE L'ŒIL DU SPHINX
36-42, rue de la Villette
75019 PARIS, France
ods@oeildusphinx.com
www.œildusphinx.com

L'ILLUSTRATEUR
(couverture)

Illustrateur de profession, né en 1964, **Jeam Tag** conjugue sous cette signature son métier avec sa passion pour la Science-Fiction. Depuis une dizaine d'années, ses réalisations dans l'édition (*Yellow Submarine*, Anticipation Fleuve Noir, Encrage, *Bifrost*, Présence du Futur, etc.) ou dans la presse (*Vu sur Net*, *Le Soir*, *Le Temps*, *Epok* de la FNAC...) ont accompagné des textes de Bradbury, Lehman, Stolze, Genefort, Altairac... Il a participé à de nombreuses expositions (Maison d'Ailleurs, Utopia, Utopiales, Visions du Futur, Convention SF 2001 etc.), à quelques interventions scolaires, ateliers etc..
Adhérent d'*Art&Fact*, on peut le contacter à l'adresse suivante : jeam.tag@free.fr

Sauf mention contraire, les illustrations intérieures et les articles sont © des auteurs.

Le Code de la propriété intellectuelle n'autorisant, aux termes de l'article L. 122-5, 2° et 3° a), d'une part, que les "copies de reproductions strictement réservées à l'usage privé du copiste et non destinées à une utilisation collective" et, d'autre part, que les analyses et les courtes citations, dans un but d'exemple ou d'illustration, "toute représentation ou reproduction intégrale ou partielle faite sans le consentement de l'auteur ou de ses ayants droit ou ayants cause, est illicite" (art. L. 122-4). Toute représentation ou reproduction, par quelque procédé que ce soit, constituerait donc une contrefaçon sanctionnée par les articles L. 335-2 et suivants du Code de la propriété intellectuelle.

© 2002 *LES ÉDITIONS DE L'ŒIL DU SPHINX*

ISBN : 2-914405-10-3
EAN : 9782914405102
Dépôt Légal : août 2002

SOMMAIRE

Editorial 5

Michel Meurger : *Des Alpes à l'Islande. Genèse de la prise en compte scientifique des créatures extraordinaires*..7

Loren Coleman : *Bernard Heuvelmans (1916-2001). Appréciation d'un ami*...............20

Bernard Heuvelmans : *Bibliographie*..26

Michel Raynal : *Pour en finir avec l'Améranthropoïde*...33

Scott Corrales : *Chupacabras : une étude dans les ténèbres*...119

Virgilio Sanchez-Ocejos : *Prédateurs de sang au Chili*..130

Loren Coleman : *Le Windigo*..140

Francois de Sarre : *L'homme est-il né debout ?*...150

Michel Granger : *La théorie des anciens astronautes*..173

Didier Leroux : *Des visiteurs venus d'un ailleurs à déterminer*....................................185

Ion Hobana : *Janvier 1913: des aéronefs fantômes au-dessus de la Roumanie*...........193

Richard Haines : *Analyse de la photographie d'une boule de lumière se déplaçant à grande vitesse*...204

V.J. Ballester-Olmos & R. Campo Pérez : *Les essais de missiles de la Marine US et les observations d'OVNI aux Iles Canaries*..231

Budd Hopkins : *Le vaisseau dans le désert*...247

Budd Hopkins : *Des petites filles disparaissent*..255

Pascale Catala : *Situation de la parapsychologie scientifique: bilan et perspectives*...261

Steven Mizrach : *Secondes vues : États Altérés de Conscience et paranormal*............287

Hilary Evans : *La révision de la vie*..298

Pierre Macias : *Les contes de Péoc'h: le petit poussin. Critique de la critique*...........308

Joan d'Arc : *Le Candidat Mandchou*..318

Yves Lignon : *Triple rencontre avec un homme remarquable*......................................331

Theo Paijmans: *John Worell Keely*...336

Notes de lecture...350

- Jean-Pierre Deloux & Lauric Guillaud : *Atlantide et autres civilisations perdues de A à Z* (Joseph Altairac)..350
- Renan Polles : *La momie* (Francois Angelier)...350
- Michel Meurger : *Histoire naturelle des dragons* (Didier Leroux)..................352
- Patrick Mensior : *L'Extraordinaire Secret des Prêtres de Rennes-le-Château* (Philippe Marlin)..357
- Claude-Sosthène Grasset d'Orcet : *Histoire secrète de l'Europe*, Tomes 1 & 2 (Jean-Luc Rivera)..359

- Jean-Paul Ronecker : B.A.-BA *Monstres Aquatiques*, *Animaux Mystérieux*, *Monstres* (Jean-Luc Rivera)..360
- Autres ouvrages reçus (Gildas Bourdais, Sarah Finger, Jean Pollion, Jean Roche)...361

Présentation des auteurs..363

Index des noms, des lieux & des sigles..369

Index thématique..377

ÉDITORIAL

Le premier volume d'une publication comme celle-ci requiert sans doute quelques mots d'introduction pour expliquer sa venue au monde, car le Fortéanisme n'est guère connu en France.

Ce néologisme vient de Charles Fort (1874-1932), un américain qui consacra sa vie à rechercher dans la littérature scientifique et journalistique des bibliothèques de New York et de Londres tous les faits anomaliques que la science de son époque rejetait ou ignorait, et ce dans tous les domaines. Il en résulta quatre livres : *The Book of the Damned* (1919), *New Lands* (1923), *Lo !* (1931) et *Wild Talents* (1932). Leur parution suscita un certain enthousiasme chez des écrivains et intellectuels qui aboutit à la création de la Fortean Society par Tiffany Thayer en 1931, dont Fort refusa la présidence car il ne voulait pas être à la tête d'un mouvement d'idées. La société publia *Doubt*, première revue fortéenne au monde. À partir de là, l'étude des faits étranges et des idées bizarres et rejetées se développa dans le monde anglo-saxon, trouvant un nouvel essor avec l'apparition des premières "soucoupes volantes" en 1947 et le développement de la parapsychologie. Des auteurs comme Vincent Gaddis et John Keel furent parmi les pionniers de cette nouvelle discipline, dont les organes principaux furent *Fate Magazine* et les nombreuses publications de Ray Palmer. Aujourd'hui, la grande revue du fortéanisme est le *Fortean Times* de Londres, né de la passion de Bob Rickard, qui a donné naissance il y a quelques années aux remarquables *Fortean Studies* à parution annuelle.

Mais que recouvre ce terme de Fortéanisme ? Il englobe un grand nombre de domaines différents qui vont de l'ufologie à la cryptozoologie, en passant par la parapsychologie, l'occultisme, les conspirations, le folklore, la mythologie, les sciences et cosmologies alternatives, les théories archéologiques sur les civilisations disparues ou inconnues etc... La liste est sans fin car les centres d'intérêt des fortéens sont aussi variés que divers. Leur caractéristique principale est de ne pas être enfermés dans un domaine particulier et d'être ouverts à toutes les idées, y compris les plus excentriques.

La France a été peu touchée par le fortéanisme pour diverses raisons. La première est sans doute la barrière de la langue — *Le Livre des Damnés* a été traduit en français en 1955 grâce à Jacques Bergier, ce pionnier dont il faut saluer la mémoire et l'influence, *Lo ! Le Nouveau livre des Damnés* ne paraîtra qu'en 1981 — et la difficulté de trouver les diverses éditions publiées quasi-confidentiellement. Une seconde est la spécialisation à outrance de la plupart des auteurs français : lorsque l'on est un ufologue, on ne connaît pas la cryptozoologie ou la parapsychologie et inversement. À l'exception de Jacques Bergier qui essaya de faire connaître les fortéens américains et italiens en publiant dans les années 1970 quelques volumes de traductions chez Albin Michel, dans la collection Les Chemins de l'Impossible, il n'y a quasiment rien. Enfin, le ridicule qui est attaché dans notre pays à tous ces domaines hors norme constitue un obstacle puissant au développement de ces études.

Depuis plusieurs années, au travers de nombreuses discussions avec Joseph Altairac et Michel Meurger, je caressais le rêve de publier en France une revue proprement fortéenne, à côté des diverses revues ufologiques et parapsychologiques qui existent, ayant un contenu non pas commercial comme celui de certains magazines distribués en kiosque mais calqué sur le modèle des *Fortean Studies* et de *The Anomalist*. Le soutien enthousiaste de Philippe Marlin, président de l'Association L'Œil du Sphinx, et d'un certain nombre de chercheurs et amis français et étrangers, a permis à ce projet d'aboutir et de constituer un reflet du fortéanisme mondial contemporain. Vous tenez le résultat entre vos mains.

Ce premier volume est dédié avec admiration et affection à la mémoire d'un grand chercheur, qui nous a quittés l'année dernière : Bernard Heuvelmans, le père de la cryptozoologie et un esprit universel, curieux de toutes choses. In memoriam.

Jean-Luc Rivera

(Rédacteur en Chef)

REMERCIEMENTS :

Outre Philippe Marlin, je tiens à remercier pour ses conseils précieux et son magnifique travail de mise en page Claire Panier-Alix ; les différents auteurs qui ont contribué à ce volume ; Marie-Thérèse de Brosses, Josiane Kiefer, Joseph Altairac, Jean-Philippe Dain, Jacky Ferjault, Marc Hallet et le professeur Tassilo von Töplitz pour leur aide dans la traduction et la relecture des textes.

Des Alpes à l'Islande.
Genèse de la prise en compte scientifique des créatures extraordinaires.
Michel Meurger

1. Dragons et hommes marins

Dans leur inventaire de la faune européenne, les naturalistes de la seconde moitié du XVIIe siècle et du siècle suivant se sont trouvés confrontés à certaines données problématiques. Il s'agissait de créatures à propos desquelles les témoignages s'accumulaient, sans qu'aucun spécimen ne parvienne jamais à l'institution scientifique. En l'absence de pièces à conviction, la légitimité de l'intégration de ces êtres fit l'objet de débats. Ce type de spéculations proliféra essentiellement en deux matrices géo-culturelles, la Suisse alémanique et la Scandinavie. Dans le premier cas, les érudits helvètes manifestèrent un puissant intérêt envers le dragon et ses diverses déclinaisons reptiliennes, tandis que dans le second, les doctes du septentrion se penchèrent sur la question des monstres marins. Les raisons d'une telle attirance tiennent à de nombreux facteurs. L'on se bornera à souligner pour la Suisse l'importance de la tradition naturaliste zurichoise (Gesner, Wagner, Scheuchzer) relayée par les investigations d'amateurs de curiosités régionales comme Renward Cysat à Lucerne [1]. Quant à la Suède et au royaume dano-norvégien, le Serpent de Mer et l'homme marin figurent non seulement dans les traités d'Olaus Magnus et de Pontoppidan, mais également dans les œuvres d'une constellation de pasteurs nordiques. Dragons, Serpents de Mer et hommes marins, tout en étant décrits par les auteurs comme des objets d'observation, s'inscrivaient dans le cadre de cultures populaires spécifiques ; pourtant, les seules références que nous possédons sur ces êtres proviennent d'ouvrages de représentants de la culture savante qui les ont soustraits au champ populaire en leur accordant un quotient de probabilité.

La probabilité naturaliste accordée à ces entités est donc imposée de l'extérieur, sans que nous ne puissions jamais savoir quel était le statut exact du dragon dans les sociétés pastorales des Alpes suisses, ou du Serpent de Mer chez les marins-pêcheurs de la côte ouest de Norvège. Cysat et Pontoppidan, lorsqu'ils font état d'une rencontre avec un reptile ailé ou un serpentiforme aquatique, nous offrent une traduction naturaliste de données dont nous ne sommes plus en mesure d'évaluer les composantes. Ils ont redéfini comme *observations* ce qui pouvait être *participation* semi-subjective à une séquence régie par un code de rationalité distinct du leur.

Au Siècle des lumières, devant l'accumulation d'informations sur des rencontres anomaliques, les scientifiques chercheront à imprégner de sens ce corpus en empruntant trois voies interprétatives. La première conduit à entériner de telles relations au nom du respect dû à la tradition. Textes classiques et livres saints font allusion à des serpents ailés. Les reptiles à ailes membraneuses de la littérature médiévale leur tiennent compagnie. Sculpteurs et peintres ont représenté des sirènes sur les chapiteaux des églises et les marges des manuscrits. Les tenants de ce courant, souvent hommes d'Église, répugneront à nier l'existence de créatures garanties par la double autorité de la religion et du savoir antique. À l'inverse, la seconde voie sera empruntée par des critiques soucieux de soumettre la tradition à l'épreuve des faits. Leur empirisme, couplé à une forte méfiance devant le témoignage d'illettrés les conduira à ramener les dragons et autres créatures monstrueuses aux produits de l'ignorance et de la superstition [2].

Au-delà de l'adhésion fidéiste ou de l'incrédulité s'ouvre une troisième voie, celle du compromis. L'informateur y est admis, en tant que témoin d'une scène naturelle qu'il appartiendra à l'expert de décoder suivant deux choix interprétatifs. L'un, le *naturalisme modéré*, sous-évalue le statut anomalique du témoignage. L'extraordinaire se réduirait à une donnée secondaire, procédant de l'interprétation erronée de phénomènes naturels. L'image des animaux insolites se serait constituée par assemblage hétérogène de pièces qu'il s'agit de désassembler. Ainsi pourrait-on renvoyer le dragon aux rencontres avec des colubridés de taille supérieure à la moyenne, à la découverte d'ossements non identifiés et à l'observation de météores [3].

L'autre type d'approche, le *naturalisme radical*, table à l'inverse sur l'Inconnu. Les dragons et les humanoïdes marins sont ici définis comme des créatures non répertoriées. Les montagnes et les océans servent de cachettes, difficilement accessibles, à toute une faune secrète, attendant ses découvreurs.

Les deux naturalismes peuvent se combiner ou s'opposer. Ainsi par exemple, d'après le médecin zurichois Johann Jakob Scheuchzer (1672-1733), si l'on peut reconnaître des restes d'ours dans certains ossements présentés comme des squelettes de dragons, il n'en reste pas moins que les Alpes suisses abriteraient toute une herpétofaune clandestine, composée de serpents volants, de lézards et d'ophidiens inconnus de la Science. Cette forte conviction se fonde sur une valorisation du témoignage populaire. Pour le médecin-patriote, les montagnards ont préservé dans leurs retraites les valeurs ancestrales de piété et de sincérité abandonnées dans le plat pays. Il enjoint donc au *Stubengelehrter*, ou savant de cabinet, de quitter son réduit poussiéreux et de gagner les cimes pour y recueillir de la bouche des pâtres tous les secrets de la Nature. Le Bon Sauvage des alpages dont Rousseau chantera les vertus dans *La Nouvelle Héloïse* (1761) est déjà au début du siècle pris par Scheuchzer comme témoin privilégié de l'existence des dragons [4].

Sur un modèle idéologique voisin, religiosité, patriotisme, célébration des Merveilles de la Nature et des vertus de l'homme naturel confluent dans l'approche d'un prélat-naturaliste scandinave, Erik Ludvigsen Pontoppidan (1694-1764). L'évêque de Bergen consacre un chapitre de sa massive *Histoire naturelle de Norvège* (1752-1753) à l'analyse rationnelle des observations concernant un trio de monstres marins norrois, l'homme marin (*Havmand*), le Kraken et le Serpent de Mer. En l'absence de tout vestige matériel, Pontoppidan n'en soutient pas moins la réalité naturaliste de ces êtres, à partir de l'imposant corpus testimonial. N'y aurait-il pas, d'après lui, dans le seul diocèse de Bergen, *"plusieurs centaines de personnes"* assurant avoir aperçu des hommes marins, parfois à distance, parfois tout près de leur embarcation ? Toutefois, l'auteur de l'*Histoire naturelle de Norvège* reconnaît n'avoir pu découvrir qu'un seul informateur qualifié qui prétende avoir touché et examiné ce qu'il considérait comme une dépouille de *Havmand* [5]. Pontoppidan doit également admettre que *"l'existence de cette créature est mise en doute par un grand nombre de personnes"*. Incrédulité fondée d'après lui sur le fait que *"la plupart des rapports que nous possédons sur lui sont mêlés de fables"*[6]. L'introduction de l'homme marin dans le champ d'analyse scientifique s'accomplit donc au terme d'un partage entre les éléments recevables par les sciences naturelles du XVIIIe siècle, et les éléments irrecevables, évacués comme superstitions. Au nombre de ces dernières, l'évêque classe les récits décrivant les hommes marins prophètes ou loquaces. Dans le même désir de plier son sujet aux règles de la vraisemblance zoologique, Pontoppidan accepte qu'au lieu de parler d'"homme" marin, l'on définisse l'*Havmand* comme un "singe" adapté à l'élément aquatique. Le prélat norvégien a objectivé le témoignage pour l'ajuster aux catégories d'analyse offertes par le savoir zoologique de son temps. Investi d'un double pouvoir, ecclésial et scientifique, Pontoppidan s'estime en droit de gérer – c'est-à-dire de découper et de restructurer – une information dont il ne consent à prendre en compte que les données digestibles par sa propre culture, la culture savante. L'on peut donc parler ici d'accueil conditionnel du témoignage anomalique : ce n'est pas l'ensemble de la matière testimoniale qui est agréée, mais une sélection, réorientée en fonction des objectifs du naturalisme radical du théoricien scandinave.

Le modèle de naturalisme du XVIIIe siècle, modéré ou radical, privilégie l'analyse technique au détriment du sens. L'objectivation du témoignage aboutit chez Pontoppidan à conférer à l'homme marin une densité zoologique illusoire. Les "singes marins" de l'évêque de Bergen ont cessé de hanter les corridors de l'acceptabilité scientifique à la fin du Siècle des lumières. Les dragons conjecturaux de Scheuchzer ont subi à leur tour une désintégration épistémologique. Détachés de leur contexte socioculturel, le dragon et l'homme marin ont été brièvement captés par l'analyse scientifique, spectres probabilistes auxquels l'incarnation devait être refusée.

2. LES MERVEILLES DE THULÉ

Radical ou modéré, le naturalisme d'un Scheuchzer ou d'un Pontoppidan vise à la fois à garantir la recevabilité du témoignage populaire et à préserver la vraisemblance zoologique. On retrouve cette double préoccupation dans la démarche de deux contemporains de l'évêque de Bergen, Eggert Ólafsson et Bjarni Pálsson. Ces deux étudiants de l'université de Copenhague, mandatés par les autorités du royaume dano-norvégien, se livrèrent de 1752 à 1757 à une longue et complète investigation des ressources naturelles de la lointaine Islande.

Ólafsson, lui-même islandais, compléta en 1767 l'ouvrage basé sur leur commune enquête. *Voyage en Islande*, paru en danois en 1772, fut traduit en français en 1802 et en anglais trois ans plus tard [7]. Le livre est un témoignage d'une valeur inestimable à la fois sur la faune islandaise et sur le bestiaire populaire. À l'instar de Pontoppidan, dont l'œuvre lui est familière, Ólafsson a tendance à rationaliser les êtres folkloriques, penchant qui l'entraîne à classer le *Nykur* ou cheval des eaux légendaire, parmi les quadrupèdes, entre le porc et le chien. Partagé entre ses convictions d'agent de la culture savante qui l'amènent à ridiculiser les fables rustiques, et son empirisme scientifique, l'Islandais choisit une voie médiane. D'une part, il ne saurait être question d'attribuer à cet *"animal fantôme"* *"le bruit que l'on entend dans certains fleuves et lacs, lequel ne provient que de la rupture des glaces qui s'y sont amoncelées […] et qui se brisent avec fracas, lorsque le temps est au dégel"*. D'autre part, tout ne serait pas à rejeter dans le portrait du *Nykur* qui, suivant notre érudit, ne serait *"autre chose qu'un serpent, ou quelque autre animal marin d'une grosseur prodigieuse"* [8].

La rationalisation du *Nykur* élève cette figure du folklore, connue sous des noms divers à travers toute la Scandinavie, au rang d'une question d'histoire naturelle. Sur le modèle de Pontoppidan, pour transformer le cheval lacustre islandais en figure conjecturale, Ólafsson a dû trancher sévèrement dans la substance testimoniale, car initialement le *Nykur* était conçu comme un être polymorphe, passant par des métamorphoses continuelles [9]. Du génie des eaux, le découpage ólafssonien a fait un animal problématique. L'Islandais reprend la question de l'homme marin septentrional à l'occasion d'un rapport concernant une observation alléguée de sa forme locale, le *Marmenill*. En 1733, à Takknefjord, on a trouvé, dans le ventre d'un requin, *"un animal qui ressemblait à un homme"*. *"Tous ceux qui le virent ne doutèrent pas un instant que ce ne fût le corps d'un Marmenill."* Le pasteur d'Otterdal, Vernhardur Gudmundsen, donna à Ólafsson une relation détaillée de la créature. La partie inférieure de la dépouille de Takknefjord manquait, le reste avait la grandeur d'un garçon de huit à neuf ans ; la tête était de la même forme que celle d'un homme, le cou très court. "*Il avait des dents incisives, longues, et en forme de quilles, ainsi que les grosses dents : les yeux étaient comme ceux de la morue. Il avait à la tête des cheveux longs, noirs et durs, assez ressemblans au fucus filiforme.*" Chaque main avait cinq doigts, mais d'une peau si tendue qu'elle faisait penser à une membrane de poisson. Après avoir été exposé une semaine sur le rivage et vu par un grand nombre de personnes, l'étrange animal fut rejeté à la mer. Un tel document plonge Ólafsson dans le doute.

"*Lorsqu'on réfléchit sur le changement que doit subir un animal resté quelque temps dans le ventre d'un requin, [et] [...] pour peu que l'on considère que l'imagination préoccupée, nous représente les choses toutes autres qu'elles ne sont en effet, on est presque tenté de croire que cet animal était un homme. Mais d'un autre côté, si la description est exacte, on remarque que les cheveux, les dents, les doigts, ne ressemblent point à ceux de l'homme. Il faut observer encore, que d'après l'habitude où sont les Islandais de recueillir religieusement, et d'enterrer ensuite décemment, soit les cadavres que la mer repousse sur le rivage, soit les membres mutilés et plus souvent altérés qu'ils trouvent dans des baleines, et autres poissons marins, il faut observer, dis-je, que ceux qui virent l'animal en question, se seraient fait scrupule de le laisser sur le rivage, pendant huit jours, et de le jeter ensuite à la mer s'il eût appartenu à l'espèce humaine* [10]."

Ólafsson incline donc à considérer la mystérieuse dépouille comme celle d'un *Marmenill*. Le naturalisme radical de l'Islandais se fonde ici sur la qualité de l'informateur, le pasteur Gudmundsen qui se disait prêt à faire certifier sa propre description par toutes les personnes présentes. Pourtant, l'existence d'un consensus témoigne peut-être simplement de la prégnance de la croyance en l'homme marin. Comme ses confrères suisses convaincus de la réalité des dragons, le ministre d'Otterdal a pu inconsciemment retravailler des souvenirs vieux d'une vingtaine d'années pour les réajuster au modèle folklorique du *Marmenill*. Il n'est pas douteux que les riverains ont bien interprété le cadavre de 1733 comme celui d'un homme marin. Mais nous n'avons aucun moyen de savoir sur quels critères se fondait cette conviction.

Ólafsson, quant à lui, a introduit le *Marmenill* après le *Nykur* dans l'antichambre conjecturale où les attend le singe marin de Pontoppidan. L'attachement de l'enquêteur à une solution naturaliste de ces problèmes se manifeste dans un cas beaucoup plus complexe. Ici, Ólafsson se trouve confronté à un corpus monstrueux excessif et hétérogène, mais garanti par des autorités scripturaires et de nombreux témoignages oraux. Afin de résoudre ces contradictions, notre érudit devra cette fois faire appel au naturalisme modéré. Ólafsson va se pencher ici sur les mystères de la rivière Lagarfljót, "*très renommée par les monstres et serpents énormes qu'on a prétendu y avoir vu de tout temps* ". L'auteur du *Voyage en Islande* avoue avoir pendant longtemps regardé "*cette tradition comme fabuleuse et le fruit d'une illusion* ". Cependant, Ólafsson s'est donné la peine de consulter les anciennes annales islandaises, et il y a découvert de nombreuses références aux monstres du Lagarfljót. Pour notre chercheur, depuis 1600, les "apparitions" se seraient multipliées. De 1607 à 1672, le phénomène revêtait la forme d'un Serpent à plusieurs anneaux. Toutefois, en 1749-1750, les apparitions ont "*changé d'aspect, et surpassent, par leur singularité, toutes les années précédentes* ". Les informations concernant cette phase contemporaine proviennent non seulement des riverains, mais aussi des voyageurs "*et même des ecclésiastiques et hommes lettrés, tantôt plusieurs personnes ensemble, tantôt individuellement* ". Il n'était plus désormais question de serpent, mais d'une pléiade de formes monstrueuses, extrêmement disparates. L'on a vu ainsi successivement un "*grand chien de mer*" (phoque), puis un "*très grand cheval à haute crinière, avec des mains au dos, et de couleur noire partout*" ; un autre monstre parut avec "*deux groins de cochon* ". En d'autres occasions, on signala un dos gigantesque, couronné d'une "*bosse haute et pointue* ". Certains jours émergea un "*monstre énorme et épouvantable, de quelques centaines de toises de long, avec trois tubercules extrêmement élevés, que l'on pouvait voir lorsque le monstre s'élançait à la surface de l'eau* ". À côté de ces êtres difformes et géants, les informateurs mentionnent des "*choses* ", structures géométriques incompatibles avec la forme d'un vertébré, comme cette "*haute pyramide qui resta d'abord immobile, mais qui ensuite s'achemina vers la rive et disparut* ". L'on décrit également, en 1750, des formes ressemblant à des embarcations, ou quelque chose paraissant tantôt un "*corps de navire* ", tantôt un "*bateau à six rameurs, montant et descendant la rivière très rapidement* ". On vit une fois aussi "*deux monstres semblables aux plus grandes maisons, qui sortirent en deux endroits de la rivière et se transportèrent sur le rivage où ils restèrent quelque temps* ". Enfin, ces phénomènes se manifestèrent parfois sous l'apparence de vapeurs et de jets d'eau "*comme lorsque les baleines tirent de l'air, mais plus considérables* ". Les apparitions de 1750, au-delà du Lagarfljót, s'étendirent à ses affluents [11].

Les extraordinaires phénomènes dont la rivière islandaise était censée être le théâtre avaient beau se situer en une zone périphérique, ils n'en survenaient pas moins en une époque où, pour la première fois, l'esprit d'examen s'efforçait, de Paris à Saint-Pétersbourg, de soumettre l'extraordinaire à une critique méthodique. En 1750 est diffusé le *prospectus*, annonçant l'*Encyclopédie*. Cinq ans plus tard, Marie-Thérèse envoie les médecins Vawst et Gasser enquêter sur les vampires de Silésie. Les praticiens repartirent en donnant des faits une explication naturelle [12].

Ólafsson, de son côté, ne cherche pas à mettre en doute l'existence d'une série de phénomènes inhabituels dans le cours d'eau islandais. Toutefois, leur caractère tout à la fois radical et composite pose un défi à la rationalité. Ce défi, l'enquêteur va le relever en soumettant le dossier à une analyse rigoureuse.

"*Il reste maintenant à savoir ce qu'il faut penser des relations réitérées de ces monstres ? Les révoquer en doute, nier leur réalité, prétendre que tant d'hommes dignes de foi auraient, à différentes époques, inventé ces apparitions, n'est pas possible ; les regarder comme des illusions, dont tant de personnes à la fois, et sans s'y attendre, auraient été frappées, cela ne se peut pas. Il faudrait donc admettre avec tous les témoins oculaires, que ces monstres sont des créatures vivantes et dont la nature nous est inconnue. Les habitants regardent ces apparitions comme de sinistre augure, ou l'annonce de quelque événement funeste dans la Nature. En comparant ces relations avec celles des monstres prodigieux qui doivent habiter la mer, comme le grand Serpent de Mer qu'on a vu près des côtes de Norvège* [13], *on y trouve plus de vraisemblance ; mais il nous vient une objection, qui est, que si l'on n'a pas exagéré le volume des monstres de Lagarfljót, nous ne voyons pas qu'ils puissent être logés commodément dans cette rivière. L'imagination peut à son aise se créer des monstres énormes dans l'océan, il y a assez de place, on y peut raisonnablement supposer leur longueur de plusieurs centaines de toises en tous sens, mais nullement dans le Lagarfljót, qui n'en saurait receler un de cent pieds.*"

Il est vrai que ce fleuve est le plus considérable de l'Islande, par rapport à sa profondeur qui, dans un ou deux endroits, a été trouvée de cinquante toises, et sa plus grande largeur, de 960 toises ; mais en général, sa profondeur n'est que de quelques toises, et sa largeur commune de soixante à cent toises, et dans certains autres [endroits] *de quatre à six toises seulement, de sorte qu'on peut le franchir à cheval sans descendre ou faire passer le cheval à la nage. Nous ne pouvons donc pas admettre que des monstres si énormes puissent remonter, descendre, se mouvoir dans ce fleuve, encore moins pénétrer jusqu'aux petites rivières qui sont au-dessus ; comment s'y cacheraient-ils, des vingtaines d'années et plus ? Pourquoi les habitants qui pêchent à la ligne dans leurs bateaux sur la rivière, n'ont-ils jamais remarqué les mouvements de ces monstres ? Puisque ce fleuve n'a pas partout suffisamment d'eau pour flotter un tel monstre jusqu'à la mer, pourquoi n'en a-t-on jamais trouvé de morts sur les rivages, sur les bancs de sable, sur les bas-fonds ?* [14]"

Après ces considérations, témoignage d'une riche sagacité naturaliste, Ólafsson va nous offrir sa solution : "*Nous pensons donc qu'il en est* [du] *Lagarfljót et de quelques autres grands fleuves et lacs d'Islande où l'on voit ces phénomènes, comme de quelques lacs célèbres des autres pays, où l'on voit pareillement des maisons, des animaux, des hommes à la surface de l'eau.*" Pour le théoricien, les apparitions de la rivière seraient donc à mettre au compte de mirages. "*D'après cette hypothèse, les phénomènes du Lagarfljót s'expliquent naturellement, et les témoins n'en ont pas le démenti.*" [15]

Le naturalisme modéré est appelé à la rescousse quand certains obstacles paraissent freiner la mise en œuvre du naturalisme radical. Cette interprétation a en outre l'avantage de sauvegarder le témoignage. L'érudit scandinave a cependant, l'un des premiers, pris conscience des impossibilités qui mineront la question des monstres lacustres, et vaudront des nuits blanches aux zélateurs de Nessie. Ólafsson a réalisé en effet l'incongruité de la présence d'être colossaux en des environnements relativement exigus. Il a également relevé le caractère infréquent des observations et l'absence de dépouilles. Ces obstacles l'ont dissuadé d'assimiler les entités du cours d'eau islandais à *"l'une des créatures vivantes dont la nature nous est encore inconnue"*, comme il l'avait fait pour le *Nykur*. Si, dans cet exemple, une solution pré-cryptozoologique ne fait pas l'affaire, Ólafsson s'efforce cependant de demeurer dans le champ naturaliste, en interprétant les manifestations du Lagarfljót comme un phénomène optique. À l'époque contemporaine, des héritiers de ce mode de pensée, deux météorologues, Lehn et Schroeder, se targuent d'avoir résolu empiriquement le problème posé par les observations de l'homme marin septentrional, en ramenant le phénomène à un mirage dû à une inversion de température [16].

Prisonniers du phénoménologisme, Ólafsson et ses successeurs se livrent à des reconstititions mécanistes d'événements, en faisant l'économie d'une analyse des contenus. Les serpents, chiens de mer géants et chevaux des eaux décrits dans le Lagarfljót correspondent à des formes signalées en d'autres localisations scandinaves. La silhouette aux *"trois tubercules"* de 1749 est une déclinaison d'un type monstrueux, le multibosse. Dès 1347, une série de bosses auraient été observées dans le Lagarfljót [17]. Les monstres de 1749-1750 évoquent à la fois les pinnipèdes et les cétacés (les jets d'eau). Ces définitions se retrouvent dans une créature du folklore islandais, mêlant les attributs d'animaux réels comme les poissons, les phoques et les cétacés à des représentations d'êtres imaginaires, tel le multibosse. Le *Skrimsl*, être amorphe, fusionne ainsi dans ses définitions des entités zoologiquement distinctes, mais soudées par la construction légendaire. Il peut, à l'instar des *"maisons"* de 1750, s'aventurer sur le rivage [18].

Ce caractère composite est l'apanage de nombreux monstres scandinaves. Ainsi le *Kraken* norvégien, indissociable au niveau de la culture populaire d'autres entités, comme un cétacé mythique, un crabe titanesque, et une étoile de mer magnifiée. Pontoppidan, désireux de doter le monstre marin d'une identité ichtyologique, abolit cette pluralité, apportant sa contribution aux rationalisations successives qui finirent par réduire le *Kraken* à un céphalopode, le calmar géant récemment découvert [19].

De même le *Lindorm* ou ophidien géant du légendaire septentrional, est construit dans les témoignages des natifs de la Suède méridionale par un processus d'accrétion, accolant les emprunts morphologiques à divers colubridés européens aux attributs de reptiles mythiques (crête, crinière, oreilles) [20].

Conclusion

De Pontoppidan aux cryptozoologues qui se veulent ses modernes successeurs, le témoignage sur des créatures extraordinaires est soumis à un mode unique de résolution. Il est appréhendé de façon littérale, et les interprétations distinctes de l'orientation naturaliste se voient disqualifiées. Dans son ouvrage monumental sur *Le Grand Serpent-de-Mer* (1965), prodige d'érudition claire et maîtrisée, Bernard Heuvelmans reprend les passages d'Olaus Magnus et de Pontoppidan sur les monstres marins septentrionaux. D'emblée, le père de la cryptozoologie adopte une approche de naturalisme radical. Pour lui, le terme de Serpent de Mer recouvre plusieurs types de serpentiformes non répertoriés dont il fournit une description détaillée en fin de volume. Heuvelmans reprend ainsi la démarche de ses devanciers en la majorant. Ólafsson et Pontoppidan se contentaient de crayonner quelques vagues portraits d'animaux conjecturaux. Heuvelmans, pour sa part, prétend aboutir à la "solution" du problème zoologique du Serpent de Mer. Ce choix majoré dicte un certain rapport à la culture. Celle-ci est appréhendée essentiellement comme un obstacle. Dans cette perspective, en effet, les légendes et les croyances constituent autant de couches accumulées autour d'êtres réels. L'opération de démythification heuvelmansienne s'attache donc à libérer l'animal inconnu de sa gangue de représentations. Ce fonctionnalisme sous-tend une vision assez péjorative de la culture, saisie surtout sous l'angle de la concrétion parasitaire ; d'où, malgré les points de rencontre nombreux et féconds, une différence majeure entre la cryptozoologie et l'ethnozoologie. Cette dernière s'efforce d'étudier la faune dans ses contextes culturels, alors que la cryptozoologie vise surtout à étendre le champ zoologique, en extrayant de l'information des présences cachées. D'autres lacunes se font jour dans l'approche heuvelmansienne. Celle-ci, rayonnante dans les domaines de l'histoire des sciences et de l'histoire événementielle, connaît des taches aveugles dans le champ des interrelations entre les cultures savantes et populaires, ainsi que dans celui du folklore.

Ainsi, dans *Le Grand Serpent-de-Mer*, l'auteur situe bien le cadre historique dans lequel prendra place la rédaction du traité d'Olaus Magnus. Mais à partir de là, l'historien laisse la place au zoologue qui va citer et interpréter les passages du livre de l'archevêque d'Uppsala concernant les serpents marins et lacustres. Pourtant, c'était le bon endroit pour s'interroger sur les informateurs d'Olaus Magnus qui semblent répartis entre pêcheurs et marchands, et également de questionner cette localisation du monstrueux serpent à crinière "*le long de la côte de Bergen*", c'est-à-dire près du grand port où se situait le *Tyskebryggen*, important comptoir hanséatique et théâtre de tensions sociales et ethniques qui pouvaient trouver un exutoire dans les récits sur ce serpent "*aux yeux rutilants comme une flamme*" dévoreur de matelots.

Heuvelmans a en outre tendance à appréhender la position de l'archevêque d'Uppsala en termes purement individuels, lorsqu'il traite de la connexion établie par Olaus Magnus entre l'apparition en 1522 du serpent du lac Mjösa et l'expulsion du roi de Danemark Christian II. Heuvelmans admet que l'on puisse *"sourire des naïvetés de Son Éminence"* et cherche, laborieusement, à en rendre compte par un recours à des exemples contemporains, tout à fait hors de propos [21]. Ici se marque la dette intellectuelle contractée par le père de la cryptozoologie envers les représentants de la science des Lumières. L'on pense à un Pontoppidan n'acceptant que des hommes marins muets et bestiaux et rejetant les tritons prophètes…

Aux antipodes de cet anachronisme, il est nécessaire de reconnaître la légitimité des divers types de rationalité, celle des pêcheurs de la côte ouest de la Norvège, tout comme celle d'un prince de l'Église, attaché à une interprétation divinatoire du monstrueux. Ce n'est qu'au prix de cette mise en contexte que l'on pourra procéder à une évaluation plus précise de la place respective des éléments naturels et culturels dans la question des créatures extraordinaires.

Deux écueils guettent en effet le chercheur qui s'aventure dans les méandres de la zoologie spéculative. Le premier consiste à recueillir sans examen l'héritage du naturalisme radical en découpant systématiquement des animaux non répertoriés dans le témoignage. Cette tendance extrémiste de la cryptozoologie est exemplifiée par l'approche du Dr Karl P. N. Shuker, laquelle associe dans la foulée des vulgarisateurs victoriens une exploitation des curiosités naturelles à une boulimie conjecturale, tendant, en l'absence du moindre examen des soubassements socioculturels du témoignage, à multiplier les animaux problématiques. La position de ce Britannique représente une régression par rapport aux orientations heuvelmansiennes qui, si elles ne sont point à l'abri de toute critique, n'en présentent pas moins une ampleur épistémologique et des qualités heuristiques qui font d'elles le point de départ obligé de toute réflexion sur le domaine.

Le second écueil affleure à peine. Il pourrait toutefois se manifester durant les prochaines années sous forme d'un maximalisme culturaliste réduisant l'ensemble des dossiers de zoologie spéculative à leurs seules dimensions socioculturelles. Trop souvent les cryptozoologues, perdant de vue le caractère problématique des créatures de leur domaine, ont brouillé les limites entre l'assuré (le cœlacanthe) et le concevable (le Serpent de Mer). L'on peut craindre une réaction qui, s'autorisant de ces écarts, dénierait abusivement toute légitimité à la cryptozoologie, en ravalant la discipline à une simple machine à produire les fantômes. Il est temps de saluer, contre cette forme d'idéalisme, la quête heuvelmansienne du concret, étalée sur toute une vie.

En conclusion l'on peut estimer que l'approche cryptozoologique, scientifiquement justifiée dans ses fondements et ses objectifs, mais affaiblie par un rapport à la fois déficient et polémique à la culture, se doterait d'une pertinence cognitive supérieure, et affinerait ses techniques d'objectivation, si elle se livrait à une analyse critique du courant naturaliste dont elle est issue. Une telle procédure ne serait possible qu'au prix d'une étroite collaboration avec des représentants des Sciences de l'Homme, jusqu'ici tenus largement à l'écart de l'évolution de la discipline. Ces échanges délicats et stimulants pourraient conduire à certains reclassements. Quelques-uns des animaux problématiques délestés de leur pertinence pourraient aller rejoindre l'homme marin dans les Sargasses de l'insignifiance naturaliste. Les cryptozoologues sont-ils prêts à assumer ce risque ? C'est à eux d'en décider.

Michel Meurger

NOTES :

1- Sur la tradition naturaliste zurichoise et sur Renward Cysat, voir mon ouvrage *Histoire naturelle des dragons. Un animal problématique sous l'œil de la science*, Rennes : Terre de Brume, 2001, première partie : chap. III, pp. 56-59, IV, pp. 63-69, VI, pp. 99-103, deuxième partie : chap. II, pp. 135-141. Dorénavant *HND*.

2- Ainsi un érudit allemand, Franz Ernst Bruckmann, se livre-t-il en 1725 à la critique méthodique du récit d'un paysan valaque qui affirmait avoir brûlé un dragon ailé dans son nid. La déconstruction de Bruckmann s'attache à mettre en lumière les invraisemblances et lacunes du témoignage. *HND*, p. 126.

3- Voir, pour cette approche, les positions du médecin lucernois Kappeller concernant le dragon en 1769. *HND*, pp. 149-150.

4- Sur Scheuchzer, op. cit. La lettre XXIII de *La Nouvelle Héloïse* concernant le Valais est reproduite avec un commentaire approprié dans l'anthologie de Claire-Éliane Engels et Charles Vallot, *Les Écrivains de la montagne*, tome 1, Paris : Delagrave, 1934, pp. 48-55.

5- Erik Pontoppidan, *The Natural History of Norway*, London : A. Linde, 1755, II, pp. 190-191. Sur le Havmand dans l'approche pontoppidanienne, voir Michel Meurger, *"Naturalisation et factualisation de l'Imaginaire. L'exemple de l'homme marin"* in Cahiers de l'Imaginaire, 10, Paris : L'Harmattan, 1994, pp. 67-77 (pp. 67-71).

6- Pontoppidan, *The Natural History of Norway*, p. 187.

7- Eggert Ólafsson et Bjarni Pálsson, *Voyage en Islande fait par ordre de S.M. danoise*, traduit du danois par Gaulthier de La Peyronie, Paris : Frères Levrault, 1802. La Peyronie est le traducteur du Voyage (Paris, 1788-1793, 5 volumes) du Berlinois Peter Simon Pallas (1741-1811) qui parcourut sept ans durant l'Asie septentrionale et centrale pour le compte de Catherine II.

8- Voir Ólafsson / Pálsson, op. cit., tome premier, pp. 106-109.

9- Voir Michel Meurger, *"Of Skrimsls and Men. Water-beings from Folklore to speculative zoology"* in *Fortean Studies*, volume II, London : John Brown Publishing, 1995, pp.166-176 (pp. 167-168). Dorénavant *SaM*.

10- Ólafsson / Pálsson, *Voyage en Islande*, tome III, 1802, pp. 223-227.

11- Ólafsson / Pálsson, *Voyage en Islande*, tome IV, 1802, pp. 334-337.

12- Voir Tony Faivre, *Les Vampires*, Paris : Éric Losfeld, 1962, p. 59.

13- Les auteurs renvoient ici en note à l'étude consacrée par Pontoppidan au Serpent de Mer dans son *Histoire naturelle de Norvège*.

14- Ólafsson / Pálsson, *Voyage en Islande*, tome IV, 1802, pp. 337-339.

15- Ólafsson / Pálsson, *Voyage en Islande*, tome IV, 1802, pp. 339-340.

16- Voir W. H. Lehn et Schroeder, I. *"The Norse Merman as an Optical Phenomenon"* in Nature, n° 289, 1981, pp. 362-366.

17- Multibosse du Lagarfljót en 1347 : *SaM*, p. 172.

18- Voir *SaM*, pp. 172-173.

19- Voir Michel Meurger, *"Le Krachen"* in Sciences et Avenir hors série : Les animaux extraordinaires, août 2000, pp. 50-52.

20- Michel Meurger, *"The Lindorms of Småland"* in Arv. Nordic Yearbook of Folklore, 1996, Uppsala : The Royal Gustavus Adolphus Academy, pp. 87-98.

21- Bernard Heuvelmans, *Le Grand Serpent-de-Mer. Le problème zoologique et sa solution*, Paris : Plon, 1965, p. 57.

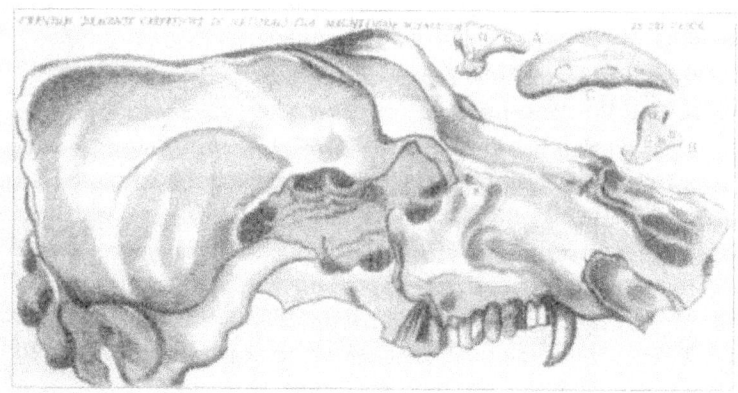

Figure 1 :
Crâne de dragon figurant dans l'étude de Johannes Paterson Hain
« *De Draconibus Carpathicis* », in *Miscellanea Curiosa* (1673)
évoqué dans l'ouvrage de Michel Meurger, *Histoire Naturelle des Dragons*, Terres de Brumes (2001)
comme étant en réalité un crâne d'ours des cavernes.

Figure 2 : Les trois types de reptiles monstrueux in *Schlangenbuch* *(Le Livre des Serpents)* de Conrad Gesner (1598)

Bernard Heuvelmans (1916 - 2001)

Bernard Heuvelmans (1916 - 2001)
Appréciation d'un ami.

Loren Coleman

Au matin du 24 août 2001, le Musée de Zoologie de Lausanne, en Suisse, a informé les cryptozoologues du monde entier de la mort du docteur Bernard Heuvelmans, 84 ans, " le Père de la Cryptozoologie. "

Le 22 août vers midi, Heuvelmans s'est éteint sans souffrances dans son lit, à son domicile du Vésinet, son fidèle chien près de lui. Heuvelmans, qui s'était converti au Bouddhisme, a été enterré dans une robe de moine bouddhiste lors d'obsèques privées au Vésinet le 27 août. Son ex-épouse, collègue et collaboratrice artistique, Alika Lindbergh (Monique Watteau), qui s'est occupée de lui durant ses dernières années, a organisé la cérémonie en respectant à la lettre ses derniers vœux.

La mort d'Heuvelmans est une triste nouvelle. Sa présence et son influence capitales dans ce domaine y laisseront une marque durable.

Les contributions d'Heuvelmans à la cryptozoologie, la zoologie et l'anthropologie sont significatives et d'une grande portée ; son impact sur les générations à venir s'étendra sur des décennies. Bernard Heuvelmans, né au Havre le 10 octobre 1916, d'une mère hollandaise et d'un père belge en exil, a été élevé comme "un natif de la Belgique."

Dès son plus jeune âge, Heuvelmans s'est intéressé à l'histoire naturelle, gardant toutes sortes d'animaux, en particulier des singes. À l'école, il a choqué ses professeurs jésuites par ses intérêts impies pour l'évolution et le jazz. Sa passion pour les animaux inconnus de la science a été éveillée, enfant, par sa lecture d'aventures de science-fiction telles que *Vingt Mille Lieues Sous les Mers* de Jules Verne et *Le Monde Perdu* d'Arthur Conan Doyle, et il n'a jamais oublié ces passions juvéniles. Pendant ses études supérieures à l'Université Libre de Bruxelles, Heuvelmans a gagné le premier prix des petits orchestres à un Congrès International de Jazz Amateur. Avant la Deuxième Guerre Mondiale, à l'âge de 23 ans, il a obtenu le titre de docteur en zoologie. Sa thèse était consacrée à la classification des dents, jusqu'ici inclassables, de *l'aardvark* (Orycteropus afer), un mammifère africain unique en son genre. Heuvelmans a alors passé les années suivantes à publier de nombreux travaux scientifiques consacrés à l'histoire de la science, en particulier dans le *Bulletin du Musée Royal d'Histoire Naturelle de Belgique*. Ses intérêts ont continué de s'étendre au-delà du domaine de la zoologie. Capturé par les Allemands après avoir été appelé pour le service militaire en Belgique, il s'est échappé quatre fois, avant de gagner sa vie comme chanteur de jazz professionnel, puis comme écrivain scientifique. Il se considérait comme un humaniste au sens le plus large du terme, et il a publié deux travaux vers la fin de la guerre : *L'Homme parmi les Étoiles* (1944), et *L'Homme au Creux de l'Atome* (1945). Travaux qui lui valurent d'être arrêté par les Allemands, que ses écrits offensaient, puis par les Belges, qui lui reprochaient le fait de les avoir publiés. Après son installation à Paris, et plus particulièrement au Vésinet, à partir de 1947, Heuvelmans est devenu un acteur comique, un musicien de *jazz (De la Bamboula au Be-bop*, 1949) et un auteur (*Le Secret des Parques* en trois volumes : *La Prolongation de la Vie, La Suppression de la Mort, Le Rajeunissement*, 1951-1952). Après avoir lu un article du *Saturday Evening Post* du 3 janvier 1948 (*Il Pourrait y avoir des Dinosaures*), dans lequel le biologiste Ivan T. Sanderson examinait avec bienveillance les preuves en faveur de la survivance d'éventuels dinosaures, Heuvelmans a décidé de donner corps d'une façon systématique à ce qui n'était auparavant qu'un intérêt mal défini pour les animaux clandestins.

À l'époque, il traduisait de nombreux travaux scientifiques, parmi lesquels *The Secret World of the Animals* du Docteur Maurice Burton, réédité ensuite en sept volumes sous le titre *Encyclopedia of the Animal Kingdom*.

Heuvelmans a commencé à réunir des informations sur des animaux encore à découvrir, dans ce qu'il a appelé plus tard ses "Dossiers". À partir de 1948, Heuvelmans a recherché de manière exhaustive des preuves dans diverses sources scientifiques et littéraires. En cinq ans, il a amassé tant de documents qu'il était prêt à écrire un grand livre. *Sur la Piste des Bêtes Ignorées*, publié en 1955, est devenu un classique du genre, notamment grâce à sa traduction anglaise trois ans plus tard, intitulée *On the Track of Unknown Animals*.

Près de cinquante ans après sa parution, ce livre est toujours édité, et a été vendu à plus d'un million d'exemplaires, si l'on compte les diverses traductions et éditions — y compris la plus récente parue en 1995 avec une longue introduction mise à jour. L'impact du livre fut énorme. Ainsi qu'un critique le faisait remarquer à l'époque, "… parce que sa recherche est basée sur une adhérence rigoureuse à la méthode scientifique et à l'érudition, et sur sa solide formation en zoologie, les découvertes d'Heuvelmans sont respectées par toute la communauté scientifique".

Par la suite, Heuvelmans s'est engagé dans une correspondance massive, tandis que ses recherches en bibliothèque et ailleurs continuaient.

C'est dans un de ses courriers qu'il a inventé le mot *cryptozoologie* (qui n'apparaît pas dans *Sur la Piste*).

Ce mot a été imprimé pour la première fois en 1959, dans un livre dédié "au maître de la cryptozoologie" par Lucien Blancou, Inspecteur en Chef des Chasses en A.E.F.

Heuvelmans correspondait avec beaucoup de cryptozoologues à travers le monde — comme il le fit avec moi, pendant des dizaines d'années —. Dans les années 1960, la plupart des chercheurs dans le domaine avaient adopté l'expression de Blancou en l'honneur de Heuvelmans et celui-ci était appelé "le Père de la Cryptozoologie" Dans *Cryptozoology* en 1984, Heuvelmans a affirmé : "j'ai essayé de construire mes écrits sur ce sujet selon les règles de la documentation scientifique." Cependant, à cause de la nature peu orthodoxe de ses intérêts, il n'avait aucun patronage institutionnel et a dû subvenir à ses besoins grâce à ses écrits. "C'est pourquoi j'ai toujours dû rendre mes livres attirants pour le public le plus large possible", avouait-il.

Heuvelmans et son livre ont influencé le travail de recherche de Tom Slick, un pilier de la cryptozoologie. Et Sanderson, qui a influencé Heuvelmans, a à son tour subi son influence. Heuvelmans a fait partie, en tant que consultant confidentiel, du comité secret de conseillers de Slick, avec certains de ses premiers collaborateurs universitaires, comme l'anthropologue George Agogino et le zoologue Ivan Sanderson . Heuvelmans fut requis pour examiner le "scalp de Yeti" rapporté par l'expédition de Sir Edmund Hillary, organisée par le World Book en 1960. Il fut ainsi l'un des premiers, avant même que la *démolition* du mythe du yeti par Hillary n'ait eu lieu, à déclarer qu'il s'agissait d'un objet rituel fabriqué avec la peau d'un *serow*, petit animal semblable à une chèvre vivant dans l'Himalaya.

Les vastes dossiers d'Heuvelmans concernant les expéditions de Slick sont restés en majeure partie non publiés, sauf quelques-uns inclus en 1989 dans le livre, *Tom Slick and the Search for the Yeti*. *Sur la Piste des Bêtes Ignorées* concernait exclusivement les animaux terrestres. Le second des travaux de référence d'Heuvelmans, paru en 1965, *Le Grand Serpent-de-mer* (traduit en anglais en 1968 sous le titre *In the Wake of the Sea-Serpent*), était consacré aux créatures inconnues de l'océan, comme par exemple le calmar géant, dont l'existence, bien que reconnue, recèle encore de nombreux mystères.

En 1968, Heuvelmans (à l'invitation de Sanderson) examinait ce qui lui fut présenté comme le cadavre gelé d'un hominidé velu, qui lui inspira *L'Homme de Néanderthal est toujours vivant* (écrit avec Boris Porshnev en 1974). D'autres livres (aucun n'a été encore traduit en anglais) incluent des travaux sur des dinosaures survivants, et des hominiens fossiles d'Afrique. Le Centre pour la Cryptozoologie d'Heuvelmans, créé en 1975 tout d'abord près du Bugue, dans le Sud de la France, s'est déplacé dans les années 1990 au Vésinet, près de Paris. Il se composait de son énorme bibliothèque personnelle, de ses colossaux fichiers, ainsi que de ses dossiers originaux, soigneusement conservés. Heuvelmans fut élu Président de l'International Society of Cryptozoology lors de sa fondation à Washington, D.C., en 1982. Il a conservé ce poste jusqu'à sa mort. Il a aussi été impliqué avec le British Columbia Scientific Cryptozoology Club et d'autres organismes, dans l'étude active des cryptides.

Les honneurs se sont amassés de plus en plus au cours des décennies passées : par exemple, en 1990, il a été nommé membre d'honneur de l'Association Cryptozoologique de Russie. Dans une interview de 1984, Heuvelmans exprimait son souhait d'écrire une encyclopédie de la cryptozoologie en 20 volumes, mais suite à la mort d'un traducteur et d'autres problèmes avec son éditeur, aucun volume n'est paru avant sa mort.

Au cours des années, Heuvelmans a voyagé des rivages du Loch Ness (1961) aux jungles de Malaisie (1993), de l'Afrique de l'Est et du Sud (1967) à l'Amérique Centrale (1969) et à l'Indonésie, interviewant des témoins et examinant les preuves de l'existence des cryptides. Il a produit quelques articles en même temps, mais n'a que rarement accordé d'entretiens aux journalistes. À partir des années 1990, il évitera les rapports avec les médias. Par exemple, quand une chaîne de télévision lui demanda en 1994 et en 1995 d'enregistrer une interview sur l'Homme Congelé du Minnesota, il refusa de se rendre en Amérique pour ce faire, puis refusa ensuite un tournage en France.

Bien qu'il ait eu une émission sur les mystères de l'histoire naturelle à la télévision française il y a environ vingt ans, il n'a accordé quasiment aucune interview durant la dernière décennie de sa vie. Il évitait également de se rendre à des réunions formelles.

Pour beaucoup d'entre nous en Amérique du Nord, l'avoir accompagné, par exemple à une réunion à New York au début des années 1980, restera pour toujours un souvenir délicieux et rare.

Quand en février 1997, on lui a attribué le Prix Gabriele Peters de Science Fantastique au Musée Zoologique de l'Université de Hambourg en Allemagne, il fut incapable de s'y rendre et envoya son ami, le journaliste et cryptozoologue Werner Reichenbach, pour recevoir les 10 000 marks du prix à sa place. La santé d'Heuvelmans commença à décliner rapidement au milieu des années 1990 ; malgré tout, il continuait de travailler à l'achèvement de son grand plan d'encyclopédie en plusieurs volumes.

En 1999, il a fait don au Musée de Zoologie de Lausanne de ses énormes possessions et archives de cryptozoologie, menant à terme un engagement qu'il avait pris en 1987. En 2001, beaucoup d'entre nous se sont inquiétés en constatant qu'il était cloué au lit, refusant les visites et en très mauvaise santé.

Durant ses dernières années, son esprit était rempli d'inquiétude à l'idée que personne ne le créditerait pour ce qu'il avait fait. Mais il n'avait pas de souci à se faire. Heuvelmans a dit qu'il voulait simplement que l'on se souvienne de lui comme du " Père de la Cryptozoologie ".

On se souviendra de lui pour ses efforts en faveur de cette nouvelle science, et encore plus, pour sa personnalité et son érudition. Bernard Heuvelmans, mort à 84 ans, ne sera pas oublié. Néanmoins, l'amitié d'Heuvelmans, ses idées rafraîchissantes et son vif humour nous manqueront.

Au revoir, mon ami.

Bernard Heuvelmans, sur le Rio Dulce (Guatemala)

Bibliographie de Bernard Heuvelmans

Établie par Fabrice Tortey

1939 :
" Le problème de la dentition de l'Oryctérope ". *Bulletin du Musée royal d'Histoire naturelle de Belgique* (Bruxelles), tome XV, n° 40.

1941 :
" Notes sur la dentition des siréniens. I : la formule dentaire du Lamantin (Trichechus) ". *Bulletin du Musée royal d'Histoire naturelle de Belgique* (Bruxelles), tome XVII, n° 21.

" Notes sur la dentition des siréniens. II : morphologie de la dentition du Lamantin (Trichechus) ". *Bulletin du Musée royal d'Histoire naturelle de Belgique* (Bruxelles), tome XVII, n° 26.

" Notes sur la dentition des siréniens. III : la dentition du Dugong ". *Bulletin du Musée royal d'Histoire naturelle de Belgique* (Bruxelles), tome XVII, n° 53.

1942 :
" Notes sur la dentition des siréniens. IV : le cas de Prorastoma veronense ". *Bulletin du Musée royal d'Histoire naturelle de Belgique* (Bruxelles), tome XVIII, n° 3.

1943 :
" Notes sur la dentition des siréniens. V : conclusions générales ". *Bulletin du Musée royal d'Histoire naturelle de Belgique* (Bruxelles), tome XIX, n° 29.

1944 :
L'homme parmi les étoiles. Paris/Bruxelles : Delforge.

1945 :
L'homme au creux de l'atome. Paris/Bruxelles : éditions du Sablon.

1950 :
" Plus fort que d'avaler le sabre. Le mystère de l'homme invulnérable ". *Héroïc Albums*, n° 41.

1951 :
De la Bamboula au Be-bop. Paris : édition de la Main jetée.

Le secret des Parques. La prolongation de la vie. Paris : L'Arche.

Le secret des Parques. La suppression de la mort. Paris : L'Arche.

" Quelle est la durée de la vie humaine, peut-on espérer la prolonger ? ". *Sciences et Avenir* (Paris) n° 55 (septembre) : 410-413.

" Génétique et biologie de la femme ". *Sciences et Avenir* (Paris) n° 57 (novembre) : 490-493.

" Le rajeunissement est-il possible ? Les récents progrès de la médecine et de la biologie ouvrent-ils des perspectives dans ce domaine ? ". *Sciences et Avenir* (Paris) n° 58 (décembre) : 557-561, 575.

1952 :
Le secret des Parques. Le rajeunissement. Paris : L'Arche.

" Les régions explorées du globe recèlent-elles encore des monstres inconnus ? ". *Sciences et Avenir* (Paris) n° 59 (janvier) : 5-11, 46.

" Existe-t-il encore des " Hommes-singes " contemporains de nos premiers ancêtres ? ". *Sciences et Avenir* (Paris) n° 61 (mars) : 120-126, 143.

" L'homme des cavernes a-t-il connu des géants mesurant 3 à 4 mètres ? ". *Sciences et Avenir* (Paris) n° 63 (mai) : 204-211.

" De la légende à la réalité scientifique : voici le " Serpent-de-mer " ". *Sciences et Avenir* (Paris) n° 66 (août) : 374-377, 382.

1954 :

" D'après les travaux les plus récents, ce n'est pas l'homme qui descend du singe, mais le singe qui descendrait de l'homme ". *Sciences et Avenir* (Paris) n° 84 (février) : 58-61, 95.

" L'homme doit-il être considéré comme le moins spécialisé des mammifères ? ". *Sciences et Avenir* (Paris) n° 85 (mars) : 132-136, 139.

" Les grands oiseaux fossiles marcheurs. Les forêts des montagnes de la Nouvelle-Zélande recèlent-elles encore des oiseaux géants de 3,50 m de hauteur ? ". *Sciences et Avenir* (Paris) n° 90 (août) : 354-359, 381.

1955 :

Sur la piste des bêtes ignorées. Tome I : Indo-Malaisie, Océanie. Tome II : Amérique du Sud, Sibérie, Afrique. Paris : Plon.

" Les lémuriens, ancêtres des singes ". *Sciences et Avenir* (Paris) n° 95 (janvier) : 34-39, 42.

1958 :

Dans le sillage des monstres marins : le Kraken et le poulpe colossal. Paris : Plon.

On the Track of Unknown Animals. London : Rupert Hart-Davis. New York : Hill & Wang.

" Les océans recèlent-ils encore des géants inconnus ? ". *Sciences et Avenir* (Paris) n° 133 (mars) : 123-127.

" Oui, l'homme des neiges existe ". *Sciences et Avenir* (Paris) n° 134 (avril) : 174-179, 220.

" Was wissen wir über der Schneemenschen ? ". Lebendiges Wissen, n° 43, mai : 196-203, 239.

" Existe-t-il encore des dinosaures dans certains grands lacs africains ? ". *Sciences et Avenir* (Paris) n° 139 (septembre) : 446-452.

1959 :

On the Track of Unknown Animals (Second printing). London : Rupert Hart-Davis.

" Comment ont été reconstitués les monstres fossiles ". *Sciences et Avenir* (Paris) n° 152 (octobre) : 520-526.

1961 :

Sur la piste des bêtes ignorées (édition revue et corrigée). Paris : Plon.

" Parce que les scalps du Yeti sont des faux, faut-il dire adieu à l'abominable homme des neiges ? ". *Le patriote illustré*, n° 3 (15 janvier) : 18-19.

" Comment j'ai percé le mystère des scalps de yeti ". *Sciences et Avenir* (Paris) n° 169 (mars).

1962 :

On the Track of Unknown Animals (Revised edition) New York : Hill & Wang.

" L'abominable homme-des-bois ".

Sandorama (Paris), janvier.

" À la recherche du Serpent-de-mer ". *Planète* (Paris) n°3, février/mars : 94-103.

" Von Schneemenschen, Waldmenschen, und Gorgonen ". *Panorama* (Basel), April.

1963 :

On the Track of Unknown Animals (Revised edition) London : Rupert Hart-Davis.

" Sous le masque de la licorne ". *Sandorama* (Paris), automne.

1964 :

" Des survivants de l'ère secondaire ". *Planète* (Paris) n° 17, juillet-août : 24-29.

1965 :

Le Grand Serpent-de-mer. Paris : Plon.

On the Track of Unknown Animals (Abridged edition) New York : Hill & Wang.

" Le peuple des singes est étonnant ". *Atlas* (Paris) n° 54, mars : 24-34.

" Jeux olympiques au zoo ". *Atlas* (Paris) n° 56, mai.

" Comment j'ai vaincu le Grand Serpent-de-mer ". *Planète* (Paris) n° 24, septembre/octobre : 68-79.

" Les dragons sont toujours parmi nous ". *Atlas* (Paris) n° 61, octobre : 76-85.

" Le Serpent-de-mer vit toujours ". *Atlas* (Paris) n° 62, novembre : 32-41.

" L'énigme de la plume zébrée ". *Atlas* (Paris) n° 63, décembre : 88-95.

1966 :

" Les Agogwé, nains velus de Mozambique ". *Atlas* (Paris), février : 114-120.

" Le chimpanzé descend-t-il de l'homme ? ". *Planète* (Paris) n° 31, novembre/décembre : 86-97.

1967 :

" Notre planète à l'âge des dinosaures ". *Atlas* (Paris), février : 36-54.

1968 :

Histoires et légendes de la mer mystérieuse. Textes recueillis et présentés par Bernard Heuvelmans. Paris : Tchou, éditeur.

In the Wake of the Sea-serpent. London : Rupert Hart-Davis.

1969 :

" Note préliminaire sur un spécimen conservé dans la glace, d'une forme encore inconnue d'Hominidé vivant : *Homo pongoides* (sp. seu subsp. nov) ". *Bulletin du Musée royal d'Histoire naturelle de Belgique* (Bruxelles), tome 45, n° 4, 10 février.

1970 :

On the Track of Unknown Animals (Abridged edition) London : Granada/Paladin.

" ¿Bestia, hombre o eslabón perdito ? ". *Excelsior* (Mexico), 15 : 17 y 18.

1972 :

On the Track of Unknown Animals (Abridged edition) London : Granada/Paladin.

1974 :

L'Homme de Néanderthal est toujours vivant (en collaboration avec le professeur Boris F. Porchnev). Paris : Plon.

" Mito y realidad de las sirenas ". *Signos* (La Havane), 15, año 5, n° 2 y 3, mayo-diciembre : 83-87.

1975 :
Dans le sillage des monstres marins : le Kraken et le poulpe colossal (édition revue et complétée). Paris : Plon.
Le grand Serpent-de-mer (édition revue et complétée). Paris : Plon.

1977 :
" Préface " in : Costello, Peter, *A la recherche des monstres lacustres*. Paris : Plon, 9-14.

1978 :
Les derniers dragons d'Afrique. Paris : Plon.
" À propos des yetis, hommes sauvages et primates inconnus ". *La Recherche* (Paris), n° 85 (janvier).

1980 :
Les bêtes humaines d'Afrique. Paris : Plon.

1982 :
Sur la piste des bêtes ignorées (réédition). Paris : François Beauval ; Genève : Famot, 4 volumes.
" What is Cryptozoology ? ". *Cryptozoology* (Tucson), Vol. 1 : 1-12.

1983 :
" On Monsters : Or How Unknown Animals Become Fabulous Animals ". *Fortean Times*, n° 41 : 43-47.
" How Many Animals Remain to be Discovered ? ". *Cryptozoology* (Tucson), Vol. 2 : 1-24.

1984 :
" The Birth and Early History of Cryptozoology ". *Cryptozoology* (Tucson), Vol. 3 : 1-30.

" Cryptozoology What it Really Is " (Response to Heppell and van Valen, *Cryptozoology* Vol. 2 : 147-157). *Cryptozoology* (Tucson), Vol. 3 : 115-118.

1986 :
" Annotated Checklist of Apparently Unknown Animals with which Cryptozoology is Concerned ". *Cryptozoology* (Tucson), Vol. 5 : 1-26.

1987 :
" Foreword " in : Mackal, Dr Roy J., *A Living Dinosaur ? In Search of Mokele-Mbembe*. Leiden : E.J. Brill, xi-xviii.
" Checklist Corrected and Completed " (Response to Tomasi, Raynal, Janis and Albert). *Cryptozoology* (Tucson), Vol. 6 : 121-124.
" La criptozoologia : che cosa é e che cosa no é ". *Abstracta* (Roma), Vol. 2, n° 12 : 68-75.
" La metamorfosi degli animali sconosciuti in bestie fabulosa ". *Abstracta* (Roma), Vol. 2, n° 18 : 78-85.

1988 :
" How I Conquered the Great Sea-Serpent some Twenty-Five Years Ago ". *Strange Magazine* n° 3 : 10-13, 56-57.
" The Sources and Methods of Cryptozoological Research ". *Cryptozoology* (Tucson), Vol. 7 : 1-21.

1989 :
" Cryptozoology, Epistemology, and Ethics " (Response to Raynal and Winn). *Cryptozoology* (Tucson), Vol. 8 : 105-110.
" Colarusso's Linguistic Cryptozoology is a Model " (Comment on John Colarusso, 1988, " Waitoreke, the

New Zealand " Otter " : a Linguistic Solution to a Cryptozoological Problem ", *Cryptozoology* Vol. 7 : 46-60.). *Cryptozoology* (Tucson), Vol. 8 : 111-112.

1990 :

" Préface en forme de guide " in : Roumeguère-Eberhart, Jacqueline, *Dossier X. Les hominidés non identifiés des forêts d'Afrique*, Paris : Robert Laffont, 11-40.

" Of Lingering Pterodactyls " (Part One). *Strange Magazine* n° 6 : 8-11, 58-60.

" The Metamorphosis of Unknown Animals into Fabulous Beasts and of Fabulous Beasts into Known Animals ". *Cryptozoology* (Tucson), Vol. 9 : 1-12.

1991 :

" André Capart, 1914-1991 [Obituary] ". *The ISC Newsletter*, Vol. 10, n° 3 : 11.

" Other Definitions, Other Heresies " (Response to Bayanov). *Cryptozoology* (Tucson), Vol. 10 : 104-106.

1993 :

" Les monstres ou la métamorphose des animaux inconnus en bêtes fabuleuses et des bêtes fabuleuses en animaux connus ". *Cahiers du CERLI*, Nouvelle Série, n° 1, Faculté des Lettres et des Sciences Humaines de Nantes, Actes du XIIe Colloque, janvier 1991 : 63-81.

" Le dossier des hommes sauvages et velus d'Eurasie ". *IIIème Millénaire* (Paris) n° 28, 2e trimestre 1993 : 44-55, 64-67.

" Le dossier des hommes sauvages et velus d'Eurasie (suite et fin) ". *IIIème Millénaire* (Paris) n° 29, 3e trimestre 1993 : 50-61.

1994 :

" Un reptile équivoque à défenses de morse ! ". *Cryptozoologia* (Bruxelles), n° 1, avril : 1-8.

" Un reptile équivoque à défenses de morse ! " (IIe partie). *Cryptozoologia* (Bruxelles), n° 2, mai : 9-15.

" Un reptile équivoque à défenses de morse ! " (IIIe partie). *Cryptozoologia* (Bruxelles), n° 3, juin : 8-11.

" Le mystère des hippos manquants ". *Cryptozoologia* (Bruxelles), n° 7, octobre : 1-6.

" Le mystère des hippos manquants " (2e partie). *Cryptozoologia* (Bruxelles), n° 8, novembre : 1-4.

" Le mystère des hippos manquants " (3e partie). *Cryptozoologia* (Bruxelles), n° 9, décembre : 6-9.

" La métamorphose des animaux inconnus en bêtes fabuleuses et des bêtes fabuleuses en animaux connus ". *IIIème Millénaire* (Paris) n° 34, 4e trimestre 1994 : 38-55.

1995 :

" Le mystère des hippos manquants " (4e partie). *Cryptozoologia* (Bruxelles), n° 10, janvier : 6-9.

" Le mystère des hippos manquants " (5e partie). *Cryptozoologia* (Bruxelles), n° 11, février : 5-8.

" Le mystère des hippos manquants " (dernière partie). *Cryptozoologia* (Bruxelles), n° 12, mars : 5-6.

1996 :

" Le bestiaire insolite de la cyptozoologie ou le catalogue de nos ignorances ". *Criptozoologia* (Roma), pp. 1-18.

" Lingering Pterodactyls " (PartTwo). *Strange Magazine* n° 17, summer : 18-21, 56-57.

1997 :

" Histoire de la cryptozoologie ". *Criptozoologia* (Roma), pp. 1-44.

Atèles belzebuth hybridus

Pour en finir avec l'Améranthropoïde.

Michel Raynal

De même que la zoologie est la science des animaux, la cryptozoologie (du grec *kryptos*, caché, *zoon*, animal, et *logos*, discours), est, littéralement, la "science des animaux cachés"). Cette discipline a été définie par le zoologiste Bernard Heuvelmans (1916-2001), qui a créé le mot lui-même à la fin des années 1950. La cryptozoologie se fixe pour but l'étude des formes animales (espèces ou sous-espèces) encore inconnues de la science, mais dont l'existence peut être postulée sur la base de preuves testimoniales (témoignages), de preuves circonstancielles (indices concomittants), ou même de preuves autoscopiques (indices matériels) mais considérées comme insuffisantes par d'aucuns.

Bien que l'écrasante majorité des dossiers cryptozoologiques soient inconnus du grand public, ce sont les "monstres lacustres" (dont le fameux "monstre du Loch Ness" en Écosse) et les " hommes-singes" (de l'abominable homme-des-neiges de l'Himalaya au *bigfoot* de l'Amérique du Nord) qui sont les plus célèbres — mais pas forcément les plus crédibles — contribuant ainsi à la réputation sulfureuse de la cryptozoologie.

Des rapports sur des créatures humanoïdes et velues énigmatiques ont été enregistrés dans presque toutes les régions de la planète, à la seule exception de l'Antarctide. L'Amérique du Sud n'échappe pas à la règle, et il faudrait aujourd'hui un livre entier pour analyser la totalité des rapports disponibles pour ce continent (la région néotropicale des zoologistes).

Je limiterai donc cette étude au cas de l'améranthropoïde, ce singe d'apparence anthropoïde abattu et photographié au Vénézuéla vers 1920, et à quelques autres rapports liés à celui-ci et ayant essentiellement pour cadre la région qui couvre la Guyana, le Vénézuéla, la Colombie et le nord-ouest du Brésil, c'est-à-dire en gros le bassin supérieur de l'Orénoque.

Le dossier de l'améranthropoïde est devenu un point de passage obligé dans les articles ou livres abordant la question des créatures humanoïdes et velues inconnues de la science : impossible d'échapper à la photographie du singe maintenu sur une caisse par un bâton. À l'issue d'une étude aussi exhaustive que possible de " l'affaire " de l'améranthropoïde, basée sur près de 200 documents, j'en suis arrivé à la conclusion qu'il est grand temps que les cryptozoologues se débarrassent définitivement de ce dossier (et du cadavre encombrant de son protagoniste), s'ils veulent éviter un double discrédit, scientifique et politique...

Le grand singe de François de Loys

L'histoire commence en 1917, bien qu'elle n'ait été révélée que douze ans plus tard. Un géologue suisse, François de Loys, conduisait une expédition au Vénézuéla, près de la frontière avec la Colombie, dans les montagnes couvertes de forêts vierges de la Sierra de Perija. C'est à l'occasion de cette mission que furent découverts certains gisements de pétrole du Vénézuéla, qui allait devenir ainsi bien plus tard un des pays de l'O-PEP (*Organisation des Pays Exportateurs de Pétrole*).

Né le 10 mai 1892 à Plainpalais (Suisse), François de Loys s'inscrivit à la faculté des sciences de l'université de Lausanne en 1912, où il suivit des études de géologie avant de partir pour 3 ans, en 1917, pour cette expédition sud-américaine. Après diverses missions géologiques, il s'illustra ensuite au Moyen-Orient, où il découvrit les gisements de pétrole de Kirkouk (Irak), avant de disparaître en 1935, à l'âge de 43 ans, victime de la syphilis et des maladies tropicales. L'expédition au Vénézuéla s'acheva en 1920 (de Loys n'avait donc à l'époque des faits que 25 ans environ), alors qu'elle ne comptait plus que 4 hommes sur la vingtaine du départ, les autres ayant été décimés par les fièvres tropicales ou par les flèches des Indiens Motilones (Bari).

L'incident qui va suivre, la rencontre d'un singe d'apparence anthropoïde aux confins du Vénézuéla et de la Colombie, se situe au cours de cette expédition géologique. On a souvent répété qu'il eut lieu en 1920, mais à aucun moment, ni François de Loys, ni le docteur George Montandon qui allait consacrer plusieurs articles à l'affaire, n'ont précisé la date de l'incident — pas même l'année. Cependant, les recherches de Angel L. Viloria et de ses collègues (1999) dans des documents privés de la famille de Loys, permettent de situer l'histoire, par recoupements, entre août 1917 et novembre 1918 — encore que même cette période assez large, soit sujette à caution : elle correspond en fait au moment où François de Loys se trouvait dans la Sierra de Perija, mais on verra par la suite qu'il est très probable que l'incident relaté ci-dessous s'est en fait déroulé ailleurs (et d'ailleurs de façon notablement différente)...

Ce n'est qu'en 1929 que l'histoire fut révélée en détail par l'ethnologue franco-suisse George Montandon, mais il existe pourtant une brève mention antérieure dans le *Journal de Genève* du mercredi 2 mars 1921, annonçant le retour du géologue suisse dans son pays natal, et les découvertes de toute nature qu'il ramenait de son expédition vénézuélienne :

"*Notre compatriote a fait don des objets qu'il a pu rapporter (que n'a-t-il rapporté les restes d'un singe de grande taille, qui est probablement une nouveauté zoologique ?) au Musée Ethnographique de Genève.*"

En 1962, un médecin vénézuélien, le docteur Enrique Tejera, affirma dans une lettre au journal de Caracas *El Universal*, qu'il avait assisté "*dans les premiers mois de l'année 1919*", à une conférence faite à Paris par le docteur George Montandon, à propos du singe anthropoïde du Vénézuéla ; comme nous le verrons plus loin, le contexte montre qu'il s'agit en fait d'un lapsus de Tejera ou d'une coquille typographique du journal, et il est clair qu'il s'agit en réalité d'une anecdote se situant "d*ans les premiers mois de l'année 1929*".

En clair, mis à part l'article du *Journal de Genève* de 1921, il n'existe aucune mention connue de l'affaire avant 1929, soit une dizaine d'années après les " faits " : pour une découverte appelée à bouleverser les données de la primatologie, selon ses promoteurs, voilà qui est pour le moins surprenant…

L'expédition de François de Loys se trouvait donc au nord-ouest du Vénézuéla, près de la frontière colombienne (figure 1), mais la localisation précise de l'incident est contradictoire. Dans son premier article sur la question, paru dans les *Comptes Rendus de l'Académie des Sciences* du 11 mars 1929, George Montandon écrivait :

"*M. de Loys eut l'occasion, durant une longue expédition dans les forêts vierges du haut cours du rio Catatumbo, tributaire occidental de la lagune de Maracaibo, de tuer un grand singe inconnu. Le fait se passa exactement sur un affluent de droite du rio Tarra, lui-même affluent de droite du rio Catatumbo [...].*"

Pourtant, dans un article présenté à la séance du 9 avril 1929 de la Société des Américanistes au Musée de l'Homme à Paris, Montandon modifia ces précisions géographiques en donnant une version légèrement différente :

"*M. de Loys se trouvait au campement, sur une berge, à un coude d'un affluent de gauche du rio Tarra supérieur.*"

Alors, affluent de droite ou affluent de gauche du rio Tarra ? C'est apparemment cette dernière version qui devait être la " bonne ", puisque François de Loys parla d'un " affluent — mineur — occidental de la rivière Tarra " dans son propre article pour l'hebdomadaire populaire britannique *Illustrated London News* du 15 juin 1929. Je dis "apparemment", car ce n'est que l'une des nombreuses contradictions que nous relèverons tout au long de ce dossier.

Un jour non précisé — peut-être entre août 1917 et novembre 1918, d'après les recherches de Viloria et Urbani (1999) — François de Loys aurait vécu l'aventure qui suit, racontée par l'ethnologue franco-suisse George Montandon

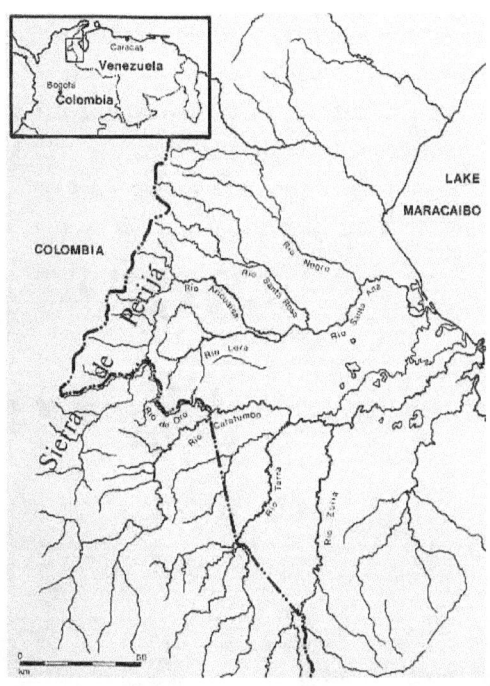

Figure 1 : *carte géographique de la région concernée (d'après Urbani et Viloria 2001)*

dans les *Comptes Rendus de l'Académie des Sciences* du 11 mars 1929 et reprise presque dans les mêmes termes dans plusieurs de ses articles ultérieurs :

"M. de Loys se trouvait au campement, sur une berge à un coude de la rivière. Il entendit du bruit dans les arbres et fit quelques pas en avant. Il fut alors frappé d'entendre que le bruit ne venait pas du faîte, comme c'était toujours le cas lorsqu'il s'agissait des singes-araignées, ainsi qu'on appelle les singes atèles et brachytèle de la forêt américaine. Tout à coup, il voit s'avancer deux êtres qu'il prend d'abord pour des ours[1]. Ses compagnons et lui sautent sur leurs carabines prêts à recevoir le couple. Les deux animaux continuent à avancer et cela dans un état de furie extrême, criant, gesticulant, cassant des branches et les maniant comme des armes, excrémentant enfin dans leurs mains et jetant ces excréments contre les hommes. Le mâle, qui était en avant, laissa passer la femelle, de sorte que c'était celle-ci qui s'avançait la première, quand le feu de salve des hommes la cloua sur place ; le mâle se retira alors et ne se montra plus. La bête tuée fut transportée sur la plage et aussitôt photographiée. Il est à remarquer qu'elle représentait, non pas peut-être pour les Indiens Motilones sur le territoire desquels l'événement se passait, mais bien pour les compagnons créoles du chef de l'expédition, une apparition tout à fait nouvelle."

Effectivement, l'animal fut assis sur une caisse qui aurait contenu des récipients d'essence, la tête maintenue par un bâton, et photographié dans cette posture à une distance d'environ 10 pieds (3 m), comme le précisa François de Loys dans un article publié sous sa signature dans le célèbre magazine anglais *Illustrated London News* du 15 juin 1929. Cette photographie (figure 2) a été publiée initialement par le docteur George Montandon dans le *Journal de la Société des Américanistes de Paris* en 1929.

Dans la littérature consacrée à l'améranthropoïde, c'est en fait presque toujours *une partie* de cette photographie qui est montrée : un recentrage du document sur le singe, occupant ainsi la totalité de la photographie, suivant un procédé destiné, à l'évidence, à faire paraître l'animal

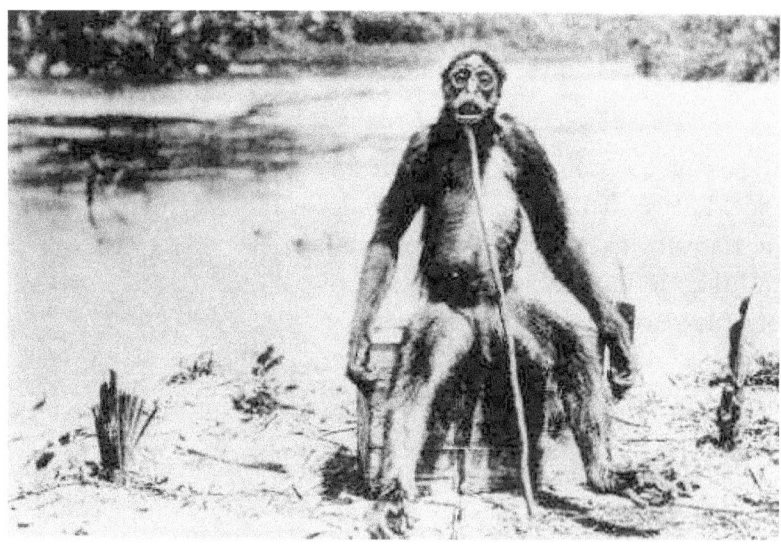

Figure 2 :
L'améranthropoïde du Vénézuéla, photographié par François de Loys (d'après Montandon, Journal de la Société des Américanistes de Paris, 1929)

beaucoup plus impressionnant, et notamment plus grand qu'il n'est (figure 3). François de Loys dans ses articles, comme Bernard Heuvelmans, dans son ouvrage fondamental *Sur la piste des bêtes ignorées* (1955), où il consacra un chapitre entier au "singe anthropoïde de la Sierra de Perija", eurent recours — sciemment ou inconsciemment — à cet artifice.

On ne peut manquer de s'interroger sur la raison du long silence de François de Loys, puisque le docteur Montandon ne publia sa première note sur le sujet qu'en 1929, soit près d'une dizaine d'années après la date supposée de l'incident. Montandon s'en expliqua de manière assez longue, à défaut d'être totalement convaincante, dans son article pour le *Journal de la Société des Américanistes de Paris* en avril 1929 :

Figure 3 :
l'améranthropoïde, tel qu'il est généralement représenté (d'après Montandon, 1929)

"*Le fait que le document n'est livré qu'aujourd'hui à la publicité nécessite maintenant une explication personnelle. Dans le même temps où mon ami de Loys se trouvait au Vénézuéla, je me rendais, par les États-Unis et le Japon, en Sibérie. Nous restâmes en communication et mon plan premier était de passer, au retour, le voir au Vénézuéla. Cependant, les circonstances de ma mission furent telles que j'eus à rester en Extrême-Orient, ce qui, du reste, me permit de visiter les Aïnou, ainsi que de traverser les territoires russes de part en part, un record pour l'époque, de Vladivostok à Riga. C'est lorsque nous revînmes en Europe que j'eus connaissance des documents rapportés par de Loys, mais comme son tempérament ne le porte pas à faire parade de ce qu'il peut avoir vu ou découvert, comme il réserve ses aventures à lui-même, à ses proches et à ses amis, il est bien probable que le document en question n'aurait jamais vu le jour si je ne lui avais demandé de pouvoir le publier et s'il ne m'y avait autorisé. De mon côté, si je n'ai jamais parlé, même dans des conversations, de ce document, c'est que je comptais sur la possibilité de me rendre un jour dans la région en discussion et de rencontrer aussi le grand singe d'Amérique. Je vois maintenant, même après mes publications sur l'anthropologie des Aïnou et sur l'ologenèse humaine, que je dois renoncer à ce projet... et il ne me reste plus à souhaiter que d'autres puissent le réaliser.*"

Les documents que j'ai pu rassembler sur cette affaire permettent ainsi de dresser une chronologie. De juillet 1917 à mars 1920, François de Loys était en mission au Vénézuéla, avant de regagner l'Europe. De son côté, George Montandon travaillait en 1919 au *Musée Ethnographique de Genève*, et nous savons par le

Journal de Genève du 2 mars 1921, que François de Loys fit don de ses collections à ce musée, peu après son retour du Vénézuéla. Entre-temps, Montandon était parti en Sibérie, en mission pour la Croix-Rouge, du 22 mars 1919 au 17 juin 1921. C'est donc au retour de sa mission en Russie (qui n'était pas encore devenue l'Union Soviétique), que Montandon découvrit la photo du fameux singe dans les documents du Musée genevois.

Notons tout de même que, bien que Montandon affirme que François de Loys *"réserve ses aventures [...] à ses proches et à ses amis"*, le prospecteur de pétrole n'a *jamais* mentionné l'histoire du grand singe avant 1929, ni dans ses articles de géologie ou de cartographie sur sa mission vénézuélienne, ni dans les lettres à sa famille restées en notre possession, ni même dans celles à son professeur de géologie Elie Gagnebin. Ce dernier était pourtant son ami et confident, que de Loys tutoyait et qu'il apostrophait par *"cher vieux"* !

On voit donc bien que c'est effectivement George Montandon qui fut le principal, sinon le seul, promoteur de *"l'affaire"*.

Remarquons également au passage que, dans les diverses versions de l'incident relatées par Montandon, l'autre singe (celui défini comme un mâle) semble s'enfuir, indemne, aussitôt après la fusillade :

"Le mâle, qui était en avant, laissa passer la femelle, de sorte que c'était celle-ci qui s'avançait la première, quand le feu de salve des hommes la cloua sur place ; le mâle se retira alors et ne se montra plus." (Montandon 1929a et 1929f).

"Un feu de salve cloua sur place la bête qui avançait en tête ; l'autre disparut." (Montandon 1929b).

"La femelle fut tuée, tandis que le mâle disparaissait dans les fourrés." (Montandon 1929c).

Pourtant, dans sa propre version pour l'*Illustrated London News* du 15 juin 1929, François de Loys ajouta un détail inédit sur cet épisode :

"L'un des deux fut touché à mort à très courte distance ; l'autre, hélas blessé, réussit à s'échapper, et disparut dans la jungle, dont la grande épaisseur empêcha de le retrouver." (Loys 1929a).

Que de Loys, écrivant lui-même l'article, y apporte des précisions nouvelles, il n'y aurait là rien que de très normal, et il mentionne en effet, entre autres détails inédits, la couleur du pelage, une estimation du poids (plus de 8 *stones*) et la distance à laquelle fut photographié le spécimen abattu (3 pieds). Mais que dire d'un détail qui prend autant en défaut les différentes versions de Montandon ? Supposons donc pour l'instant que le géologue suisse n'ait pas fait état à son compatriote de la blessure infligée à l'autre animal.

En ce qui concerne la note infrapaginale du docteur Montandon sur les ours, il est faux de prétendre que *"la forêt sud-américaine n'a pas d'ours"* : il en existe en effet une espèce en Amérique du sud, l'ours à lunettes (*Tremarctos ornatus*), qui vit dans les forêts de la Cordillère des

Andes, et notamment dans le nord-ouest du Vénézuéla, justement la région concernée. De plus, on possède divers rapports sur l'existence d'un ou de plusieurs types d'ours sud-américains encore inconnus de la science.

De toute façon, la question de l'existence d'ursidés, connus ou inconnus, ne se pose pas dans le cas qui nous occupe, car il ne s'agit absolument pas d'un ours, comme le démontre la photographie de l'animal prise par François de Loys, animal à propos duquel Bernard Heuvelmans écrivait en 1955 que c'était " *la seule bête ignorée dont on possède la photo*". C'est même, et de très loin, l'une des meilleures photographies d'un "*animal mystérieux*" (si tant est qu'il le soit vraiment) que l'on ait jamais produites dans un dossier cryptozoologique : on est loin de ces documents flous censés représenter le "*monstre du Loch Ness*" ou le *Bigfoot* de l'Amérique du Nord !

Qu'il s'agisse d'un singe saute aux yeux. C'est bien sûr un mammifère (son pelage et ses mamelons, entre autres, l'attestent), appartenant à l'ordre des primates, comme le montrent à l'évidence ses yeux dirigés vers l'avant pour une vision stéréoscopique, mais surtout ses mains et ses pieds aux gros orteils *opposables*, et donc un singe de ce fait. Les narines très écartées, ouvertes vers les côtés et séparées par une cloison cartilagineuse, sont caractéristiques d'un platyrhinien, un singe typiquement américain (par opposition aux catarhiniens, les singes de l'Ancien Monde).

Mais quel singe ? Un examen rapide de la photographie fait irrésistiblement penser à un singe-araignée ou atèle (*Ateles sp.*), bien connu des cruciverbistes.

Le visage tout d'abord, comme l'a souligné le professeur Joleaud dans *la Revue Scientifique Illustrée* du 11 mai 1929, révèle maints traits caractéristiques des atèles :

"*... notamment dans la disposition générale de la région oculaire, où le vide orbitaire est entouré d'une saillie osseuse subcirculaire et continue, partout en quelque sorte également accusée, aussi bien dans la région des pommettes que dans celle de la visière sourcilière.*"

L'atrophie considérable des pouces des mains, bien visible sur la photo (ils se réduisent à un tubercule, le pouce droit étant légèrement plus long que le gauche), est également typique des atèles : le nom commun, tout comme le nom scientifique latin de ces primates, viennent d'ailleurs du grec *a*, préfixe privatif, et *telos*, le pouce, donc littéralement "sans pouce".

La longueur du sexe de la créature ne peut manquer de frapper, surtout si l'on veut bien se rappeler qu'il ne s'agit pas d'un mâle, mais d'une femelle, François de Loys est formel à ce sujet. Il s'agirait en réalité d'un clitoris démesuré et pendant, à allure de pseudo-pénis : ce phénomène, qualifié de pseudo-hermaphroditisme, est effectivement un trait caractéristique des atèles femelles.

Même le comportement de l'animal (le fait de lancer ses propres excréments sur les intrus) a été maintes fois observé chez les atèles.

Inversement, le singe présentait, selon François de Loys, une série de caractères inédits, le distinguant des autres singes de l'Ancien Monde : une taille de 1,57 m, nettement supérieure à celle des plus grands singes sud-américains connus ; l'absence d'appendice caudal ; 32 dents, à l'instar des singes anthropoïdes de l'Ancien Monde ; une face extraordinairement humaine.

"*Il ne saurait s'agir d'un cas de gigantisme [poursuit Montandon], l'ensemble de l'animal étant harmonieux, ne présentant pas les déformations de la tête et des extrémités que l'on constate chez les êtres pathologiquement grands.*

"*A supposer, d'autre part, un instant, une hybridation possible entre le singe et l'homme — accouplement indien-atèle par exemple — elle devrait être exclue dans ce cas, puisque le sujet n'était pas isolé, mais qu'il y avait un couple.*"

Cette hypothèse fantaisiste d'une hybridation génétiquement impossible ne devrait pas nous surprendre, venant de Montandon, dont nous verrons plus loin les délirantes conceptions sur les origines de l'homme. Quant aux divers éléments qui distinguaient à ses yeux le singe de François de Loys des atèles ordinaires (la taille élevée, l'absence de queue, la formule dentaire, et même la présence d'un couple), aucun élément matériel ne permet de les vérifier. En fait, de Loys aurait tenté de sauvegarder des pièces anatomiques du singe, comme l'a écrit Montandon dans le *Journal de la Société des Américanistes de Paris* de 1929, en apportant les précisions suivantes :

"*A la vérité, l'animal fut dépouillé et le crâne conservé. M. de Loys le confia au "cuisinier" de l'expédition. Celui-ci le convertit en réservoir à sel. Mais l'humidité et la chaleur produisirent une dissolution qui en fit sauter les sutures. Comme M. de Loys n'avait, après tout, pas de préoccupations zoologiques, comme l'expédition passait par des heures qui la mettaient tout entière en danger, il n'y a pas à s'étonner que les fragments craniens aient été perdus. Cependant, M. de Loys, sachant parfaitement que son observation était nouvelle, conserva longtemps la mandibule, qui finit à son tour par disparaître au cours des péripéties de l'expédition.*"

Voilà qui semble rocambolesque, et même abracadabrant, venant de quelqu'un qui, s'il n'était pas zoologue, n'en était pas moins formé à la démarche scientifique (à commencer par la collecte des échantillons) en tant que géologue. Tout cela n'en incita pas moins George Montandon à faire du singe abattu par François de Loys une nouvelle espèce de singe sud-américain :

"*Réservant la possibilité que nous nous trouvions en présence d'une nouvelle espèce du genre Ateles, nouvelle espèce géante, nous introduisons dans le sous-ordre des platyrhiniens une nouvelle famille, celle des Amer-anthropoidae, comprenant un seul genre, le genre Ameranthropoides, comprenant actuellement une seule espèce, à laquelle nous donnons le nom de Amer-anthropoides Loysi.*"

Le baptême scientifique de " l'anthropoïde américain de Loys ", tel qu'il figure dans les *Comptes Rendus de l'Académie des Sciences* du 11 mars 1929, comprenait ainsi une anomalie de forme, à savoir la majuscule indésirable accolée au nom spécifique de *Loysi*. En effet, selon les règles de la nomenclature zoologique, le nom spécifique ne doit *jamais* faire l'objet d'une lettre majuscule, même s'il se rapporte à un nom de personne. En toute rigueur, le nom scientifique latin de cette espèce aurait dû être *Amer-anthropoides loysi*.

Ce nom générique d'*Amer-anthropoides*, avec son tiret inutile, était également une source de confusion regrettable avec le nom scientifique de la demoiselle de Numidie (*Anthropoides virgo*), un oiseau de la famille des gruidés, d'ailleurs absent du Nouveau Monde. Au regard des approximations du dossier, ce n'était toutefois là que la moindre des fautes de Montandon.

De plus, les règles du Code de Nomenclature Zooologique stipulent que l'on puisse rejeter un nom scientifique, si l'auteur de la description émet lui-même des réserves sur l'existence de " son " espèce. Or, Montandon ne cesse de mettre en doute les données qu'il présente, puisqu'il écrit notamment dans les *Comptes Rendus de l'Académie des Sciences* à propos de l'absence de queue et sur la présence de seulement 32 dents :

"*Comme elles ne se laissent pas contrôler par la photographie on ne tiendra pas compte momentanément de ces deux données.*"

En clair, le seul élément discriminant que retient Montandon est la taille alléguée du singe. Outre le fait qu'elle ne peut pas être vérifiée directement, la taille ne saurait représenter à elle seule un critère spécifique : pour ne donner que cet exemple, les Pygmées de la forêt équatoriale africaine et les guerriers Masai du Kenya sont aussi *Homo sapiens* les uns que les autres...

Retombées culturelles et scientifiques

L'améranthropoïde suscita alors une abondante littérature populaire et scientifique, et devint le sujet à la mode, dont toute personne cultivée se devait de causer. C'est ainsi que l'archéologue et philologue Salomon Reinach y fit allusion dans une de ses lettres, datée du 24 juillet 1929, à la célèbre courtisane Liane de Pougy (devenue princesse de Ghika après son mariage avec un prince roumain) :

"*On a cru, jusqu'en 1928, que l'Amérique n'ayant jamais possédé de grands singes, mais seulement de très petits, la naissance d'une population plus voisine du singe que de l'homme y avait été impossible ; et voilà que l'on découvre et que l'on photographie, dans une forêt du Vénézuéla, une singesse énorme, de taille plus qu'humaine, qui renverse toutes les idées reçues. Je vous montrerai cette photographie à mon retour ; c'est à se demander si elle n'a pas été truquée par un mystificateur. Si elle est authentique, c'est une nouveauté encore plus surprenante que celles de Glozel. On a photographié la singesse debout, un peu inclinée en avant, et il faut être averti par le texte pour n'y point voir un singe, car elle paraît avoir tout ce qu'il faut pour se réclamer du masculin ; mais cela tient à autre chose, que le papier ne supporterait pas et qui n'est pas moins étonnant que toute l'image. Jamais L'Illustration, faite pour être lue en famille, ne tolérera que la singesse vénézuélienne y paraisse sans voiles.*"

Il s'agissait bien évidemment du clitoris supposé de l'animal qui excitait, si l'on peut s'exprimer ainsi, la curiosité de Salomon Reinach. À l'évidence, c'est la lecture d'un article sur l'améranthropoïde écrit par F. Honoré, paru dans *L'Illustration* du 13 avril 1929, qui inspirait à Salomon Reinach ces réflexions pleines de non-dits. Et en effet, la photographie de la " singesse vénézuélienne " avait été pudiquement retouchée par l'hebdomadaire populaire (figure 4), de façon à faire disparaître le membre pseudo-viril de l'animal : par cette version "s*exuellement correcte*" de la photographie, *L'Illustration* singeait, si j'ose dire, le *Tartuffe* de Molière (*"cachez ce sexe, que nos lecteurs ne sauraient voir !"*)...

En ce qui concerne l'allusion à "l'affaire de Glozel", qui venait en effet d'éclater à la même époque, il s'agit d'une des plus virulentes controverses archéologiques que le monde ait jamais connues. Ce petit village de l'Allier avait vu la découverte, par un jeune paysan du nom d'Emile Fradin, de nombreux artefacts hétéroclites et d'un certain point de vue anachroniques : des gravures sur os d'apparence préhistorique, mais aussi des poteries et des tablettes en terre cuite gravées d'une écriture alphabétique. Considéré comme un faux par la plupart des archéologues, Glozel était tenu pour authentique par quelques rares autres, comme Salomon Reinach. Par la suite, divers plumitifs atlantomanes et soucoupophiles, dans la lignée de Robert Charroux, s'étaient évidemment emparés de Glozel, pour développer leurs délirantes théories archéologiques, achevant de discréditer le dossier. Pourtant, des datations par la méthode dite de la thermoluminescence, effectuées à partir de 1975, ont fini par démontrer, près de 50 ans après le début de l'affaire de Glozel, que les tablettes gravées et les poteries dataient d'environ 2500 ans : autrement dit, elles n'étaient ni fabriquées par l'infortuné Emile Fradin, ni la preuve de l'existence d'une civilisation préhistorique avancée — une conclusion

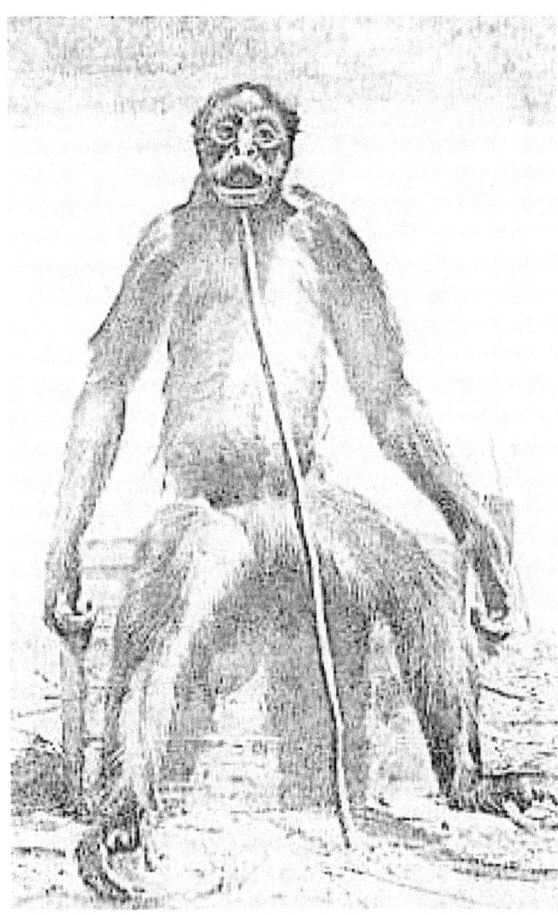

Figure 4 :
L'améranthropoïde en version asexuée
(*photo* L'Illustration, *1929*)

mi-chèvre, mi-choux, qui n'est pas sans présenter quelque similitude, ainsi qu'on le verra, avec "l'affaire" de l'améranthropoïde.

Quant à Salomon Reinach, allié à la célèbre famille de banquiers Rothschild, archétype du Juif richissime[2] tel que l'antisémitisme se complaît à le caricaturer, il était certainement à cent lieues de se douter que Montandon allait tristement s'illustrer dans cette voie.

Amusant paradoxe, alors que l'archéologue Salomon Reinach trouvait son inspiration épistolaire dans le magazine éminemment populaire *L'Illustration* ("faite pour être lue en famille", comme il le disait), c'est l'austère *Revue Scientifique Illustrée* du 11 mai 1929 qui fut la source de l'inspiration littéraire d'une autre personnalité de l'*intelligentsia*, le poète et essayiste Paul Valéry. L'illustre Sétois fit en effet allusion avec beaucoup d'humour à l'améranthropoïde, dans son livre *Mauvaises pensées et autres* (1942), sous le titre "*qui peint l'homme et le singe*" :

"Le grand singe Colombien, quand il voit l'homme, fait aussitôt ses excréments et les lui jette à pleines mains, ce qui prouve :
"1°) qu'il est vraiment semblable à l'homme
"2°) et qu'il le juge sainement.
"M. de Loys riposte à ces volées de matières usées par des coups de fusil. La grande guenon tombe. (Le mâle fuit).
"L'homme sapiens la relève, observe et mesure le clitoris de longueur admirable, redresse le cadavre et en fait une belle photographie[3]."

De son côté, Georges Bohn résuma, dans le *Mercure de France* du 1er juillet 1929, la communication de Montandon à l'Académie des Sciences, qualifiant son auteur de "*jeune anthropologiste fort sérieux*", ce qui est triplement sujet à caution : Montandon, né en 1879, avait 50 ans à cette époque, ce qui n'est pas spécialement très "*jeune*" ; il n'a jamais été anthropologiste (on peut seulement le qualifier d'ethnologue, et le titre de "*docteur*" qu'il mentionnera dans tous ses écrits était son doctorat de médecine) ; enfin, on verra plus loin ce qu'il en est de son côté prétendument "*fort sérieux*".

Alors que les écrits de Montandon trouvaient ainsi une résonance culturelle, la presse scientifique s'empara aussi de l'affaire : *Nature* en Angleterre, mais aussi *Kosmos*, *Naturwissenschaften* et *Anthropologischer Anzeiger* en Allemagne, publièrent une synthèse de ses articles. D'autres comptes rendus ou commentaires parurent également en Espagne (Rioja 1929), et jusqu'en Argentine (Cabrera 1929) et même en URSS dans la revue *Priroda* (Nestourkh 1932). Et ce fut le début d'une controverse qui dure depuis des décennies, ravivée à plusieurs reprises par des anthropologues (Ashley-Montagu 1929, Keith 1929, Weinert 1930, Hooton 1931, 1946a et 1946b, Vallois 1947, Nestourkh 1960, Mattos 1961, Comas 1962 et 1974), des zoologistes (Bourdelle 1929, Boulenger 1936, Beccari 1931 et 1943, Rode 1944, Kellogg et Goldman 1944, Urbain et Rode 1946, Hershkovitz 1949 et 1960, Bertin 1950, Tate 1951,

Mathis 1954, Grassé 1955, Hill 1962, Schultz 1969, Heinemann 1971, Cousins 1982), par les pionniers de la cryptozoologie (Ley 1941 et 1948, Krumbiegel 1950, Sanderson 1961 et 1963), puis par Bernard Heuvelmans lui-même (Heuvelmans 1951, 1952, 1955, 1958) et à sa suite par une cohorte de plagiaires en tout genre (Dewisme 1952, Fromentin 1954, Stevens 1954, Wendt 1956a et 1956b, Paez 1959, May 1960), enfin par la " nouvelle vague " des cryptozoologues (Gini 1962, Grumley 1974, Barloy 1979 et 1985, Shoemaker 1991, Hall 1991, Shuker 1991, 1993, 1997, 1998a et 1998b, Picasso 1993, Joly 1995, Smith et Mangiacopra 2002), sans oublier nombre d'auteurs fortéens (Cohen 1967, Keel 1970, Hitching 1978, Welfare et Fairley 1980, Grant 1992, Clark 1993) et d'aventuriers et explorateurs (Turolla 1980, Miller et Miller 1991 et 1992, Miller 1998, Chapman 2001). Un article entier suffirait à peine pour relever et corriger les innombrables approximations, erreurs, élucubrations, ou inventions pures et simples, de ces diverses resucées populaires...

En fait, sur quoi repose l'idée que le singe abattu par François de Loys est un animal inconnu, justifiant la création d'une nouvelle espèce, d'un nouveau genre, et même d'une nouvelle famille ? Sur un certain nombre de critères anatomiques, synthétisés par Corrado Gini dans la revue italienne *Genus* en 1962, par lesquels, selon lui, l'améranthropoïde se distingue des atélinés :

1) par la grande stature.
2) par la complexion beaucoup plus trapue.
3) par l'absence de queue.
4) par les traits presque humains du visage.
5) par un grand développement apparent de la tête et en particulier du cerveau.
6) par le pelage moins fourni et moins uniforme.
7) par le nombre de molaires (32 dents).
On pourrait y ajouter d'autres éléments, avancés par certains auteurs :
8) la bipédie de la créature.
9) l'allure du sexe.

Examinons donc ces affirmations *seriatim*.

L'ANATOMIE DE L'AMÉRANTHROPOÏDE

1) LA TAILLE DE LA CRÉATURE :

L'améranthropoïde, s'il faut en croire ses "inventeurs", aurait mesuré 1,57 m de haut, une taille très supérieure à celles des plus grands singes sud-américains.

François de Loys estima par ailleurs le poids de la créature à plus de 8 *stones*, comme il le précisa dans son article pour *l'Illustrated London News* du 15 juin 1929, où son prénom est d'ailleurs déformé en " Francis ". Le *stone* est un mesure anglaise valant 14 livres, soit environ 6,35 kg : 8 *stones* représentent donc un poids de 50,8 kg, qui semble en accord avec un singe anthropoïde de 1,57 m, si l'on compare avec le chimpanzé, dont le mâle adulte pèse effectivement une cinquantaine de kg.

Cette grande stature de la créature a tout de suite été mise en avant, et a fait l'objet de tentatives d'estimations indépendantes, rapportées par Montandon :

"Avant même que la dimension de la bête fut communiquée, M. Cintract photographe habituel du Muséum, déclara [...] qu'un truquage photographique était exclu, que la bête avait dû être photographiée à environ 3m50 et que la stature, telle qu'on pouvait la déduire des détails de la caisse était de 1m50 à 1m60 pour le moins."

M. Cintract estimait la taille d'après le nombre de planchettes de la paroi verticale de la caisse, jugeant que celle-ci aurait une hauteur de 50 centimètres.

Selon Montandon, les caisses standardisées d'essence ont une hauteur de 45 cm, et le singe de François de Loys ayant une stature d'au moins 3 fois 1/3 la hauteur de la caisse, la taille de l'animal serait de l'ordre de 1,50 m.

Mais qu'en disait François de Loys lui-même ? Sur ce point comme sur d'autres, le géologue suisse ne fit pas preuve d'une grande clarté, puisqu'il avança deux versions successives, et bien sûr différentes. Lors de la séance de l'Académie des Sciences du 11 mars 1929, Montandon écrivait dans un premier temps, à propos de la taille de la créature :

"[...] l'heureux chasseur l'avait mesurée et avait trouvé, d'après ses souvenirs, 4 pieds et 5 pouces, soit en pieds anglais, 1,35 m, ce qui donnerait à la caisse une hauteur de 0,41 m seulement. Cette stature de 1,35 m doit donc être considérée comme un minimum [...]."

Mais quelques jours plus tard, dans *L'Anthropologie* du 20 mars 1929, Montandon donnait une hauteur encore plus imposante :

"[...] du sommet de la tête au talon, M. de Loys avait mesuré 1 m 57."

Montandon précisait en note infrapaginale, à l'attention de ceux qui seraient à juste titre étonnés de cette augmentation de taille de 22 cm en l'espace de 9 jours, que les chiffres donnés à l'occasion de la séance du 11 mars à l'Académie des Sciences étaient erronés :

"[...] M. de Loys n'avait pas encore eu l'occasion de retrouver le document – une lettre à sa mère – où il avait consigné cette mesure."

On notera tout de même qu'il y a là nombre d'incohérences. En premier lieu, faire une erreur de 22 centimètres, alors que la taille alléguée est un des éléments essentiels dans la genèse du mythe de l'améranthropoïde, est déjà extrêmement suspect. Ensuite, raisonner en pieds et en pouces anglais, est pour le moins étrange, venant d'un Suisse francophone, utilisateur du système métrique. Enfin, aucun élément de comparaison ne permet de vérifier la taille de l'animal sur la photographie, que ce soit un mètre, un objet de dimensions connues, ou même la seule présence d'un membre de l'expédition.

En 1930, Montandon revint sur la question de la taille de l'animal, d'abord lors d'une conférence devant la *Société Anthropologique de France* le 19 février, puis de manière beaucoup plus détaillée dans un long article pour la revue *Archivio Zoologico Italiano*. Le principal point de sa démonstration concerne la hauteur de la caisse, évaluée dans un premier temps à 45 cm :

"La hauteur de la caisse sur laquelle a été photographié l'améranthropoïde était inconnue, l'explorateur, François de Loys, ayant simplement affirmé que c'était une caisse de bidons d'essence de modèle américain et que ses dimensions devaient pouvoir être obtenues par la mesure de caisses similaires. Nous l'avions provisoirement estimée à 45 centimètres, conformément au modèle courant des caisses d'essence en France. Depuis, nous avons découvert d'autres marques, moins courantes, mesurant l'une 43 cm et l'autre 41 cm de hauteur. Enfin, nous reçûmes avis de notre cousin, James-Henri Montadon, à Tulsa (Oklahoma), qui a séjourné comme ingénieur de la Standard Oil dans les forêts du rio Magdalena en Colombie, que les caisses standardisées d'essence, aux États-Unis, construites pour l'exportation dans les pays tropicaux, ne mesurent que 37 cm de hauteur. Peu de temps après, nous avons pu mettre la main sur une caisse standardisée de la Standard Oil [...]. Les dimensions exactes de cette caisse sont : hauteur 37 ½ cm, longueur 52 cm, largeur [...] 26 ½ cm."

On a vu que selon Montandon, la stature de l'améranthropoïde est d'environ 3 fois 1/3 la hauteur de la caisse, ce qui réduit la taille de l'animal à 1,23 m environ.

De toute manière, les calculs basés sur la *hauteur* de la caisse sont entachés d'une erreur que le primatologue William C. Osman Hill semble avoir été le premier à relever, dans sa monumentale étude sur les primates (1962) — ce qui démontre le manque de rigueur dont on fait preuve nombre de chercheurs avant lui (et même après, d'ailleurs). Effectivement, si l'on examine l'étiquette en bas à gauche de la caisse, il apparaît clairement qu'il en manque une bonne partie, du fait que la planche sur laquelle elle est collée est manifestement cassée. Du reste, le bas de la caissse montre une ligne *à peu près* horizontale, qui est à l'évidence la limite de séparation entre deux planches. Or, la hauteur de cette ligne au-dessus du sol est plus élevée sur le côté gauche de la caisse, que sur le côté droit, confirmant qu'il manque un morceau, de forme trapézoïdale, de la planche du bas.

Si des calculs de proportions doivent être faits, c'est donc avec la *longueur* de la caisse, et non sa hauteur, qu'il convient de les établir. La taille de l'animal étant environ deux fois plus grande que la longueur de la caisse, l'améranthropoïde ne mesurerait que 1,04 m environ, une taille certes élevée, mais nullement exceptionnelle, pour un atèle.

La question de la taille de l'animal a connu un nouveau rebondissement en 1997, à la suite de l'affirmation qu'il existerait une photographie montrant des personnages aux côtés de l'améranthropoïde, et corroborant ainsi ses dimensions.

Le cryptozoologue britannique Karl P. N. Shuker en fit état dans le magazine fortéen *Strange Magazine* de l'été 1997 : un de ses correspondants, un certain Jon Flynn, employé au *Cricket Saint Thomas Wildlife Park* de Somerset (Angleterre), se souvenait avoir vu (mais il ne se rappelait plus où exactement) une version de la photographie avec plusieurs hommes debout de chaque côté du singe !

Dans un courrier électronique (*e-mail*) du 16 juillet 1997, Susan M. Ford, du département d'anthropologie de l'université de Carbondale (Illinois, USA), me fit part, indépendamment du cas précédent, d'un témoignage similaire :

"*Il y a environ 15 ans, un étudiant me montra un passage d'un livre sur les mystères animaliers. C'était un livre plutôt vieux alors, et il n'était pas spécialement grand — probablement d'un format 6 x 8, peut-être long de 100 pages. […] Il y avait une photo — et je sais qu'il y avait deux personnes, des indigènes, sur l'image avec l'animal, le tenant en quelque sorte dressé (il était mort). Il n'y avait pas d'échelle, et alors que les humains étaient des mâles adultes, je pense qu'ils étaient probablement de petite taille. Néanmoins, l'animal était clairement grand !*"

Susan Ford a confirmé ces propos, à peu près dans les mêmes termes, à Karl Shuker, qui les a commentés dans le mensuel *Fortean Times* (consacré lui aussi, comme son nom l'indique, aux phénomènes fortéens) de février 1998. Elle précisait cependant que les deux indigènes se tenaient debout, un de chaque côté de l'animal. Le témoignage, venant d'une anthropologue et non de quelque mythomane, mérite bien sûr qu'on s'y attarde. Toutefois, Susan Ford s'était déjà exprimée sur cette anecdote en février 1995, sur le forum de discussion sur Internet "*Primate-Talk*". En réponse à un message du primatologue Frans B. M. de Waal, qui citait l'ouvrage de Bernard Heuvelmans *On the track of unknown animals* (1958), Susan Ford écrivait :

"*Frans de Waal notait le livre de Heuvelmans avec* Anthropoides [sic] loysi *(et merci — je l'avais vu il y a une décennie, et j'avais perdu la référence !!) Effectivement, le singe araignée ou laineux géant, qui est maintenu entre deux hommes, peut être intéressant à la lumière des nouveaux restes subfossiles d'une grotte brésilienne […].*"

En clair, la mémoire de Susan Ford la trahit. C'est bien la traduction américaine du livre de Bernard Heuvelmans *Sur la piste des bêtes ignorées* (1955) qui est le point de départ des "faux souvenirs" de l'anthropologue, comme elle l'écrit elle-même dans ce message. Or, ni dans la version française, ni dans sa traduction américaine (dont le format est en effet d'environ 8 pouces sur 6), on ne trouve la photographie d'un améranthropoïde encadré par deux autochtones. Enfin, que Susan Ford massacre le nom scientifique de l'animal en *Anthropoides loysi*, en dit long sur le peu de fiabilité de ses souvenirs.

Un troisième informateur, Steven Shipp, de Sidmouth (Devon, Grande-Bretagne), propriétaire de *Midnight Books*, une librairie en ligne sur Internet spécialisée dans les grands mystères, écrivit le 15 janvier 1998 à Karl Shuker, qui cita sa lettre dans *Fortean Times* de juillet 1998 : à nouveau, Steven Shipp se souvenait d'avoir vu, peut-être 9 ans auparavant, une photo du singe flanqué de deux personnes, dans une anthologie de l'inexpliqué.

Karl Shuker revint à la charge dans *Strange Magazine* de décembre 1998, où il reprit les témoignages précédents et fit état d'une lettre de Lawrence Brennan, de Liverpool (Grande-Bretagne), curieusement datée du 31 juin (!) 1998. Lui aussi était certain d'avoir vu cette photographie dans un livre, alors qu'il avait 13 à 15 ans, donc au début des années 1980. Les deux hommes photographiés aux côtés du singe étaient assis comme ce dernier, apparemment sur des caisses, et l'un d'eux portait le costume typique du " grand chasseur blanc ", pour reprendre les termes de Brennan, avec peut-être un fusil dans les mains. Il lui semblait qu'il y avait aussi d'autres personnes, probablement des indigènes, se tenant debout derrière l'animal. Quant au livre qui lui laissait ces souvenirs finalement assez flous, c'était son père qui l'avait emprunté à la bibliothèque locale ; il s'agissait d'un ouvrage sur les hommes-singes signalés dans le monde, et le titre était quelque chose comme *Giants walk the Earth* ou *There are giants among us*. On reconnaît sans peine le titre du livre de Michael Grumley, *There are giants in the Earth* (1974), qui est effectivement consacré aux diverses créatures humanoïdes et velues, y compris l'améranthropoïde, et dont nous aurons d'ailleurs à reparler. On y trouve bien la reproduction d'une photo du singe de François de Loys, mais loin de montrer des personnages autour de l'animal, ce n'est que la traditionnelle photo que nous connaissons, et elle est même tellement mal recadrée que les mains, les pieds, et le sommet de la tête de l'animal sont coupés ! Et aucune autre photographie du livre ne rappelle, fût-ce de très loin, les images que Brennan a gardées en mémoire…

Un autre correspondant de Karl Shuker se manifesta en octobre 1998. Robert Hill, de Cardiff (Grande-Bretagne), lui écrivit qu'il avait vu une photo du singe représenté avec deux personnes à ses côtés, avant d'avoir atteint ses 12 ans (en novembre 1976), associant la vision avec sa résidence de vacances d'enfance. Il avait seulement feuilleté le livre chez un marchand, et cela avait marqué son esprit, car il venait juste d'acheter *There are giants in the Earth* de Michael Grumley. Karl Shuker y voit la preuve que ce dernier ouvrage n'est pas celui où figure cette photo insaisissable, et que la concomitance dans le temps de la publication des deux ouvrages (vers 1975) est à la source de la confusion de Lawrence Brennan.

Si l'on examine ces cinq témoignages, on notera que les contradictions sont nombreuses : les personnages sont-ils des Européens ou des indigènes ? Sont-ils debout ou assis ? Sont-ils deux ou plus nombreux encore ?

Une possibilité à ne pas négliger est que l'illustration n'ait rien à voir avec l'améranthropoïde, comme l'a suggéré un biologiste argentin, Mariano Moldes, dans une lettre à Karl Shuker. Ce ne serait pas la première fois que le "documentaliste" aurait choisi un document quelconque (par exemple un chimpanzé) pour illustrer l'ouvrage. On peut toutefois exclure cette hypothèse dans le cas de Susan Ford, une anthropologue.

Toutefois, je suis persuadé pour ma part qu'il ne s'agit que d'un "faux souvenir", comme dans le cas de l'introuvable "*thunderbird photograph*", la photo d'un rapace gigantesque montré en trophée par des Américains, qui hante la littérature forténne et cryptozoologique, et sur laquelle on n'arrive bien sûr pas à mettre la main. Les détails rapportés sont tellement stéréotypés, correspondant à des clichés (c'est le cas de le dire !), depuis les indigènes servant de faire-valoir jusqu'à la tenue de grand chasseur blanc (avec le casque colonial ?), que l'on doit s'en méfier *a priori*. Susan Ford reconnaît d'ailleurs implicitement qu'elle se souvient du livre de Bernard Heuvelmans *On the track of unknown animals*, et Lawrence Brennan de celui de Michael Grumley *There are giants in the Earth*.

Car enfin, si François de Loys avait réellement pris une telle photographie pouvant conforter ses dires, pourquoi ne l'aurait-il pas divulguée, au lieu de la seule photo équivoque que l'on connaît ? Ou même pourquoi n'aurait-il pas seulement mentionné l'existence d'autres photographies ?

À moins que certains de ces souvenirs ne soient basés sur la photo éventuelle d'un *autre grand singe* sud-américain, distinct de celui photographié par François de Loys, et dont on peut trouver la trace dans le dossier des humanoïdes velus d'Amérique Latine. Ainsi, dans un article sur la forêt du Gran Chaco du Paraguay pour la revue cynégétique *Le Saint-Hubert* de juillet 1964, José Lion-Depètre mentionne sa propre observation de deux "hommes-singes" dans cette région, pour préciser ensuite :

"*[...] comme je cherchais dans un livre d'histoire naturelle, de Gallach, édité à Barcelone, la description de certain cerf américain, je tombai sur la photographie de la femelle d'un anthropoïde inconnu, d'un mètre cinquante de taille, tuée précisément dans la région du Gouaporé. Cette guenon, en compagnie du mâle, qui avait échappé, avait attaqué des chasseurs brésiliens. On peut voir sa photographie dans l'histoire naturelle précitée, entre les deux chasseurs qui la tuèrent. Cela me fit naturellement penser à la possibilité de l'existence de l'homme-singe.*"

J'ai pour l'instant vainement cherché ce livre d'histoire naturelle : j'ai pourtant consulté diverses éditions de l'*Historia Natural* de Gallach, où ne figure aucune photographie de ce type. Je reste donc très sceptique sur ce "nouveau" cas. D'ailleurs, la grande similitude des circonstances relatées par José Lion-Depètre avec le cas de l'améranthropoïde, doit inciter à la plus grande réserve, surtout quand on lit sous la plume du chasseur des énormités anthropologiques de ce type :

"*Les Houhourougas et d'autres sauvages de ces régions se rapprochent beaucoup des grands singes. Ils ont un vocabulaire qui n'atteint pas un centaine de mots, qu'ils augmentent par des grognements de signification différente. Comparons avec les 32 mots découverts dans le vocabulaire du chimpanzé. Et la ressemblance physique entre les deux est impressionnante.*"

Faut-il rappeler que toutes les populations humaines, même les plus "primitives" selon nos critères occidentaux, ont un langage des plus riches et des plus complexes, comprenant non seulement des centaines ou des milliers de mots, mais surtout une *grammaire* que les chimpanzés sont totalement incapables d'apprendre ?

2) LES PROPORTIONS DE L'ANIMAL :

On a affirmé également que la forme relativement élancée du tronc rappelle celle des gibbons. Et Bernard Heuvelmans écrivait dès 1952 :

"Le singe de Loys a les membres bien plus épais que les atèles ordinaires. Détail qui, à ma connaissance, n'a pas été relevé : son thorax semble déprimé dorso-ventralement comme celui des anthropoïdes africains."

Par ailleurs, à cette époque, Heuvelmans était allé au *Muséum National d'Histoire Naturelle* de Paris étudier le spécimen-type d'*Ateles hybridus* pour le comparer avec l'améranthropoïde, suivant une hypothèse prêtée au mammalogiste américain Philip Hershkovitz :

"[…] je suis allé longuement l'examiner, sans pourtant être le moins du monde convaincu. S'il est vrai que l'atèle métis a les membres plus robustes que les autres atèles (du moins sur la pièce montée d'après une dépouille en mauvais état !) et un pelage qui se rapproche de celui de l'améranthropoïde, ni sa taille, ni surtout la configuration et la forme de sa face ne permettent de l'identifier à ce dernier."

Je crains que le père de la cryptozoologie, comme on a surnommé Heuvelmans, n'ait pas fait preuve dans ce cas de sa légendaire sagacité. L'épaisseur relative des membres de l'améranthropoïde est en réalité parfaitement compatible avec les diverses espèces d'atèles, comme l'a souligné le primatologue William C. Osman Hill en 1962, et comme le reconnaît d'ailleurs implicitement Heuvelmans à propos du spécimen du Muséum de Paris. Comparer un spécimen type maladroitement naturalisé et une photographie d'un singe aux tissus distendus par la décomposition et à la bouche béante si peu naturelle, n'est pas sans risque d'erreur. Quant au thorax déprimé dorso-ventralement, Heuvelmans lui-même écrit qu'il "semble" en être ainsi, car il est impossible de trancher sur une photographie prise de face.

3) UN SINGE SANS QUEUE ?

Selon François de Loys, l'animal ne possédait pas de queue. Or, tous les atèles en possèdent une, très longue au demeurant, et préhensile : ces quadrumanes s'en servent comme d'une cinquième main pour s'accrocher et se balancer aux branches. Cette absence totale d'appendice caudal rapprochait donc le singe abattu par de Loys des singes anthropoïdes de l'Ancien Monde, comme le gorille, le chimpanzé et l'orang-outan.

On peut alors se demander pourquoi François de Loys ne présente qu'une photographie prise de face, ne permettant pas de vérifier cette assertion : la queue peut très bien être cachée derrière le corps (et derrière la caisse), ou même avoir été amputée. Une photo de dos ou même de profil aurait pourtant suffi pour lever le doute…

4) LES TRAITS PRESQUE HUMAINS DU VISAGE :

On souligne souvent l'aspect extraordinairement humain du visage, au point que Montandon évoqua dès 1929 une possible relation avec le pithécanthrope de Java (*Homo erectus*).

Mais les atèles ont justement un visage plus "humain", d'une certaine manière, que celui des singes anthropoïdes de l'Ancien-Monde. La moindre robustesse du crâne, et le moindre prognathisme, notamment, expliquent cette différence.

L'Italien Nello Beccari avait eu l'idée de photographier un atèle, en l'occurrence un *Ateles paniscus*, dans la même position que le singe abattu par de Loys, aux fins de comparaison. Bien qu'il fût convaincu de l'authenticité de l'améranthropoïde en tant qu'espèce nouvelle, il n'en écrivait pas moins :

"*Sur la face on ne note pas, à vrai dire, de grandes différences. Et la ressemblance majeure de la physionomie d'Ameranthropoides avec celle de l'homme pourrait dépendre de l'état des restes du cadavre [...].*"

5) LE DÉVELOPPEMENT DE LA TÊTE ET DU CERVEAU :

Le développement relatif de la tête et du cerveau, et leur taille absolue (si l'on accepte la taille de 1,57 m pour l'animal), ont amené Bernard Heuvelmans à spéculer sur le psychisme de l'améranthropoïde, encore une fois rapproché indûment du pithécanthrope. Quant à L'Italien Nello Beccari, il fut encore plus téméraire, en allant jusqu'à établir un dessin de l'anatomie du cerveau de l'améranthropoïde (figure 5), dont le volume, les nombreuses circonvolutions cérébrales, comme le choix de le faire figurer en

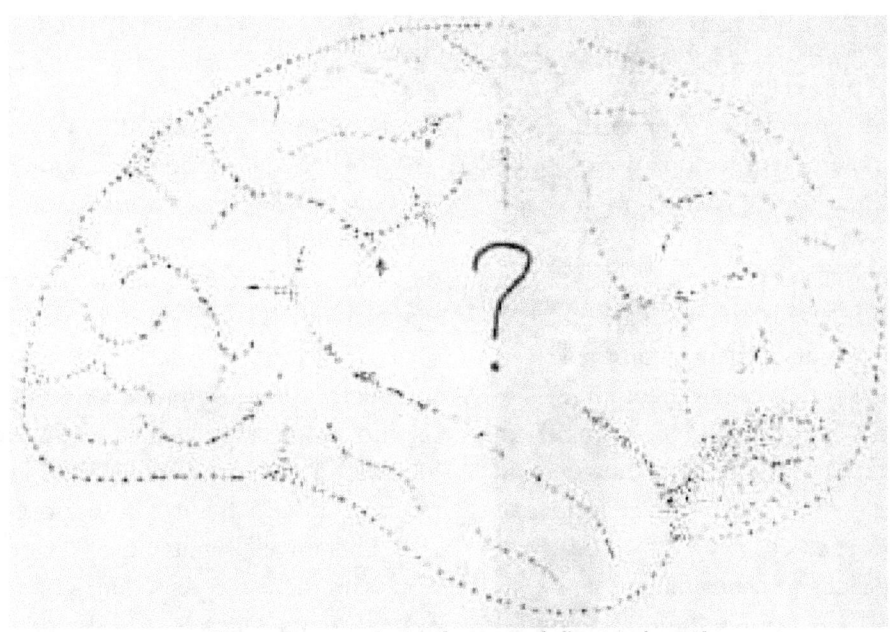

Figure 5 : *reconstitution du cerveau de l'améranthropoïde (d'après Beccari, 1943)*

regard d'un cerveau de gorille, ne laissent aucun doute quant aux capacités cognitives supérieures que lui prêtait le savant italien.

Mais en réalité, le crâne des atèles, comparé à celui des singes anthropoïdes, présente un front beaucoup plus manifeste que celui, fuyant, de ces derniers.

6) LE PELAGE :

François de Loys a donné quelques détails sur le pelage de l'animal dans son article de 1929 pour l'*Illustrated London News* :

"*Le corps était entièrement couvert d'un manteau épais de poils grossiers, longs et gris-bruns...*"

Voilà qui va à l'encontre de l'affirmation de Corrado Gini sur un "*pelage moins fourni et moins uniforme*" (que celui des atèles), et montre le caractère très subjectif de ce critère.

Par ailleurs, la photographie montre des poils plus clairs sur le torse et le haut du ventre, ainsi que la partie médiane des cuisses notamment, ce qui correspond à ce que l'on observe chez *Ateles belzebuth*.

7) LA DENTITION :

Selon François de Loys, l'améranthropoïde possédait 32 dents, comme les singes anthropoïdes notamment.

Chez les platyrhiniens (singes du Nouveau Monde), la formule dentaire présente des différences entre les hapalidés et les cébidés :

- hapalidés (ouistitis, tamarins) :
2 i + 1 c + 3 pm + 2 m   32 dents.
- cébidés (atèles, brachytèles) :
2 i + 1 c + 3 pm + 3 m   36 dents.

Sur ce point comme sur d'autres, nous n'avons aucune preuve matérielle pour corroborer cette allégation que le singe possédait effectivement 32 dents : on peut se demander à nouveau pourquoi le géologue suisse n'a pas photographié le crâne ou la mandibule de l'animal, alors que la boîte crânienne aurait été conservée un certain temps comme boîte à sel.

Quoi qu'il en soit, même si l'animal n'avait vraiment que 32 dents au lieu de 36, ce serait encore une raison de le rapprocher des atèles communs. La réduction du nombre de dents par l'absence individuelle de la dernière molaire sur une ou même sur les deux mâchoires, est relativement fréquente, et a été notée par plusieurs auteurs, comme Schultz, Colyer et Lönnberg, pour qui de telles anomalies surviennent chez 24 % des individus (Lönnberg 1940).

8) UNE BIPÉDIE INCERTAINE :

Dans ce qu'on pourrait appeler "*le légendaire de l'améranthropoïde*", les partisans de l'authenticité de ce dernier répètent mécaniquement que les créatures marchaient debout (par exemple Robert Silverberg 1965, Gantès 1979) : c'est là une manifestation typique de ce que les psychologues appellent une "inférence logique", à savoir une interprétation subjective fondée sur des présupposés (un "homme-singe" digne de ce nom doit nécessairement être bipède !) et non sur des éléments factuels. Car François de Loys n'a *jamais* écrit noir sur blanc que sa créature marchait debout, ni dans *L'Illustrated London News* du 15 juin 1929, ni dans le *Washington Post* du 24 novembre de la même année.

Du reste, George Montandon lui-même ne mentionna aucun détail sur la marche ou la posture de l'améranthropoïde dans ses premiers articles. Mais dans sa communication devant la *Société Anthropologique de France*, présidée par Lévy-Bruhl et relatée par *L'Anthropologie* du 20 mars 1929, Montandon apporta un détail inédit sur la locomotion des créatures :

"*M. de Loys et ses compagnons se trouvèrent un jour en présence d'un couple de singes de stature humaine. Ceux-ci, pleins de furie, marchèrent sur eux, debout, mais en se tenant aux arbustes [souligné par moi – M.R.], dont ils cassaient les branches comme pour s'en servir d'armes.*"

On voit donc qu'entre la version du 11 mars pour l'*Académie des Sciences* et celle du 20 mars pour la *Société Anthropologique de France*, le singe avait non seulement gagné en taille, mais aussi en humanité, se voyant affublé d'une bipédie certes maladroite…

Les pieds de l'améranthropoïde, avec leur gros orteil bien opposable justifiant pleinement le surnom de quadrumane, sont d'ailleurs typiquement ceux d'un animal au mode de vie arboricole. Comme l'écrivait l'anthropologue Francis M. Ashley-Montagu dans le *Scientific Monthly* de septembre 1929 :

"*Sans doute, cette créature pourrait supporter son propre poids sur ses membres inférieurs, mais la structure de son pied rend tout à fait impossible que sa marche habituelle soit bipède plutôt que quadrupède, ou qu'elle passe plus de temps sur le sol que dans les arbres. Ce pied est d'une apparence identique à celui d*'Ateles.*"

La réduction extrême des pouces trahit également un singe brachiateur, comme c'est aussi le cas entre autres de l'orang-outan (*Pongo pygmaeus*) de Sumatra et de Bornéo.

Ceci dit, même si l'on admet la bipédie occasionnelle de la créature, cela la rapproche encore une fois des atèles, qui en effet se déplacent parfois dressés sur leurs membres postérieurs. On peut trouver un dessin d'un tel atèle marchant debout dans l'ouvrage d'Adolph H. Schultz *The life of primates* (1969), d'après un cliché du docteur E. Erikson. Et j'ai moi-même eu l'occasion d'observer en février 1996, au parc zoologique de Fréjus, un atèle parcourir une dizaine de mètres en position bipède.

9) L'ALLURE DU SEXE :

Il a été dit et répété, aussi bien par François de Loys et George Montandon que par leurs successeurs, que l'animal abattu était une femelle, et que le sexe visible sur la photographie est un clitoris démesuré, un trait caractéristique des atèles femelles, mais poussé à l'extrême chez cet individu. C'est en effet possible, et je me suis moi-même très longtemps rangé à cette interprétation ; mais on peut sérieusement mettre en doute ce point également. On remarque en effet, sur le sexe de la créature, des replis annulaires, spécialement à mi-longueur environ, pouvant être interprétés comme un repli prépucial. Or, à l'inverse, chez les atélinés femelles, les sillons du clitoris sont longitudinaux et non transversaux.

La forme même de l'extrémité du sexe du singe photographié par de Loys va d'ailleurs dans le même sens d'une identification avec un mâle. Déjà en 1929, Léonce Joleaud notait que le clitoris des atèles *"se termine par un léger renflement"*, sans relever la contradiction avec l'aspect de l'appendice sexuel de l'améranthropoïde. C'est à nouveau le primatologue William C. Osman Hill (1962) qui fut le premier à poser ouvertement la question :

"[…] l'apex du phallus est quelque peu carré et tronqué, alors que chez la femelle le clitoris est plutôt en forme de bulbe ou arrondi à son extrémité. Une apparence très semblable à celle de la photographie est montrée par le pénis desséché du spécimen type d'Ateles bartletti (= A. belzebuth, B.M. n° 67.9.16.1)."

On peut également remarquer que les "mamelles" de la créature sont très peu développées : le mamelon gauche, bien visible au niveau de l'aisselle (une autre caractéristique des atèles), est particulièrement discret pour une prétendue femelle. Bien sûr, il existe une grande diversité anatomique à ce sujet, tout comme dans l'espèce humaine (Jane Birkin et Gina Lolobrigida, par exemple, symboles en leur temps de l'idéal féminin, respectivement "planche à repasser" et à la poitrine opulente, n'en sont pas moins femmes l'une que l'autre), mais il n'en demeure pas moins que cet indice va lui aussi dans le sens d'un atèle mâle.

Le comportement prêté à l'animal est également étrange : à en croire de Loys, le mâle se serait effacé derrière la femelle, laissant celle-ci en première ligne face aux armes des explorateurs. C'est pourtant l'inverse qui aurait dû se produire, en toute logique, la femelle cédant le pas au mâle.

Pourquoi donc François de Loys va-t-il faire de ce mâle authentique, une prétendue femelle ? La réponse à cette question se trouve à mon avis dans une anecdote, rapportée en 1962 par le docteur Enrique Tejera, à laquelle nous reviendrons bientôt.

L'itinéraire d'un " savant " fou

Il faut en effet ouvrir ici une longue parenthèse sur le personnage même de George Montandon (figure 6), dont l'idéologie et l'itinéraire politique se révèlent indissociables du problème de l'améranthropoïde.

Né le 19 avril 1879 à Cortaillod (Suisse), George-Alexis Montandon suivit des études de médecine à la faculté de Genève en 1903, puis à Zurich, où il exerça la chirurgie à la clinique universitaire de 1906 en 1908. Après son service militaire, il fut chirurgien à Lausanne, mais très tôt, il se passionna pour l'ethnologie, et après un passage à Hambourg et à Londres, il s'embarqua de Marseille pour l'Éthiopie en 1909, où il passa plusieurs mois en explorations et en études

des populations, dont il tira son premier livre, *Au pays Ghimirra* (1913).

De retour d'Éthiopie, il s'installa comme médecin à Lausanne, et lorsque la guerre de 1914 éclata, il s'engagea volontairement dans un hôpital à Bourg-en-Bresse. Après son retour à Lausanne en 1916, on le retrouve en 1919 au *Musée Ethnographique* de Genève où il étudiait les rapports entre *"la généalogie des instruments de musique et les cycles de la civilisation"*.

Au lendemain de la Première Guerre Mondiale, Montandon était communiste, fasciné comme nombre d'intellectuels par la révolution bolchévique de 1917. Il se rendit d'ailleurs en Russie en 1919, à la demande de la Croix-Rouge, pour organiser le rapatriement des prisonniers de guerre autrichiens par Vladivostok. Il profita de l'occasion pour étudier les peuples rencontrés : Bouriates, Mongols, Aïnous, etc., dont il tirera un ouvrage, *Au pays Aïnou* (1927). Il approuvait alors sans réserve la révolution soviétique d'octobre 1917, y compris la politique de terreur de la *Tchéka* (police politique) : en parfaite connaissance de cause, il fait plus que l'excuser, puisqu'il va jusqu'à la justifier politiquement, et on peut d'ailleurs lire ces phrases édifiantes dans son livre *Deux ans chez Koltchak et chez les Bolcheviks* (1923) :

"Personne mieux qu'eux n'a réussi à instaurer un État où la tendance à l'égalité fut si manifeste et parce qu'en se maintenant aussi près que possible de leur programme primitif, ils restent un centre de ralliement pour tous ceux qui rêvent non pas d'un État, mais d'un monde plus égalitaire, aux yeux de ceux qui sympathisent avec cette tendance, ces hommes ont le devoir absolu de rester au pouvoir [souligné par moi — M.R.].*"*

Ces idées politiques allaient nuire à sa carrière, puisqu'en 1921, le Conseil d'État Suisse refusa de ratifier sa nomination comme professeur d'ethnologie à la faculté de Neuchâtel. Montandon était alors membre du Parti Communiste de Lausanne, et recevait de l'argent des services secrets soviétiques. Il collaborait régulièrement à la revue communiste *Clarté*, fondée par Henri Barbusse, et au quotidien *L'Humanité*.

Pourquoi Montandon, admirateur inconditionnel du bolchévisme, a-t-il viré vers l'extrême droite antisémite, voilà qui reste encore à élucider. Sur le comment, j'ai quelque raison de croire que ce ren-

Figure 6 : *George Montandon*

versement idéologique cache en fait une profonde continuité dans la *forme* de son expression politique : détachement "scientifique" qui considère les hommes comme de simples objets d'étude, occultant toute vision humaniste de la société ; utilisation de l'injure comme argument politique ; diabolisation de l'adversaire ; culte de la force brute ; enfin et surtout, application aveugle du célèbre principe "la fin justifie les moyens".

Le tournant semble se situer entre 1926 et 1928, année où il publie un livre sur les origines de l'homme, *L'ologenèse humaine (Ologénisme)*. L'ethnologue franco-suisse y développait une délirante théorie, qui appliquait à l'homme l'idée d'un polygénisme, c'est-à-dire que notre espèce était issue de plusieurs espèces différentes, un non-sens biologique absolu. Pour Montandon, les Blancs descendaient de l'homme de Cro-Magnon, les Noirs du gorille, les Jaunes de l'orang-outan ou des gibbons ; quant aux Amérindiens (la prétendue " race rouge "), l'améranthropoïde venait à point nommé comme ancêtre présumé ! Cette conception n'était que la traduction scientifique (des guillemets s'imposeraient sur l'adjectif "scientifique") d'un racisme extravagant, qui culminait chez Montandon à l'encontre des Juifs.

On peut en trouver les traces dès 1926 ("L'origine des types juifs" dans *L'Humanité* du 15 décembre 1926, sous le pseudonyme de "Montardit"), puis dans différents ouvrages comme *La race, les races, mise au point d'ethnologie somatique* (1933), et surtout *L'ethnie française* (1935), où il propose de créer un état juif pour y regrouper cette "ethnie".

Pour Montandon, une "race" est un groupe d'individus partageant un certain nombre de caractères somatiques (physiques), alors qu'une "ethnie" se caractérise par une communauté d'esprit ou de langue. Il distingue donc une "ethnie juive", rejetant l'existence d'une race juive, mais n'étant pas à une contradiction près, il prétend reconnaître physiquement le Juif par toute une série de caractères anatomiques :

"Le nez fortement convexe [...], les lèvres assez charnues [...], les yeux peu enfoncés dans les orbites [...]. On dira donc d'un mot que, dans le type juif, l'un ou l'autre de ces trois organes quand ce ne sont pas tous trois, sont fortement " chargés ". Parmi d'autres caractères, on peut citer le cheveu assez fréquemment plus ou moins frisé. De ces caractères, le plus connu, le plus reconnu, est le nez fortement convexe." (Montandon 1935 : 139).

On ne s'étonnera pas que de tels délires raciologiques aient pu trouver un écho favorable outre-Rhin, où les Nazis avaient pris le pouvoir en 1933. C'est ainsi qu'en 1934, la *Deutsche Literaturzeitung* avait fait un commentaire élogieux de *La race, les races*, et en 1938 Roderich von Ungern-Sternberg décernait à Montandon un label en matière de racisme :

"Le livre de Montandon, L'ethnie française, *est le seul qui puisse légitimement émettre la prétention d'être utilisé et reconnu comme manuel raciologique de la population française."*

Montandon était même "en avance" sur ses collègues allemands, comme le théoricien raciste Hans F. K. Günther, puisqu'il préconisait à l'encontre des Juifs (du moins pour ceux hors de l'état de Palestine où il voulait les regrouper), une politique beaucoup plus radicale que celle appliquée à ce moment en Allemagne nazie. Afin de limiter la reproduction des individus de " l'ethnie juive ", Montandon proposait notamment la castration voire la mise à mort des hommes, et des mesures non moins extrêmes pour les femmes, qui selon Montandon avaient déjà été envisagées par de "grands pays" :

"En ce qui concerne les femmes, comme on les condamne moins volontiers à la peine de mort que les hommes, la régression, vis-à-vis de celles de moins de quarante ans, consisterait à les défigurer en leur coupant l'extrémité nasale, car il n'est rien qui enlaidisse davantage que l'ablation, telle qu'elle se réalise spontanément par certaines maladies, de l'extrémité du nez." (Montandon 1935 : 20-21).

À la lecture de ces lignes, Hans Günther, pourtant peu suspect de sympathies juives, fit part à Montandon de sa perplexité dans une lettre du 6 octobre 1938 :

"Au bas de la page 20, vous avez mentionné diverses mesures incisives proposées contre la souillure de la race par le judaïsme. Je ne crois pas qu'il s'agisse dans ce cas de propositions sérieuses et je suppose que vos informations ne sont pas exactes. Si pourtant, vous possédez des pièces justifiant la recommandation de mesures aussi radicales, je vous serais très reconnaissant de m'indiquer les sources en question."

Dans sa réponse du 23 octobre 1938, non seulement Montandon persistait et signait, mais il en rajoutait même dans l'ignominie :

"En ce qui concerne le point 2 (mesures radicales contre les Juifs), j'ai déjà entendu ou lu des propositions pareilles. Il ne s'agit ici ni de mesures proposées officiellement, ni même mentionnées en Allemagne. Je suis pourtant tout à fait sûr d'avoir lu quelque part, par exemple, la proposition du marquage au fer rouge, et personnellement, je trouve appropriée la mesure consistant à couper, dans certains cas, le bout du nez aux femelles juives, car celles-ci ne sont pas moins dangereuses que les hommes. Du temps de mon stage de jeune médecin à Zurich, j'ai pu constater dans un cas de cet ordre, l'excellent effet d'une telle opération pratiquée par morsure."

Ce caractère " précurseur " conduisait Montandon à reprocher aux théoriciens nazis de ne pas citer ses travaux. Et en 1940, alors que la France est en guerre avec l'Allemagne, et à peine quelques jours avant l'invasion de la France par la *Wehrmacht*, Montandon allait jusqu'à écrire ces lignes dans le journal *La Lumière* du 26 avril :

"Prétendre à ce propos que j'obéis à des suggestions hitlériennes est un non-sens. C'est plutôt Hitler qui s'est saisi des miennes — les réalisant en pleine guerre et sans accords réciproques…"

Quand la France fut sous l'occupation allemande à partir de juin 1940, le régime collaborationniste de Vichy mena dès les premiers jours une politique antisémite allant nettement aux devants des exigences de l'occupant : une des premières lois de Vichy fut en effet un statut de la fonction publique, qui en interdisait l'accès aux Juifs. Puis vinrent d'autres interdictions professionnelles, le port de l'étoile jaune, les brimades quotidiennes, et finalement les arrestations (dont la tristement célèbre "rafle du Vélodrome d'hiver"), suivies de la déportation et de la mort dans les camps de concentration. C'est dans ce contexte que Montandon put donner la mesure de son racisme et de son antisémitisme. On lui doit notamment un opuscule, *Comment reconnaître et expliquer le Juif ?* (Paris, Nouvelles Éditions Françaises, 1940), qui servit de base à l'organisation de la fameuse exposition itinérante " la France juive ". Pour donner une idée du niveau scientifique de cet ouvrage, il suffit de relever que parmi les critères de reconnaissance du Juif selon Montandon, figure "l'odeur rance"…

Puis vint la publication de la revue *L'Ethnie Française*, dont George Montandon était directeur et principal auteur, et où l'antisémitisme le plus odieux atteignait un niveau si obsessionnel, que Montandon voyait des Juifs même là où il n'y en avait pas : ainsi le chanteur narbonnais Charles Trénet était soupçonné de s'appeler Netter, anagramme de Trénet !

Montandon ne s'en tint pas à ces écrits, bien que déjà révélateurs. Au delà de ce que Pierre-André Taguieff a qualifié d'antisémitisme de plume, Montandon fut en effet un artisan actif de la "solution finale". Montandon fut en effet nommé expert ethno-racial auprès du sinistre *Commissariat Général aux Questions Juives* (CGQJ) de Darquier de Pellepoix : les "expertises" de Montandon, basées sur la forme du lobe de l'oreille et autres critères pseudo-scientifiques, valaient un billet de train pour les camps de la mort, pour celui qu'il décrétait "juif", mais il se laissait toutefois acheter par les Juifs fortunés qu'il déclarait "aryens" ! Tout cela est bien sûr sans valeur scientifique : les Juifs sont avant tout une communauté religieuse, et il est stupide de rechercher parmi eux une unité "raciale" quelconque. Il suffit de voir un Juif algérien (le chanteur Enrico Macias, teint foncé, yeux bruns et cheveux crépus) et un Juif polonais (Martin Gray, l'auteur du récit autobiographique *Au nom de tous les miens*, pâle blond aux yeux bleus !) pour s'en persuader ; et *quid* des *Falasha*, les Juifs noirs éthiopiens ? Il est même piquant de remarquer, avec Arthur Koestler (1976), que l'empire Khazar, un royaume du Caucase, se convertit au judaïsme du septième au dixième siècle, dans la région même où les théoriciens nazis voyaient l'origine de la race aryenne !

Bref, Montandon était un salaud (pour appeler un chat, un chat), et l'on ne s'étonnera pas qu'il ait été exécuté par la Résistance dans sa villa de Clamart à la veille de la Libération de Paris le 3 août 1944. Trois versions divergentes existent sur cet attentat. Selon la première, il aurait été tué sur le coup. Selon une autre version, qui se base notamment sur les écrits du romancier Louis-Ferdinand Céline, seule l'épouse de Montandon aurait été tuée, mais George Montandon, gravement blessé, aurait suivi avec son fils et ses deux filles les collaborateurs les plus engagés et le régime de Vichy vers l'Allemagne, où il serait mort des suites de ses blessures : c'est celle que je privilégie, car elle est corroborée par les archives de l'hôpital allemand *Karl Weinrich Krankenhaus* de Fulda, qui enregistra le décès de Montandon, le 30 août 1944. Enfin, selon une dernière version, que rien n'étaye, il aurait survécu à l'attentat et se serait réfugié en Suisse : Claude Singer, dans *L'université libérée, l'université épurée* (1997), soutient en effet que Montandon ne serait mort que dans les années 1960.

L'AMÉRANTHROPOÏDE COMME PREUVE DE L'OLOGÉNISME

On objectera que le racisme effréné de Montandon, pour aussi abject qu'il ait été, n'invalide en rien le cas de l'améranthropoïde. C'est oublier le fait que la découverte du singe de François de Loys servait les idées ultra-racistes de Montandon, jetant le discrédit et la suspicion sur cette affaire. Elle s'inscrivait en effet parfaitement dans la vision du monde (je devrais dire la *Weltanschaung*) de Montandon, et ce dernier a lui-même tiré argument de l'existence de l'améranthropoïde comme preuve indirecte de l'ologenèse.

En effet, l'anthropologue franco-suisse écrivait dès les premières lignes de son fameux article du *Journal de la Société des Américanistes de Paris* en 1929 :

"La découverte que relatent ces lignes, si elle se confirme, ne sera pas sans conséquences dans le domaine zoo-anthropologique ; elle obligera à reviser certaines théories, elle soutiendra d'autres théories nouvelles."

On peut se demander de quelles "théories nouvelles" il s'agit ? Bien évidemment, de l'ologénisme, auquel Montandon avait consacré un livre quelques mois auparavant, *L'ologenèse humaine (Ologénisme)* (Paris, Félix Alcan, 1928), qu'il cite page 192 du même article, précisant même le nombre de pages, de figures, de graphiques et de cartes géographiques de l'ouvrage, et concluant par ces mots significatifs :

"La présence d'un anthropoïdé en Amérique soutient indirectement la théorie de l'ologénisme ; ce fait abolit l'argument de la répartition des anthropoïdés à la périphérie de l'Ancien Monde — comme s'ils y avaient été chassés par les vagues concentriques de leurs successeurs — argument invoqué comme preuve du berceau de l'humanité en Asie centrale."

De semblables allusions à l'ologénisme se trouvent dans la plupart des articles de Montandon sur l'améranthropoïde, et la juxtaposition de ses écrits est instructive, démontrant à l'évidence de la part de Montandon une véritable stratégie d'occupation du terrain (les spécialistes en *marketing* parleraient de "plan media"), liant l'améranthropoïde à l'ologénisme.

On voit ainsi que, non seulement George Montandon plaçait la découverte de l'améranthropoïde dans le cadre de l'ologénisme, mais qu'il avait soigneusement jalonné le terrain, publiant à peu de temps d'intervalle un article sur chacun des deux sujets dans la même revue. Son article pour la revue *Archivio Zoologico Italiano* en 1930 fait d'ailleurs partie d'un numéro spécial rendant hommage au "père" de l'ologénèse, le zoologiste italien Daniele Rosa. Et François de Loys lui-même plaça l'améranthropoïde sous le signe de l'ologénisme, dans l'*Illustrated London News* du 15 juin 1929 :

"*Ma découverte d'un singe anthropoïde qui est proprement américain apporte donc un soutien considérable à la théorie ologénique, selon laquelle les anthropoïdes de même que les hominiens, et en effet l'homme lui-même, sont apparus indépendamment sur toute la surface de la terre.*"

Mais qu'est-ce que l'ologénèse ? Selon cette théorie, avancée par Rosa en 1918, les créatures vivantes apparaissent simultanément sur toute la surface du globe. Appliquée à l'homme par Montandon, sous le nom d'ologénisme, cette théorie prétend que les "races" humaines ne sont pas apparentées, étant apparues indépendamment l'une de l'autre, et simultanément sur toute l'étendue de la Terre.

Cette théorie va à l'encontre de toutes les données de la génétique. Il est admis par pratiquement tous les zoologistes sérieux, que le phénomène de spéciation se produit au sein d'une *petite* population *très localisée*, qui s'isole sexuellement de l'espèce mère, l'isolement étant dû à une barrière montagneuse, un bras de mer (faune insulaire), ou autre. À terme, se crée ainsi une barrière génétique entre la population mère et la population fille, devenue une nouvelle espèce.

Dans un article méconnu pour le *Washington Post* du 24 novembre 1929, François de Loys donna une version "grand public" de cette théorie. C'est un véritable morceau d'anthologie raciste, où tous les poncifs du genre semblent avoir été rassemblés :

"*Observez un orang-outang [sic] de Malaisie, et vous serez frappé au premier coup d'œil par son apparence asiatique, petits yeux bridés, pommettes hautes, épaules étroites, manières silencieuses et prudentes. En le regardant, c'est un vieux Chinois que vous croyez voir. Avec le chimpanzé, la forme plus dressée du corps, l'envergure plus large de la poitrine, l'aspect plus franc du visage, l'expression ouverte — vous ne pouvez pas manquer de noter sa ressemblance avec le type d'homme brun de l'Afrique du Nord ou même du stock méditerranéen. Le gorille, noir de peau et de poil, avec son développement musculaire formidable, sa mandibule proéminente et sa bouche aux lèvres épaisses, avec son front étroit et ses pieds plats — le gorille ressemble pour tout le monde à une caricature de Nègre d'Afrique Centrale, qui est le pays des deux.*"

Dans cette optique délirante, dont on ne sait s'il faut s'indigner ou rire aux éclats, la découverte de l'améranthropoïde constituait le " chaînon manquant " entre les singes d'Amérique et les Amérindiens.

Si l'on doute encore d'un lien direct entre l'idéologie de Montandon et son implication dans l'affaire de l'améranthropoïde, je pose incidemment une question ingénue, que tout cryptozoologue aurait dû se poser : pourquoi diable Montandon, dont la bibliographie est une liste interminable[4] de livres racistes, d'articles théoriques racistes, d'articles de

Publication	Évocation de l'Ologénisme	Évocation de l'améranthropoïde
L'Ologenèse humaine (ologénisme)	*1928*	
La Nature	*15 décembre 1928*	*15 mai 1929*
Revue Scientifique Illustrée	*26 janvier 1929*	*11 mai 1929* "Nous apportons aujourd'hui, dans le domaine zoo-anthropologique, un fait absolument nouveau en lui-même, et qui, indirectement, soutient la théorie émise"
L'Illustration	*23 février 1929*	*13 avril 1929*
L'Anthropologie	*13 mars (?) 1929*	*20 mars 1929* "Quoique le sujet pût s'y prêter et que la théorie de l'ologénisme en particulier puisse y trouver un appui – indirect, il est vrai, – le conférencier ne fait pas d'incursion dans le domaine spéculatif..."
La France Médicale	*avril 1929*	*avril 1929*
Journal de Genève	*4 avril 1929*	*12 juin 1929* " Un extrait de la Revue Scientifique apporte, dans le domaine zoo-anthropologique, un fait absolument nouveau en lui-même, et qui, indirectement, soutient la théorie émise ."
Journal de la Société des Américanistes de Paris (1929)		*9 avril 1929* *Voir citations plus haut.*

journaux racistes, de pamphlets racistes, de traductions d'ouvrages racistes allemands (les théoriciens de l'eugénisme Hans Weinert, Hans Günther, Otmar von Verschuer, von Klaatsch, etc.) et d'autres " travaux " racistes — pourquoi diable donc, n'a-t-il jamais écrit en zoologie ou en primatologie que sur l'améranthropoïde ?

J'ajoute que l'essentiel des affirmations de François de Loys, qui a finalement peu écrit sur le sujet, passe par le filtre de Montandon : ce dernier ayant amplement démontré qu'il était prêt à tout pour parvenir à ses fins — approximations, exagérations, inventions, truquages, et j'en passe — on est en droit de prendre *tous* ses écrits, y compris ceux sur l'améranthropoïde, *cum grano salis*.

Un simple atèle

Bien que tout ce qui précède devrait inciter à la plus grande prudence avant d'accorder foi aux écrits de Montandon, on pourrait rétorquer qu'il reste la photographie de l'améranthropoïde elle-même, et qu'il faut se garder de tout amalgame (style : " *Hitler aimait les chiens, vous aimez les chiens... comme c'est bizarre !* "). Au-delà de la personnalité de Montandon, et de son "intérêt" en l'existence d'un singe anthropoïde américain (il est celui *cui prodest*, celui à qui profite le crime), la question de fond est donc de savoir si l'améranthropoïde est vraiment une espèce inconnue. En fait, nombre d'anthropologues et de primatologues ont depuis longtemps conclu que le singe de François de Loys n'est rien d'autre qu'un simple atèle.

Dès le début de l'affaire, dans la revue anthropologique *Man* en août 1929, sir Arthur Keith souligna les nombreuses incohérences du récit, dont l'augmentation de taille de l'animal entre les rapports successifs. Il mit en doute la taille exceptionnelle du singe, assis sur une caisse de dimensions inconnues et en l'absence de tout point de comparaison indépendant. Enfin, il notait que tous les caractères anatomiques (nez, bouche, yeux, orbites, crâne, scalp, forme du corps, proportion des membres, mains et pieds), étaient ceux d'un atèle, d'autant plus que l'animal venait du Vénézuéla, qui abrite justement une espèce de grand atèle. Sa conclusion était donc sans appel :

"[…] *la seule possibilité pour ceux qui sont familiers avec l'anatomie des singes anthropoïdes, est d'en venir à une seule conclusion, à savoir : qu'une erreur a été commise et que l'animal en question appartient au genre Ateles ; en bref, c'est un singe araignée*"

Dans le *Scientific Monthly* de septembre 1929, Francis M. Ashley-Montagu fut moins virulent que son compatriote Arthur Keith, mais il n'en arrivait pas moins à une conclusion proche. Ne retenant finalement pour certaine que la haute stature de l'animal (dont nous avons vu pourtant ce qu'il en était vraiment), il notait que cela ne constitue qu'un caractère sub-spécifique, et que la création d'une nouvelle sous-famille était injustifiée.

Encore plus significatif, il existe une photographie (figure 7) d'un grand singe tué dans la région du Rio Tarra qui, à mon sens, permet de trancher le débat. Elle a été publiée en 1936 pour illustrer un ouvrage de récits de voyages, *Traveller's tales*, bien que le texte de James Durlacher où figure cette illustration n'ait rien à voir avec le singe en question. Cette photographie montre un atèle, assis sur une souche d'arbre, et tenant un oeuf dans la main. Sa longue queue est parfaitement visible, mais aurait-elle été cachée, qu'on aurait certainement décrété sur-le-champ que cet atèle était un "améranthropoïde", tant la ressemblance est extraordinaire.

C'est de toute évidence à cette photographie de James Durlacher que l'anthropologue américain Earnest Albert Hooton faisait allusion dans son livre *Up from the ape* (1946), qui donnait la solution de l'affaire :

"*Il y a des rapports persistants sur l'existence d'un atèle géant, pourvu de la queue préhensile habituelle, dans la région de la Colombie et du Vénézuéla. Un ingénieur américain, qui travaillait pour des compagnies de pétrole dans la région, m'a envoyé une carte postale photographique montrant un prétendu spécimen de ce singe géant assis sur une souche avec sa queue préhensile bien en vue. Dans sa main cet animal tenait un oeuf de poule — supposé donner une idée de la taille de la main et de l'ensemble de la bête relativement à cet objet familier. Ce singe aurait mesuré 3 pieds 6 pouces [1,07 m] de haut et pesé 72 livres [33 Kg].*"

La tache blanche triangulaire que l'on peut voir sur le front de l'améranthropoï-

Figure 7 : *le singe de James Durlacher*

de , comme d'ailleurs sur le spécimen de Durlacher, est typique d'*Ateles belzebuth*, comme le soulignaient déjà Kellogg et Goldman dans leur étude sur les atèles en 1944.

Cette identification était également partagée par le mammalogiste américain Philip Hershkovitz, qui dans les années 1940 collecta neuf spécimens d'*Ateles belzebuth* de la vallée du Rio Tarra, à une quarantaine de kilomètres de l'endroit où de Loys tua le singe : la pigmentation et les caractéristiques de ces singes sont identiques à ceux de l'améranthropoïde.

Incidemment, George Montandon lui-même admit implicitement que son améranthropoïde n'était qu'un grand atèle. Déjà dans son article de 1929 pour le *Journal de la Société des Américanistes de Paris*, il écrivait :

"Réservant la possibilité que nous nous trouvions en présence d'une nouvelle espèce du genre Ateles, nouvelle espèce géante…"

Dans le *Correio da Manha* du 13 septembre 1931, Cesar Sartori citait une lettre que venait de lui adresser Montandon, lequel cherchait des témoignages brésiliens pouvant corroborer l'existence de son protégé :

"À propos du grand singe, que j'aurais mieux fait d'appeler Megalateles (ce nom d'Amer-anthropoides prêtant à confusion), je serais intéressé si vous entendiez quelque chose à propos de l'existence de cet être."

Montandon confirma d'ailleurs ce point de vue restrictif sur l'identité de la créature en 1943, dans son ouvrage *L'homme préhistorique et les préhumains* :

"[…] nous nous permettons de rappeler le grand Singe des forêts vénézuéliennes, dont on ne possède malheureusement que la photographie et que, pour éviter les quiproquos auxquels a donné lieu sa dénomination d'"Ameranthropoides", nous aurions dû appeler Megalateles."

Même le naturaliste Ivan T. Sanderson (qui fut avec Bernard Heuvelmans un des pionniers de la cryptozoologie), pourtant enclin à avaler les canulars les plus invraisemblables, était catégorique sur l'améranthropoïde. Il l'a exécuté en quelques lignes, encore plus sûrement que le coup de feu de François de Loys, dans son livre *Abominable snowmen, legend come to life* (1961), adapté en français deux ans plus tard sous le titre *Hommes-des-neiges et hommes-des-bois* (1963) :

"Le bruit a couru qu'il y avait un être de la taille de l'homme dans le massif de la Colombie. Cette affaire a été considérablement embrouillée par une extravagante histoire de photographie d'un singe araignée du genre Ateles ; les hypothèses les plus extravagantes se sont donné libre cours et un certain nombre de gens sérieux et faisant montre d'habitude d'un esprit critique développé, s'y sont laissé prendre."

Venant de Sanderson, dont l'esprit critique n'était certainement pas le point fort, cette dernière remarque (dont j'ai quelque raison de croire qu'elle visait son collègue et ami Bernard Heuvelmans), vaut son pesant d'or… Et le naturaliste américano-écossais de poursuivre :

"Comme cette histoire a joué un rôle important, et déplorable à mon avis, dans l'affaire des ABHN [abominables hommes-des-neiges], je voudrais régler son sort une fois pour toutes — ou du moins une fois de plus, car cela a déjà été fait plusieurs fois.

"D'abord cette photo publiée par un géologue suisse, le Dr. François de Loys, est manifestement celle d'un atèle, qui est un primate sud-américain aux caractères très typiques, et que l'on peut voir dans n'importe quel zoo. Il présente tous les traits de cette espèce : épaules étroites, thorax déprimé bilatéralement, longueur relative des bras et des jambes, détails des mains et des pieds, et clitoris très développé chez la femelle. En fait, il s'agit d'une photo d'un de ces animaux mort."

Il faut rappeler ici que Sanderson participa à une mission zoologique en Guyane britannique, où il eut le loisir d'observer, d'abattre et de naturaliser nombre d'atèles pour le compte de divers musées. On peut émettre de sérieuses critiques sur son manque de discernement dans le traitement des dossiers cryptozoologiques ou fortéens, mais dans le cas présent, Sanderson savait de quoi il parlait quand il affirmait que le singe de François de Loys était un atèle des plus communs.

Notons encore que dans le monumental *Traité de zoologie* de Pierre-Paul Grassé (1955), l'améranthropoïde est proprement descendu par le grand savant français en quelques mots, avec une utilisation assassine du conditionnel :

"*Sous le nom d'*Ameranthropoides, *on a signalé l'existence, au Venezuela (1929), d'un prétendu Singe de grande taille, qui serait susceptible de marcher debout, serait privé de queue et posséderait 32 dents. Mais cette donnée repose sur une description discutable et il s'agit tout au plus, si elle est exacte, d'une espèce d'*Ateles.*"*

Jean-Jacques Barloy m'a confié pour sa part une anecdote amusante : dans sa jeunesse, on pouvait voir à l'entrée du Musée de l'Homme à Paris d'immenses photos des *cinq* grands types d'anthropoïdes (gorille, chimpanzé, orang-outan, gibbon... et améranthropoïde). Cela est d'ailleurs confirmé par Charles-Henri Dewisme, dans un article publié en mai 1952 dans le magazine *Secrets du Monde*, ainsi que par Enrique Tejera en 1962. Mais Barloy se souvient qu'un beau jour, le portrait de l'améranthropoïde fut retiré de l'affiche, sans plus d'explication, et ce n'est que bien plus tard que les 4 autres grands singes disparurent à leur tour...

À ce propos, mon collègue et ami Benoît Grison m'a fait part lors d'une conversation le 23 juillet 2001, qu'il a recueilli des informations orales selon lesquelles Jacques Soustelle, ancien sous-directeur du Musée de l'Homme et résistant antinazi de la première heure, aurait vigoureusement protesté contre l'affichage de l'améranthropoïde, sachant le triste rôle joué par Montandon durant l'occupation.

Dans son énorme synthèse sur la primatologie, William C. Osman Hill (1962) conclue lui aussi à un *Ateles belzebuth*. Il était pourtant très ouvert à la cryptozoologie, ayant pris nettement position en faveur du yéti ou abominable homme-des-neiges de l'Himalaya dans un article de fond paru dans *Oryx*, le journal de la Société pour la Préservation de la Faune, en 1961 ; il avait même avancé en 1945, dans la revue cingalaise *Loris*, l'hypothèse que les *nittaewo* de Ceylan, un peuple de pygmées velus des légendes védas, étaient peut-être des pithécanthropes reliques !

Enfin, Don Cousins, un primatologue britannique pourtant assez ouvert à la cryptozoologie, ayant exhumé la photo de Durlacher, estime dans un article publié dans *Wildlife* en avril 1982, que l'améranthropoïde n'est qu'un *Ateles belzebuth* à la queue volontairement cachée.

Quant à Bernard Heuvelmans, que l'on cite toujours comme un argument d'autorité pour défendre l'authenticité de l'améranthropoïde, ses vues sur la question semblent avoir évolué de manière considérable. À l'acceptation sans réserve de l'améranthropoïde en 1955, dans son livre *Sur la piste des bêtes ignorées*, encore réaffirmée en 1974 dans l'*Homme de Néanderthal est toujours vivant*[5], a visiblement succédé une attitude beaucoup plus sceptique. Ainsi, dans la préface à la nouvelle édition de 1982 de *Sur la piste des bêtes ignorées*, faisant le point de près d'un quart de siècle de recherches cryptozoologiques, Heuvelmans écrivait :

"En ce qui concerne le fameux Améranthropoïde de Loys, dont la photo a tant été controversée, s'il apparaît de plus en plus comme une forme géante d'atèle [souligné par moi — M.R.], on a néanmoins accumulé des indices de plus en plus accablants de la présence en Amérique du Sud, non seulement de singes de grande taille à silhouette humaine, mais aussi de véritables hommes sauvages et velus, tout à fait incongrus."

Ce n'est peut-être pas un hasard si ces lignes significatives ont été écrites la même année (1982) que la parution de l'article critique de Don Cousins, qui était à cette époque un des (nombreux !) correspondants de Bernard Heuvelmans. Enfin, dans la célèbre *checklist* des animaux relevant de la cryptozoologie, établie pour *Cryptozoology* par Heuvelmans en 1986, l'*Amer-anthropoides Loysi* brille par son absence :

"*En Amérique Centrale et du Sud* (région néotropicale).

"*Des anthropoïdes ou des singes de la taille d'un homme, et/ou des hominoïdes velus, au Guatemala* (sisemite, liticayo), *Honduras* (sisimici), *Nicaragua et Panama, Colombie* (tranco, shiru), *Vénézuéla* (achi, vasitri, kanimas), *Guyana* (quato, di-di ou dai-dai), *Bolivie et Brésil* (mapinguary, kubê-rop, pe de garrafa), *Pérou* (tarma), *Paraguay* (carugua), *l'état de Salta en Argentine* (ukumar), *et au nord du Chili* (tranco)."

Dans la version complétée et mise à jour de cette liste, publiée en 1996 dans la revue italienne *Criptozoologia*, Heuvelmans ajoutait :

"Ces rumeurs persistantes et largement répandues se rapportent manifestement à des êtres hétéroclites, mais sont fondées essentiellement sur un singe inconnu de grande taille (1,50 m). Ce n'est évidemment pas un pongidé, ces singes étant confinés dans l'Ancien Monde, mais l'existence d'un grand singe anthropoïde, privé de queue, n'a rien d'invraisemblable en Amérique du Sud (Heuvelmans, 1958)."

En clair, Heuvelmans restait convaincu de l'existence d'un grand singe sans queue en Amérique du Sud, mais jetait désormais un voile pudique sur l'épisode de l'améranthropoïde, qu'il n'eût pas manqué de signaler s'il lui avait toujours accordé quelque crédit.

Bernard Heuvelmans nous a hélas quittés en août 2001, alors que je travaillais à la rédaction de cette étude. Je lui avais écrit quelques jours avant sa disparition pour connaître son sentiment ultime sur le problème de l'améranthropoïde, mais il n'eut pas le temps ou la force de me répondre. Quoi qu'il en soit, je pense qu'il a tardivement pris ses distances avec cette histoire, et fini par adopter une position *a minima*, comme le montre son texte de 1996.

Les derniers soubresauts de l'améranthropoïde

À l'évidence, certains cryptozoologues ont du mal à faire leur deuil de l'améranthropoïde.

On a déjà vu comment Karl Shuker, généralement mieux inspiré, s'accrochait à l'idée d'une introuvable photographie "prouvant" la taille exceptionnelle du singe.

Encore tout récemment, en mars 2002, ce sont les cryptozoologues américains Dwight G. Smith et Gary S. Mangiacopra qui se sont malencontreusement distingués en proposant la création d'une nouvelle famille des *Mangiocopridae* (*sic*) pour l'améranthropoïde — une véritable aberration, même si l'on admet l'authenticité de la créature en tant qu'espèce distincte :

- tout d'abord, selon les règles de nomenclature zoologique, que Dwight Smith, pourtant titulaire d'un doctorat de zoologie, semble totalement ignorer, un nom de famille (qu'elle soit nouvelle ou non) est *toujours* basé étymologiquement sur le nom d'un genre qu'elle contient. Pour les noms de famille créés après 1999, il est devenu obligatoire de citer le genre type, c'est-à-dire le genre sur lequel est basé le nom de la famille (article 16.2 intitulé "citation obligatoire du genre type pour les noms du niveau famille"). Avant de définir une famille des *Mangiocopridae*, il conviendrait donc de définir un genre *Mangiocoprus*, qui ferait partie de cette famille. Or, Smith ne la définit que comme contenant "au moins une espèce : *Ameranthropoides loysi*". Pour rester "logique", il aurait fallu d'abord renommer l'*Amer-anthropoides* en *Mangiocoprus* (encore qu'il aurait été impossible de légitimer ce changement de nom du genre), et seulement ensuite en faire dériver le nom de cette nouvelle famille. Il s'ensuit que la famille *Mangiocopridae*, non fondée sur un genre qu'elle inclut, doit être invalidée.

- ensuite, l'usage veut que l'on n'utilise pas le nom du descripteur dans le nom scientifique latin donné à une nouvelle espèce (et à plus forte raison à un groupe zoologique de hiérarchie plus élevée, comme une famille). C'est une règle de bon sens, qui se base sur le fait qu'on ne peut pas être à la fois juge et partie : soit on décrit une espèce que l'on dédie, par le nom scientifique choisi, à une personnalité tierce ; soit on en confie la description à autrui qui vous la dédie ; mais il est très prétentieux de la dédier à soi-même. *Mangiocopridae* étant à l'évidence créé à partir du nom de Mangiacopra qui est le co-auteur de l'article, est donc un nom particulièrement malvenu. Incidemment, pourquoi *Mangiocopridae*, alors que la " logique " voudrait qu'on eût orthographié *Mangiacopridae* ? Une coquille ? C'est bien sûr possible, mais elle est tout de même répétée trois fois ! Ce ne serait qu'une gaffe de plus, dans un article qui les collectionne.

- et enfin, de toute façon, Smith a plus de 70 ans de retard, puisqu'il ignore visiblement que Montandon lui-même, dans son article de 1929 des *Comptes-Rendus de l'Académie des Sciences*, avait déjà proposé la création d'une famille nouvelle, en suivant cette fois la règle énoncée ci-dessus :

"Réservant la possibilité que nous nous trouvions en présence d'une nouvelle espèce du genre Ateles, *nouvelle espèce géante, nous introduisons dans le sous-ordre des platyrhiniens une nouvelle famille, celle des* Amer-anthropoidae, *comprenant un seul genre, le genre* Amer-anthropoides, *comprenant actuellement une seule espèce, à laquelle nous donnons le nom de* Amer-anthropoides Loysi."

Donc, le nom de *Mangiocopridae* doit être invalidé, en vertu de la règle d'antériorité.

- à ces trois motifs, il faut ajouter que l'améranthropoïde n'étant qu'un atèle, et *Amer-anthropoides loysi* un synonyme d'*Ateles belzebuth*, le nom de famille proposé de *Mangiocopridae* tombe en synonymie de *Cebidae*.

Quatre motifs de rejet (sans compter la coquille orthographique du "o" à la place du "a"), c'est vraiment un record absolu dans les annales de la zoologie, qui mériterait de figurer en bonne place dans le Livre Guinness des Records ! Que mon ami Gary Mangiacopra, en prêtant son nom à ce baptême aussi ridicule qu'inopportun, se soit associé à ce genre d'élucubrations pseudo-scientifiques, en dit long sur la perte d'objectivité qui semble frapper les cryptozoologues qui s'attaquent au problème de l'améranthropoïde, obnubilés qu'ils sont par l'existence d'une photographie.

En 1999, pas moins de quatre auteurs (trois Vénézuéliens et un Américain) consacrèrent un long article à l'améranthropoïde dans une revue scientifique suisse, le *Bulletin de la Société Vaudoise des Sciences Naturelles* de septembre 1999. Les quatre auteurs de l'article de la société savante helvétique, Angel L. Viloria, Franco Urbani, Bernardo Urbani et Stuart McCook, ont pu rassembler des données intéressantes sur la biographie et la personnalité du géologue François de Loys, leur faisant dire dans leurs "considérations finales" :

"Il apparaît que François de Loys était un homme de science sérieux et responsable, optimiste et respectueux, et caractérisé par un notable esprit d'entreprise. Il semble improbable qu'un tel homme ait pu forger de toutes pièces l'imposture du singe anthropoïde, seulement pour la renommée. [...] Il n'y a pas de raisons suffisantes pour affirmer que de Loys n'ait pas dit la vérité, surtout lorsqu'on a sous les yeux un document irréfutable, une photographie originale prise à une époque où le truquage photographique et la manipulation d'images par ordinateurs n'existaient pas."

À la vérité, les quatre co-auteurs n'apportent aucun élément zoologique nouveau dans la controverse. Quant à leur conclusion, elle relève de la profession de foi.

D'abord, le truquage photographique existait bien avant 1920, puisque Méliès, au tournant du siècle, les avait tous inventés. Du reste, au lieu de la " photographie originale " (figure 2), les quatre auteurs n'ont pu s'empêcher de publier une photographie recadrée sur le singe (figure 3), donnant l'impression d'un *très grand* primate ! Autrement dit, ce sont eux-mêmes qui versent maladroitement dans le truquage photographique.

De plus, qualifier la photographie de "document irréfutable" est pour le moins audacieux : comme d'autres personnes avant lui, Guido Olivieri (1999) fait justement remarquer que la queue pourrait être cachée derrière le corps. Pourquoi donc avoir photographié l'animal de manière si équivoque ? En outre, l'absence de tout point de repère indépendant donnant l'échelle interdit de vérifier la taille de la créature : pourquoi personne n'est-il présent à côté de la créature, ce qui aurait permis de confirmer la hauteur alléguée de 1,57 m ?

Enfin, pourquoi François de Loys ne mentionna-t-il pas un incident aussi spectaculaire dans ses écrits sur l'expédition au Venezuela, et pourquoi attendit-il sa rencontre avec Montandon en 1929 (donc plus de 10 ans après l'incident) pour révéler une nouvelle aussi stupéfiante ?

Elie Gagnebin, qui fut le professeur de géologie et un ami de François de Loys, écrivit une préface aux lettres de ce dernier sur l'expédition au Vénézuéla, que publia le magazine suisse *Aujourd'hui* en 1930. Rendant hommage au courage de son élève, qui avait fait de la géologie de terrain dans les circonstances les plus difficiles qu'on puisse concevoir, il ne manqua pas de souligner son rôle dans l'affaire de l'améranthropoïde :

"Tous les journaux ont signalé, ces derniers mois, la découverte du premier singe anthropoïde de l'Amérique du Sud par François de Loys, sa découverte aussi d'une race humaine inconnue, les Indiens pygmées "Motilone". Elles datent d'une dizaine ou d'une douzaine d'années déjà, mais n'ont été répandues que par les publications récentes du grand anthropologiste qu'est le Dr Georges [sic] Montandon."

Peu après la mort de François de Loys, Gagnebin écrivit la nécrologie de son élève pour la *Gazette de Lausanne* du 16 novembre 1935. Or, il n'y mentionne à aucun moment l'améranthropoïde, pas plus d'ailleurs que dans ses ouvrages ultérieurs sur les origines de l'homme : comment expliquer un pareil silence sur ce que Gagnebin qualifiait pourtant en 1935 de " découverte du premier singe anthropoïde de l'Amérique du Sud " ? François de Loys lui aurait-il confié sur le tard que tout cela n'était qu'une aimable plaisanterie ?

En fait, Angel Viloria et Franco et Bernardo Urbani avaient déjà publié pratiquement le même article dans la revue scientifique vénézuélienne *Interciencia* en 1998, ce qui leur valut un abondant courrier toujours aussi passionné, mais surtout la réception d'une coupure de presse de 1962, tirée d'un journal de Caracas, *El Universal*. Les trois co-auteurs en firent état dans un nouvel article paru dans *Interciencia* en 1999, et dans une nouvelle synthèse du dossier de l'améranthropoïde pour *Anartia* en avril 2001, où ils révisèrent complètement leur position, dénonçant à leur tour un canular.

FRANÇOIS DE LOYS, UN PLAISANTIN

Quarante ans auparavant, la polémique avait en effet déjà fait rage dans la presse de Caracas. Le point de départ avait été la publication, dans le quotidien *El Universal* du 16 juillet 1962, d'un article sensationnel, affirmant qu'un paysan vénézuélien du nom de Juancho, travaillant dans une *hacienda* près du rio Tibu (affluent du Catatumbo), avait été étranglé par une araignée gigantesque !

Deux jours plus tard, un chasseur, Jeronimo Martinez-Mendoza, écrivit au journal pour proposer une hypothèse permettant d'expliquer, selon lui, cette invraisemblable nouvelle. Il s'agissait en fait d'un singe-araignée (*mono-araña*), autrement dit d'un atèle, mais d'une taille considérable pour avoir le dessus sur un homme. Et il rappelait alors le cas de l'améranthropoïde, abattu plus de 40 ans auparavant dans cette région, pariant que *"tôt ou tard d'autres exemplaires seront trouvés"*.

Cet article suscita, toujours dans les colonnes d'*El Universal*, une réponse d'un médecin, le docteur Enrique Tejera, affirmant que le singe anthropoïde de François de Loys était un mythe :

"Au cours des premiers mois de l'année 1919[6], je me trouvais à Paris, ainsi que le Dr. Nicomedes Zuloaga Tovar. Un matin il me téléphona qu'il avait lu dans le journal Le Temps la colonne "conférences". Il en était annoncé une pour le soir même dont le motif était : "un singe anthropoïde au Vénézuéla. Le premier rencontré en Amérique." […]

"Le soir, nous nous rendîmes à la Société d'Histoire Naturelle de Paris. La salle était pleine.[…] *Le conférencier était monsieur Montandon, qualifié par lui-même d'"explorateur spécialisé"(?).*"

Ce dernier, devant une salle particulièrement attentive et fascinée par cette histoire, reprend le récit que nous savons, et montre enfin la photographie prise par de Loys, provoquant une répartie cinglante d'Enrique Tejera :

"Monsieur Montandon nous demande de croire que le singe en question fut rencontré dans une région ignorée du Vénézuéla, dans laquelle aucun Blanc n'est jamais allé. On voit sans aucun doute sur la photo, que le singe a été placé sur une caisse d'un produit américain et par derrière comme fond il y a une bananeraie."

Une telle culture, dite "anthropique" (le bananier ne pousse pas à l'état sauvage), montrait que la photographie avait été prise dans un endroit fréquenté par la civilisation, et non au fin fond de la forêt vierge.

"D'autre part, monsieur Montandon a signalé comme de sexe masculin le spécimen montré ici. Le conférencier ne sait-il pas que dans ce genre de singes le sexe féminin est externe ?"

Enfin, Tejera portait l'estocade finale à propos de la queue de l'animal : son absence était certaine, mais pour la simple raison qu'il avait vu lui-même le singe se l'amputer ! Tejera raconta en effet comment il avait connu François de Loys dès 1917, lors de son expédition vénézuélienne, et la genèse de l'améranthropoïde :

"De Loys était un plaisantin [bromista] et maintes fois nous riions de ses blagues. Un jour on lui offrit un singe. Le singe avait la queue malade. Au point de se la couper. De Loys l'appelait l'homme-singe [hombre mono]."

Un peu plus tard, Tejera retrouva de Loys à Mene Grande, où le singe mourut, et où il fut photographié par le géologue dans les circonstances que l'on sait.

Cet article de Tejera suscita à nouveau un abondant courrier au quotidien *El Universal*. Une Allemande résidant à Caracas, Charlotte Heyder, en profita pour signaler qu'elle avait écrit à son compatriote Herbert Wendt, auteur en 1956 d'un ouvrage sur l'histoire de la zoologie, *Auf Noahs Spuren*, fort inspiré (pour ne pas dire plagié) des écrits de Bernard Heuvelmans pour la partie cryptozoologique. Elle espérait ainsi qu'il mette à jour le chapitre sur l'améranthropoïde dans une future édition de son ouvrage ; que Charlotte Heyder y soit ou non pour quelque chose, le fait est que le singe de François de Loys n'est même pas mentionné dans un ouvrage plus récent de Wendt, *Der Affe steht auf* (1971).

Jeronimo Martinez Mendiza, le chasseur par qui tout avait commencé, soutint que Montandon n'était pas un charlatan, et jouissait d'une grande "réputation de sérieux scientifique". Nous savons que penser de cette réputation et de ce sérieux scientifique, mais il est vrai qu'un charlatan d'un pays lointain a toujours une *aura* d'autorité loin de chez lui : cela me fait irrésistiblement penser qu'à la même époque, on faisait grand cas en France, en matière d'archéologie mystérieuse, du "savant" soviétique Kazantsev, complètement isolé et discrédité en son pays, mais que l'on considérait en Occident comme représentant la position officielle de la science soviétique.

Quant à Jean-Jacques Devand, un Français établi à Caracas, il prit la défense de Montandon, en dénonçant un "tribunal révolutionnaire" aux mains des communistes, rien de moins, qui l'avait condamné *post mortem* à l'indignité nationale. Dans sa lettre au journal *El Universal* du 1er août 1962, Devand souligna que Montandon ne pouvait pas être accusé d'être traître à sa patrie, puisqu'il était Suisse ! En réalité, Montandon bénéficiait de la double nationalité helvétique et française. Du reste, le gouvernement de Vichy, qui l'avait déchu de sa nationalité française en vertu de la remise en cause des naturalisations dès l'été 1940 (une des premières ignominies du régime pétainiste, qui allait coûter la vie à nombre de réfugiés politiques), revint sur sa propre loi spécialement pour Montandon, en raison de ses éminents services à la cause antisémite. De toute manière, la trahison serait le moindre des délits de Montandon, qui se rendit coupable de crimes contre l'humanité.

Bien sûr, on peut douter de la véracité des affirmations du docteur Tejera, comme de celles de François de Loys, bien que le médecin vénézuélien apporte des informations peu connues à cette époque, notant par exemple que Montandon était une "mauvaise personne" pour son rôle joué pendant l'occupation.

Ceci dit, que François de Loys ait été un plaisantin, est en effet certain. On en trouve même la confirmation dans une de ses études géologiques, où il nomme une formation de la région du rio Tarra

"*El Raspa Culo*", ce que l'on peut traduire par "l'arête de derrière", mais aussi, plus prosaïquement, "la raie du cul" !

Mais surtout, s'agissant de l'améranthropoïde, François de Loys a prouvé qu'il ne fallait pas le prendre au sérieux. Ce que pratiquement personne ne sait, c'est que de Loys (encore une fois erronément prénommé Francis), a donné une autre version de sa rencontre, dans le *Washington Post* du 24 novembre 1929. Cet article a visiblement échappé à tous les chercheurs, y compris les cryptozoologues les plus pointilleux, puisque je ne l'ai jamais vu mentionné dans les nombreux articles ou passages de livres consacrés à l'améranthropoïde ; pourtant, la référence bibliographique est citée dans le chapitre sur les primates de l'ouvrage de base de la mammalogie d'Ernest P. Walker, *Mammals of the world* (1964), aux côtés des références des articles de Montandon, Keith et autres. Et ce récit de François de Loys apporte un éclairage indiscutablement nouveau sur l'affaire de l'améranthropoïde :

"*Après quelques secondes d'attente angoissante par une chaude après-midi de ce jour sud-américain inoubliable, la jungle s'ouvrit en bruissant et un corps énorme, sombre et velu apparut hors des broussailles, se dressant maladroitement, tremblant de rage, grognant et hurlant et haletant quand il sortit et vint vers nous à la lisière de la clairière. La vue était terrifiante.*

"*Il se dressait là, le premier singe anthropoïde jamais trouvé sur le continent américain – Ameranthropoides Loysi.* [...]"

Vient ensuite une explication anthropologique que nous avons déjà étudiée, d'un racisme si primaire et naïf qu'il en est risible (mais n'est-ce pas en fait l'objectif au deuxième degré visé par le géologue suisse ?). François de Loys en revient ensuite aux "faits", non sans avoir planté le décor de l'Enfer Vert et donné la liste des horreurs rencontrées (moustiques, serpents, mille-pattes, tiques, fièvres tropicales et Indiens sanguinaires). Bien que ces péripéties soient certainement réelles, leur mise en avant dans un récit à prétention zoologique et anthropologique est manifestement destinée à faire délicieusement frissonner le lecteur, en créant une atmosphère de roman d'aventures[7] :

"*Aussi nous étions plutôt des compagnons en haillons et silencieux quand nous arrivâmes cet après-midi sur la berge d'un large cours d'eau. Alors que je me dirigeais vers l'eau pour me laver des débris, feuilles mortes, brindilles, épines, fourmis, vermine du bois et autres que j'avais accumulés sur mon corps durant le combat de la journée à travers la jungle, un bruit sortit de la forêt, et les péons crièrent d'une voix emplie de peur : "Les Indiens !"*

"*Je pensais que nous étions à nouveau attaqués par les Motilones, et les maudis autrement que dans mon cœur. À en juger par le vacarme, cette fois ils étaient en tel nombre qu'ils en dédaignaient leurs méthodes d'attaque habituelles sournoises et silencieuses. Nous sautâmes sur nos carabines et nous tînmes prêts à les recevoir du mieux que nous pouvions.*

"*C'est à ce moment que mon énorme homme-singe sortit de la jungle. Comme je l'ai dit, la vue était terrifiante.*

"*Néanmoins, j'étais rassuré — ce n'était pas les Motilones !*

"*Un second monstre suivait le premier intrus et se dressait à l'arrière, se joignant à lui dans un vacarme menaçant de hurlements gutturaux. Et alors un de mes hommes, énervé par la peur, laissa partir un coup de revolver au jugé. Le pandémonium cessa.*

"*La bête tomba dans une frénésie, poussant des cris aigus retentissants et frappant frénétiquement sa poitrine velue avec ses propres poings ; ensuite elle arracha d'un coup une branche d'un arbre, la maniant comme un homme le ferait d'un gourdin, fait pour me tuer. Je devais tirer.*

"*Ma Winchester tira le meilleur parti de la situation. Criblé de balles, le grand corps tomba bientôt à terre presque à mes pieds et trembla pendant un moment. Il rassembla ses bras au-dessus de sa tête comme pour cacher son visage et, sans un gémissement de plus, il expira.*

"*L'autre nous fixa pendant un long moment, puis fixa le corps de son partenaire mourant, et poussant un cri perçant, dont l'horreur retentit encore dans mes oreilles, il se retourna et détala hors de notre vue dans la jungle impénétrable.*"

Cette version de l'incident, qui accumule tous les poncifs du genre, relève du meilleur Grand-Guignol, où François de Loys donne de l'améranthropoïde une image nettement inspirée de l'idée populaire que l'on se faisait du gorille à cette époque, que diffusaient à plaisir les bandes dessinées de Tarzan : un singe ivre de colère, à la rage destructrice, loin du placide primate que nous a fait connaître Dian Fossey. Incidemment, ce n'est pas avec les poings que le grand anthropoïde africain frappe sa poitrine, mais avec le plat de la main.

Nous avions déjà deux versions au sujet du comportement du deuxième animal : il s'enfuyait aussitôt et apparemment indemne dans les écrits de Montandon, alors qu'il était blessé dans le récit de François de Loys pour l'*Ilustrated London News* du 15 juin 1929. Cette nouvelle version contredit les deux autres, puisqu'il n'est plus question de blessure, mais qu'à l'inverse est rajouté l'épisode de l'apitoiement sur le corps de l'animal tué.

On remarquera en outre que la créature abattue, outre que ses dimensions ne sont plus précisées, est devenue asexuée. J'ai souligné plus haut que le singe photographié par de Loys était certainement un mâle. Selon Enrique Tejera, c'était d'ailleurs ce que croyait Montandon à l'origine, avant que le médecin vénézuélien n'affirme au cours de la conférence de Paris qu'il s'agissait d'une femelle, ce qui sera ensuite la position officielle. Tout me conduit donc à penser que Montandon et de Loys, pour rendre cohérente leur découverte avec les remarques du docteur Tejera, ont tardivement changé le sexe de l'animal. Mais dans l'article du *Washington Post*, en "oubliant" de mentionner qu'il s'agit d'une femelle, de Loys revient implicitement à ce qui devait être la version originale : le singe était un mâle ! Du reste, selon Tejera, François de Loys n'avait-il pas baptisé l'animal *hombre mono*, "homme-singe", et non pas *mujer mona*, femme-guenon ?

La "solution finale" du problème de l'améranthropoïde

Qu'un dossier cryptozoologique ne soit pas exempt d'approximations, ou même de légères erreurs, cela peut se concevoir à la rigueur. Mais que dire de l'incroyable accumulation d'anomalies dans le cas de l'améranthropoïde ? On peut en effet se poser pas moins de seize questions ambarrassantes à propos de François de Loys :

1) Pourquoi n'a-t-il jamais mentionné sa découverte dans sa correspondance scientifique ou dans ses articles de géologie ?

2) Pourquoi n'a-t-il jamais précisé la date de l'incident, y compris l'année ?

3) Pourquoi n'a-t-il fait état de la rencontre avec l'améranthropoïde qu'en 1929, donc juste après la parution du livre de George Montandon, *L'ologénisme* ?

4) Pourquoi le lieu de l'incident, situé d'abord près d'un affluent rive droite du rio Tarra, est ensuite localisé près d'un affluent rive gauche ?

5) Pourquoi ne décrivit-il la marche bipède de la créature que dans un deuxième temps ?

6) Pourquoi ce Suisse francophone, utilisant le système métrique, avança-t-il dans un premier temps une taille exprimée en mesures anglaises, de 4 pieds et 5 pouces ?

7) Pourquoi donna-t-il quelques jours après une taille de 1,57 mètres, soit 22 centimètres de plus ?

8) Pourquoi n'a-t-il pas photographié le singe avec un élément quelconque (ne serait-ce qu'un personnage), permettant de corroborer la taille de l'animal ?

9) Pourquoi ne montre-t-il que la photographie recentrée sur le singe, et non celle avec le décor végétal et la rivière ?

10) Pourquoi a-t-il photographié le singe uniquement de face, et non de dos ou de trois-quarts, ce qui aurait permis de vérifier l'absence de queue ?

11) Pourquoi n'a-t-il fait aucune photographie du crâne ou de la mandibule, ce qui aurait permis de vérifier la présence de 32 dents, alors que le crâne aurait été conservé un certain temps comme boîte à sel ?

12) Pourquoi fait-il d'un atèle mâle indiscutable une prétendue femelle ?

13) Pourquoi a-t-il photographié le singe dans une bananeraie, alors que la scène est censée se dérouler au fond de la forêt vierge ?

14) Pourquoi son récit du *Washington Post* du 24 novembre 1929 contient des détails inédits et du plus grand comique ?

15) Pourquoi son singe ne présente aucune différence avec l'*Ateles belzebuth*, dont l'aire de répartition géographique couvre justement la région où il fut abattu ?

16) Pourquoi son professeur de géologie Elie Gagnebin ne mentionnera plus l'améranthropoïde après la mort de François de Loys en 1935 ?

Arrêtons là cette énumération. Pour quiconque fait preuve d'un minimum d'objectivité et de sérieux, la cause est entendue : toute cette histoire n'est qu'un canular, d'ailleurs très maladroit, du début à la fin. Quant aux cryptozoologues qui ont cru devoir ajouter foi aux élucubrations de François de Loys, leur aveuglement ne peut s'expliquer que par l'énormité du dossier, qui en a incité plus d'un à se contenter d'un résumé superficiel, mais surtout la polarisation sur le document photographique considéré comme une preuve irréfutable *a priori*.

En conclusion de cette lamentable affaire de l'améranthropoïde, il devrait maintenant être définitivement clair pour tous :

1) que George Montandon appartenait à la "race" des "savants fous" comme Mengele ou Lyssenko.

2) que l'améranthropoïde constituait, pour Montandon, une pièce maîtresse du *puzzle* ologénique.

3) que la découverte de ce singe démontrait, aux yeux de Montandon, l'origine ologénique des différentes "races" humaines, et de leur classement dans des types non apparentés, dont certains devaient être exterminés (suivant la conception du monde de Montandon).

4) que François de Loys était un plaisantin, comme l'affirmait Enrique Tejera en 1962, et comme le démontre d'ailleurs de manière caricaturale l'article de François de Loys lui-même pour le *Washington Post* du 24 novembre 1929.

5) que la taille du singe photographié était de l'ordre d'un mètre, et pas de 1,57 m.

6) et finalement que le prétendu *Ameranthropoides Loysi* de Montandon n'est rien d'autre qu'un simple *Ateles belzebuth*.

Des statues simiesques du Yucatan au salvaje du Haut-Orénoque

À l'appui de l'existence de l'améranthropoïde, George Montandon fut le premier à apporter trois éléments à titre de "preuve par neuf", que nous allons maintenant étudier.

Tout d'abord, Montandon cite un passage du chapitre 95 de *La cronica del Peru* (vers 1550), de l'historien espagnol Pedro de Cieza de Leon, à propos des animaux vivant dans les Andes péruviennes :

"[…] *on dit aussi (bien que je ne les aie pas vues) qu'il y a de très grandes guenons qui vont dans les arbres, avec lesquelles, sous la tentation du démon (qui cherche toujours comment et par où faire commettre aux hommes des péchés majeurs et très graves), ceux-ci usent d'elles comme de femmes, et on affirme que certaines de ces guenons mettent bas des monstres qui ont la tête et les membres indécents comme ceux des hommes et les mains et les pieds comme ceux d'une guenon. Ils sont, selon les dires, de petit corps et de taille monstrueuse, et velus. Enfin, ils ressemblent (s'il est vrai qu'ils existent) au démon, leur père. On dit aussi : qu'ils n'ont pas de langage, sinon un gémissement ou un hurlement craintif.*"

J'avoue franchement rester perplexe, à tout le moins, sur ce qui peut lier le cas de l'améranthropoïde et les histoires de deuxième ou de troisième main rapportées par Cieza de Leon, avec lesquelles l'historien espagnol prend d'ailleurs ses distances à plusieurs reprises. Peut-être que pour Montandon, la mention de guenons engendrant des monstres aux " membres indécents " — à savoir les organes sexuels — comme ceux des hommes, était une allusion au pseudo-hermaphroditisme supposé du singe de François de Loys (dont on a vu qu'il s'agissait, en réalité, probablement d'un mâle).

C'est en tout cas la raison essentielle qui incita Montandon à verser au dossier une deuxième pièce, non plus historique mais archéologique. Dans son étude pour *Journal de la Société des Américanistes de Paris*, il mentionna un article du journal *Il Palacio* (Santé-Fé, Nouveau-Mexique) :

"*De monstrueuses statues de pierre semblables au gorille, provenant de la contrée sans gorilles des Maya, sont une des curiosités inexpliquées du Musée archéologique et historique de Merida (Yucatan). Il y a deux de ces créatures, sans jambes, mais se tenant debout, d'une stature de plus de 5 pieds [1,50 m], sur leurs moignons de cuisses... elles ont été trouvées près de la ville de Tekax, Yucatan... Un des statues semble bisexuelle, car, tandis qu'elle a les caractéristiques masculines, elle porte un enfant sur le bras gauche, comme une mère. Les figures ont une position simienne frappante. Elles ont des sourcils prononcés, de larges poitrines et un dos voûté anthropoïde, représentant des créatures d'un physique puissant. Il n'y a pas de trace de légendes qui expliquent leur signification, et les habitants de Tekax savent seulement que les statues de pierre étaient depuis très longtemps dans leur site isolé sur la colline. — Emma Reh Stevenson dans* Science Service."

Quelques mois plus tard, l'ethnologue Paul Rivet, en compagnie de Mme Titaÿna, prit sur place des photos de ces sculptures (figure 8), que Montandon publia en 1931, également dans le *Journal de la Société des Américanistes de Paris*. Pour Montandon, aucun doute sur l'identité de ces représentations :

"*Ces deux statues semblent bien des statues de singes, par la face, la courbure des épaules, la forme générale du buste et du corps [...].*"

C'est en effet possible, bien que les traits de la face, du fait de l'usure de la pierre, soient totalement indistincts : les sculptures pourraient en fait représenter n'importe quelle créature humanoïde, réelle ou imaginaire. Par ailleurs, les dimensions de la sculpture, mesurées précisément, ne correspondent pas avec la taille supposée de l'améranthropoïde. La hauteur des statues, "du sommet de la tête au bout du moignon de cuisses" (dont il semble ne subsister que la moitié), est de 1,35 m, ce qui confère à la créature complète une taille de près de 2 mètres. Par son énormité relative, la tête (50 cm de haut, soit environ ¼ de la hauteur totale) est également bien différente de celle de l'améranthropoïde, où elle représente seulement près de 1/7 de la taille de l'animal. Si les sculptures du Yucatan sont à rapprocher d'un primate inconnu, ce qui est loin d'être prouvé, ce serait plutôt des géants velus signalés en Amérique Centrale, et connus notamment sous le nom de *sisemite*.

Enfin, Montandon mentionna un texte que lui signala le révérend père C. Bayle. Il s'agit de l'*Historia de las misiones de los*

Llanos de Casanare y los Rios Orinoco du Jésuite Juan Rivero (1728) :

"*Nous fermerons ce chapitre par la mention d'un autre animal vu de nombreuses fois dans la montagne, particulièrement dans les montagnes de Macaguane et Betoyes : c'est le salvaje (sauvage), ressemblant tellement en tout à une créature réelle que de loin on a de la peine à distinguer s'il s'agit d'une bête ou de quelque Indien en train de chasser. Il présente tant de ressemblance avec l'homme, que la tête, les pieds et les mains, ainsi que sa façon de marcher, en induisent plus d'un en erreur sur la nature de l'espèce. C'est pour cette raison qu'il y a eu entre les gens de la nation Betoya maintes et maintes discussions sur la nature de cette bête, car comme l'on voit d'une part qu'elle a une figure humaine, et que d'autre part elle garde toujours le silence, ils se creusent la tête et se disputent pour trouver la raison de son mutisme permanent. De nombreuses fois il s'est laissé voir dans les montagnes comme je l'ai dit ; mais je laisse de côté pour l'instant le témoignage des Indiens, pour ne tenir compte que de celui d'un Espagnol qui est encore en vie et qui possède le grade de Capitaine d'Escorte, un homme digne de crédit, qui vit le salvaje dans la montagne de Macaguane à son entrée dans les Betoyes, et je l'ai appris depuis de sa bouche de la manière suivante : ledit capitaine, Don Domingo Zorrilla, de retour de la montagne, alors qu'il parcourait un sentier, vit non loin de lui, près des fourrés de la montagne, une bête immobile sur ses deux pieds, avec la tête et les bras semblables à ceux d'un homme, de taille moyenne, la tête grosse et couvert de poils sur tout le corps. Le capitaine resta si admiratif devant une telle rencontre qu'il demeura comme raide un bon moment, pensant en lui-même qu'il n'en croyait pas ses yeux.*

Une fois remis de ses émotions, il voulut le mettre en joue avec son fusil de chasse. Dans ce but, il s'inclina vers la terre pour lever la gachette, mais le salvaje perçut le bruit, posa les yeux sur le capitaine, partit à toute vitesse, disparaissant en un éclair et se cachant à l'intérieur de la montagne où on le perdit de vue."

Plutôt qu'un singe anthropoïde, les Indiens comme le capitaine Zorrilla décrivent en fait un homme sauvage, bipède, aux pieds humains, à la tête semblable à celle de l'homme, au point qu'on peut le confondre avec un Indien. Ce n'est d'ailleurs pas sans raison qu'on le qualifie de salvaje, par ressemblance avec l'homme sauvage du folklore médiéval européen, et non de mono (singe).

LE SALVAJE, SINGE, HOMME… OU OURS ?

D'autres rapports sur ce salvaje du Vénézuéla ont été rapportés par divers auteurs, spécialement les missionaires européens au dix-huitième siècle, et certains cryptozoologues comme l'Argentin Fabio Picasso ont voulu y voir une confirmation de l'authenticité de l'améranthropoïde.

Ainsi, en 1758, le frère Jose Gumilla mentionna une curieuse anecdote dans son histoire naturelle de l'Orénoque. Parlant du transport des animaux sauvages, le Jésuite espagnol précisait :

"*Ce que je puis affirmer est, que dans le vaisseau sur lequel je vins de Caracas à Cadix, il y avoit un salvaji féroce, destiné à la ménagerie du Roi, & il n'est pas nouveau qu'on embarque de semblables bêtes.*"

Gumilla n'en dit hélas pas plus, ce qui

rend impossible une identification de la créature. On peut quand même supposer que s'il s'agissait réellement d'un homme sauvage et velu ou d'un grand singe anthropoïde inconnu, sa présence dans la ménagerie de Sa Majesté très catholique le Roi d'Espagne n'aurait pas manqué d'être notée par les chroniqueurs de l'époque. Or il n'en est rien, on ne trouve aucune mention de cet incident, ce qui semble indiquer que le salvaje devait être un animal assez banal pour passer inaperçu dans une ménagerie.

Le rapport le plus complet est cependant celui du frère italien Filippo Salvadore Gilij, décrivant la faune de l'Orénoque en 1780 :

"Mais parlons maintenant d'un animal bipède [...].

"On rencontre dans les grandes savanes de l'Orénoque, comme tous l'affirment dans ces régions, certaines bêtes féroces qui, à part quelques petites choses, ressemblent à l'homme. Ces animaux, que nous nommons el salvaje, se nomment en tamanaque achï[8]. *Du visage à tout le reste humains, le salvaje ne se différencie que par les pieds, dont les pointes sont naturellement retournées vers l'arrière [...]. Il est tout couvert de poils de la tête aux pieds, extrêmement libidineux et enlève les femmes si ça lui chante."*

Gilij cite ensuite le témoignage d'un Espagnol, don Juan Ignacio Sanchez, qui lui raconta un tel enlèvement d'une femme par le salvaje. Elle fut retenue captive durant plusieurs années, jusqu'à ce qu'elle soit retrouvée par des chasseurs. Elle leur expliqua que l'animal la retenait prisonnière dans une hute au milieu des arbres, et qu'il lui fit deux enfants ! Ne serait-ce pas plus prosaïquement une histoire rocambolesque inventée pour couvrir une fugue amoureuse ?

Le frère Ramon Bueno donna des précisions sur le salvaje dans son Tratado historico (vers 1800) :

"Le salvaje, que la nation Maypure appelle conerre, *et* Paudacota yaga, *je ne l'ai point vu ; mais, selon les Indiens qui m'informent, c'est un animal des plus extraordinaires. Il a une disposition corporelle à la ressemblance de*

Figure 8 : *les statues de Merida (d'après Montandon 1931)*

l'homme. Le poil lui couvre le visage et la poitrine. Des mains de singe, et les pieds avec le talon par devant. S'il rencontre une personne seule, il l'enlève, lorsque cette bête est un mâle, et que la personne rencontrée est une femme. Ils sont très rapides à la marche. J'ai vu leurs traces et j'ai entendu la nuit leurs sifflements et leurs cris, qui résonnaient beaucoup. Ils habitent en général dans les montagnes et très rarement dans les plaines, les traversant pour une autre colline. Il se nourrisent, dit-on, de viande, de racines et de fruits. Et enfin, que Dieu nous en délivre."*

Le grand explorateur et naturaliste allemand Alexander von Humboldt, qui explora durant plusieurs années les "régions équinoxiales" de l'Amérique du sud en compagnie du Français Bonpland, apporta lui aussi son témoignage. Dans la relation de voyage en 10 volumes de ses expéditions, publiées de 1816 à 1826, il écrivait en effet :

"C'est dans les cataractes que nous avons commencé à entendre parler de cet homme velu des bois, appelé Salvaje, qui enlève des femmes, construit des cabanes et mange quelquefois de la chair humaine. Les Tamanaques l'appellent Achi, *les Maypures* Vasitri *ou Grand Diable. Les indigènes et les missionnaires ne doutent pas de l'existence de ce singe anthropomorphe, qu'ils redoutent singulièrement."*

De semblables rumeurs refirent surface au début des années 1960, comme l'a rapporté l'archéologue Simone Waisbard (1969). Après avoir cité le témoignage de Gilij, Humboldt en vient à l'identification zoologique de la créature :

"Cette fable, que les missionnaires, les colons européens et les nègres d'Afrique ont sans doute embellie de plusieurs traits tirés de la description des mœurs de l'Orang-outang [sic]*, du Gibbon, du Joko ou Chimpansé, et du Pongo, nous a poursuivis pendant cinq ans de l'hémisphère boréal à l'hémisphère austral ; partout nous avons été blâmés, chez la classe la plus cultivée de la société, de ce que, seuls, nous osions douter de l'existence d'un grand singe anthropomorphe de l'Amérique. Nous remarquerons d'abord qu'il y a de certaines régions où cette croyance est particulièrement répandue parmi le peuple : tels sont les les bords du Haut-Orénoque, la vallée d'Upar près du lac de Maracaybo, les montagnes de Sainte-Marthe et de Mrida, les provinces de Quixos et les rives de l'Amazone près de Tomependa. Dans tous ces lieux, si éloignés les uns des autres, on répète que le Salvaje se reconnoît facilement par les traces de ses pieds qui ont les doigts tournés en arrière."*

Humboldt se demandait si ces rumeurs n'étaient pas dûes à quelque singe connu comme le capucin, aux traits particulièrement humains. Mais il avançait une autre hypothèse plus vraisemblable à ses yeux :

"Il se pourroit aussi (et cette opinion me paroît plus probable) que l'homme des bois fût un de ces ours de grande taille, dont la trace ressemble à celle de l'homme, et que, dans tous les pays, on croit attaquer les femmes ? L'animal tué de mon temps au pied des montagnes de Merida, et envoyé, sous le nom de Salvaje, au colonel Ungaro, gouverneur de la province de Varinas, n'étoit en effet qu'un ours à pelage noir et lisse."

Commentant cette hypothèse du savant allemand, le naturaliste britannique Philip Henry Gosse, dans son livre *The romance of natural history* (1851), donna sa préférence au grand primate inconnu :

"Mais qu'il soit permis, en retour, de demander quel " ours de grande taille " est connu pour habiter le Vénézuéla […]. Un tel ours en Amérique du Sud n'est-il pas aussi gratuit que le singe lui-même ? Et, comme les espèces de Quadrumana sont caractéristiques des forêts de cette région, n'est-il pas possible que l'un d'eux rivalisant avec l'homme en stature et en force, puisse y exister, au même titre qu'en Afrique et dans l'archipel oriental ? "

Ce que ne savaient pas Humboldt, Gosse, et leurs prédécesseurs, c'est qu'il existe effectivement un ours en Amérique du Sud, qui fréquente les montagnes du Vénézuéla, l'ours à lunettes (*Tremarctos ornatus*). L'intuition de Humboldt a depuis été défendue par Antolinez (1945). La mention des pieds rétroversés évoque en effet le pied plantigrade des ours, dont le plus gros doigt est le cinquième, donc extérieur par rapport à l'axe de la piste. La vue de traces de pas d'apparence humaine, mais avec le gros orteil à l'extérieur, ne pouvait que faire irrésistiblement penser à des pieds à l'envers. La bipédie occasionnelle de ces créatures, leur régime alimentaire omnivore, leur habitat de forêts montagneuses, ont été rapportés avec fidélité. Que l'ours à lunettes ait été exagérément humanisé, c'est une tendance que l'on retrouve chez tous les peuples fréquentant ces mammifères, que ce soit en Turquie, au Kamtchatka, en Amérique du nord ou ailleurs.

L'AMÉRANTHROPOÏDE À NOUVEAU OBSERVÉ ET PHOTOGRAPHIÉ ?

Parmi les "preuves" en faveur de l'existence de l'améranthropoïde, outre bien sûr la fameuse photographie produite par François de Loys, on cite souvent des témoignages plus ou moins circonstanciés, que nous allons maintenant analyser.

Le premier d'entre eux concerne un aventurier français, le médecin et ingénieur Roger Courteville, qui en 1926 réussit la première traversée de l'Amérique du sud en automobile, de Rio de Janeiro à Lima. En 1951, Courteville rapporta avoir observé un "homme-singe" dans les mêmes parages où avait été abattu l'améranthropoïde. Bernard Heuvelmans a été amené à commenter ce rapport dans la revue *Caliban* en 1951, à la suite de l'article de Roger Courteville, puis en 1952 dans un article pour *Sciences et Avenir*, et plus longuement en 1955 dans son ouvrage classique *Sur la piste des bêtes ignorées*.

En fait, j'ai découvert récemment que Roger Courteville avait publié un article sur le même sujet vingt ans plus tôt, dans la revue *Gringoire* du 2 octobre 1931. Il y racontait l'aventure survenue à un Canadien du nom de Hartley Gordon, qui aurait rencontré et abattu un "homme-singe" aux confins du Vénézuéla et de la Colombie. *Gringoire* était dans l'entre-deux guerres un journal bien connu pour son antisémitisme forcené : il n'est donc pas étonnant que George Montandon ait été un de ses lecteurs, et qu'il soit tombé sur la prose de Courteville. Dans le magazine *Mercure de France* du 15 novembre 1931, Montandon publia de larges extraits de ce "nouveau" témoignage. Sous le titre ironique de "contribution à l'étude des écrivains originaux", Montandon mit en parallèle ses propres écrits et la version de Roger Courteville, procédé que je reprends ici à mon compte :

COMPARAISON DES CITATIONS :

Journal de la Société des Américanistes de Paris, 1929, t. 21, pp. 183-195.
Découverte d'un singe d'apparence anthropoïde par le docteur George MONTANDON.

"*M. de Loys se trouvait au campement, sur une berge, à un coude d'un affluent de gauche du rio Tarra supérieur... Tout à coup, il voit s'avancer deux êtres qu'il prend d'abord pour des ours. Ses compagnons et lui sautent sur leurs carabines prêts à recevoir le couple. Les deux animaux continuent à avancer, debout mais en se tenant aux arbustes, et cela dans un état de furie extrême, criant, gesticulant, cassant des branches et les maniant comme des armes, excrémentant enfin dans leurs mains et jetant ces excréments contre les hommes. Le mâle, qui était en avant, laissa passer la femelle, de sorte que c'était celle-ci qui s'avançait la première, quand le feu de salve des hommes la cloua sur place ; le mâle se retira alors et ne se montra plus. La bête tuée fut transportée sur la plage et aussitôt photographiée. Il est à remarquer qu'elle représentait, non pas peut-être pour les Indiens Motilones sur le territoire desquels l'événement se passait, mais bien pour les compagnons créoles du chef de l'expédition, une apparition tout à fait nouvelle.*"

(Citation de *Science Service*) :
"*De monstrueuses statues de pierre semblables au gorille, provenant de la contrée sans gorilles des Maya, sont une des curiosités inexpliquées du Musée archéologique de Merida (Yucatan)... Une des statues semble bisexuelle, car, tandis qu'elle a les caractéristiques masculines, elle porte un enfant sur le bras gauche, comme une mère. Les figures ont une position simienne frappante. Elles ont des sourcils prononcés, de larges poitrines et un dos voûté anthropoïde, représentant des créatures d'un physique puissant. Il n'y a pas de trace de légendes qui expliquent leur signification, et les habitants de Tekax savent seulement que les statues de pierre étaient depuis très longtemps dans leur site isolé sur la colline...*"

Gringoire (2 octobre 1931).
"L'aventure"
Sur la piste du pithécanthrope.
Récit inédit de Roger COURTEVILLE.

"*Gordon venait de camper sur l'une des berges du rio de Oro, à un coude d'un affluent du Catumbo. Tout à coup, il vit s'avancer deux êtres qu'il prit d'abord pour deux ours. Il saisit sa carabine et ses Indiens leurs flèches pour se préparer à recevoir le couple. Les deux animaux continuaient à marcher debout, mais en se tenant aux arbustes, et tout cela dans un état de furie extrême, criant, gesticulant, cassant des branches qu'ils maniaient comme des armes, prenant leurs excréments dans leurs mains et les jetant sur les hommes, selon la coutume des Atèles. Le mâle s'effaça derrière la femelle, de sorte que celle-ci, s'avançant la première, reçut la décharge et tomba sur place. Le mâle disparut et ne put être retrouvé. La bête tuée fut transportée sur la berge et aussitôt photographiée. Jamais les Indiens de son escorte n'avaient vu de semblables animaux.*"

Gringoire (2 octobre 1931).
"L'aventure"
Sur la piste du pithécanthrope.
Récit inédit de Roger COURTEVILLE.

"*Mais je me souviens (poursuivit-il) d'avoir vu dans le haut Pérou, des statues de pierre semblables à cette sorte de gorille et qui sont demeurées pour moi autant d'énigmes. L'une de ces statues semblait bisexuée : ayant un caractère masculin, elle portait un enfant sur son bras gauche, comme une mère. Les figures avaient un faciès simiesque tout à fait frappant : sourcils prononcés, larges poitrines et un dos voûté. Aucun fragment de légende ne pouvait rapeler leur signification, et de rares indigènes savent seulement que les statues de pierre s'érigent depuis très longtemps dans leur site isolé, sur la colline de Nahualpa...*"

(Citation de la *Cronica del Peru* du milieu du XVI° siècle) :

"On dit aussi qu'en d'autres endroits il y a (mais pour moi je ne les ai pas vues) des guenons très grandes qui vont dans les arbres et dont (tentés par le démon qui cherche où et comment faire commettre aux hommes les péchés les plus grands et les plus graves) des indigènes usent comme de femmes, et, affirme-t-on, certains de ces singes auraient accouché de monstres qui avaient la tête et les organes sexuels d'hommes et les pieds et les mains de singes. Ils ont, dit-on, le corps petit et une grande stature, ils sont velus. Ils ressemblent enfin (s'il est vrai qu'ils existent) au démon leur père. On dit en outre qu'ils n'ont pas de langage, mais un gémissement ou un aboiement plaintif..."

Gringoire (2 octobre 1931).
«L'aventure»
Sur la piste du pithécanthrope.
Récit inédit de Roger COURTEVILLE.

"*Je soupçonne, dit-il, l'existence d'une tribu d'Indiens, assez mystérieux, quelque part sur le Paranaguaya, affluent de gauche du rio de Oro ; à six jours de cette tribu, en amont, j'ai rencontré de grandes des guenons qui vont dans les arbres. Tous mes Indiens les considèrent comme l'incarnation du Démon. Elles cherchent à faire commettre aux hommes les péchés les plus grands et les plus graves. Ces Indiens en usent comme de femmes, et ces guenons accouchent de monstres ayant la tête et les organes sexuels humains et des pieds et des mains de singes ; le corps petit et velu, ils ressemblent enfin au démon leur père. Sans langage, ils ont un gémissement ou un aboiement plaintif...*"

Figure 9 : *dessin illustrant l'article de Roger Courteville dans Gringoire (1931)*

Commentant non sans humour cet extraordinaire travail de moine copiste, George Montandon écrivait dans *Mercure de France* :

"*On accuse parfois ceux qui viennent, ou qui disent venir de loin, d'avoir trop d'imagination. Voilà un reproche qu'on ne pourra pas adresser au collaborateur de* Gringoire."

La chose est claire et sans appel : l'aventure racontée par Roger Courteville dans *Gringoire* en 1931 est non seulement un canular, mais c'est en fait un plagiat éhonté de l'article publié par Montandon deux ans plus tôt dans le *Journal de la Société des Américanistes de Paris*. Même le dessin illustrant l'article (figure 9) est à l'évidence puisé à la même source, puisque l'on a pris soin de reproduire le bâton soutenant l'animal, les jeux de lumière sur le pelage, et jusqu'aux plantes à ses côtés !

Vingt ans plus tard, Roger Courteville allait récidiver (le mot est parfaitement approprié pour ce type de comportement), en affirmant cette fois avoir lui-même rencontré le prétendu pithécanthrope. Courteville a relaté cette nouvelle version dans la revue *Caliban* en mai 1951, et dans son propre livre *Avec les Indiens inconnus de l'Amazonie*, publié la même année. Et cette fois, l'aventurier nous plonge dans une description colorée d'un véritable jardin d'Éden :

"*La clairière était bordée d'arbres géants reliés entre eux par des entrelacs inexplicables de végétation.*

"*Des lianes que l'on eut dites contemporaines de la naissance du monde, faisaient un dais aux fougères arborescentes, telle que la préhistoire nous les figure avec des fauves aspirant leur parfum d'une voix rauque et puissante qui franchit les monts.*

"*Les rayons poudrés d'or rose du couchant entrecroisaient leurs feux parmi les arbres millénaires, tandis qu'une troupe de mikis à queue prenante, mêlaient leurs petits rires cristallins aux croassements d'aras multicolores.*

"*Au loin, un toucan poussait une note aiguë.*

"*Je me serais cru transporté à l'aube de la préhistoire.*

"*Soudain, un bruit de branches cassées et le frôlement de feuillages qu'on écarte avec précautions, attira mon attention.*

"*Je fronçai les sourcils.*

"*Les Indiens se déplacent sans bruit.*

"*Seul, un animal de la forêt — capivare* [capibara] *ou jaguar — pouvait en être responsable... mais ces sortes de bêtes fuient la présence de l'Homme.*

"*Le bruit cessa brusquement.*

"*À quelques mètres à peine, une créature ressemblant à un Indien de race inconnue, me fixait d'un oeil hébété.*

"*Une arcade sourcillière proéminente, surplombait ses yeux d'un gris bleu très doux.*

"*Une face imberbe, foncée, surmontait son menton en retrait.*

"*Il portait une aigrette de poils drus sur le sommet du front ; une nuque puissante dominait son large thorax en V ; de longs poils roux lui couvraient le corps et les membres.*

"*Un aspect aussi bestial contrastait cependant avec son attitude pacifique.*

"*Était-ce un homme ? Était-ce un singe ?*

"*On eut dit plutôt un monstrueux croisement des deux, un être né des amours innommables d'une Indienne et d'un atèle.*

"*Ses bras semblaient plus longs que ses avant-bras, de même que ses cuisses paraissaient plus longues que ses jambes.*

"*Les empreintes laissées sur le sable fin, me révélèrent qu'il marchait sur le bord externe des pieds, comme le font les chimpanzés.*

"*Garanti par le bow-knife* [sic : comprendre bowie-knife] *accroché à ma ceinture, et qui devait m'être d'un grand secours en cas d'un corps à corps avec des bras singulièrement musclés, je me levai doucement de ma position accroupie, sans perdre un seul instant le pithécanthrope de vue.*

"*Lentement, je m'approchais de lui.*

"*Ses yeux mobiles ne cessaient de bouger de gauche à droite, sans oser planter leur regard dans le mien.*

Comparaison de citations :

"Lorsque je fus à deux mètres de lui, sa lèvre supérieure se retroussa, découvrant ses incisives et le bord de sa gencive.

"Brusquement, d'un bond en arrière, avec une rapidité déconcertante, il s'évanouit dans l'ombre de la forêt.

"Les broussailles et les branches se refermèrent sur lui comme pour masquer m fuite.

"L'apparition n'avait pas duré une minute. Mais je crois que toute ma vie je ne pourrai l'oublier.

"Le matin, je constatai que la mince couche d'humus formant le tapis de la forêt, arrêtait la piste de ce Tarzan venu en solitaire.

"Était-il à m'épier dans quelque arbre voisin ? Ou avait-il rejoint sa compagne, ses petits, sa tribu peut-être, dans une grotte inconnue des hommes ?"

On notera que, par rapport à la version de *Gringoire* de 1931, qui n'était qu'un démarquage servile du texte de Montandon, Courteville a apparemment fourni cette fois un effort rédactionnel très notable. Je dis " apparemment ", car en fait on va voir que cette prose est encore une fois démarquée d'un texte qui n'est pas de lui.

Roger Courteville publia le même texte dans son livre *Avec les Indiens inconnus d'Amazonie* (1951), mais comme cet ouvrage est illustré, l'aventurier français crut bon de l'agrémenter d'une photographie de la créature observée, intitulée " un pithécanthrope (document du Dr. de Barle) ". Il s'agit en fait d'un truquage particulièrement grossier, réalisé à partir de la photo de l'améranthropoïde prise par de Loys (figures 10 et 11). On retrouve en effet, sur le " document " publié par Roger Courteville, les défauts de la photographie initiale prise par François de Loys, notamment les jeux de lumières sur les membres et le tronc, et jusqu'aux deux petites taches blanches sur le corps, imperfections du tirage photographique. La photographie d'origine de l'améranthropoïde a en fait été découpée, puis le singe a été placé debout dans un environnement végétal, les bras inversés et recollés en position vers le haut pour le faire paraître plus menaçant.

Pour immortaliser cette prétendue rencontre, Courteville dessina également la créature (figure 12) sur du papier

Figure 10 :
*Le prétendu pithécanthrope du docteur de Barle
(d'après Courteville 1951)*

d'emballage.

Non content de relater cette rencontre avec une créature humanoïde et velue, Roger Courteville affirmait que d'autres observations avaient précédemment eu lieu, celle de François de Loys, bien sûr, mais également une autre plus récente :

"En 1938, le Dr. de Barle rencontra un autre de ces hommes-singes dans la même région, et cette découverte fit l'objet d'une communication officielle."

Dès 1951, Bernard Heuvelmans essaya d'approfondir ces révélations, comme il l'a écrit dans son livre *Sur la piste des bêtes ignorées* (1955) :

"Malgré des efforts persistants, je ne suis pas parvenu à obtenir le moindre détail précis sur cette information pourtant alléchante."

"Vivement intéressé, j'avais écrit à M. Courteville pour recueillir de plus amples renseignements à ce sujet. Il s'était contenté, pour toute réponse, de me faire savoir que le Dr. de Barle avait " dû faire sa communication à l'Académie de médecine vers 1946 ". Après avoir dépouillé en vain plusieurs années des Annales de cette institution, j'écrivis une nouvelle fois à M. Courteville pour lui demander de me fournir un renseignement quelconque me permettant de remonter à la source de son information. Cette fois mon correspondant me fit savoir qu'il avait communiqué ma lettre au Dr. de Barle et qu'il se ferait un plaisir de me faire faire sa connaissance. Après quoi, je n'eus plus de nouvelles ni de l'un ni de l'autre. Je ne devais apprendre que beaucoup plus tard, par un tiers qui avait eu une conversation avec M. Courteville, que le Dr. de Barle, en l'occurrence une dame, habitait Paris même et que celle-ci aurait consacré sa thèse de doctorat au problème de l'Améranthropoïde. De plus en plus alléché, je recherchai l'adresse de cette dame dans l'annuaire et lui envoyai une très longue lettre, en la priant, au nom de la Science, de m'éclairer. J'attends toujours sa réponse."

En 1999, sa santé déclinant, Bernard Heuvelmans a fait don de la totalité de ses archives au *Musée Cantonal de Zoologie* de Lausanne (Suisse). En août 2000, j'ai eu l'occasion de visiter le musée helvétique, et de consulter quelques-uns des nombreux dossiers rassemblés par Bernard Heuvelmans. J'espérais trouver, dans celui consacré aux humanoïdes velus de la région néotropicale (comme dans la dizaine d'autres dossiers que j'avais parcourus durant les deux jours de mon "safari" bibliographique), nombre de documents inédits : à ma grande sur-

Figure 11 : *couverture du livre de Roger Courteville (1951)*

prise, l'essentiel m'était déjà connu, et même une part notable des photocopies était de ma provenance ! Ce premier mouvement de déception passé, je compris que le véritable trésor " caché " du fond Bernard Heuvelmans, pour le chercheur en cryptozoologie que je suis, consistait justement *en ce qui ne s'y trouvait pas* : fausses pistes suivies par Heuvelmans, copies manuscrites de documents rédigées par ce dernier avant l'ère du photocopieur (par exemple, Valéry 1942), références imprécises notées sur un "pense-bête" pour des recherches à faire ultérieurement, etc.

Quand j'ai rencontré Heuvelmans pour la première fois au Bugue (Dordogne) en 1981, la seule vue impressionnante des rayonnages de classeurs dans son *Centre de Cryptozoologie* de Verlhiac, avait été pour moi une source de motivation à faire des recherches cryptozoologiques approfondies. De même, lors de mon séjour helvétique, je ressentis ce que Heuvelmans lui-même exprimait dans le *Grand Serpent-de-Mer* (1965) à propos des archives Oudemans qu'il avait jadis consultées en Hollande : chaque lacune était un encouragement à approfondir les recherches, à poursuivre son œuvre là où il l'avait laissée !

Et pour moi, cette source de motivation se doublait d'un défi supplémentaire : démontrer que les techniques modernes de bibliographie (dont l'accès, au moyen d'Internet, aux bases de données des bibliothèques informatisées) me permettrait de réussir là où l'on avait échoué avec des méthodes traditionnelles.

Concernant l'introuvable Dr. de Barle, Heuvelmans en était arrivé au même point que moi, ayant découvert qu'une certaine Jacqueline de Barle avait écrit la préface d'un autre ouvrage de Roger Courteville, *Mato-Grosso, terre inconnue* (1954). Mais ce n'était pas la bonne piste, car cette dame n'a apparemment rien publié sur l'améranthropoïde. En juillet 2001, j'eus l'idée de faire une recherche sur le site Internet de la *Bibliothèque Interuniversitaire de Médecine* (*BIUM*) de Paris, dont le fichier avait été numérisé et indexé informatiquement, puis mis en ligne. Une recherche sur le catalogue des documents anciens (1477 à 1952) avec

Figure 12 : *Le "pithecos anthropos" dessiné par Courteville (1951)*

"de Barl " en nom d'auteur, me renvoya 3 réponses, dont la dernière, "Paviot de Barle (Olga Eugénie)", s'avéra pertinente. La fiche manuscrite numérisée (figure 13) ne laissait en effet aucun doute : il s'agissait bien d'une thèse de doctorat de médecine, de 56 pages dactylographiées, intitulée "sur la piste du pithécanthrope", que cette personne avait écrite en 1945.

Ce nom composé Paviot de Barle, expliquait que Bernard Heuvelmans et ses successeurs aient vainement cherché ce document, classé évidemment à la lettre **P** comme "Paviot" et non à la lettre **B** comme "Barle". L'informatique se moque bien sûr de ce type d'indexation unique, en cherchant l'occurrence du mot "Barle" où qu'il se trouve dans la base de données. Pour l'anecdote, Heuvelmans, avec qui j'avais eu les relations les plus chaleureuses depuis 20 ans, m'en a beaucoup voulu à partir de 1996 d'avoir cédé, comme il disait, à "la mode Internet", un outil qu'il considérait comme une futilité. Qu'il me soit permis de souligner, avec toute l'estime et l'admiration que j'ai gardée pour le père de la cryptozoologie jusqu'à ses derniers jours, qu'il m'a suffi de quelques minutes sur Internet pour trouver la référence bibliographique d'un document qui avait échappé à un demi-siècle de recherches traditionnelles…

Quant au lien entre Olga Eugénie Paviot de Barle et Jacqueline de Barle, il semble bien que la première soit la mère de la seconde.

Qu'en est-il donc de ce document enfin sorti de l'oubli ? Disons le sans détour, cette thèse de doctorat ne compte pas au nombre des avancées de la médecine ou plus généralement de la science. On peut même s'étonner que le docteur Lian, professeur d'histoire de la médecine et de la chirurgie à la faculté de médecine de Paris, ait validé cette thèse. Que le sujet en soit fort éloigné de la médecine, passe. Que la pagination en soit fantaisiste (le texte est dactylographié au recto d'un papier pelure, mais les deux côtés sont parfois numérotés), et destinée manifestement à grossir un contenu indigent, passe encore… Mais que le texte relève davantage du *travelogue* que du travail de recherche, que le raisonnement en soit des plus confus, et que la bibliographie en soit très superficielle et truffée d'erreurs[9] — voilà qui aurait dû conduire à recaler son auteur. Peut-être grisé par l'euphorie de la fin de la guerre (la thèse fut soutenue le 21 juin 1945), le professeur Lian donna donc son aval à l'*imprimatur* officiel. Incidemment, la préface administrative de la thèse nous apprend que Madame Paviot de Barle était née à Paris le 27 octobre 1898, et avait donc presque 47 ans pour sa soutenance de thèse, ce qui me laisse songeur quant à la durée de ses études médicales, à moins qu'il ne s'agisse d'une vocation vraiment tardive…

Sa thèse commence par quelques considérations sur le pithécanthrope (appelé à l'époque *Pithecanthropus erectus*, et devenu par la suite *Homo erectus* car il s'agit indiscutablement d'un homme fossile). Puis un chapitre est consacré à la *"première découverte en 1920 d'un singe anthropoïde en Amérique du Sud"* : basé sur l'article sur l'améranthropoïde de George Montandon pour le *Journal de la Société des Américanistes* de 1929, c'est un simple résumé qui n'apporte aucune plus-value, et dont on saisit mal, pour qui n'est pas familier avec l'affaire, la relation avec le chapitre précédent. La troisième partie est le témoignage personnel de l'auteur, présenté sous un titre laborieux : *"rencontre d'un Pithecos-anthropos dans la forêt amazonienne le long du rio de Ouro en juillet 1938 au cours d'un voyage effectué en compagnie de mon mari, le colonel Paviot de Barle et de l'explorateur Roger Courteville, accompagnés de deux Indiens"* (ouf !). Après une longue digression relatant les péripéties de son séjour dans la jungle vénézuélienne, la thésarde parisienne en vient à la rencontre avec le "pithecos-anthropos" :

"Tard dans la soirée, le soleil était déjà à son déclin, quand un bruit dans les broussailles attira notre attention et nous vîmes un être ressemblant à un homme singe avançant dans notre direction. Nous le prîmes d'abord pour un Indien d'une tribu inconnue.

"Tandis que nous armions nos Winchester, nos Indiens saisissaient leurs flèches prêts à nous défendre. L'apparition à l'orée de la forêt ne semblait pas nous avoir décelé.

"Sa taille d'environ 2 mètres, les bras ballants quand il n'écartait pas la végétation sur son passage lui donnait une attitude impressionnante avec sa tête caractéristique et une nuque musclée avec de fortes attaches vertébrales.

"L'occiput, la nuque, et le dos en ligne droite sans courbure rentrante, lui donnait un aspect bestial contrastant avec son aspect humain et pacifique éclairé par deux yeux gris bleu au centre d'orbites énormes, soulignées par des arcades sourcillières saillantes et arquées formant visière.

"Sa face longue et imberbe au museau proéminent avait un menton effacé avec une dentition sans saillie.

"Le bassin était allongé et étroit, avec une cage thoracique puissante recouverte de longs poils fauves qui devenaient noirs et drus sur les membres.

"Ses jambes semblaient courtes par rapport aux cuisses, comme les avant-bras par rapport aux bras. Le bras droit était plus puissant que le bras gauche, tandis que la marche se faisait sur le bord externe des pieds.

"Profitant de son attitude pacifique pour capter sa confiance, Courteville lui tendit au bout de son bras gauche, pour s'en approcher, la seule chose qui se trouva dans sa poche, son mouchoir.

"L'Homme-gorille resta indifférent à ses avances, les méprisant presque, et, sans daigner regarder ce qu'on lui offrait, prit la fuite et disparut à nouveau dans les broussailles avec une telle rapidité qu'il fut impossible de déceler la direction prise.

"Aucun de nous n'avait tiré, car nous l'avions pris pour un Indien. La journée très avancée et le lieu peu propice pour effectuer une battue, nous fit camper plusieurs jours à cet endroit en laissant des objets suspendus aux arbres : miroir de pacotille, collier de perles de couleurs, une hachette.

"[…] Les jours suivants ne furent pas plus couronnés de succès, quoique décidée à ramener ce spécimen de transition au point de vue morpho-

logique entre les Singes actuels les plus élevés et les plus anciens des Hommes fossiles.

"Grâce à cette rencontre d'un sujet vivant, nous savons qu'il existe des anthropomorphes supérieurs restés inférieurs aux Hommes fossiles, lesquels sont eux-mêmes inférieurs aux Hommes actuels, montrant d'un point de vue nouveau, la parenté des Singes et de l'Homme."

À l'appui de ce manifeste d'infériorité d'une consternante platitude, madame Paviot de Barle présente trois dessins de la main de Roger Courteville (figures 12, 14 et 15), dont le deuxième servira d'illustration à son livre de 1951 (figure 12). En revanche, on ne trouve rien dans cette thèse sur la photographie de l'améranthropoïde redécoupé, qui est à l'évidence une pure création de l'aventurier français.

Reste donc un témoignage, que Roger Courteville a finalement reproduit avec "fidélité", puisqu'il verse encore une fois dans le plagiat : des phrases entières sont reprises mot pour mot. Il est clair qu'il n'y a aucun rapport entre l'améranthropoïde de François de Loys et le "pithecos-anthropos" du docteur Paviot de Barle : la taille, les proportions des membres, la morphologie du crâne, etc., tout les sépare. La créature observée évoque plutôt un véritable homme sauvage et velu qu'un singe anthropoïde. Mais quel crédit peut-on accorder à ce rapport ? L'association du témoin avec l'escroc Roger Courteville, la grande naïveté des dessins pour qui devrait être familiarisé avec l'anatomie, l'indigence générale de la thèse dont le seul élément nouveau est le récit de l'observation, n'incitent guère à la confiance.

On peut aussi se demander qui, de madame Paviot de Barle et de Roger Courteville, a influencé l'autre ? Connaissant ce dernier, déjà compromis dans le canular de 1931, on serait tenté de tout lui mettre sur le dos. Mais la thèse, intitulée "sur la piste du pithécanthrope", a le même titre que l'article de *Gringoire*, ce qui donne une idée des échanges qui ont pu se produire entre les deux personnages. En tout cas, Roger Courteville a, une nouvelle fois, fait œuvre de copiste, comme on peut en juger dans le comparatif que j'ai dressé :

Thèse de doctorat, 1945
"Sur la piste du pithécanthrope"
par Olga Eugénie Paviot de Barle

"Mais nous avions subi l'envoûtement de la forêt en remontant l'Amazone depuis l'île de Marajo à travers cette forêt énorme et opulente où les lianes démesurées contemporaines de la naissance du Monde, montent des touffes de fougères arborescentes, telles que la préhistoire nous les figure avec des fauves respirant leur parfum d'une voix rauque et puissante, dans un appel à la vie qui franchissait les monts."

"Le lendemain nous embarquions tous les trois sur le Marquez de Chavez, vieux rafiau [sic] démodé d'une flotte disparue, ultime vestige de la première pénétration fluviale au cœur de l'Amazonie échappé par miracle du cimetière où achevaient de se désagréger ses contemporains en date, inclinés sur le bord d'une rive.

"C'était le seul vapeur en service pendant la saison sèche, se dirigeant vers le rio Tembé. Dans

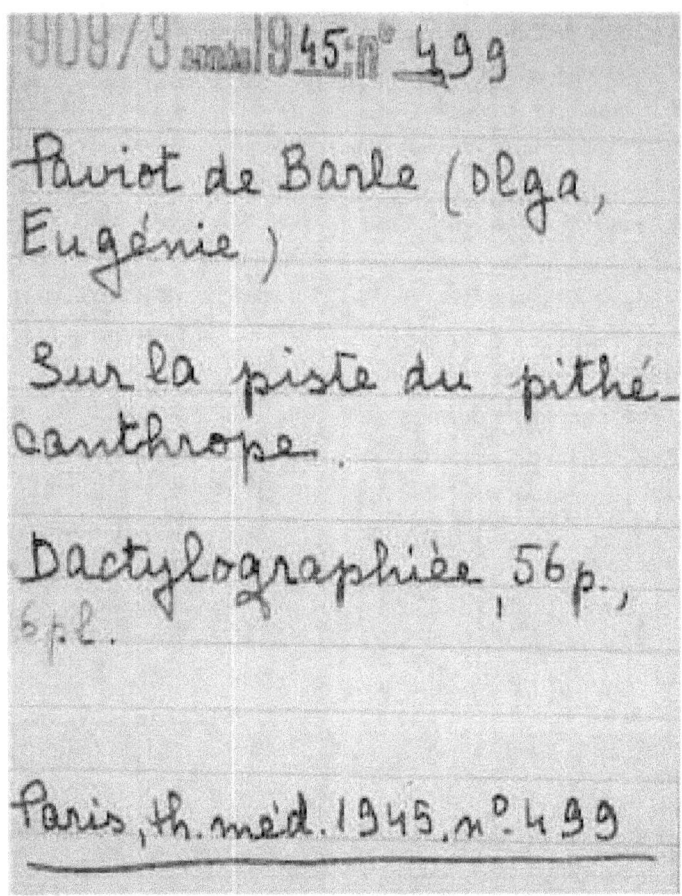

Figure 13 : *la fiche bibliographique de la thèse de doctorat d'Olga Eugénie Paviot de Barle*

quatre jours, nous devions atteindre son confluent.

"Trente mètres de long, et un fond plat, le rendaient manoeuvrable dans le méandre infini des rivières de l'Amazonie. Il était même capable de dépasser les bas-fonds en creusant deux sillons parallèles dans le lit boueux du fleuve.

"Ce prodige de navigation s'accomplissait toujours aux dépens de son organe propulseur qui y laissait une partie de ses pales en bois.

"Le pont à un mètre au dessus de l'eau, était digne de la coque rongée par la rouille ; et le groupe de huit cabines faites de lambris disjoints, présentait un aspect lamentable de vétusté et de crasse."

5000 *kilomètres en Amazonie* (1946) et
Avec les Indiens inconnus de l'Amazonie
(1951)
par Roger COURTEVILLE.

"Des lianes que l'on eut dites contemporaines de la naissance du monde, faisaient un dais aux fougères arborescentes, telle que la préhistoire nous les figure avec des fauves aspirant leur parfum d'une voix rauque et puissante qui franchit *les monts."* (1951 : 157)

"La direction peut enfin reprendre son orientation normale sans nous obliger à dévier dans les touffes de fougères arborescentes telles que la préhistoire nous les figure.

"Les lianes démesurées, contemporaines de la naissance de la vie, frappent les montants du pare-brise, veuf de ses glaces." (1946 : 34)

"Je venais d'embarquer quelques heures avant sur ce vieux rafiot démodé d'une flotte disparue. Ultime vestige de la première pénétration fluviale au cœur de l'Amazonie, échappé par miracle au cimetière où achevaient de se désagréger ses contemporains en date, inclinés sur le bord d'une rive.

"C'était le seul vapeur en service pendant la saison sèche, se dirigeant vers le rio Tembé, important affluent de gauche du grand fleuve. Dans quatre jours, nous devions atteindre son confluent.

"Trente mètres de long et un fond plat rendaient le vapeur manoeuvrable dans le méandre infini des rivières de l'Amazonie. Il était même capable de dépasser les bas-fonds, creusant deux sillons parallèles dans le lit boueux du fleuve.

"Ce prodige de navigation s'accomplissait toujours aux dépens de son organe propulseur qui y laissait une partie de ses pales en bois.

"Le pont à un mètre au dessus de l'eau, était digne de la coque.

"À quelques mètres de son étrave, derrière l'unique mât, s'élevait un groupe de huit cabines. Quatre de chaque côté, aux portes s'ouvrant extérieurement. Cette construction faite de lambris disjoints s'inclinait doucement […].

"L'ensemble présentait un aspect lamentable de vétusté et de crasse." (1946 : 13-14).

"Toute la faune des rives, capivares, caïmans, tortues, tamanoirs et troupes de singes, troublés dans leur quiétude était prise de panique à notre passage, tandis que les caïmans, dormant les mandibules à angle droit sur un banc de sable chaud, cherchaient un refuge au fond de la rivière." "Toute la faune des rives, capivares, caïmans, tortues, tamanoirs et troupes de singes, troublés dans leur quiétude par ce bruit inaccoutumé, fut prise de panique" (1946 : 21)

"Quelques caïmans dormaient, les mandibules en angle droit, sur un banc de sable chaud de la rive opposée. Pris de panique par l'arrivée inopportune de l'arrière du navire, ils cherchèrent un refuge au fond de la rivière." (1946 : 22)

On voit ainsi que Roger Courteville, des décennies avant la naissance de l'informatique grand public, était un adepte du copier/coller, aussi bien pour le texte que pour les images !

Et que dire de certaines incohérences dans le texte de Paviot de Barle (ou de son clône par Courteville) ? Ainsi, il est précisé que "la marche se faisait sur le bord externe des pieds", ce qui laisse présumer qu'ils ont été soigneusement observés. Or, Roger Courteville dessine les pieds dans un flou artistique total, qui interdit même de savoir s'il s'agit de pieds humains ou de pieds de singe transformés en main. À moins que ce détail sur la marche ne soit déduit de l'observation de traces de pas, mais alors quel manque de présence d'esprit de ne pas les avoir photographiées ou tout au moins dessinées et mesurées ! De même, les proportions des membres rapportées dans le texte (la brièveté relative des jambes par rapport aux cuisses et celle des avant-bras par rapport aux bras), ne se retrouvent pas dans le dessin.

EXPÉDITIONS À LA RECHERCHE DE L'AMÉRANTHROPOÏDE

Très tôt, des expéditions se lancèrent à la recherche de l'améranthropoïde, comme le montre un article paru dans le quotidien marseillais *La France du Sud-Est* du 31 juillet 1952 :

"*Un jeune explorateur de 23 ans, Jacques Daumarie, va entreprendre au cours du mois d'août* [1952] *une expédition au Vénézuéla afin de retrouver les traces de l'homme-singe. Cet animal étrange avait pu être photographié par le Français* [sic] *De Loys, vers 1920. Mais son existence est encore controversée par de nombreux savants.*

"*L'équipe se composera d'un ethnologue-géologue et d'un cinéaste. L'arrivée de son jeune chef à Caracas coïncidera avec un congrès de savants dont il espère obtenir l'aide financière. Dans tous les cas, le courageux explorateur n'hésitera pas à travailler dans les champs pétrolifères.*"

J'ai fini par découvrir que cette expédition avait réellement eu lieu, puisque Hellmuth Straka y fait allusion en 1980 dans son récit *8 anos entre Yucpas y Japrerias* :

"*[...] en 1952, l'ethnologue français J. Doumaire* [sic] *chercha dans la Perija tant l'homme-singe que les Indiens blancs, sans aucun résultat.*"

Straka lui-même chercha aussi vainement l'améranthropoïde, en montrant sans résultat la fameuse photographie prise par de Loys aux Indiens de la même région.

Charles-Henri Dewisme, un citoyen belge plus connu sous son nom d'emprunt d'écrivain d'Henri Vernes, était au lendemain de la guerre de 40 tout à la fois journaliste, aventurier, passionné de cryptozoologie, et ami de Bernard Heuvelmans. Le père de la cryptozoologie et le père de Bob Morane eurent en effet le projet d'organiser une expédition commune à la recherche de l'améranthropoïde. Si elle ne vit pas le jour, Dewisme n'en fit pas moins des recherches sur le terrain en Colombie en décembre 1953, dont Heuvelmans a rendu compte dès 1955, dans son livre *Sur la piste des bêtes ignorées*. Plutôt que de reproduire le texte de Heuvelmans, je cite ici directement une lettre de Dewisme adressée à "mon vieux Bib", comme il surnommait son ami, en date du 10 février 1954, et que l'on peut trouver dans les archives Heuvelmans à Lausanne. Elle apporte en effet quelques détails intéressants que n'a pas reproduits Heuvelmans :

"*J'ai parlé ici au Dr. Parra, directeur de l'Institut d'Éthnologie du Magdalena, qui connaît bien Gerardo Reichel-Dolmatoff, de l'Institut Colombien d'Anthropologie. Celui-ci est allé plusieurs fois chez les Indiens Motilones de la région de Codazzi, les Yuco, et ceux-ci lui ont parlé effectivement d'un grand singe sans queue habitant la Sierra de Perija. Ils en parlent non pas comme d'un être légendaire, mais comme d'un animal connu d'eux à l'égal du tapir ou du jaguar.*"

Quand Dewisme revint en Europe et

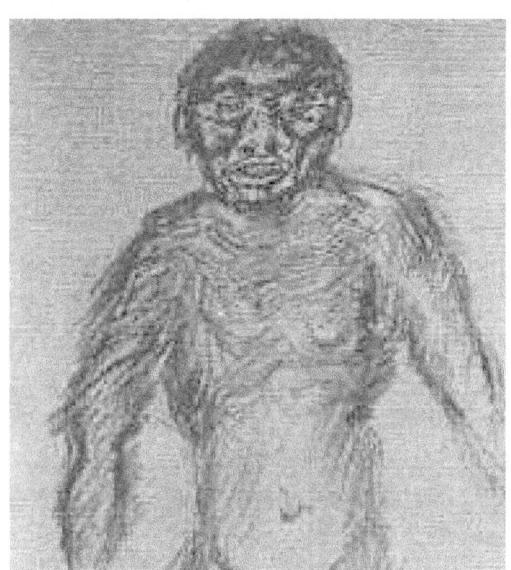

Figures 14 & 15 : *dessins de Roger Courteville (d'après Paviot de Barle 1946)*

rendit visite à Heuvelmans, il lui communiqua de vive voix quelques informations supplémentaires, notamment que l'animal serait connu sous le nom de *tranco*.

"*Ici, j'ai montré la photo de l'Amer [sic] à des chasseurs. Tous disent que l'animal ressemble vaguement à un* marimonda *(atèle), mais que cela n'en est à coup sûr pas un. Trop puissant. En outre, ils n'ont jamais vu un singe américain avec des poils aussi fournis.*"

On a vu plus haut ce qu'il fallait penser de la taille et du pelage de l'améranthropoïde, d'autant que Dewisme a probablement précisé à ses informateurs la taille prétendue de l'animal (1,57 m) en leur en montrant la photographie, les influant ainsi sur la "puissance" de la créature.

"*Je viens de rentrer, exténué et content, des jungles de la Sierra Nevada de Santa-Martha, où j'ai rencontré la cacique des Indiens Arouaques, Maria Eufemia Solis. Elle a roulé sa bosse partout dans la Sierra et connaît bien les* marimondas. *Je lui ai montré la photo. Elle ne connaît pas l'animal et n'en a jamais entendu parler, car les Arouaques craignent les Motilones et ne vont pas dans la Sierra de Perija. Elle affirme cependant que l'animal représenté sur la photo n'est pas un* marimonda.

"*Autre chose. Selon les Indiens et certains Blancs, il y aurait dans les territoires inexplorés de la Sierra de Santa-Martha, une race d'hommes sauvages proche du singe, noirs et velus, et avec les pieds à l'envers. Ils ne connaissent pas le feu, n'ont pas d'armes et sont fort féroces.*"

"*Un jour, Maria Eufemia, voyageant avec son mari, s'arrêta dans une caverne. Elle entendit les cris d'un de ces hommes (appelés simplement "sauvages" par les Indiens). Elle répondit en imitant le cri et cela jusqu'à ce que le "sauvage" fût à une centaine de mètres. Il faisait noir et elle ne le vit pas. Le lendemain, elle découvrit des traces de pieds presque humains venant et partant de la caverne. Elle reconnut, je me demande comment, que les pieds étaient à l'envers."*

Heuvelmans précisait, à la suite d'une conversation avec Dewisme, que ces "sauvages" se nourrissaient de crabes, de poissons et de lézards, et avançait lui-même l'hypothèse qu'il s'agissait de l'ours à lunettes, pour les raisons que nous avons déjà étudiées. Et Heuvelmans (1955) ajoutait en notre infrapaginale :

"Les Arouaques parlent aussi, mais avec un sourire entendu, d'une sorte de croquemitaine velu, mi-homme mi-atèle, appelé mojan. Il vit, dit-on, dans une grotte du haut Rio Cordoba ; la nuit, il vient jeter des pierres sur les toits et tente de noyer les promeneurs attardés. Ne s'agirait-il pas d'une version, déformée par l'éloignement et enjolivée, des rumeurs relatives à l'Améranthropoïde, dont l'habitat est situé bien plus au sud du pays ?"

Une vingtaine d'années plus tard, c'est le comte Pino Turolla qui mena une expédition à la recherche du grand singe vénézuélien, que relata d'abord Michael Grumley dans *There are giants in the earth* (1974). Pino Turolla y consacra par la suite une bonne place dans son ouvrage *Beyond the Andes* (1980), citant des témoignages récents dans le sud du Venezuela et en Colombie. Pino Turolla s'inscrit plus ou moins dans ce que l'on a qualifié "d'archéologie sauvage", à la suite de Robert Charroux et autres Eric von Däniken, ce qui n'est déjà pas un gage de grande fiabilité. Intrigué par des histoires sur un grand singe, Pino Turolla revint armé de la photo de l'améranthropoïde qu'il montra à ses informateurs : ils reconnurent positivement le *mono grande* observé dans la célèbre photo du singe de François de Loys.

Par la suite, Marc Miller (1990, 1991, 1992, 1998) a renouvelé l'expérience dans le sud du Vénézuéla, avec les mêmes résultats, ainsi que Simon Chapman dans la jungle de Bolivie (2001).

À mes yeux toutefois, la validité scientifique de ce genre de test reste à démontrer, car elle n'est fondée que sur *la seule photographie de l'améranthropoïde*. L'utilisation de repères photographiques ou iconographiques en cryptozoologie, n'a de valeur que si elle est fondée sur un ensemble de représentations différentes, et si les témoins choisissent la même. Par exemple, il serait beaucoup plus convaincant de faire le test avec des photos des divers singes américains, d'hommes atteints d'hypertrichose (un développement anormal de la pilosité), de singes non-américains (gorille, chimpanzé, etc.), des reconstitutions d'hommes préhistoriques ou de primates inconnus (*sasquatch*, hommes sauvages, etc.), et même d'ours et de paresseux, et de glisser parmi eux la photo de l'améranthropoïde. Dans le domaine de la criminologie, que ne dirait-on pas en effet, si les policiers ne montraient aux témoins d'un délit que la photo *du seul suspect*, au lieu de les confronter à plusieurs personnes parmi lesquelles celle qui est soupçonnée ?

Seul Miller raconte avoir montré aussi une photo de gorille et une représentation de *bigfoot* de l'Amérique du nord, ce qui confère à ses recherches davantage de crédit, bien que la région concernée et certains de ses témoins aient déjà fait l'objet de l'enquête précédente de Pino Turolla, au risque de "polluer" les rapports. Notons cependant que Miller recueillit des témoignages sur un grand singe d'une taille de 5 pieds (1,50 m), mais qu'il qualifie de *giant monkey* (singe pourvu d'une queue, par opposition à *ape*, qui désigne les singes anthropoïdes), et de couleur rousse, qui est justement la couleur de l'*Ateles belzebuth*. Toutefois, comme certains de ses informateurs assurent que l'animal observé n'avait pas de queue, il se pourrait qu'il existe en effet dans le massif des Guyanes un grand cébidé sans queue : si l'améranthropoïde de François de Loys est une pure création du géologue suisse, il n'y en aurait pas moins une créature présentant quelques caractères semblables — notamment la taille, l'absence de queue et la ressemblance avec les atèles.

TÉMOIGNAGES AU VÉNÉZUÉLA

On a avancé aussi un certain nombre d'autres rapports, non liés à une expédition à la recherche de l'améranthropoïde, mais ils ne sont encore moins convaincants que ceux que nous avons passés en revue.

Dans son ouvrage sur *Les bêtes sauvages de l'Amazonie* (1951), le marquis de Wavrin, grand explorateur de cette région qu'on a justement surnommée l'Enfer Vert, a mentionné l'existence de grands singes, que l'on a quelquefois rapprochés de l'améranthropoïde :

"*La famille des singes est aussi nombreuse que variée. On m'a signalé l'existence de grands singes dans la région de l'énorme forêt du Nord du Matto-Grosso, entre les versants du Paraguay et de l'Amazone. Je ne les ai pas vus. Bien que partout, dans le bassin de l'Amazone, on signale ces grands singes, relativement rares d'ailleurs, c'est du côté de l'Orénoque surtout qu'ils semblent être plus nombreux. On les y appelle* maribundas. *Leur taille, lorsqu'ils se tiennent debout, position qu'ils adoptent volontiers pour marcher sur le sol, serait d'environ un mètre cinquante. L'unique civilisé qui, avec sa famille, habitait au Guaviare, dans la région haute de ce Rio, m'a dit avoir élevé chez lui un jeune* maribunda. *Celui-ci, très familier, était amusant par toutes ses facéties ; finalement son propriétaire avait dû le tuer, car il occasionnait trop de préjudices.*

"*Le cri du* maribunda *ressemble étrangement aux appels humains. Au Guaviare, notamment, il m'est arrivé à diverses reprises de croire de prime abord à des appels d'Indiens.*"

Le marquis de Wavrin lui-même fut abusé par cette similitude dans le haut Orénoque, où son équipe crut dans un premier temps à une attaque des Indiens Guaharibos, avant de réaliser que les cris provenaient des arbres, et qu'il ne s'agissait heureusement que de ces singes.

"*À deux ou trois reprises, j'ai encore entendu, ou vu de loin, des* maribundas *dans cette région. J'aurais bien voulu en abattre, autant pour corser notre menu que pour me rendre exactement compte de l'aspect physique de cet animal ; mais ils sont si farouches que, chaque fois que nous en eûmes décelé, ils purent fuir avant d'être rejoints. D'après ce que me dirent les Indiens, le corps de ce singe serait plutôt svelte.*

Il aurait également la queue prenante.

"Bien que ceci me semble assez douteux, je signalerai que des indigènes m'ont affirmé que, là où ces singes sont plus nombreux et ne craignent guère l'homme, ils sont relativement agressifs et jettent des bâtons ou des branches mortes du faîte des arbres vers le chasseur dont ils cherchent ainsi à se défendre ou à se venger."

Maribunda, ou plus exactement *marimonda*, est un des noms vernaculaires de l'atèle roux (*Ateles belzebuth*), et les détails donnés par le noble explorateur confirment pleinement cette identification, comme la queue préhensile et la coutume de jeter des branches sur les intrus. Reste la question de la taille attribuée à ces atèles : avec 1,50 m de hauteur, ils seraient presque moitié plus grands que les plus grands atèles connus. S'agit-il d'une exagération dictée par la crainte, ou la région du haut Orénoque abrite-t-elle vraiment de tels géants ?

Warren Smith, un écrivain américain spécialisé dans la littérature fortéenne, auteur de plusieurs ouvrages à teneur cryptozoologique, rapporte un témoignage étonnant dans son livre *Lost cities of the ancients – unearthed !* (1976). Il concerne un Vénézuélien du nom d'Emelino Martinez :

"Il y eut un mouvement soudain dans les fourrés lorsque Emelino Martinez revint de la chasse dans les montagnes du Vénézuéla, la nuit du 10 avril 1954. Martinez stoppa sans un geste, prêt à tirer, quand un bruit de battage se fit à nouveau entendre dans la brousse. Il attendit un instant puis reprit sa descente vers son automobile.

"Une peur panique lui glaça le sang quand il entendit un son guttural, comme si quelque chose appelait. Des sensations froides de frayeur parcoururent son corps en une couverture de chair de poule. Son cœur battant bondissait contre sa gorge.

"Je sus alors que j'étais le chassé et non le chasseur, rapporta Martinez plus tard.

"Un cri inintelligible derrière lui, lui fit comprendre que la chose s'était mise à sa poursuite. Marchant à quatre pattes, trébuchant, tombant, Martinez descendit la piste à toute allure. Il s'arrêta un instant et jeta un regard en arrière vers son poursuivant.

"Je tombai presque mort, raconta Martinez. Deux choses descendaient la montagne derrière moi. La lune s'était levée. Je les vis très distinctement. Elles étaient petites, environ la taille d'un enfant de 12 ans, et elles semblaient mi-homme, mi-singe. Leur corps était couvert d'un pelage sombre. Après cette vision, je me remis à courir encore plus vite vers ma voiture."

"Martinez avait garé sa voiture dans une petite clairière le long d'une route non bitumée à quelques kilomètres de Caracas, Vénézuéla. La région montagneuse était très isolée, une des raisons pour lesquelles Martinez l'avait choisie pour chasser.

"Après avoir laissé tomber le petit gibier qu'il avait pris sur la piste, Martinez fonça vers sa voiture. Il fouilla dans ses poches pour trouver les clés. Les pas martelant le sol des monstrueux poursuivants pouvaient être entendus, descendant la piste. Martinez laissa tomber les clés de sa voiture. Je les ramassai et commençai à ouvrir la portière de la voiture, affima-t-il. Mon esprit s'affolait de terreur. Ces choses étaient dehors pour me blesser. Juste comme je venais d'ouvrir la portière, je fus attrapé par un

bras velu venant de derrière. Nous tombâmes à la renverse dans un fossé de l'autre côté de la route."

"Martinez laissa tomber son arme dans la bagarre. Deux bras puissants se refermèrent sur sa gorge. J'étais sur le point d'être étranglé, dit-il. Avec un éclat de force frénétique, je me dégageai de l'étreinte de la bête. Je commençai à progresser à quatre pattes vers ma voiture. La chose vint en un saut sur mon dos, hurlant, grognant et mordant comme un animal enragé."

"Le chasseur vit son fusil par terre sur la route. J'essayai de le saisir, mais je ne pouvais pas l'atteindre, dit-il. Je me saisis finalement d'un gros rocher, je me retournai et commençai à frapper la chose sur la tête."

"Des cris de douleur fendirent la nuit. Martinez vit son attaquant reculer. Du sang jaillit de la tête de la créature. Le jeune homme frénétique se précipita vers sa voiture.

"J'y entrai et et verrouillai les portières juste comme les deux êtres vinrent se jeter contre le côté, dit-il. C'était l'expérience la plus effrayante de ma vie. Ils étaient enragés. Leurs poings velus frappaient sur les vitres de la voiture. J'avais peur que le verre ne se brise. J'allumai le moteur et m'éloignai de la clairière."

Les créatures lachèrent prise, et Martinez fonça vers le poste de police le plus proche, où il raconta son aventure, provoquant l'hilarité des policiers, qui lui conseillèrent de rentrer chez lui en évitant les bars du coin !

Martinez revint sur les lieux le lendemain, et il trouva des feuilles couvertes de sang, qui furent analysés par un certain Juan Valdez. Celui-ci écrivit à Warren Smith que le sang n'était pas humain, et qu'il ne s'agissait du sang d'aucun animal auquel on l'avait comparé. Quant aux habitants de la région, ils croyaient que ces créatures venaient de "soucoupes volantes" qu'on avait parfois observées, et qu'on accusait de ravir hommes et bétail.

En lisant ce récit, je ne peux m'empêcher de penser aux séries B à *suspense* de l'époque, mélange de fantastique dans le style de la *Quatrième Dimension* et de clins d'œil au cinéma d'Hitchcock. C'est peu de dire que je n'arrive pas à prendre cette histoire au sérieux, où tous les poncifs du genre semblent avoir été accumulés. Que le pauvre Emelino Martinez ait eu la frousse de sa vie lors d'une rencontre inhabituelle — que ce soit un animal connu, ou inconnu — soit. Mais que les choses se soient passées comme dans son récit, voilà qui est dur à avaler…

LE *DI-DI* DE GUYANA

À l'appui de l'existence de l'améranthropoïde, on a parfois versé au dossier les rapports sur une créature humanoïde et velue de la Guyana, généralement appelée *di-di* (prononcer "daille-daille"). Comme le montre un examen exhaustif de la documentation disponible, un tel rapprochement est très contestable.

Divers auteurs ont notamment répété, sans vérifier à la source, que les voyageurs britanniques sir Walter Raleigh et Laurence Keymis, avaient signalé des singes anthropoïdes lors de leur séjour en Guyane britannique à la fin du seizième siècle. En réalité, il en va bien différemment. Dans son ouvrage The discovery of *the large, rich, and beautiful empire of Guiana* (1595), sir Walter Raleigh mentionne effectivement des être fantasmagoriques, où il serait très téméraire de voir un écho, même mythifié, d'un singe anthropoïde. Parlant d'une rivière du bassin de l'Orénoque, il écrit en effet :

"[…] *il y a une nation de gens, dont la tête n'apparaît pas au-dessus des épaules ; bien que ce puisse être une pure fable, pour ma part je suis convaincu que c'est vrai, parce que beaucoup de personnes dans les provinces d'Arromaia et Canuri affirme la même chose : ils sont appelés* Ewaipanoma *; on dit qu'ils ont les yeux sur les épaules, et la bouche au milieu de la poitrine, et qu'une longue queue de poils leur pousse dans le dos entre les épaules. Le fils de Topiawari, que je remenai avec moi en Angleterre, me dit que ce sont les hommes les plus puissants de toute la terre, qu'ils utilisent des arcs, des flèches et des massues deux fois plus gros qu'aucune arme de Guyana, ou des Orenoqueponi* […]."

Un Espagnol de Cumana affirma à sir Walter Raleigh qu'il avait vu lui-même de telles créatures, mais l'explorateur britannique préférait taire son nom, pour ne pas nuire à la réputation de son informateur.

Laurence Keymis rapporta le même genre d'histoire dans son propre récit d'expédition, *A relation of the second voyage to Guiana* (1596), qu'il tenait d'un interprête du nom de John Provost :

"*Il me certifia l'existence des hommes sans tête, et que leur bouche sur la poitrine est extrêmement large. Le nom de leur nation en langue charibe est* Chiparemai, *et les Guyanais les appellent* Ewiapanomos."

On pourrait penser à des monstres acéphales (privés de tête, une anomalie tératologique heureusement rarissime), ou même à des bossus, mais de tels cas individuels sont l'antithèse même d'une nation. Chez certains primates, tout particulièrement le chimpanzé, la tête est portée si bas qu'elle semble au milieu de la poitrine lorsque l'animal est assis (notons au passage que ce n'est pas le cas chez les atèles), mais rien ne rapproche ces hommes sans tête d'un quelconque singe : leur pilosité, qui se limite à une sorte de queue de cheval dorsale, est des plus discrètes, et pourrait n'être qu'un ornement décoratif, et leur utilisation d'arcs et de flèches montre clairement leur nature humaine. En définitive, une seule explication rationnelle s'impose à moi, celle qu'a développée avec talent Bernard Heuvelmans dans *Les bêtes humaines d'Afrique* (1980) à propos des acéphales : il faut comprendre en fait qu'il s'agit d'un peuple sans *cap*, autrement dit vivant de manière nomade, comme c'est sans doute le cas de chasseurs-cueilleurs. Le calembour visuel étant accepté au pied de la lettre, la "logique" conduisait à doter ces êtres d'yeux et d'une bouche sur la poitrine… Quelle que soit l'explication — tératologique, mythique ou linguistique — une chose est certaine en tout cas, les acéphales de Raleigh et Keymis n'ont aucun lien avec l'améranthropoïde, ni même avec l'existence éventuelle de singes encore inconnus.

En 1769, le docteur Edward Bancroft, décrivant l'histoire naturelle de la Guyane britannique, évoqua pour la première fois l'existence de singes anthropoïdes dans cette région :

"*L'orang-outang [sic] de Guiana est beaucoup plus grand que l'Africain ou que l'Oriental, si l'on peut faire confiance aux rapports des indigènes ; car je ne pense pas que les colons blancs de cette côte, qui ne pénètrent jamais profondément dans les bois, en aient jamais vu un seul.*

"*Ces animaux, dans les diverses langues indigènes, sont appelés de noms signifiant Homme Sauvage. Ils sont représentés par les Indiens comme ayant cinq pieds [1,50 m] de haut, se tenant en posture érigée, et ayant une forme humaine, couverte d'un pelage noir et clairsemé ; mais je soupçonne leur taille d'avoir été exagérée par la crainte des Indiens, qui les redoutent grandement, et s'enfuient sur-le-champ dès qu'ils en découvrent un, de sorte qu'on n'en a jamais pris un seul vivant, encore moins a-t-on essayé d'en apprivoiser. Les Indiens racontent beaucoup d'histoires fabuleuses sur ces animaux ; et, comme les habitants de l'Afrique et de l'Orient, ils affirment qu'ils attaquent les mâles et ravissent les femelles de l'espèce humaine.*"

Il faut préciser que le mot *orang-outan*, orthographié ici à tort *orang-outang* par Bancroft, était au dix-huitième siècle un mot passe-partout, par lequel on désignait aussi bien le singe anthropoïde au pelage roux de Sumatra et Bornéo, le véritable orang-outan (*Pongo pygmaeus*), que le chimpanzé africain (*Pan troglodytes*) : même dans les milieux scientifiques d'alors (dont notre grand naturaliste Buffon, pour ne citer que lui), il n'était pas évident qu'ils fussent en présence de deux espèces distinctes de primates.

En ce qui concerne la taille de cette créature, dont le docteur Bancroft affirme qu'elle est beaucoup plus grande que celle des deux singes anthropoïdes alors connus, il faut dire que les spécimens (d'ailleurs fort rares) qu'il était donné de voir dans les musées et les ménageries européennes de l'époque, étaient de *jeunes* individus, donc de petite taille. Ils mouraient en fait assez vite, faute de soins appropriés. En fait, le chimpanzé comme l'orang-outan adultes dépassent couramment les 1,50 m, atteignant jusqu'à 1,70 m. Malgré ces réserves, une taille de 1,50 m était effectivement impressionnante, en comparaison des petits singes sud-américains.

Mais en plus de "l'*orang-outang*" de la Guyane britannique, le docteur Bancroft décrivait aussi un autre grand singe sans queue du même pays :

"*Le singe anthropoïde*[10], *appelé ici un Quato, est grand, et entièrement couvert d'un long pelage noir, à l'exception de la face, qui est nue et ridée. Les oreilles sont grandes, et de forme humaine, les yeux profondément enfoncés dans les orbites, et le nez ressemblant beaucoup à celui d'un Nègre, mais en plus petit. Le corps a près de deux pieds [60 cm] de long, et autour du thorax environ 18 pouces [45 cm] de circonférence. Ils n'ont ni barbe ni queue. Ces animaux sont fréquemment apprivoisés, et dans tous leurs actes montrent un degré peu commun d'habileté et de dextérité, non sans une dose de cette intelligence malicieuse pour laquelle ils sont remarquables. Quand leurs mains ou leurs pattes antérieures sont liées derrière le dos, ils peuvent marcher et courir debout, durant un jour entier, avec la même aisance que s'ils étaient dans leur posture naturelle. Quand on bat un de ces animaux, il court immédiatement et grimpe sur un citronnier ou un oranger ; et, si on le poursuit, il cueille des citrons et des oranges et les jette à la tête du poursuivant, et même essaie de le repousser en jetant ses excréments sur lui, tout en faisant nombre de grimaces, et en prenant une foule d'attitudes ridicules, qui offrent une petite diversion aux spectateurs. Les mâles sont très lascifs, et pratiquent fréquemment la masturbation ; mais ce qui mérite plus particulièrement d'être noté, c'est que les femelles de cette espèce ont leurs règles avec la même régularité que celles de l'espèce humaine."*

Selon Nello Beccari, dont nous allons reparler, *Quato*, ou plus exactement *Quata*, est le nom donné localement à l'atèle (*Ateles paniscus*), qui possède en effet un pelage noir. Cette description détaillée, que l'on pourrait être tenté de rapprocher de l'améranthropoïde, est en effet typiquement celle d'un atèle, y compris le comportement consistant à lancer des excréments, qu'on a déjà vu plus haut. Reste la question de la queue, absente selon Bancroft, et bien présente chez *Ateles*. Peut-être les Indiens en question avaient coutume de couper la queue de ces animaux domestiques, pour faciliter leur captivité (privés de cet appendice, ils devaient sans doute renoncer à leurs voltiges aériennes)… À moins qu'il n'y ait chez Bancroft une confusion avec un autre singe sud-américain, l'ouakari. Le pelage long, la face nue, le nez très aplati, la queue très réduite (quelques centimètres) au point d'être indistincte dans la toison, la taille (jusqu'à 60 cm), les mœurs arboricoles, etc., sont des caractéristiques communes. Le pelage est généralement brun roussâtre, mais une des espèces d'ouakari possède une face noire.

Un siècle plus tard, en novembre 1868, Charles Barrington Brown, un haut fonctionnaire gouvernemental en Guyane britannique, entendit à son tour des rumeurs sur de grandes créatures humanoïdes et velues, sur le cours supérieur de la rivière Mazaruni, près de la frontière avec le Vénézuéla :

"La première nuit après avoir quitté Peaimah, nous entendîmes un long et puissant sifflement très mélancolique, venant des profondeurs de la forêt, à propos duquel quelques-uns uns des hommes s'écrièrent d'une voix terrifiée : "le Didi !". Le sifflement se répéta deux ou trois fois, ressemblant à celui fait par un être humain, commençant dans un registre élevé et baissant progressivement pour s'éteindre lentement. Il y avait des opinions divergentes parmi les hommes, au sujet de l'origine de ces sons. Certains disaient qu'ils provenaient de l'homme sauvage et velu, ou "Didi" des Indiens ; d'autres qu'ils étaient produits par un grand serpent venimeux vivant dans les arbres, où il finit par atteindre une grande taille, en se nourrissant d'oiseaux qui ont la malchance de se poser près de lui, et d'être victimes de son pouvoir de fascination[11]. D'après les Indiens, le "Didi" est un homme sauvage de petite taille, trapu et puissant, dont le corps est couvert de poils, et qui vit dans la forêt. La croyance en l'existence de cette créature fabuleuse est universelle dans les Guyanes britannique, vénézuélienne, et brésilienne. Sur la rivière Demerara, quelques années plus tard, j'ai rencontré un bûcheron métis qui me raconta sa rencontre de deux Didis *— un mâle et une*

femelle — et comment il résista à leurs attaques avec sa hache. Il affirmait qu'il avait été sévèrement égratigné au cours de la mêlée. Son histoire doit être prise cum grano salis."

Curieusement, on remarque dans ce dernier incident plusieurs similitudes avec l'améranthropoïde de François de Loys : l'agressivité, l'habitude d'aller par couples, et la proximité de la rivière. À se demander si le géologue suisse n'en a pas eu connaissance pour élaborer ses diverses versions...

Charles Barrington Brown entendit également un *"cri prolongé très singulier"* dans la région située entre Waetipu et Ipelemouta. Il était si humain qu'il voulut voir d'où il venait, mais les Indiens l'en dissuadèrent, pensant que c'était quelque Arecuma, ayant tué un homme de sa tribu, avait été transformé en bête sauvage !

Plus tard, sur la rivière Carowuring, son guide lui parla des chutes situées en amont :

"À leur pied, il y avait une grande plage de sable, couverte de mystérieuses empreintes ressemblant à celles faites par un pied humain. Le sable est également éparpillé comme si des enfants y avaient joué. Si les Indiens qui visitent l'endroit piétinent ces amas, et s'éloignent peu de temps, ils les retrouvent à leur retour comme auparavant. Les Indiens croient que des hommes sauvages vivent près de ce lieu, mais ils n'ont jamais réussi à les voir."

Dans son ouvrage sur les Indiens de Guyana (1883), Everard Frederick im Thurn mentionna les diverses créatures fabuleuses du folklore local :

"À cette catégorie, en Guyana, appartient le di-di, ou water-mama, *un être au corps pas très bien décrit, qui vit sous l'eau."*

Sous l'eau ? Voilà qui ne cadre guère avec ce que nous avons entendu jusqu'ici. Cependant, il faut savoir que *water-mama*, la "maman de l'eau", n'est autre que le nom vernaculaire donné au lamantin (*Trichechus*). On le retrouve en Afrique occidentale (où vivent aussi des lamantins), sous le nom de nom de *mamywata*, notamment en Côte d'Ivoire, mais aussi en Guyane française sous le nom de *mamadilo*. Les lamantins sont des mammifères aquatiques de l'ordre des siréniens, exclusivement végétariens ; chez la femelle, le sexe s'ouvre ventralement (comme chez la femme), et surtout celle-ci possède des mamelles pectorales. Lorsque ces animaux sont couchés sur le dos, et allaitent leur petit en le maintenant sur leur poitrine à l'aide de leurs semblants de bras, il était inévitable qu'on pensât au vieux mythe de la sirène, créature au corps de femme et à queue de poisson (les lamantins et les dugongs, autres siréniens, ayant une queue aplatie dans le plan horizontal).

On peut d'ores et déjà penser que *didi* est en fait un terme assez général, semblable à notre "monstre" (au sens populaire du terme) et que l'habitat du *didi* anthropoïde n'a pu qu'ajouter à la confusion : il est remarquable en effet que nombre d'observations ont eu lieu près d'une rivière.

Cette dualité du *didi* n'avait pas échappé à Everard im Thurn, puisqu'il écrivait quelques pages plus loin :

"À nouveau, chaque roc extraordinaire ou inaccessible est habité dit-on, par des animaux monstrueux. Par exemple, sur le Roraima, les Indiens disent qu'il y a d'énormes jaguars blancs, d'énormes aigles blancs, et autres bêtes de ce genre. À cette classe appartiennent probablement les di-dis, des êtres de forme intermédiaire entre les hommes et les singes, qui vivent dans les forêts près des berges des rivières. Pour les lecteurs anglais, cette dernière créature a quelque intérêt littéraire car c'est probablement elle qui a suggéré à l'imagination vive et fantasque de Charles Waterton l'idée de construire son fameux non-descript, dont la nature réelle embarrassa un certain temps des zoologistes trop confiants de ce pays."

Le *non-descript* de Charles Waterton, auteur de *Wanderings in South America* (1828) est un montage taxidermique, dénoncé notamment par Peter Dance, dans son ouvrage *Animal fakes and frauds* (1976), consacré aux faux animaux.

En 1931, un entomologiste et anatomiste italien, le professeur Nello Beccari, accompagné du docteur Renzo Giglioli et de Ugo Ignesti, effectua une expédition en Guyane britannique, dans le but d'enquêter sur le singe abattu par François de Loys. La faune, la flore et le climat des deux régions limitrophes étant semblable, Nello Beccari pensait qu'il y avait quelque chance pour qu'on y retrouvât aussi l'améranthropoïde. De plus, il avait lu dans la *Nouvelle géographie universelle* d'Elisée Reclus (1894) ces quelques lignes significatives :

"Dans la Guyane anglaise vivraient aussi les fabuleux Didi, gens velus que tous les autres Indiens redoutent sans les avoir jamais vus. D'ailleurs, quand le sauvage a peur d'apercevoir un être redouté, ou même un rocher à forme bizarre, qu'il croit être un démon ennemi, il se frotte les yeux de poivre : cessant de voir, il s'imagine qu'on ne le voit plus[12]."

Le géographe français faisait en fait référence aux rapports de Charles Barrington Brown et d'Everard Frederick im Thurn, que nous venons d'étudier, mais que Nello Beccari n'avait visiblement pas pu vérifier. Ce n'est toutefois qu'au moment de retourner en Italie, après plusieurs mois passés dans le pays, que l'Italien entendit parler de ces mystérieuses créatures. Il en fit mention dès 1932, dans un court article pour le bulletin de la Société Royale Géographique Italienne, et de manière plus complète dans sa monographie sur l'améranthropoïde parue en 1943. Voici l'essentiel de ses informations à ce sujet :

"Je rencontrai Mr. Haines, qui résidait alors dans le Rupununi en qualité de haut fonctionnaire, et qui dans sa jeunesse avait exploré de nombreuses localités de la colonie à la recherche de gisements aurifères. Il me raconta qu'en 1910, parcourant la forêt le long de la rivière Konawaruk, affluent secondaire rive gauche de l'Essequibo, en amont du Potato, il était tombé sur deux êtres, qui à son approche s'étaient dressés. Ils avaient des traits humains et étaient entièrement recouverts d'un pelage brun-roussâtre. Il était désarmé et s'arrêta, indécis sur la conduite à tenir. Entretemps, les deux êtres le regardèrent, puis reculèrent et s'éloignèrent lentement dans la forêt. Aussitôt après, revenu de sa stupeur, il réalisa qu'il s'agissait sans doute de singes anthropoïdes et rapprocha son aventure de la légende des dai-dai, légende qu'il connaissait

pour l'avoir entendu raconter par les Indiens parmi lesquels il avait vécu de nombreuses années.

"Notre guide, Mr. Miegam, en entendant le récit de Mr. Haines, se rappela qu'il avait fait lui aussi une rencontre similaire. En 1918, il remontait le Berbice en barque en compagnie de MM. Orella, Gibbs et d'un Américain dont il ne se rappelait pas le nom. Peu après avoir dépassé la localité de Mambaca, ils avaient vu sur un banc de sable de la rive du fleuve plusieurs êtres qui de loin semblaient humains. Ils les appelèrent, leur demandant s'ils avaient fait bonne pêche. Mais ils ne répondirent pas, et s'éloignèrent dans la forêt limitrophe. Arrivés au banc de sable, les voyageurs descendirent et constatèrent que les empreintes laissées par les êtres disparus étaient celles de pieds de singes et non de pieds humains. Mr. Miegam ne sut me dire si ces êtres avaient ou non une queue : c'est une particularité qu'il n'avait pas notée ; mais il me rapporta avec certitude qu'ils se tenaient debout, comme des hommes, attitude insolite pour des singes communs américains. Il m'assura en outre qu'il avait entendu dire que deux autres colons, Mr. Melville et Mr. Klawstky, avaient également vécu une aventure semblable dans un autre endroit."

Le professeur Nello Beccari fit également la connaissance d'un vieux Noir à Mackenzie, une ville fondée sur le fleuve Demerara, près d'une mine de bauxite. Tout le monde le surnommait en fait "Oncle Brun" (en français dans le texte : peut-être venait-il de Guyane française), mais les rares Indiens de la région, dont il était l'ami et le confident, lui vouaient un grand respect et l'appelaient plutôt "le gouverneur" :

"Non seulement Oncle Brun était au courant de la légende des dai-dai, mais encore il me rapporta qu'il avait entendu les Indiens affirmer que les dai-dai vivent en couple ; qu'il est très dangereux d'en tuer un seul, car l'autre le vengera inexorablement, étranglant la nuit dans son hamac, celui qui a agressé son compagnon. C'est pourquoi ils le craignent et se gardent de lui faire du mal.

"Il me semble que dans tout ce qui m'a été raconté, il doit exister quelque chose de vrai. Il est invraisemblable que tout soit l'effet de l'imagination."

Notre informateur suivant n'est autre qu'Ivan T. Sanderson, que nous avons déjà vu descendre l'améranthropoïde avec plus de sûreté que la Winchester de François de Loys. Il effectua une mission en Guyane britannique, et voici ce qu'il rapporte dans son ouvrage sur l'homme-des-neiges (1961), avec son baratin habituel :

"J'ai eu vent de cette affaire pour la première fois quand je cherchais à capturer des animaux, recherche qui nécessitait une patience inlassable car il fallait se renseigner auprès de tas de gens sur toutes les espèces de bêtes qu'ils connaissaient. Dès le début, on ne cessa de nous parler de ces didis. Ils habitaient dans les collines et c'étaient d'assez jolis kwasi (c'est ainsi qu'on désigne les primates en général dans cette région. Ils n'avaient pas de queue, vivaient sur le sol, avaient des pouces comme les hommes et bâtissaient des cases grossières avec des palmes. Ils avaient l'habitude de s'enfuir à l'approche de l'homme, mais si une équipe nombreuse d'humains pénétrait dans ces montagnes complètement inhabitées, les didis arrivaient en nombre et ils lançaient des morceaux de bois et de la *boue aux canots. C'est ce que disaient les gens du pays."*

Sanderson lui-même avait trouvé des *"empreintes de pas humaines extrêmement grandes"* dans la boue près d'un ruisseau, à 65 kilomètres du dernier village connu.

Jan Lindblad, dans son livre consacré aux *Animaux rares d'Amazonie* (1973), raconte une chasse au paresseux en Guyana, qui lui donne l'occasion d'évoquer le megatherium de la préhistoire, un édenté géant :

"Les empreintes de ses pieds avaient sans doute une forme étrange, coïncidant avec celles de ces créatures, les " daj-daj ", dont parlent les Indiens : ce sont des hommes gigantesques qui demeurent dans les forêts, ils sont poilus et trois fois plus grands qu'un homme ordinaire.

"Ces êtres sont paisibles si on ne les irrite pas et, chose bizarre, leurs pieds sont à l'envers ! On dit, remarquez, que le megatherium était contemporain des premiers Indiens d'Amérique du Sud. On ne sait pas combien de temps il a survécu — mis à part son existence dans l'imagination des Indiens."

Il est à noter que cette hypothèse de la survivance d'un paresseux géant terrestre est partagée par l'ornithologue David Oren, pour expliquer les rapports sur le *mapinguari*, une créature humanoïde et velue du Brésil.

Le témoignage en relation avec le *didi* le plus récent que je connaisse, vient d'un spécialiste des champignons américain, Gary Samuels, du laboratoire de mycologie de l'Agricultural Research Service de Beltsville (Maryland, USA). Le magazine fortéen *Info Journal* s'en est fait l'écho en 1987, d'après un article de Jessica Snyder publié par la *Newsletter* du *New York Botanical Garden*. Bernard Heuvelmans écrivit en 1989 à Gary Samuels, pour lui demander une copie de cet article de l'institution botanique américain. Le mycologue américain préféra, dans sa lettre de réponse, conservée dans les archives Heuvelmans à Lausanne, donner des précisions inédites qui ne figuraient pas dans *Info Journal* (qui, ainsi que je pus m'en assurer par la suite, avait cité *in extenso* le passage significatif de la *Newsletter*). Lors d'une mission en Guyana en avril 1987, Gary Samuels entendit des bruits de pas dans la forêt, alors que le seul être humain dans le voisinage était son assistant, resté au camp près d'une rivière. Il vit alors une créature humanoïde émettant un cri comme "hou... hou... hou" :

"L'animal semblait avoir 5 pieds [1,50 m] de hauteur, avait la face d'un singe et était couvert de poils. Je ne voyais que la partie supérieure du torse, le bas du corps était couvert par la végétation qu'il traversait. Il marchait parallèlement à la rivière en direction de sa source. Il marchait comme un homme, dressé."

Au total, les divers rapports sur les humanoïdes velus de Guyana sont des plus contradictoires. Même si on laisse de côté les êtres acéphales de Raleigh et Keymis, ainsi que le *quato* domestiqué de Bancroft, il reste encore des points irréconciliables : une taille de 1,50 m en général, mais de 3 fois celle d'un homme selon Lindblad ; des pieds humains selon Brown et Lindblad, mais de singe selon

Beccari ; des traits humains selon Beccari mais une face de singe selon Gary Samuels !

Toutefois, on peut remarquer que le *didi* est généralement considéré comme une *homme sauvage* plutôt qu'un singe. Inversement, les cas où le rapprochement est fait avec le singe, sont celui de Mr. Miegam, qui ne peut pas dire si les créatures possédaient une queue, et celui de Gary Samuels qui n'a pas vu le bas du corps : autrement dit, les animaux observés par ces deux témoins pourraient aussi bien être dotés d'une queue préhensile...

En guise de synthèse...

En somme, si nous reprenons la totalité des rapports présentés ici, voici les conclusions objectives que l'on peut en tirer :

1) l'améranthropoïde de François de Loys est un canular complet.

2) les preuves historiques avancées par Montandon à l'appui de l'existence de ce dernier ne résistent pas à l'examen :

- Cieza de Leon ne cesse d'émettre des réserves sur les légendes qu'il rapporte à propos des amours contre-nature entre les Indiennes du Pérou et des singes, lesquelles doivent être prises *cum grano salis*.

- les statues anthropomorphes du Yucatan ne sont pas nécessairement des représentations d'anthropoïdes, et si tel est malgré tout le cas, leur taille et leurs proportions se rapportent au *sisemite*, un géant velu peut-être apparenté au *bigfoot* de l'Amérique du nord.

- le *salvaje* de Juan Rivero pourrait être éventuellement un véritable homme sauvage et velu encore inconnu, mais c'est bien plus vraisemblablement une version mythifiée et humanisée de l'ours à lunette (*Tremarctos ornatus*).

3) une semblable conclusion vaut pour tous les rapports sur le *salvaje* du Vénézuéla, depuis Gilij jusqu'à Humboldt, comme l'atteste du reste une peau d'ours attribuée à cette créature, signalée par le grand explorateur.

4) les prétendues rencontres faites par le Canadien Hartley Gordon et le Français Roger Courteville, sont des canulars inspirés, voire intégralement copiés, des écrits de Montandon.

5) le témoignage de Olga Eugénie Paviot de Barle, ne serait-ce que pour son association avec Courteville, mérite d'être relégué dans la même catégorie infamante des canulars — une farce de carabin attardé, en somme.

6) Les essais de recherches cryptozoologiques de terrain sont pour le moins sujets à discussion :

- ils ne donnent aucun résultat positif, quand ils sont menés dans la région supposée de prédilection de l'améranthropoïde (Daumarie 1952, Dewisme 1954, Straka 1980).

- dans le sud du Vénézuéla, en Colombie et en Bolivie, les indigènes reconnaissent dans l'améranthropoïde leur *mono grande*, mais en ne leur montrant que la photo prise par François de Loys, on leur souffle une réponse *a priori* (Turolla 1980, Miller 1990, 1991, 1992,

1998, Chapman 2001). On peut toutefois admettre que les observations relatives au *mono grande* se rapportent à des spécimens particulièrement grands de l'*Ateles belzebuth*, bien que l'existence d'un grand singe sans queue encore inconnu de la science soit parfaitement possible : dans ce dernier cas, ce n'est évidemment pas l'améranthropoïde, dont on ne répètera jamais assez qu'il s'agit d'un simple atèle.

7) le *didi* de Guyana est un fourre-tout qui recouvre aussi bien le lamantin que des créatures humanoïdes. La description de ces dernières, d'ailleurs assez vague et contradictoire, pourrait se rapporter à des hommes sauvages, voire à des ours, mais peut-être aussi à de grands singes (peut-être des spécimens particulièrement grands de l'*Ateles paniscus*). S'y ajoute l'observation de traces de pas humanoïdes de grande taille, qui pourraient s'expliquer une nouvelle fois par des ours éventuellement encore inconnus, ou même par la survivance d'un paresseux terrestre géant.

On le voit, une fois démonté le cas de l'améranthropoïde, les autres indices en faveur de l'existence d'un grand singe d'apparence anthropoïde dans le nord-ouest de l'Amérique du Sud sont finalement extrêmement ténus, et sujets à caution. Il appartient éventuellement à une nouvelle génération de cryptozoologues critiques, dans laquelle je m'inscris pleinement, d'approfondir les cas restant encore en suspends ; pour cela, ils devront faire preuve d'un véritable scepticisme rejetant toute idée préconçue, se doter d'une méthodologie irrécusable, et faire preuve d'une exigence de rigueur scientifique qui a manqué à nombre de leurs prédécesseurs, aveuglés par la photo de l'améranthropoïde.

REMERCIEMENTS :

Je remercie pour leur aide et pour les documents qu'ils m'ont permis d'obtenir, Jean-Jacques Barloy (Paris), Pierre Centlivres (Neuchâtel, Suisse), Don Cousins (Eastbourne, Grande-Bretagne), Pierre Duny-Pétré (Saint-Jean-Pied-de-Port), Susan M. Ford (*Southern Illinois University*, Carbondale, USA), Benoît Grison (Rouen), Stan Grist (Calgary, Canada), Bernard Heuvelmans (*Centre de Cryptozoologie*, Le Vésinet), Angel Morant Forés (Valencia, Espagne), Marc Knobel (*Centre Simon Wiesenthal*, Paris), Fabio Picasso (Buenos Aires, Argentine), Michel Sartori (*Musée Cantonal de Zoologie*, Genève), Karl P. N. Shuker (West Bromwich, Angleterre), Fabrice Tortey (Olivet), Bernardo Urbani (*Instituto Venezolano de Investigaciones Cientificas*, Caracas, Vénézuéla) et Georges Wellers (*Centre de Documentation Juive Contemporaine*, Paris).

NOTES :

1- "*La forêt sud-américaine n'a pas d'ours. En utilisant ce terme, le chasseur veut exprimer l'impression ressentie au premier abord. Par ailleurs, on appelle ours, en Amérique du Sud, le grand fourmilier*" [note de George Montandon dans le *Journal de la Société des Américanistes de Paris*].

2- Pour se faire une idée de la fortune

des frères Théodore et Salomon Reinach, il faut visiter leur très baroque " villa Kerylos " à Beaulieu-sur-Mer, sur la Côte d'Azur : cette demeure qui semble sortie d'un peplum, et dont la construction s'étendit de 1902 à 1908, est évaluée à 2 ou 3 milliards d'Euros, sans compter le prix du terrain !

3- Cf. remarques sur l'Évolution des Primates Sud-Américains par L. JOLEAUD (*Revue Scientifique*, 11 Mai 1929). [note de Paul Valéry].

4- Voir notamment le document conservé à la Bibliothèque Nationale de France, écrit par Montandon lui-même : *Titres et travaux scientifiques du Dr. George Montandon*, texte dactylographié de 21 pages, Paris, 1941.

5- Commentant les divers primates mystérieux dans la préface de cet ouvrage, Bernard Heuvelmans écrivait en effet :

"Le fameux Améranthropoïde des confins de la Colombie et du Venezuela me paraissait être un Cébidé (famille groupant tous les singes américains autres que les ouistitis et tamarins) ayant peut-être bien atteint par convergence une forme et une stature comparables à celles des grands singes anthropoïdes de l'Ancien Monde."

6- Le contexte de la lettre de Tejera montre qu'il s'agit en fait de 1929. À ce jour, je n'ai pas pu trouver d'autre mention de la conférence signalée par le médecin vénézuélien.

7- À la lecture de ces lignes, on ne peut manquer de penser aux premières minutes du film de Steven Spielberg, *Les aventuriers de l'arche perdue*, qui synthétise la quintessence des dangers de la jungle.

8- " *En esp. Salvaje, en maip. Vasuri, nom qui est aussi celui du démon.* " [note de Gilij]

9- Par exemple, à propos de l'article de George Montandon dans le *Journal de la Société des Américanistes de Paris*, le docteur Paviot de Barle cite comme référence : MONTANDON A. [sic], *Revue* [re-sic] *de la Sté des Américanistes.*

10- *Ape* désignait en fait à cette époque tout singe sans queue, y compris des singes non-anthropoïdes, comme le magot de Barbarie.

11- Le pouvoir hypnotique des serpents est une pure légende, dûe à l'aspect de l'œil de ces reptiles : leurs paupières sont transparentes, et donc ils ont toujours un " regard fixe ", d'où cette croyance.

12- *"C. Barrington Brown ; Everard F. im Thurn, ouvrages cités."* [note d'Elisée Reclus]

BIBLIOGRAPHIE :

1/AMÉRANTHROPOÏDE

ANONYME
1929a Un singe anthropoïde actuel en Amérique. *Journal de Genève* (12 juin).
1929b Ein neuer Menschenaffe. *Kosmos*, **26** [n° 7] : 256-257 (Juli).
1929c An alleged anthropoid ape existing in America. *Nature*, **123** [n° 3111] : 924 (June 15).
1929d [news and views]. *Nature*, **124** [n° 3124] : 420-421 (September 14).
1952 Un jeune savant français part au Vénézuéla à la recherche... de l'homme

singe. *La France du Sud-Est* (31 juillet).
1980 Bigfoot monster prowls South America. *National Examiner* : 5 (July).
1987 Bigfoot sighting in Guyana. *Info Journal*, **12** [n° 1] : 28 (September).

ANTOLINEZ, Gilberto
1945 El oso frontino y la leyenda del salvaje. *Acta Venezolana*, **1** [n° 1] : 101-113.

ASHLEY-MONTAGU, Francis M.
1929 The discovery of a new anthropoid ape in South America. *Scientific Monthly*, **29** : 275-279 (September).

BANCROFT, Edward
1769 *An essay on the natural history of Guyana*. London, T. Becket and P. A. de Hondt : 130-135.

BARLOY, Jean-Jacques
1979 *Merveilles et mystères du monde animal*. Genève, Famot-François Beauval, **2** : 97-98.
1985 *Les survivants de l'ombre*. Paris, Arthaud : 245-248.

BAYLE, C., et MONTANDON G.,
1929 À propos de l'anthropoïde américain. *Journal de la Société des Américanistes de Paris*, **21** [n° 2] : 411-412.

BECCARI, Nello
1931 Seconda lettera del Prof. Nello Beccari dalla Guiana Britannica. *Bolletino della R. Societa Geographica Italiana*, **9** [n° 7-8] : 515-524 (luglio-agosto).
1943 *Ameranthropoides loysi*, gli atelini e l'importanza della morfologia cerebrale nella classificazione delle scimmie. *Archivio per l'Antropologia e l'Etnologia*, **73** [n° 1-4] : 5-114.

BERTIN, Léon
1950 *La vie des animaux*. Paris, Larousse, **1** : 461.

BOHN, Georges
1929 Le mouvement scientifique. *Mercure de France*, **213** [n° 745] : 168, 172 (01 juillet).

BOULENGER, E. G.
1936 *Apes and monkeys*. London, George G. Harrap and Company : 169-171.
1937 *Les singes*. Paris, Payot : 154-156.

BOURDELLE, E.
1929 Nouvelles espèces de grands singes. *Revue d'histoire naturelle*, **10** [A - mammifères] : 251-253 (juillet).

BROWN, Charles Barrington
1877 *Canoe and camp life in British Guiana*. London, Edward Stanford : 87-88, 123, 385-386.

BUENO, Ramon
1965 *Tratado historico y diario de Fray Ramon Bueno sober la provincia de Guyana*. Caracas, Academia Nacional de Historia : 105.

CABRERA, Angel
1929 Sobre el supuesto antropoideo de

Venezuela. *Physis*, **10** : 204-209 (Julio).

CAMARA, I.
1951 The " ape " that wasn't an ape. *Natural History*, **60** [n° 6] : 289 (June).

CENTLIVRES, P., et GIROD, I.
1998 George Montandon et le grand singe américain. L'invention de l'*Ameranthropoides loysi*. *Gradhiva*, n° 24 : 33-43.

CHAPMAN, Simon
2001 *The monster of the Madidi —Searching for the giant ape of the Bolivian jungle*. London, Aurum Press.

CIEZA de LEON, Pedro de
1922 *La cronica del Peru*. Madrid, Calpe : 302-303.

CLARK, Jerome
1993 *Unexplained !* Detroit, Visible Ink Press : 270-273.

COHEN, Daniel
1967 *Myths of the space age*. New York, Dodd, Mead and Co. : 219-223.

COLEMAN, Loren
1996 Debunking a racist hoax. *Fortean Times*, n° 90 : 42 (September).

COLEMAN, L., and RAYNAL, M.
1996 De Loys' photograph : a short tale of apes in Green Hell, spider monkeys, and *Ameranthropoides loysi* as the tools of racism. *The Anomalist*, n° 4 : 84-93 (Autumn).
1997 On de Loys's photograph. *The Anomalist*, n° 5 : 143-153 (Summer).

COMAS, Juan
1962 *Introduccion a la prehistoria general*. Mexico, Universidad Nacional Autonoma de Mexico : 229.
1974 *Antropologia de los pueblos iberoamericanos*. Barcelona, Editorial Labor : 14.

COURTEVILLE, Roger
1931 Sur la piste du pithécanthrope. *Gringoire* : 11 (02 octobre).
1946 *5000 kilomètres en Amazonie*. Paris, Flammarion.
1951a J'ai vu l'homme singe d'Amazonie. *Caliban* : 25-27 (mai).
1951b *Avec les Indiens inconnus de l'Amazonie*. Paris, Amiot-Dumont : 156-165.

COUSINS, Don
1982 Ape mystery. *Wildlife*, **24** [n° 4] : 148-149 (April).

DEVAND, Jean-Jacques
1962 Discipulo de Montandon se dirige al Dr. Tejera. *El Universal* (Caracas) : 30 (01 agosto).

DEWISME, Charles-Henri
1952 Existe-t-il des hommes singes ? *Secrets du Monde*, n° 52 : 2-10 (mai).

DUMOIS, G. Michel
1962 El antropoide de Perija. *El Universal* (Caracas) : 22 (23 julio).

E. P.
1921 Prospecteurs. Exlorateurs suisses. *Journal de Genève* (02 mars).

FORD, Susan M.
1997 Communication personnelle (courrier électronique du 16 juillet).

FROMENTIN, Pierre
1954 *Monstres et bêtes inconnues*. Tours, Mame : 125-140.

GAGNEBIN, Elie
1930 Introduction. *Aujourd'hui* (Lausanne), **1** [n° 5] : 2 (02 janvier).
1935 François de Loys. *Gazette de Lausanne*, n° 319-320 : 1.

GANTES, Rémy
1979 *Le mystère des hommes des neiges*. Paris, Études Vivantes : 40.

GILIJ, Felipe Salvador
1965 *Ensayo de historia americana*. Caracas, Biblioteca de la Academia Nacional de Historia, 1 : 222-224, 277-278.

GINI, Corrado
1962 Vecchie e nueve testimonianze o pretese testimonianze sulla esistenza di ominidi o subominidi villosi. *Genus*, **18** [n° 1-4] : 13-54.

GOSSE, Philip Henry
1851 *The romance of natural history*. London, James Nisbet and Co., 2nd edition : 280-281.

GRANT, John
1992 *Monster mysteries*. Secaucus, Chartwell Books : 13.

GRASSÉ, Pierre-Paul
1955 *Traité de zoologie*. Paris, Masson, vol. **17**, fasc. 2 : 1983.

GRIST, Stan
1996 Communications personnelles (courriers électroniques des 10 et 12 juillet).

GRUMLEY, Michael
1974 *There are giants in the Earth*. London, Sidgwick and Jackson : 10-11, 22-38.

GUMILLA, Jose
1758 *Histoire naturelle, civile et géographique de l'Orénoque*. Avignon, Jean Mossy, **2** : 218.

HAKLUYT, *The English Voyages*, London : 677.

HALL, David
1991 Measuring the Mono Grande. *Strange Magazine*, n° 8 : 3.

HEINEMANN, Dietrich
1971 Singes cébidés du Nouveau Monde, *in* Bernhard GRZIMEK et Maurice FONTAINE : *Le monde animal en 13 volumes*, Zürich, Éditions Stauffacher, **10** : 348-349.

HERNANDEZ, Pedro Nolasco
1962 Leyenda del " salvaje " del Estado Lara. *El Universal* (Caracas) : 26 (03 agosto).

HERSHKOVITZ, Philip
1949 Mammals of Northern Colombia. *Proceedings of the United States National Museum*, **98** [n° 3232] : 381-384.
1960 Supposed ape-man or " missing link " of South America. *Chicago Natural History Museum Bulletin*, **31** [n° 4] : 6-7 (April).

HEUVELMANS, Bernard
1951 Que penser de ce pithécanthrope ? *Caliban* : 27-28 (mai).
1952 Existe-t-il encore des " hommes-singes " contemporains de nos premiers ancêtres ? *Sciences et Avenir*, n° 61 : 120-126, 143 (mars).
1955 *Sur la piste des bêtes ignorées*. Paris, Plon, **2** : 79-104.
1958 *On the track of unknown animals*. London, Rupert Hart-Davis : 305-328.
1982 *Sur la piste des bêtes ignorées*. Genève, Famot-François Beauval, **1** : 18.
1986 Annotated checklist of apparently unknown animals with which cryptozoology is concerned. *Cryptozoology*, **5** : 1-26.
1996 Le bestiaire insolite de la cryptozoologie ou le catalogue de nos ignorances. *Criptozoologia* : 3-17.

HEUVELMANS, Bernard, et PORCHNEV, Boris
1974 *L'Homme de Néanderthal est toujours vivant*. Paris, Plon : 21.

HEYDER, Charlotte
1962 Carta para el doctor Enrique Tejera. *El Universal* (Caracas) : 28 (20 julio).

HILL, W. C. Osman
1962 *Primates. Comparative anatomy and taxonomy*. Edinburgh, University Press, **V**, Cebidae : 488-493.

HITCHING, Francis
1978 *The mysterious world : an Atlas of the unexplained*. London, William Collins Sons and Co. : 204-206.
1980 *Petite encyclopédie des grands mystères du monde*. Paris, Albin Michel : 204-206.

HONORÉ, F.
1929 Un nouveau singe à faciès humain. *L'Illustration*, n° 4493 : 451 (13 avril).

HOOTON, Earnest Albert
1931 *Up from the ape*. New York, Macmillan Company : 23.
1946a *Up from the ape* (revised edition). New York, Macmillan Company : 20-21.
1946b *Man's poor relations*. New York, Doubleday : 269-271.

HUMBOLDT, Friedrich Wilhelm Heinrich Alexander von
1814-1825 *Voyage aux régions équinoxiales du Nouveau Continent, fait en 1799, 1800, 1801, 1802, 1803 et 1804 par Al. de Humboldt et A. Bompland*. Paris, F. Schoell [N. Maze, J. Smith et Gide fils], **7** : 99-104.

JACOB, Max, et REINACH, Salomon
1980 *Lettres à Liane de Pougy*. Paris, Plon : 82.

JOLEAUD, Léonce
1929 Remarques sur l'évolution des primates sud-américains — À propos du grand singe du Vénézuéla. *La Revue Scientifique Illustrée*, **67** : 269-273 (11 Mai).

JOLY, Eric, et Pierre AFFRE
1995 *Les monstres sont vivants*. Paris, Grasset : 90-92.

KEEL, John A.
1970 *Strange creatures from time and space*. Greenwich (Connecticut), Fawcett : 53-57, 63, 124-125.

KEITH, Sir Arthur
1929 The alleged discovery of an anthropoid ape in South America. *Man*, **29** : 135-136 (August).

KEYMIS, Laurence
1596 *A relation of the second voyage to Guyana*. In Richard HAKLUYT, *The English voyages*, London : 652-653.

KELLOGG, Remington & GOLDMAN, E. A
1944 Review of the spider monkeys. *Proceedings of the United States National Museum*, **96** [n° 3186] : 1-45.

KING, Wayne W.
1982 Communication personnelle (lettre du 22 août).

KRUMBIEGEL, Ingo
1950 *Von neuen und unentdeckten Tierarten*. Stuttgart : 56-57.

LEY, Willy
1941 *The lungfish and the unicorn*. New York, Modern Age : 111-112.
1948 *The lungfish, the dodo and the unicorn*. New York, Viking : 135-136.

LINDBLAD, Jan
1973 *Animaux rares d'Amazonie*. Paris, France-Empire : 269.

LION-DEPETRE, José
1964 Un paradis de chasse : le Grand " Chaco ". *Le Saint-Hubert* : 236-237 (juillet).

LOYS, Francis [*sic*] de
1929a A gap filled in the pedigree of man ? *Illustrated London News*, **174** [n° 4704] : 1040 (June 15).
1929b English explorer discovers huge, tailless anthropoid ape in South America, upsetting accepted theories of the evolution of man. *Washington Post* : 14 (November 24).

LOYS, François de
1930 Lettres d'un géologue du Vénézuéla. *Aujourd'hui* (Lausanne), **1** [n° 5] : 2-3 (02 janvier).

MARTINEZ, José Francisco
1962 No hay " salvajes " en zonas de

Altagracia. *El Universal* (Caracas) : 22 (08 agosto).

MARTINEZ MENDIZA, Jeronimo
1962a El mono gigante que habita en las selvas de Venezuela. *El Universal* (Caracas) : 24 (18 julio).
1962b Montandon no fue un charlatan. *El Universal* : 24 (21 julio).

MATHIS, Maurice
1954 *Vie et mœurs des anthropoïdes*. Paris, Payot : 25-27.

MATTOS, Anibal
1961 *O homem das cavernas de Minas Gerais*. Belo Horizonte, Editora Itatiaia : 225-231.

MAY, Roger
1960 *Passeport pour l'insolite*. Genève, Paris, Éditions La Palatine : 172-176.

MILLER, Marc E. W., and MILLER, Khryztian E.
1991 Further investigation into Loys's 'ape' in Venezuela. *Cryptozoology*, **10** : 66-71.
1992 In search of Loys' giant ape of South America. *World Explorer*, **1** [n° 2] : 18-22 (Spring-Summer).

MILLER, Marc E.W.
1998 *The legends continue — adventures in cryptozoology*. Kempton, Adventures Unlimited Press.

MONTANDON, George
1929a Un singe d'apparence anthropoïde en Amérique du Sud. *Comptes Rendus de l'Académie des Sciences*, **188** : 815-817 (11 mars).
1929b Découverte d'un singe d'apparence anthropoïde en Amérique du Sud. *L'Anthropologie*, **39** : 137-141 (20 mars).
1929c Un singe anthropoïde actuel en Amérique. *La Revue Scientifique Illustrée*, **67** : 268-269 (11 mai).
1929d Un singe d'apparence anthropoïde en Amérique du Sud. *La Nature* : 439-440 (15 mai).
1929e Un singe d'apparence anthropoïde en Amérique du Sud. *La France Médicale* : 9-10 (avril).
1929f Découverte d'un singe d'apparence anthropoïde en Amérique du Sud. *Journal de la Société des Américanistes de Paris*, **21** [n° 1] : 183-195 (09 avril).
1930a Quelques précisions au sujet du grand singe américain. *L'Anthropologie*, **40** : 116-117 (19 février).
1930b Précisions relatives au grand singe de l'Amérique du Sud. *Archivio Zoologico Italiano*, **14** : 441-459.
1931a Les statues simiesques du Yucatan. *Journal de la Société des Américanistes de Paris*, **23** : 249-250, planche 2.
1931b Contribution à l'étude des écrivains originaux. *Mercure de France* : 254-255 (15 novembre).
1943 *L'homme préhistorique et les préhumains*. Paris, Payot : 317.

NESTOURKH, Mikhaïl A.
1932 " Découverte " d'un exemplaire d'homme-singe à Sumatra et en Amé-

rique du Sud. 1 - *Orang-pendek.* 2 – Améranthropoïde. [en russe] *Antropologicesky Zhurnal*, n° 2 : 331-344.
1960 *L'origine de l'homme.* Moscou, Éditions en Langues Étrangères : 75-78.

OLIVIERI, Guido
1999 Le mystérieux singe du Vaudois de Loys. *24 Heures* (15 octobre).

OPPENHEIM, St.
1929 Nochmals *Ameranthropoides loysi* (Montandon). *Die Naturwissenschaften*, **17** [n° 35] : 689 (August 30).

PAEZ, Maria Elena
1959 El monstruo de Perija. *Elite*, n° 1779 : 64-67 (31 de octubre).

PAVIOT de BARLE, Olga Eugénie
1945 Sur la piste du pithécanthrope. Paris, thèse de doctorat de la Faculté de Médecine, n° 499 : 1-56 (21 juin).

PICASSO, Fabio
1993 More on the Mono Grande mystery. *Strange Magazine*, n° 9 : 41, 53 (Spring-Summer).

RALEIGH, sir Walter
1595 *The discovery of the large, rich, and beautiful empire of Guiana.* In Richard

RECLUS, Elisée
1894 *Nouvelle géographie universelle.* Paris, Hachette, **19** : 46.

REMANE, A.
1929a *Ameranthropoides*, der angebliche Anthropoide Südamerikas. *Die Naturwissenschaften*, **17** [n° 31] : 626 (August 02).
1929b [sur les articles de Montandon] *Anthropologischer Anzeiger*, **6** [n° 3] : 215.

RODE, Paul
1944 *Petit Atlas des mammifères.* Paris, Editions N. Boubée et Cie, **4** : 33.

RIOJA, E.
1929 El hallazgo en Venezuela de un mono platirrino de apparencia antropoïde. *Conferencias y Reseñas Cientificas de la Real Sociedad Española de Historia Natural*, **4** : 119-121.

SAMUELS, Gary
1990 Lettre du 11 janvier à Bernard Heuvelmans. Archives Bernard Heuvelmans, Musée Cantonal de Zoologie (Lausanne).

SANCHO
1962 Mas sobre el mono, la marimonda y la araña. *El Universal* (Caracas) : 22 (23 julio).

SANDERSON, Ivan T.
1961 *Abominable Snowmen: legend come to life.* Philadelphia, Chilton : 169-171.
1963 *Hommes-des-neiges et hommes-des-bois.* Paris, Plon : 183-185.

SARMIENTO, Rodrigo
1962 No podia ser una araña. *El Universal* (Caracas) : 24 (29 julio).

SARTORI, Cesar
1931 *Amer-anthropoide* [sic] *Loysi*, um grande simio de apparencia anthropoide na America do Sul. *Correio da Manhã*, supplément dominical (13 de setembro).

SCHAEL, Guillermo Jose
1962a El mono gigante que habita en las selvas de Venezuela. *El Universal* (Caracas) : 24 (18 julio).
1962b El hombre y la araña. *El Universal* : 26 (16 julio).
1962c El mono gigante aparecio en Casigua. *El Universal* : 24 (21 julio).

SCHULTZ, Adolph H.
1969 *The life of primates*. London, Weidenfeld and Nicolson.
1972 *Les primates*. Lausanne, Éditions Rencontre (collection "La grande encyclopédie de la nature") : 19-20.

SHOEMAKER, Michael
1991 The mystery of the Mono Grande. *Strange Magazine*, n° 7 : 2-5, 56-60.

SHUKER, Karl P. N.
1991 *Extraordinary animals worldwide*. London, Robert Hale : 15-20.
1993 *The lost ark*. London, Harper Collins : 38.
1997 Aping around in South America ? *Strange Magazine*, n° 18 : 54-55 (Summer).
1998a Another missing photo ? *Fortean Times*, n° 107 : 48 (February).
1998b A third *Ameranthropoides loysi* photo witness. *Fortean Times*, n° 112 : 16-17 (July).
1998c Monkeying around with our memories ? *Strange Magazine*, n°. 20 : 40-42 (December).

SILVERBERG, Robert
1965 *Scientists and scoundrels : a book of hoaxes*. New York, Thomas Crowell : 171-187.

SMITH, Dwight G., and MANGIACOPRA, Gary S.
2002 The ameranthropoid ape revisited. *Crypto*, Hominology special number II : 18-22 (March).

SMITH, Warren
1976 *Lost cities of the ancients — unearthed !* New York, Zebra Books : 36-53.

SNYDER, Jessica
1987 The makings of a herbarium. *New York Botanical Garden (Member's Newsletter)*, **20** : 8-9 (Fall).

STEVENS, Ray
1954 *A la recherche du monde perdu*. Paris, Éditions André Bonne : 55-66.

STRAKA, Hellmuth
1980 *8 anos entre Yucpas y Japrerias*. Caracas, Ediciones de la Presidencia de la Republica : 11-13.

TATE, G. H. H.
1951 The " ape " that wasn't an ape. *Natural History*, **60** [n° 6] : 289 (June).

TEJERA, Enrique
1962 Carta del Dr. Enrique Tejera sobre el mono de Perija. *El Universal*, Caracas : 28 (19 julio).

THURN, Everard F. im
1883 *Among the Indians of Guiana*. London, Kegan Paul, Trench and Co. : 352-353, 385.

TUROLLA, Pino
1980 *Beyond the Andes*. New York, Harper and Row : 123-125, 132-137, 286-293.

URBAIN, Achille, et RODE, Paul
1946 *Les singes anthropoïdes : étude zoologique et systématique*. Paris, Presses Universitaires de France, collection *Que sais-je ?*, n° 202 : 34-36.

URBANI, Bernardo, VILORIA, Angel L., y URBANI, Franco
2001 La creacion de un primate : el " simio americano " de François de Loys (*Amer-anthropoides loysi* Montandon, 1929) o la historia de un fraude. *Anartia*, n° 16 : 1-56 (abril).

VALERY, Paul
1942 *Mauvaises pensées et autres*. Paris, Gallimard : 119.

VALLOIS, Henri V.
1947 [critique de l'article de Nello Beccari]. *L'Anthropologie*, **51** : 500-501.

VILORIA, Angel L., Franco URBANI, y Bernardo URBANI
1998 François de Loys (1892-1935) y un hallazgo desdeñado : la historia de una controversia antropológica. *Interciencia*, **23** [n° 2] : 94-100 (marzo-abril).
1999 La verdad sobre el mono venezolano. *Ibid.*, **24** [n° 4] : 229-231 (julio-agosto).

VILORIA, Angel L., URBANI, Franco, McCOOK, Stuart et URBANI, Bernardo
1999 De Lausanne aux forêts vénézuéliennes. Mission géologique de François de Loys (1892-1935) et les origines d'une controverse anthropologique. *Bulletin de la Société Vaudoise des Sciences Naturelles*, **86** [n° 3] : 157-174 (septembre).

WAISBARD, Simone
1969 *Chez les chasseurs de têtes d'Amazonie*. Paris, Société Continentale d'Éditions Illustrées : 270-271.

WALKER, Ernest P.
1964 *Mammals of the world*. Baltimore, John Hopkins Press, **3**.

WAVRIN, Marquis de
1951 *Les bêtes sauvages de l'Amazonie*. Paris, Plon : 69-73.

WEINERT, Hans
1930 Der " südamerikanische Menschenaffe ", ein wissenschaftlicher Skandal. *Mitteilungen aus dem Zoologischen Garten der Stadt Halle (Saale)*, **25** [n° 11] : 5-8.

WELFARE, Simon, and FAIRLEY, John
1980a *Arthur C. Clarke's mysterious world*. London, Collins : 143-145.
1980b *L'univers mystérieux d'Arthur C. Clarke*. Paris, Robert Laffont : 143-145.

WENDT, Herbert
1956a *Auf Noahs Spuren*. Hamm, G. Grote Verlag : 243-250.
1956b *Out of Noah's Ark*. London, Weidenfeld and Nicolson : 204-210.

MONTANDON : ANTISÉMITISME, OLOGÉNISME

BERGER, François
1993 Sur les traces de l'étrange docteur Montandon. *Présent* (31 décembre).

BILLIG, Joseph
1955-1957 *Le Commissarat Général aux Questions Juives*. Paris, Éditions du Centre de Documentation Juive Contemporaine, **1** : 138-141 ; **2** : 238-248.

CRIPS, Liliane, et KNOBEL, Marc
1993 Eugen Fischer et George Montandon : théorie et pratique de l'" hygiène raciale " en Allemagne et en France. In : BOCK, Hans Manfred, Reinhart MEYER-KALKUS et Michel TREBITSCH, *Entre Locarno et Vichy — Les relations culturelles franco-allemandes dans les années 1930*, Paris, CNRS Éditions : 495-515.

DOLBEAU, Christophe
2001 *Les parias*. Lyon, Irminsul : 251-257.

GAUDE, P. E.
1940 La propagande raciste. Le professeur français déjà cité continue de défendre les théories nazies dans une revue hitlérophile. *La Lumière*, n° 677 : 1, 3 (26 avril).

GREMIATSKY, M. A.
1932 Théorie de l'ologenèse en biologie et en anthropologie [en russe]. *Antropologicesky Zhurnal*, n° 3 : 64-82.
1934 L'ologénisme de Montandon [en russe]. *Ibid.*, n° 1-2 : 55-67.

JARNOT, Sébastien
2000 Une relation récurrente : science et racisme. L'exemple de l'*Ethnie Française*. *Les Cahiers du Cériem*, n° 5 : 17-34 (mai).

JEAN-BAPTISTE, Patrick
2001 Le royaume juif de la Volga. *Sciences et Avenir*, n° 650 : 123-127 (avril).

KASPI, André
1991 *Les Juifs pendant l'occupation*. Paris, Éditions du Seuil : 71.

KNOBEL, Marc
1988a L'ethnologie à la dérive. *Le Monde Juif*, n° 132 : 179-192.
1988b L'ethnologue à la dérive : Montandon et l'ethnoracisme. *Ethnologie Française*, **18** [n° 2] : 107-113 (avril-juin).
1995 Le cas Montandon. *Les Nouveaux Cahiers*, n° 120 : 51-52 (printemps).

1999 George Montandon et l'ethno-racisme. In : TAGUIEFF, Pierre-André, *L'antisémitisme de plume, 1940-1944*, Paris, Berg International Éditeurs : 277-293.

KOESTLER, Arthur
1976 *La treizième tribu*. Paris, Calmann-Lévy.

LALOUM, Jean
1998 *Les Juifs dans la banlieue parisienne, des années 20 aux années 50*. Paris, CNRS Éditions.

MARRUS, Michaël R., et Robert O. PAXTON
1981 *Vichy et les Juifs*. Paris, Calmann-Lévy : 276-277.

MAZET, Eric
1999 Céline et Montandon. *Bulletin Célinien*, n° 200 : 20-31 (juillet-août).

MONTANDON, George
1923 *Deux ans chez Koltchak et chez les Bolchéviques pour la Croix-Rouge*. Paris, Alcan.
1928 *L'ologenèse humaine (Ologénisme)*. Paris, Alcan.
1929a L'ologénisme ou ologenèse humaine. *L'Anthropologie*, **39** : 103-122.
1929b L'ologénisme. *La France Médicale* : 1-2, 4, 6, 8-9 (avril).
1933 *La race, les races, mise au point d'ethnologie somatique*. Paris.
1935 *L'ethnie française*. Paris, Payot.
1938 *Problème des races. L'ethnie juive devant la science*. Paris, M. Destrebecq.
1939 L'ethnia putana. *La Difesa della Razza* : 18-23 (5 novembre).
1940 *Comment reconnaître et expliquer le Juif ?* Paris, Nouvelles Éditions Françaises.
1941 *Titres et travaux scientifiques du Dr. George Montandon*. Paris, texte dactylographié conservé à la Bibliothèque Nationale de France : 1-21.

MONTARDIT [pseudonyme de George Montandon]
1926 L'origine des types juifs. *L'Humanité* : 3 (15 décembre).

PATRICK, Jean-Baptiste
2001 Le royaume juif de la Volga. *Sciences et Avenir*, n° 650 : 123-127 (avril).

ROSA, Daniele
1918 *Ologenesi, nuova teoria dell'evoluzione e della distribuzione geografica dei viventi*. Firenze, Bemporad.

SINGER, Claude
1997 *L'université libérée, l'université épurée : 1943-1947*. Paris, Belles Lettres.

WEILL, Nicolas
1996 Le mythe de l'inégalité des races. *Le Monde* : 1, 12 (13 septembre).

Chupacabras : Une étude dans les ténèbres.
Scott Corrales

Personne ne connaissait les ténèbres aussi bien qu'eux, ces chamans du désert, responsables des sacrifices. Ils se tenaient debout dans la nuit froide du désert, sous les cieux emplis d'étoiles, attendant à une distance respectueuse que les Dieux apparaissent. Une génération après l'autre, ils avaient appris le rituel et l'avaient poursuivi. L'animal, parfois un chien, parfois un jeune lama, était sacrifié et laissé dans le désert pour les Dieux.

Au lever du soleil, quand il n'était plus sacrilège de s'approcher des endroits du désert où les Dieux avaient manifesté leur présence, les chamans vérifiaient si leur offre avait été acceptée, et elle l'était toujours : la carcasse était maintenant complètement vidée de son sang, avec la marque de piqûre significative visible quelque part sur le corps — le cou, l'arrière-train, le ventre — indiquant que la soif des Dieux avait été étanchée. Il était temps maintenant pour les prêtres et la tribu de partager le repas des Dieux, en mangeant la chair du sacrifice. Les restes étaient finalement enterrés sous un cairn, comme un rappel du lien entre les mortels et leurs déités.

L'anthropologue Juan Schobinger a écrit que la côte Nord du Chili se trouve entre l'une des mers les plus riches du monde et l'un des déserts les plus stériles. Cette caractéristique a conféré une valeur archéologique spéciale aux restes organiques et aux céramiques de la région, les experts s'émerveillant de la conservation de tant d'éléments culturels fragiles et périssables, comme la vannerie, les textiles, et des reliefs de nourriture.

Il a également été possible de reconstituer les rituels des habitants du désert d'Atacama à partir des chroniques tenues par les conquérants espagnols, et des traditions orales qui survivent encore aujourd'hui. Le Docteur Virgilio Sanchez-Ocejo a noté que le musée de la ville de Calama présentait une exposition comprenant un de ces cairns du désert, appelé *apachecta*, et les restes desséchés d'un chien employé dans un sacrifice... peut-être la seule preuve tangible d'un commerce entre les Dieux et les hommes, qui se poursuit depuis l'aube de l'Histoire.

Chupacabras dans l'Hémisphère Sud

Le Chili, le pays le plus en longueur sur Terre, est coincé entre l'Océan Pacifique et les Andes qui le dominent. Les forêts tropicales humides et verdoyantes de ses îles du Sud, qui se comptent par milliers, contrastent complètement avec les déserts du Nord et les étendues salées aux confins du Pérou et de l'Argentine. Célèbre pour ses excellents vins et ses fruits, ce pays s'est d'abord fait connaître du reste du monde par le renversement violent du Président socialiste Salvador Allende en 1973, et la dictature brutale du général Augusto Pinochet qui a suivi. Le Chili a toujours eu une importance particulière pour les ufologues, à cause de sa réputation de " producteur avéré " d'observations d'OVNI de grande qualité, dues en grande partie à la clarté de ses cieux nocturnes, particularité qui a amené un certain nombre d'équipes de recherche à construire des télescopes optiques importants le long de la Cordillère des Andes.

Le monde, émergeant de la menace du bug de l'an 2000 et affrontant un nouveau millénaire, n'a accordé que peu d'attention aux nouvelles qui indiquaient que le nord du Chili était le théâtre d'une étrange vague de morts d'animaux. Le 20 avril 2000, le prestigieux journal chilien *El Mercurio* informait ses lecteurs qu'une réunion inter agences avait été convoquée pour examiner les bizarres morts de moutons et de chèvres survenant dans la province d'El Loa, au nord du pays. Les buts de cette équipe spéciale étaient simples : déterminer ce qui avait causé la mort de 135 animaux dans des circonstances mystérieuses, et arrêter les coupables, a priori identifiés par les bureaucrates comme étant des chiens. Théorie qui permettait d'écarter les rumeurs circulant parmi les gens du pays, selon lesquelles les si redoutés Chupacabras pouvaient être les responsables.

Lucas Burchard, chef du département d'Hygiène Environnementale et de Contrôle Alimentaire de Calama, émit une théorie selon laquelle les chiens avaient développé un goût pour le sang en se mordant les uns les autres pendant leurs combats. Il s'ensuivait que des meutes de chiens accros au sang se livraient à des massacres de bétail, après avoir compris qu'il était plus facile de boire le sang de leur proie que de manger sa chair. Une autre agence, le Service d'Élevage du Bétail (le SAG, selon son acronyme espagnol), informa les gens du pays, inquiets, qu'elle installerait des pièges à appâts pour capturer les prédateurs et les éliminer, tandis que la police nationale du pays, les *Carabineros* (qui avaient joué un rôle majeur dans le renversement du Président Allende) promettait d'utiliser ses appareils à vision infrarouge pour effectuer des patrouilles nocturnes.

Alors que ces différentes agences prenaient une position active quant aux mutilations, les rapports continuèrent à affluer de toute la province d'El Loa vers la capitale provinciale de Calama. Des douzaines de chiens, de porcs et de poulets venaient grossir la liste des animaux mutilés, tandis que des rapports concernant un prédateur exotique étaient transmis aux autorités. Jose Ismael Pino, un ouvrier agricole du village de Huepil, a raconté à la police d'état et aux médias qu'une créature, qu'il a appelée "l'Oiseau", était responsable des morts de quatre moutons et une vache dans la région ; le 29 avril 2000, vers 22 heures, Pino était sorti chercher un seau d'eau, sous un ciel éclairé par la lune, quand une ombre a attiré son attention. Il a d'abord pensé qu'il s'agissait d'un taureau appartenant au ranch pour lequel il travaillait, mais : "c'est alors que je l'ai vu. Il se déplaçait à peine. Il se tenait juste debout là, en me regardant. Il mesurait environ 1,50 mètres de haut, comme un grand singe, avec de longs bras griffus et d'énormes canines sortant de sa bouche, ainsi qu'une paire d'ailes." L'ouvrier agricole est retourné en courant vers la maison pour chercher ses chiens et les lâcher sur le monstrueux intrus. Un des chiens "est revenu avec le cou taché de sang."

L'instituteur local, Carlos Villalobos, n'a pas hésité à faire des remarques sur l'étrangeté des attaques : "je pense que c'est lié d'une façon quelconque à une forme de vie inconnue, probablement d'origine *alien*, mais le problème est que les autorités ne veulent pas le reconnaître ; cette politique peut se justifier par la crainte de déclencher une situation de panique collective."

Les attaques croissaient clairement en étrangeté. Le 3 mai 2000, le professeur Liliana Romero profitait d'une bonne nuit de sommeil dans son appartement dans la ville de Concepción, quand elle fut réveillée par les hurlements de cinq chiots abandonnés qu'elle avait adoptés et qui tenaient compagnie dans la cour à son grand mastiff Black. Craignant la présence d'un cambrioleur, Romero regarda prudemment par la fenêtre et fut stupéfaite par ce qu'elle vit. Le mastiff se blottissait, paniqué, contre le mur, alors que les chiots continuaient de geindre. "Je pouvais voir le dos de ce qui m'a semblé être un homme immense, d'environ deux mètres de haut. Ses omoplates étaient séparées, comme s'il avait eu des ailes," dira-t-elle plus tard aux journalistes. Le professeur Romero a alors essayé sans succès de faire venir son mari, et le temps de retourner à son point d'observation, l'entité avait disparu.

Le jour suivant, le Professeur Romero a vaqué à ses occupations et n'a plus pensé à cette histoire, jusqu'à ce que ses enfants lui disent qu'ils avaient trouvé un chien mort près de l'endroit où l'étrange observation avait eu lieu. Son mari consentit à jeter un coup d'œil à la carcasse, qui avait "deux trous profonds dans la veine jugulaire, aussi larges qu'un stylo BIC, séparés par 5 centimètres. Ce qui m'a le plus impressionné était qu'elle [la carcasse] était complètement exsangue et légère comme une plume. Le chien était incroyablement poilu et en fait, j'ai dû écarter sa fourrure pour voir les blessures."

Dans les heures qui suivirent, trois officiers des Carabineros se présentèrent à la maison des Romero pour emporter le chien mutilé, faisant des remarques sur la similitude entre les attaques sur ce canidé et les animaux trouvés à d'autres endroits. Les policiers demandèrent aux Romero des sacs poubelle pour transporter leur répugnante trouvaille, puis leur ordonnèrent avec brusquerie de rester discrets quant à cet événement.

Le chien fut emmené au siège de la police et déposé dans un bureau près de la préfecture. Beaucoup de fonctionnaires locaux purent observer la carcasse, certains d'entre eux confirmant même les remarques du professeur Romero quant aux marques de piqûre et la quasi-absence de poids du cadavre.

Le 8 mai 2000, Jorge Torrejón, qui

écrit pour le journal *Estrella del Loa*, a annoncé que trois jeunes hommes voyageant de Lebu à Arica à bord d'un camion réfrigéré transportant 20 tonnes de poisson, avaient rencontré la créature. Mauricio Correa, un routier expérimenté, essayait de garer son camion non loin des mines de sel de María Elena, aidé par Oscar Robles et Ricardo, un auto stoppeur anonyme qu'il avait pris en route. Après avoir garé le camion à 5h00 du matin, il coupa le moteur et éteignit ses feux. Il remarqua alors que la cabine du véhicule s'inclinait vers la droite, là où Oscar était assis. Les phares du véhicule commencèrent inexplicablement à s'allumer et à s'éteindre tout seuls. Avec horreur ils remarquèrent qu' "un animal très laid, très velu et noir, ayant une longue tête ovale, des canines et des yeux jaunes bridés à fleur de tête" les regardait fixement par la fenêtre de côté. L'apparition avait des oreilles pointues et " des favoris semblables à ceux d'un verrat. Cette vision d'horreur resta collée contre la vitre pendant plusieurs secondes."

Surmontant le choc, le chauffeur réussit à faire redémarrer le camion, bien décidé à aller faire un rapport aux autorités. Oscar, son copilote, regarda sa montre-bracelet pour vérifier l'heure, mais découvrit que sa montre digitale s'était arrêtée ; plus tard elle se remit à fonctionner, mais de manière erratique.

Les conducteurs ne s'arrêtèrent pas avant d'avoir atteint les environs de Victoria ; les hommes, effrayés, attendirent l'aube avant de sortir de leur véhicule. Ils prirent un café dans un restaurant routier, puis continuèrent leur voyage vers la ville de Pozo Almonte, où à 7h00 du matin, ils racontèrent leur mésaventure au quartier général local des Carabineros. La seule preuve ce qu'ils avançaient était les empreintes apparemment laissées par la créature à l'arrière et sur le côté de la cabine du camion.

Mis à part les récits d'horribles rencontres, le nombre d'animaux mutilés augmentait presque exponentiellement, incitant le Juge Flora Sepúlveda, de la Troisième Cour Criminelle, à ouvrir une enquête sur ces morts étranges. Le 10 mai 2000, il ordonna que le Département de Pathologie de l'Université de Concepción mène une analyse pour déterminer les causes de ces événements, en exhumant si nécessaire les restes des animaux tués jusqu'à ce jour.

Toute cette agitation bureaucratique n'eut aucune influence sur le phénomène en lui-même : vingt-quatre poules furent saignées à blanc dans la commune de Lebu le 14 mai, et trente de plus la nuit suivante aux alentours de Concepción. Mais ces chiffres paraissent dérisoires si on les compare aux cinq cents poules tuées le 3 juillet 2000 dans une seule ferme — le Chupacabras chilien s'en donnait à cœur joie.

Conspiration dans les Terres désolées

Les mutilations animales au Chili seraient sans doute passées complètement inaperçues dans le reste du monde, si un nouveau développement ne les avaient projetées sur le devant de la scène.

Le 15 mai 2000, le journal *La Crónica* annonçait à ses lecteurs étonnés que Pablo Aguilera, une personnalité des talk-shows radiophoniques de la Radio Pudhauel 90.5 FM, avait reçu une série de messages téléphoniques de Calama et d'autres endroits situés au nord du Chili, indiquant qu'une famille d'animaux étranges — " de possibles Chupacabras " selon le journal — avait été capturée par les forces armées chiliennes près de la mine de cuivre de Radomiro Tomic. Le mâle, la femelle et le petit auraient été remis ensuite aux agents du FBI de l'Ambassade américaine de Santiago du Chili, venus à Calama.

L'article du journal ne fait aucune mention de la taxonomie de la créature, et ne précise pas s'ils ont été capturés morts ou vifs. "Des sources de la police ont affirmé à *La Crónica* que la capture des spécimens avait vraiment eu lieu, et que tout était fidèle à la réalité. Paranoïa pure ?" a demandé le journaliste anonyme.

Le chercheur chilien Jaime Ferrer note que les militaires ont maintenu leur position de ne "ni confirmer ni nier" ; certaines sources purent déterminer que les trois créatures ont été provisoirement détenues dans l'enceinte du 15e Régiment d'Infanterie, basé à Calama, mais qu'un lieutenant fut obligé de tuer le spécimen mâle "parce qu'il leur créait trop de problèmes."

Ajoutant de l'huile "conspirationniste" sur le feu, un contrôleur de navigation aérienne à la retraite nommé Patricio Borlone a prétendu que tous les vols arrivant ou partant de l'aéroport international de Santiago avaient été mis en attente tandis qu'un avion-cargo chargeait deux conteneurs portant le sceau de la NASA et contenant prétendument les spécimens rares en question. Borlone a fourni les numéros de vol et les heures de départ pour justifier sa théorie.

Transmis via l'Internet dans les endroits les plus reculés du monde, la théorie de la connivence entre les gouvernements américain et chilien concernant ces improbables créatures a déclenché une marée de spéculations. Les Chupacabras chiliens étaient-ils le résultat d'une expérience génétique américaine ratée, lâchés dans les déserts salés et stériles du Chili, comme certains l'ont cru ? Ou, étant donné l'historique des prédations animales dans ce secteur, ces créatures étaient-elles les habitants naturels des profondes cavernes et des tunnels qui s'étendent sous les villes poussiéreuses de ce désert, peut-être ramenées à la surface par l'extraction du cuivre par les sociétés minières ? Encore plus inquiétantes étaient les rumeurs selon lesquelles un garde chargé de la sécurité pour le conglomérat SOQUIMICH avait été griffé dans le dos par une de ces bêtes velues, et un soldat chilien tué par un de ces "Chupacabras" pendant l'opération au cours de laquelle ils avaient été capturés. Si les États-Unis étaient impliqués d'une façon ou d'une autre — comme ils étaient nombreux à le croire — cela signifiait que cette super-puissance n'hésitait pas à payer le prix du secret avec du sang chilien.

Presque un mois plus tard, le 10 juin 2000, le plus grand groupe de recherche ufologique du Chili, OVNIVISION, dirigé par le chercheur Cristian Riffo, a annoncé qu'il adresserait formellement une pétition au Ministère de la Défense nationale chilien, afin qu'il examine les allégations sur l'implication de la NASA dans l'affaire des Chupacabras et des morts de centaines d'animaux dans le pays. Pendant la conférence de presse, Riffo a fait remarquer que la croyance selon laquelle la NASA avait perdu le contrôle "d'au moins trois expériences génétiques au Chili" était de plus en plus répandue, et que les spécimens en question seraient les créatures responsables des massacres. "De nombreuses personnes reconnaissent avoir vu une sorte de singe ou de mandrill avec des particularités humaines, mais de très grands yeux," a ajouté le responsable d'OVNIVISON. "Les militaires chiliens ont chassé un animal présentant ces caractéristiques aux alentours de la mine de Radomiro Tomic près de Calama, une opération au cours de laquelle un soldat est prétendument mort"

Riffo restait mesuré lors de ses déclarations aux médias. Les résidents de Calama et des villes et villages environnants ont eux ouvertement blâmé la NASA pour les apparitions et attaques de Chupacabras. L'architecte Dagoberto Corante, un citoyen respecté de Calama, a exprimé clairement la croyance très répandue selon laquelle "les *gringos* avaient laissé échapper au moins trois sujets d'expérience génétique, et n'avaient pu en capturer que deux" ; il a informé l'agence de presse espagnole EFE que l'un des spécimens capturés a été gardé "toute la journée dans les baraquements du régiment, avant que les experts de la NASA n'arrivent pour l'emmener."

L'incident peut-être le plus curieux dans les chroniques des Chupacabras chiliens est survenu quand le journal d'Antofagasta, *La Estrella*, a publié un article sur la découverte "d'œufs de Chupacabras", qui suggérait que le prédateur pouvait être ovipare. Un interlocuteur du show radiophonique de Pablo Aguilera mentionné précédemment a prétendu que les soldats chiliens étaient rentrés à leur base près de Calama — après avoir rencontré une étrange créature durant leurs patrouilles de nuit — en rapportant plusieurs de ces "œufs", obtenus le jour même où le personnel de la NASA était soi-disant venu récupérer les créatures.

L'histoire impliquant "les œufs" s'est terminée par une fin spectaculaire, sinon explosive, le 20 juillet 2000, lorsque les bombardiers de l'Armée de l'air chilienne ont largué un nombre non spécifié de bombes entre 8h30 et 9h45 du matin, faisant trembler la terre et créant une certaine consternation, sentiment pourtant peu facile à provoquer dans une région habituée aux explosions minières souterraines.

L'avion militaire aurait détruit un "nid de Chupacabras" dans un secteur de collines basses et de monticules, situé entre la ville de María Elena et le camp minier abandonné de Pedro d'Alvarado. Selon certains mineurs, l'érosion avait aplani beaucoup de ces collines, les transformant en caches idéales pour les créatures.

Des chercheurs ont suggéré qu'un nombre inconnu de couples avait pu entrer dans la phase reproductrice, et que le gouvernement avait considéré ce moment comme le plus opportun pour se débarrasser d'eux.

Les forces qui conspiraient à détruire la créature et réduire au silence toute nouvelle rumeur venant de Calama, ont employé une grande variété de tactiques, y compris en achetant par tous les moyens le silence de témoins. Ceci sous le prétexte fallacieux d'empêcher la panique de se répandre et de causer une éventuelle agitation parmi les ouvriers des industries minières, qui auraient pu soudainement se sentir menacés par l'entité. Ainsi, les propriétaires d'une automobile détruite par une entité velue et simienne, avec des ailes semblables à celles d'une chauve-souris, ont reçu "d'autorités" non précisées, la promesse d'un tout nouveau véhicule de la même marque et du même modèle, en échange de leur silence absolu. Cependant, la nature humaine étant ce qu'elle est, les victimes n'ont pas pu se retenir de raconter leur histoire à un ami qui, à son tour, l'a dit au monde entier sur "le Show de Pablo Aguilera". Comme l'hôte du show l'a remarqué, il était peu probable, après cela, que l'agence non identifiée tienne sa promesse.

Un Chupacabras nouveau et amélioré ?

Dans la monographie *Chupacabras Rising : The Paranormal Predator returns*, j'ai souligné les différences physiques entre la créature généralement identifiée comme le Chupacabras (petite tête, yeux rouges hypnotiques, corps pareil à celui d'un kangourou, petits bras et épines courant le long du dos) pendant les événements portoricains de 1995-1996, pendant les événements mexicains de 1996-1997 (une énorme entité aux ailes de chauve-souris), pendant les événements de 1997 en Espagne (des descriptions contradictoires impliquant une entité ressemblant à un mandrill et une autre présentant des caractéristiques plus canines) et celle vue au Chili en 2000.

La plupart des rapports chiliens s'accordent sur un point : le mystérieux prédateur a de grands yeux jaunes et phosphorescents qui peuvent hypnotiser sa proie, comme cela a eu lieu lors de certains des cas portoricains. Le 14 juillet 2000, deux automobilistes sont devenus les participantes involontaires d'un cas qui illustre les propriétés étranges des yeux de la créature. Alors qu'elles se dirigeaient vers Calama après la réunion d'une organisation civique, deux femmes anonymes ont vu deux feux jaunes brillants devant elles. Pensant que cela pouvait être un conducteur venant vers eux, la conductrice a fait un appel de phares. Mais en se rapprochant, elles se sont rendu compte que "la chose" au milieu de la route n'était pas une voiture : elle ressemblait à un très grand chien, sans oreilles, avec de longs poils gris et une paire d'yeux jaunes immenses et inclinés.

Les deux femmes et "la chose" ont échangé des regards pendant environ cinq à dix secondes, après quoi la voiture a continué sur la voie de gauche. "L'animal" a suivi leur départ de la tête — capable de tourner à 180 degrés.

"J'ai ressenti une panique épouvantable," déclara la conductrice aux journalistes. "J'ai voulu sortir de la voiture, mais elle [son accompagnatrice] m'a calmé. Nous avons vu les deux lumières jaunes de nouveau, mais cette fois elles ont illuminé toute la route avant de disparaître. J'ai appuyé sur l'accélérateur et continué de rouler vite jusqu'à ce que nous ayons atteint Calama."

Le Chercheur Liliana Núñez Orellana mentionne un cas dans lequel un témoin de Calama a pu avoir une bonne vision de la créature : il la décrit comme très proche du mandrill, mais avec une fourrure noire et grise, deux longues canines, un nez semblable à celui d'un porc ou d'une chauve-souris, et une attitude nerveuse et hyperactive. Le témoin a franchement admis qu'il avait presque perdu le contrôle de ses intestins pendant cette observation. Núñez déclare que l' "on sait que des mâles et des femelles de cette espèce existent et qu'ils semblent se reproduire sexuellement." Elle signale un cas impliquant un pompier, qui a remarqué que leurs organes génitaux étaient tout à fait semblables à ceux des humains.

Cependant, comme le dit le vieux proverbe, le monstre le plus effrayant est celui que vous ne pouvez pas voir. C'était certainement le cas aux premières heures de la matinée du 9 juin 2000, quand les résidents de la ville de María Elena ont ressenti la présence d'une entité étrange qu'ils ont identifiée comme de "l'air dense" tombant sur la ville. "C'était comme si quelque chose passait en poussant contre les murs mais sans faire de bruit," d'après un habitant du lieu, très nerveux.

L'Hypothèse Paranormale

Depuis que le Chupacabras s'est fait connaître en 1995, trois origines probables de son existence ont été suggérées : les partisans de la vie extraterrestre le considèrent soit comme une partie de la cargaison d'un OVNI abandonnée derrière lui sur notre planète solitaire, soit comme une ingénieuse expérience E.T. dont le but suprême nous échappe ; dédaignant ces considérations non-terrestres, d'autres ont réussi avec succès à intégrer le Chupacabras dans l'énorme tissu des théories conspirationnistes, en l'identifiant comme "une expérience génétique devenue incontrôlée" ou comme un robot biologique, placé dans le Tiers-Monde par les laquais du Nouvel Ordre Mondial, pour des raisons également insondables.

Mais la raison de l'inclination des Chupacabras pour ce liquide vital et gluant appelé sang semble ne pas avoir eu beaucoup d'impact parmi ces deux factions. C'est ainsi qu'une troisième faction, composée de partisans de l'origine paranormale de la créature, a prêté plus d'attention au facteur sang.

De nombreuses civilisations tout autour du globe, depuis le commencement de l'histoire connue, ont considéré le sang comme un signe d'invulnérabilité et de puissance, une substance devant être offerte aux Dieux en échange de leurs faveurs. Avec le regard de notre siècle, nous sommes tout naturellement révulsés par les affreuses orgies de sang des Aztèques et des Mayas, dont les grands prêtres avaient les cheveux "recouverts de sang humain", selon le chroniqueur Bernal Díaz del Castillo. Les demandes de sacrifice du sang par le Dieu de l'Ancien Testament ne sont pas moins surprenantes ; cependant nous lisons que le mythique roi romain Servius a déjoué la demande par Jupiter du sacrifice d'une créature vivante en jetant un petit poisson dans l'offrande. Selon le savant allemand Wilhelm Ziehr, l'immolation d'animaux ou d'êtres humains dans des buts propitiatoires, provient du fait que les déités ne se contentent pas de gratitude exprimée par la prière ou par l'acceptation de commandements — ils exigent un sacrifice, et le sacrifice le plus grand que l'on puisse offrir est, bien sûr, celui du sang humain.

Dans beaucoup de traditions, les déités, qu'elles soient bénéfiques ou maléfiques, ont toujours eu une grande envie de sang, et sont prêtes à rendre des services à un sorcier humain en échange. Dans l'Odyssée, le brave Ulysse a appelé les ombres sinistres des morts en répandant le sang d'un mouton noir récemment abattu. Il doit tenir à distance avec son épée les revenants hurlant, afin que seul l'un d'entre eux — le spectre du voyant mort Tiresias — puisse festoyer avec l'énergie du sang et lui prédire les circonstances de son retour à Ithaque. Les anciens ont cru que les esprits des morts convoitaient le sang, comme le font d'autres êtres appartenant au monde des esprits, et qu'ils ne pouvaient être apaisés avec rien d'autre. En conséquence, la vue du sang versé était très inquiétante, en particulier parmi les vieilles cultures du Moyen-Orient.

Un certain nombre d'auteurs contemporains — Salvador Freixedo, John Keel, Anthony Roberts — ont fait de leur mieux pour expliquer ce besoin apparemment insatiable de fluides vitaux. Freixedo, pour sa part, a noté que les entités ne recherchent pas la substance elle-même, mais l'énergie vitale qui lui est associée. Donc, la manière dont le sang est soutiré du corps devient extrêmement importante : la douleur et le choc infligés au donneur malgré lui amplifient l'émanation de cette énergie qui — observe Freixedo — ne semble pas être nécessaire à l'existence de ces forces, mais plutôt une expérience agréable pour elles, comme la consommation d'alcool pour un homme.

Le paragraphe précédent peut paraître avoir des relents d'obscurantisme et de superstition pour beaucoup, mais les récits de Calama qui prétendent que l'air de la nuit est envahi par les hurlements de chiens mourants suggèrent que cette théorie est peut-être plus proche de la vérité que n'importe quels rêves d'intervention extra-terrestre.

Jaime Ferrer, le directeur du Centre de recherches ufologiques de Calama, n'a pas reculé devant cette possibilité, en particulier après une conversation avec un indigène du désert, âgé de 91 ans, qui habite une localité appelée Peine. Ce vieillard dit à Ferrer que "les grands-pères de son grand-père" savaient déjà que ces prédateurs existaient, et qu'ils étaient, en fait, des dieux qui venaient pour laisser des messages, ajoutant cette explication curieuse selon laquelle, dans le passé, ces messages représentaient des phrases complètes, mais que maintenant, ils étaient de nature numérique. Quand Ferrer a insisté pour avoir une explication, le vieillard lui a répondu : "Sept diminué de un, Treize diminué de sept, Quatre augmenté de deux."

Autrement dit, 666 — la marque de la Bête.

Le lecteur peut partager l'incrédulité du chercheur en entendant cet exemple de numérologie biblique tombant des lèvres d'un nomade du désert, mais le compte rendu écrit de Ferrer mentionne également que ces entités prédatrices étaient déjà connues sous le nom d'Achaches ("les esclaves-démons") dans l'ancien dialecte Cunza, qui a précédé la langue Aymara actuelle de plusieurs siècles ; ce mot est toujours d'usage courant parmi les danseurs tribaux dont les performances mettent en scène ces êtres improbables.

Depuis 1995, les chercheurs sont d'accord sur au moins un point : quoi que ce soit qui draine les animaux de leur sang, cela ne peut probablement pas le faire pour sa propre consommation. Pourrions-nous envisager que le déclin des sacrifices de sang dans des régions où ils étaient autrefois pratiqués a entraîné l'apparition d'une classe d'êtres responsables de sa collecte ? Il est certain que les entités suceuses de sang dont nous avons suivi le parcours boivent plusieurs fois leur propre poids lorsqu'elles délestent leurs diverses victimes animales de leurs fluides vitaux.

Conclusion

Quelle était la nature de ces déités étranges craintes et adorées par les anciens Atacamans ? Leur existence a été enregistrée par un certain nombre de cultures, allant du Mexique à la Mésopotamie, qui ont toutes effectué des sacrifices de sang à un point ou un autre de leur histoire. Qu'arrivait-il lorsque les Atacamans négligeaient d'exécuter le kraken ? Leurs déités envoyaient-elles de monstrueux serviteurs pour récupérer le sang dont ils semblaient avoir besoin ?

Ridiculisée par l'élite intellectuelle comme étant un "fantasme de l'esprit hispanique", la créature suceuse de sang, populairement connue sous le nom de Chupacabras (ou Goatsucker) est d'abord apparue en 1995 à Porto Rico, et ses exploits à Cancavanas sont devenus légendaires. Mais aucune raison ne laissait supposer que les Caraïbes aient le monopole de la présence de cette entité : très vite, le Chupacabras et ses proches parents se propagèrent à travers le sud des États-Unis en 1996 (le sud de la Floride, le Texas, l'Arizona et la Californie) puis commencèrent à attaquer le bétail et les hommes au Mexique à la même époque. En 1997, des rapports provenaient du nord de l'Espagne, et l'année suivante, le Brésil a été le principal lieu de déprédations. Il semblerait que les Chupacabras aient attendu patiemment jusqu'à l'année de référence 2000, et gardé le meilleur pour la fin — une vague déferlante de mutilations animales et de confusion qui persiste encore à ce jour.

Prédateurs de Sang au Chili

Virgilio Sanchez-Ocejos

Ceci est un résumé de notre enquête de terrain au Chili. Pour des raisons évidentes, nous ne révélerons pas les noms de certains témoins. Cette enquête étant sérieuse, l'utilisation d'expressions comme "**chupacabras**" ou "**Suceur de Chèvres** ", semble peu adaptée. Le même phénomène s'est produit lors des débuts du phénomène OVNI, que l'on a tour à tour taxé de *"Martiens"*, de *"Soucoupes Volantes"*, etc. Nous définirons dorénavant ces créatures selon ce qu'elles sont : des "**Prédateurs de Sang**" (P.S. en abrégé). Nom scientifique : "**Hemo Predator** ".

Après avoir participé à la Première Rencontre Internationale avec des Contactés, qui avait lieu à Capilla Del Monte, province de Cordoba, en Argentine, nous avons profité de l'occasion pour voyager dans un pays voisin, le Chili, d'où provenaient des nouvelles concernant des attaques de prédateurs de sang, plus particulièrement dans le Nord. Nous sommes arrivés à Calama le lundi 18 juillet 2000.

Avant de faire ce voyage, nous avions pris contact par Internet avec Mme Lillian Nuñez à Santiago et M. Jaime Ferrer, un résident de Calama, qui nous avaient envoyé les informations publiées dans les journaux chiliens sur les attaques de ces prédateurs de sang. Nous avons expliqué à M. Ferrer comment interviewer des témoins, obtenir des preuves physiques en faisant des moulages en plâtre de traces, ramasser des poils, etc., et il a transmis ces instructions à un groupe de jeunes gens de Maria Elena, le camp d'habitation d'une compagnie minière locale.

Cette compagnie, la SOQUIMICH, est propriétaire du camp, et offre le logement gratuitement à ses ouvriers. Population totale : 8 000 âmes. Quelques ouvriers s'étant plaints de leur peur de voir des prédateurs de sang dans la mine, la compagnie a édicté un ordre leur interdisant de parler du sujet, sous peine de perdre logement et emploi. Nous sommes arrivés dans un Maria Elena soumis à cette pression. Nous y sommes restés les trois derniers jours de notre voyage, du vendredi 21 juillet au dimanche 23 juillet 2000.

Calama

Tout a commencé la nuit du 18 mars 2000, quand une grande lumière a illuminé le ciel de Calama, Maria Elena et Tocopilla, une ville un peu plus haut sur la côte du Pacifique.

Le premier rapport concernant une attaque a été enregistré le 1er avril 2000, à La Banda, une banlieue de Calama. Des témoins m'ont affirmé que la première attaque est survenue dans un ranch ; ils ont désigné un arbre qui ressemble à un arbre de Noël. À partir de là, les attaques sur des animaux domestiques se sont

Fig. 1 : *Premier ranch attaqué par un P.S.*

Fig.2 :
Témoins d'OVNI et de prédateurs de sang.

étendues à la plupart des ranchs, ainsi qu'à la ville de Calama. (Fig. 1, 2, 5 & 6)

AU LION'S CLUB DE CALAMA

Un témoin se dirigeait à bicyclette vers la rue Ojo de Opache. Alors qu'il longeait l'immeuble du Lion's Club (Fig.3), il entendit un gémissement, et s'arrêta pour voir ce qui se passait. Dans l'herbe à côté du bâtiment, il vit un chien mort et, près du cadavre, les grands yeux phosphorescents d'un prédateur de sang. Ses yeux brillaient tant dans l'obscurité qu'il ne pouvait pas presque distinguer son corps.

Mais ce qui impressionna le plus le témoin fut ce qui se déroula ensuite : l'entité agrippa le chien mort avec ses pattes et le souleva d'environ 50 centimètres au-dessus de l'herbe. Aussitôt, sans que le témoin comprenne comment

Fig.3 : *Le Lion's Club de Calama.*

Fig.4 : *Je me tiens là où le témoin a vu le P.S. avec sa proie au Lion's Club de Calama.*

Un témoin a reconnu avoir observé deux étoiles séparées (OVNI) se déplaçant vers l'endroit où les attaques ont eu lieu. Un autre témoin a pu filmer en vidéo pendant quelques minutes un OVNI en plein jour, mais aussi de nuit. Il nous a donné une copie de son film. Des OVNI ont été vus presque chaque nuit à Calama et à Maria Elena. D'autres témoins les ont dessinés pendant nos interviews. (Fig 5 & 6)

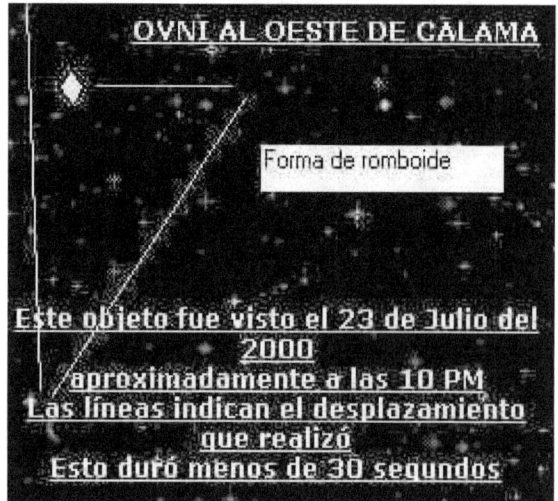

Fig. 5 & 6

OVNI rhomboédrique vu à 22h00, le 23 Juillet.

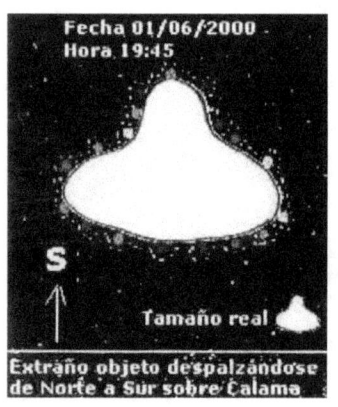

Un autre OVNI survolant Calama du Nord vers le Sud.

cela était possible, la distance entre eux sembla fondre instantanément, passant de 30 mètres à seulement dix. Choqué par cette vision d'épouvante, l'homme enfourcha sa bicyclette sans demander son reste, et rentra chez lui.

ATTAQUE DANS UNE ÉCOLE

Dans l'enceinte d'une école privée, — le Colegio Ecologico Montessori (Fig.7)— une femelle vigogne et une chèvre ont été trouvées mortes à l'intérieur même de leur cage, toutes deux vidées de leur sang. Un bouc, qui était dans la même cage (Fig.8), a lui été retrouvé en bonne santé. Le veilleur de nuit n'a rien entendu, et lors de sa ronde de 4 heures du matin, a découvert les animaux morts. Il a appelé le directeur de l'école, M. Juan Vega, pour le mettre au courant. Les deux cadavres furent emmenés derrière le bâtiment afin que les enfants ne puissent les voir.

Cette après-midi là, après l'école, M. Vega, qui a une maîtrise de Biologie et de Chimie, a autopsié les deux animaux. Tous deux présentaient un trou de deux centimètres dans le cou. Selon M. Vega, le trou atteignait directement l'aorte et d'autres artères, les perçant. L'auteur de la tuerie avait ainsi apparemment sucé tout leur sang, aidé par le cœur en train de battre. Les piqûres semblaient chirurgicales, il n'y avait trace d'aucune déchirure, morsure ou traumatisme quelconque de l'autre côté de leurs cous. On n'avait retrouvé aucune tache de sang sur le sol de la cage, ou autour de celle-ci. Les chiens de garde de l'école furent retrouvés sous un arbre, et aucun d'entre eux n'avait aboyé pour alerter le veilleur de nuit. L'examen de la gueule des chiens, à la recherche de sang, fut négatif.

Nous avons calculé avec M. Vega la quantité de sang qui devait circuler dans le corps des deux animaux, soit environ 17 litres. Le problème est que nous ne comprenons pas comment le prédateur de sang, gavé par 17 litres de sang, a

Fig. 7 : *L'École.*

Fig. 8 : *La cage.*

Fig. 9 : *L'ouverture.*

pu quitter la cage par une ouverture de seulement 30 centimètres de large. (Fig.9)

M. Vega m'a également raconté qu'en discutant de ce cas avec son cousin qui travaille à l'aéroport de Calama, il a appris qu'un jet de la NASA avait, pendant plus d'un mois, stationné sur l'aéroport. Le cousin avait aidé à décharger des cages et un équipement sophistiqué, puis à tout recouvrir avec une couverture de toile — il n'y a aucun hangar à l'aéroport de Calama —. Le dimanche suivant, tous deux se sont rendus à l'aéroport, et M. Vega a vu, sous la couverture de toile, le logo de la NASA sur les ailes et la queue d'un petit avion à réaction de transport de passagers.

Ce ne sont que quelques-uns parmi les récits de témoins oculaires recueillis à Calama, et qui n'ont pas été couverts par la presse.

Maria Elena

Pendant les deux jours où nous avons séjourné à Maria Elena, nous avons réuni de nombreux récits de témoins que nous sommes toujours en train d'évaluer. Nous devions rencontrer un groupe de jeunes étudiants, à qui j'avais précédemment appris par Internet comment obtenir des dépositions de témoins oculaires, comment recueillir des traces et comment faire des moulages en plâtre. Ils me montrèrent un moule en plâtre qu'ils avaient fait, et nous fûmes très surpris. Après l'avoir comparé avec une copie que nous avions apportée, faite lors d'attaques à Miami en 1996, nous nous sommes rendu compte qu'ils étaient *identiques* ! Ils correspondaient ! Ils appartenaient aux mêmes prédateurs de sang ! En science, l'étude comparative est très importante. Les traces ne mentent pas !

Site d'atterrissage d'ovni ?

Quand je leur ai demandé de me montrer l'endroit où ils ont obtenu le moulage en plâtre, ils m'ont emmené sur un site à 8 kilomètres de Maria Elena. Là, nous avons observé des lignes à haute tension et le chemin de fer de la compagnie minière. Nous avons trouvé environ 40 empreintes de pas, toujours préservées dans le désert. Quelques traces allaient par paires, certaines étaient plus grandes que les autres, certaines étaient côte à côte. Les traces les plus grandes continuaient sur une distance plus courte, puis disparaissaient, pour réapparaître à nouveau quelques mètres plus loin, et ainsi de suite. La taille des petites traces était de 9 centimètres, avec des doigts ou des griffes de 2,5 centimètres. Les grandes traces faisaient environ 13 centimètres, avec des doigts ou des griffes de 4 centimètres. Les petites traces suivaient toujours les grandes. (Fig. 10)

Les jeunes gens m'ont désigné trois trous étranges (Fig. 11), d'environ 60 centimètres de diamètre et 25 centimètres de profondeur. Ces mesures ne sont pas exactes, parce que le vent et la poussière du désert avaient érodé les bords. Je pense qu'ils avaient été faits deux mois auparavant. J'ai demandé à trois des jeunes gens de se mettre dans les trous et, du haut d'un monticule, j'ai pris une photo. Nous avons évalué son côté, de A à B, à environ 4 mètres et de B à C et de A à C à environ 7 mètres. Nous avons vraisemblablement découvert le site d'atterrissage de l'OVNI d'où les prédateurs de sang avaient surgi ! D'après la taille du triangle, l'OVNI pourrait avoir eu environ 30 mètres de diamètre. Il devait être assez lourd pour faire des trous de 25 centimètres de profondeur.

Mais ce n'est pas tout ; du monticule où j'ai pris la photo, nous avons observé que toutes les traces suivaient une seule et unique direction, celle du camp de Maria Elena. Aucune autre trace sur les côtés ou derrière le triangle. (Fig. 12)

DES POILS DE PRÉDATEURS DE SANG ?

Nous avons eu l'occasion d'analyser, avec le Conservateur du Musée de Maria Elena, des poils récupérés sous les griffes de chats morts, attaqués par un prédateur de sang. Connaissant tous les animaux de la région, le Conservateur, M. Claudio Castellon, a conclu après une analyse soignée au microscope : " Les poils n'appartiennent à aucun animal connu dans la région ; chien, renard, chat, etc.. Ils semblent à première vue être humains, mais ils ne le sont pas ! " — Nous avons en notre possession tout l'examen et les conclusions en vidéo —. Nous avons aussi rapporté avec nous des échantillons de poils pour examen ultérieur. (Fig. 13 à 15)

UN PRÉDATEUR DE SANG VA EN BOÎTE !

Un incident particulièrement intéressant est arrivé à l'Imperio Disco Night Club de Maria Elena. À environ 3h00 du matin, le propriétaire, M. Carlos Silva, a

Fig. 10 : *Les empreintes de pas.*

Fig. 11 : *Le trou.*

Fig. 12 : *Le triangle.*

entendu malgré la musique des coups sur la porte arrière du club. Craignant une attaque, il a demandé à deux de ses employés d'aller voir quelle était la cause du bruit. L'un d'eux, David, armé d'un couteau et d'un manche à balai, a ouvert la porte de derrière et est allé jusqu'à la barrière du patio. Là, dans l'obscurité, une créature poussait la porte de l'extérieur. Cette porte possède un grillage métallique sur sa moitié supérieure, fixé au cadre par des clous. Dans l'obscurité, David distinguait seulement une forme sombre à travers le grillage. Avec le manche à balai, il a empêché la porte de s'ouvrir, tout en menaçant la créature de son couteau ; il fut ainsi, pendant 5 minutes, à deux mètres seulement de la créature qui a continué de charger contre la porte. Dans sa partie inférieure, les clous commençaient déjà à lâcher, faisant vibrer le grillage chaque fois que la créature se cognait à la porte.

David a demandé à l'autre employé d'apporter une lumière de secours pour éclairer l'endroit. À ce moment-là, la créature *"a ouvert"* les yeux. David a pu voir de grands yeux jaunes oranges, lumineux comme des ampoules de 15 watts, qui le regardait. Au même moment, la créature a émis un son guttural, relâchant dans un hoquet une odeur puissante et lourde, "comme de l'ammoniac ", qui a forcé David à s'arrêter de respirer, le faisant reculer pour

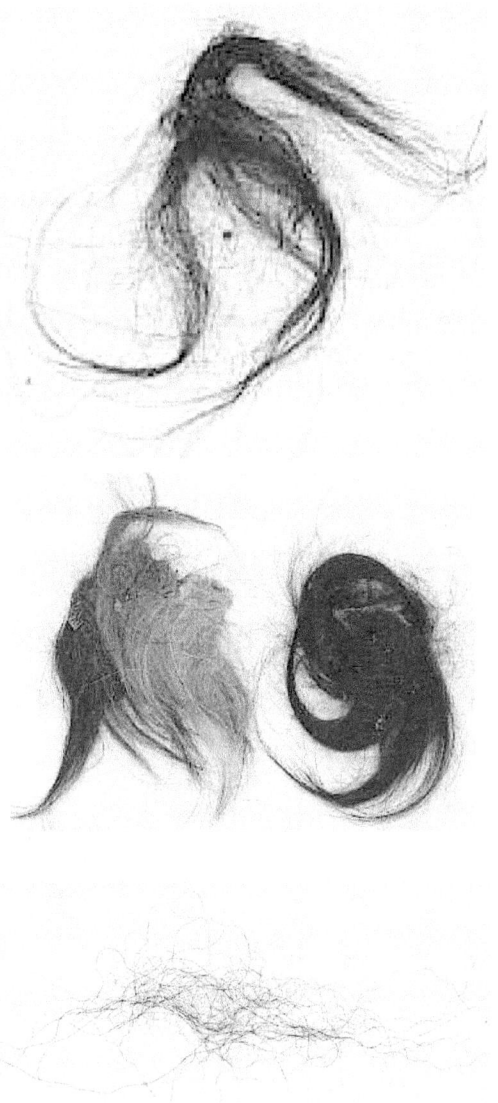

FIG. 13, 14 & 15 : *Échantillons de poils.*

chercher de l'air frais. L'autre employé est arrivé avec une lampe, qui a illuminé l'endroit. En un éclair, la créature a sauté dans un arbre et de là sur un toit, s'enfuyant dans l'obscurité. Pendant un instant, David a pu voir la chose, et la décrit comme ayant des poils noirs courts sur le visage ; et lorsqu'elle a bondi dans l'arbre, il a pu entrevoir des poils noirs plus longs le long de son dos. Elle mesurait environ 1,30 mètres de haut.

Cette rencontre a convaincu David et son assistant qu'il ne s'agissait pas d'une personne, mais d'un prédateur de sang.

L'ARMÉE DE L'AIR CHILIENNE A-T-ELLE BOMBARDÉ UN NID DE PRÉDATEURS DE SANG ?

Mais ce n'est pas tout. Nous sommes arrivés à Maria Elena un samedi, le 22 juillet, et nous avons été informés par un témoin oculaire que le mercredi 20 juillet à 8h30 du matin, un avion à réaction de l'Armée de l'Air chilienne avait largué une bombe sur un endroit situé entre Maria Elena et Pedro Valdivia. L'explosion a provoqué une onde de choc qui a brisé des vitres dans Maria Elena. Un témoin nous a raconté que de petits rochers sont tombés sur son toit après l'explosion, ce qui a suscité l'affolement dans le camp.

La première explication non officielle, une rumeur, était que la bombe s'était détachée par accident de l'avion. La deuxième rumeur prétendait que l'avion avait franchi le mur du son en volant à basse altitude et que la bombe avait été larguée pour tuer des nids de "jotes" (des vautours). Un autre témoin nous a appris que ce n'était pas la seule bombe utilisée. Le premier coup a frappé près de Quillagua, le 13 juillet, à environ 100 kilomètres au nord-est de Maria Elena.

J'aimerais présenter ici un extrait d'une dépêche de l'UPI :

"La Paz (Bolivie). - Des sanctions contre les responsables de la violation de l'espace aérien bolivien par l'Armée de l'Air chilienne le 12 juillet dernier (2000), ont été demandées par le Président Hugo Banzer. Le chancelier Javier Murillo a

Fig. 16 : Virgilio Sanchez-Ocejos, en compagnie d'un témoin, David.

informé son homologue chilien, demandant des sanctions à l'égard des responsables de cet acte. Les deux pays ont suspendu leurs relations diplomatiques depuis 1978, lors de l'échec des discussions pour un accès à la mer pour la Bolivie... La Bolivie a perdu son accès à la mer en 1879 lors de la Guerre du Pacifique chilo-bolivienne. "

Fig. 18 : *Jaime inspecte l'arbre avec un témoin.*

Fig. 17 : *La porte.*

Ces nouvelles de UPI ont permis de vérifier la déclaration du témoin, selon laquelle l'Armée de l'Air chilienne larguait des bombes dans ce secteur.

L'ODEUR DU SANG

J'aurais pu me prélasser dans des hôtels 5 étoiles à Santiago, la capitale du Chili, ou à Antofagasta, mais j'ai décidé d'aller au cœur du problème, à Calama et Maria Elena. J'ai voulu partager les craintes des habitants, et obtenir des témoignages de première main et des preuves concrètes. Nous avons visité la décharge de la ville, cherchant et découvrant des animaux sucés. Nous avons subi un vent antarctique peu naturel atteignant le désert d'Atacama où il n'avait pas neigé de mémoire humaine, dormant entièrement habillés, dans une petite pièce et dans un abri sans chauffage, tout en respirant l'odeur puissante de ces créatures qui erraient dans des cavernes au-dessous de ma chambre et à travers le Camp de Maria Elena. À un moment, l'odeur fut si forte que je sentis sa présence à côté de moi. J'allumai la lumière et la laissais toute la nuit. À mon retour à Miami, ma femme dut laver plusieurs fois mes vêtements toujours saturés de cette odeur caractéristique et puissante. J'espère que je ne la sentirai jamais plus, mais si cela arrive, je saurai que je suis près d'un prédateur de sang.

PARTIE DU PHÉNOMÈNE OVNI ?

Je suis d'avis que les prédateurs de sang font partie du phénomène OVNI. Je ne crois pas qu'il s'agisse d'une expérience génétique terrestre, ni d'un animal connu ou inconnu, ou du résultat d'une expérience mystique. Il ne fait aucun doute pour moi que les prédateurs de sang font partie intégrante du phénomène OVNI.

Cela va créer un nouveau chapitre dans la recherche ufologique. Je suis certain que beaucoup d'entre vous en douteront, et que d'autres me critiqueront. Il n'est pas dans mon intention de convaincre quiconque, mais ma conscience m'empêche de cacher l'évidence. J'espère que d'autres pourront la corroborer.

Le *Windigo* :

De quelques remarques sur les rencontres par les indigènes et leurs traditions sur les Hominiens Velus de la partie Est de l'Amérique du Nord, aussi connus sous le nom d'Hominien Marqué et de Bigfoot Oriental.

Loren Coleman

Introduction

Le folklore des Premières Nations et leurs artefacts culturels existent en abondance, particulièrement dans le Nord-Ouest de la Côte Pacifique, et démontrent une connaissance ancienne d'hominiens velus inconnus (Coleman et Hall, 1970 et 1984 ; Suttles, 1979 ; Sanderson, 1961). Dans l'Ouest, les noms d'*Oh-Mah* et *Skookum* sont employés mais, dans l'Amérique du Nord contemporaine, ces bêtes sont généralement désignées par l'expression *Bigfoot* ou, moins fréquemment, dans les médias populaires, par le terme de *Sasquatch*. Récemment, Grover Krantz et ses collègues (1992, 1999) avaient proposé d'employer uniquement l'expression *Sasquatch*. En effet, d'une part l'étiquette *Bigfoot* ne souligne qu'une partie de l'anatomie de l'hominien, et d'autre part, cette désignation est perçue avec ironie dans le monde universitaire. Quelques chroniqueurs et chercheurs préfèrent eux aussi le caractère plus Indien de *Sasquatch*, nom inventé par le journaliste canadien J. W. Burns à partir de mots indigènes de Colombie Britannique, comprenant *sokqueatl* et *soss-q'tal* pour les géants velus.

Dans la partie Est de l'Amérique du Nord, existerait une variété spécifique d'hominien velu à l'aspect humain, caractérisée par un comportement agressif, des cheveux couvrant le visage comme un masque, une occasionnelle coloration pie, un estomac parfois saillant, et des empreintes de pas à cinq orteils écartés, étalés et courbés. Ce sont des habitants des forêts du nord. Quelques *hominologues* ont qualifié ces primates inconnus d'Hominiens Plus Grands ou Marqués, tandis que d'autres les ont désignés sous le terme de Bigfoot Oriental (Hall, 1992, 1999 ; Coleman et Huyghe, 1999 ; Coleman, 2001). Les récits des Indiens d'Amérique, des indigènes canadiens et des Inuits rapportent d'anciennes traditions d'êtres pareils à des hommes velus, désignés par chaque groupe linguistique et tribal par une expression différente. Néanmoins, l'habitude de nommer ces hominiens *Windigo*, a commencé à se développer dans l'Est, par association avec un nom local indigène largement utilisé depuis longtemps. Les groupes linguistiques Algonquins de l'Est et du Haut Midwest des Etats-Unis et du Bas Canada ont employé les termes *Windigo*, *Wendigo*, *Weetigo*, *Wetiko*, *Wittiko* et d'autres variantes pour désigner ces géants de la forêt, couverts de poils.

Ce mythe ancien a donné naissance à des noms de lieux géographiques, et à des expressions de langage. Les Collines Wetiko, la Chaîne Misabi, et les nombreux lacs Windigo et Wendigo, tirent leurs noms des géants connus des Indiens américains : pour des expressions linguistiques parentes, d'une utilisation fréquente, voir, par exemple, *A Dictionary of Canadianisms on Historical Principles*. En plus des manifestations du Bigfoot (p. 48) et du Sasquatch (p. 659) au 20e siècle, nous trouvons trace au 18e siècle du *Weetigo* (p. 841). Les *Weetigos* étaient des cannibales redoutés des Indiens Cree vivant aux alentours de la Baie d'Hudson. Les Ojibwes connaissaient le *Wendigo* (p. 842). Un récit du 19e siècle raconte : "les *Muskegoes*, qui peuplent les marais bas et mornes aux limites de la Baie d'Hudson, se voient reprocher par les autres tribus d'être des cannibales, [et] disent vivre dans la crainte constante du *Windegoag*."

Une même créature aux noms multiples

Il semble évident qu'il y a eu parmi la plupart des Premières Nations de la partie Est de l'Amérique du Nord un libre échange d'informations concernant ces primates velus à l'aspect humain, et donc une évolution et un développement de noms proches se recoupant.

Dans les provinces orientales du Nouveau Brunswick et de la Nouvelle Écosse, les Micmacs parlent du *Gugwes*. En enregistrant ces contes, Elsie Clews Parsons (1925 : 56) écrit : "Ces cannibales ont de grandes mains et des visages comme ceux des ours. Si l'un d'eux voyait un homme venir, il se couchait et se frappait la poitrine, produisant un son semblable à celui d'une perdrix. " Bien que ce comportement soit étonnant, le thème de ce sifflement à ton unique (c'est-à-dire l'appel de la perdrix grise, *Perdix perdix* du sud-est du Canada [Robbins et autres, 1966]) apparaît ailleurs comme une caractéristique de ce primate inconnu américain. Le cannibalisme attribué au *Windigo* est spécifique aux hominiens velus de l'Est. Grover Krantz, qui ne semble pas avoir étudié ces traditions de près, doit être excusé de tomber dans les malentendus habituels sur ces croyances sur le *Windigo,* quand il conclut trop rapidement qu'elles seraient toutes basées sur des histoires de cannibales indiens (1992 : 143 ; 1999 : 143). Les indigènes concevaient clairement ces géants cannibales velus comme des non-Indiens.

Les Micmacs connaissent le géant cannibale sous les noms de *Gugwes* ou *Koakwes,* et de *Djenu* ou *Chenoo* (Wallis et Wallis, 1955 : 348). Cependant, on nous dit que "le *Gugwes* est une créature grotesque ; en 1911-1912, il était généralement comparé à un babouin ; en 1950, il était décrit comme un géant" (Ibid : 417).

Dans l'État du Maine, les Penobscots parlent du *Kiwakwe*, un géant cannibale (Speck, 1935b : 81). Dans son recueil des croyances des Hurons et des Wyandots du secteur du Lac Huron, C.M. Barbeau écrit :

"Les géants, ou *Strendu*, ennemis déclarés des Wyandots, sont redoutés à cause de leur taille extraordinaire et de leurs pouvoirs. Certains les décrivent comme de la taille d'un demi-arbre et proportionnés en conséquence. Leurs corps sont entièrement recouverts d'écailles dures comme du silex, qui les rendent presque invulnérables." (Barbeau, 1914 : 229-300)

Les *Strendus*, eux aussi, étaient réputés cannibales.

Dans le nord de l'État de New York, on parle d'êtres proches, des Géants de Pierre, nom décrivant d'énormes hommes "recouverts" de silex et d'autres pierres. (La méthode employée pour se recouvrir de pierre sera évoquée plus loin à propos du Windigo.)

"Les Géants de Pierre Iroquois, ainsi que leur congénères Algonquins (par exemple le *Chenoo* des Abnakis et des Micmacs), appartiennent à un groupe répandu d'êtres mythiques, dont le *Tornit* esquimau est un exemple. Ils sont [...] d'une stature colossale, ne connaissent pas l'arc et utilisent des pierres en guise d'armes. Lors de combats effrayants, ils se battent entre eux, déracinant les arbres les plus grands et déchirant la terre dans leur fureur [...] Ils sont généralement dépeints comme des cannibales. Il est fort possible que ce peuple mythique représente une réminiscence, enjolivée par le temps, de tribus arriérées, ne connaissant pas l'arc et depuis longtemps exterminées par les Indiens des temps historiques. Bien sûr, si un élément historique est à l'origine de ces mythes, il a été assimilé à des conceptions légendaires et pittoresques de Titans en armures de pierre et de démiurges." (Alexander, 1964 : 29).

D'autres parmi ces tribus particulières sont identifiées, comme indiqué, en tant que *Windigo* d'origine algonquine. La connaissance du *Windigo* est étendue et bien documentée au Canada oriental et central. Les Tête-de-Boule du Québec emploient des noms différents pour le même être : *Witiko, Kokotshc, Atshen* (Guinard, 1930 : 69). *Le Chenoo* des Micmacs paraît être semblable au *Witiko* des Crees, car John Cooper (1933 : 23) observe : "Tous les deux présentent les mêmes caractéristiques [...] Le nom même de *Chenoo* semble correspondre au nom *Atcen* des Montagnais et des Tête-de-Boule (Cree) pour le *Witiko*." Selon Frank Speck, parmi les Naskapis, "la plus proche analogie de nom et de caractère avec l'*Atcen* parmi des peuples voisins est le *Chenoo (Tcenu)* des légendes Micmacs." (1935a : 72).

Les traits enregistrés par le Révérend Joseph Guinard rappellent d'autres traditions :

"Le *Witiko* ne porte aucun vêtement. Il va nu été comme hiver et ne souffre jamais du froid. Sa peau est sombre comme celle d'un Noir. Il a l'habitude de se frotter, comme les animaux, contre les sapins, les épicéas et d'autres arbres résineux. Quand il est ainsi couvert de gomme ou de résine, il va se rouler dans le sable. C'est cette habitude, parfois répétée, qui a fait croire qu'il était fait de pierre. " (Guinard, 1930 : 69), Cooper note que :

" ... un comportement semblable est attribué aux *Chenoos* Passamaquoddys qui avaient l'habitude de se frotter tout le corps avec du baume de sapin et de se rouler ensuite sur le sol pour que tout ce qui le recouvre adhère à leur corps. Cette coutume est fortement similaire à celle des Manteaux de Pierre Iroquois, des géants cannibales sanguinaires, qui recouvraient soigneusement leurs corps de poix puis se roulaient et se vautraient dans le sable et le long des bancs de sable. " (Tonnelier, 1933 : 23)

Les *Windigos* n'ont pas de lèvres et "la voix des *witikos* était stridente et épouvantable, se répercutant plus que le tonnerre. Le son de leur voix était un cri interminable, accrû de hurlements effrayants" (Guinard, 1930 : 70). C'est un individu immense "qui va nu dans les buissons et mange les Indiens. Beaucoup de gens prétendent l'avoir entendu, rôdant dans les bois" (Davidson, 1928b : 267). Toujours au Québec, la Bande du Grand Lac Victoria connaît des contes sur le *Misabe*, un géant aux cheveux longs (Davidson, 1928a : 275-276).

Les indigènes du pays des Bois du Nord ont attribué beaucoup de noms différents au *Windigo*, mais ils étaient néanmoins tous des *Windigos*. Parfois, ils ont aussi essayé de caractériser les petits membres du clan du *Windigo*.

LE *PETIT* WINDIGO

Le classement des *Windigo* en sous-groupes est manifeste dans d'autres traditions remarquables, largement répandues dans les régions centrale et orientale. Un exemple pris chez les Ojibwes du nord du Minnesota nous est fourni par la Sœur Bernard Coleman (1937 : 41) : "le *Memegwicio*, ou hommes des étendues sauvages. Certains les désignent comme "une sorte de singe "... Ils sont décrits comme étant de la taille d'enfants de dix ou onze ans [...] aux visages couverts de poils. "

Les Ojibwes Tingami connaissent le *Memegwesi* sous la forme "d'une espèce de créature qui vit dans de hautes falaises lointaines. Ils sont petits et ont des poils sur tout le corps" (Speck, 1915 : 82). Les Crees de James Bay sont familiers avec le *Memegwecio*, "le petit être qui ressemble à un homme, sauf qu'il est couvert de poils et a un nez très plat" (Flannery, 1946 : 269).

D'autres légendes de peuples de petite taille, que l'on retrouve chez les Cherokees, les Iroquois et d'autres Premières Nations de l'Est, correspondent étroitement à ces traditions (Roth, 1997 ; Witthoft et Hadlock, 1946). Il s'agit peut-être des petits immatures et des adolescents *Windigo*.

LES *WINDIGO* DEVIENNENT DES HOMMES SAUVAGES

Parmi les Euroaméricains, les premières allusions à ces êtres, utilisant des expressions comme "hommes sauvages", ou d'autres tirées des mythes indigènes des Premières Nations, commencent à apparaître d'une façon quelque peu détournée. Les mentions européennes et euroaméricaines de créatures velues se tenant debout, dans les régions Est du Nouveau Monde, sont très anciennes. Leif Erickson a décrit en l'an 986 de notre ère sa rencontre avec des monstres laids, velus, basanés, et aux grands yeux noirs. En 1603, lors du premier voyage de Samuel de Champlain au Canada oriental, les habitants lui ont parlé du *Gougou*, une bête géante velue vivant dans les forêts du nord, très crainte des Micmacs. Un article du *London Times* de 1784 rapporte la capture d'hominiens couverts de poils par des habitants indigènes près du Lac des Bois, dans le sud du Canada central. Dans la *Boston Gazette* de juillet 1793 fut publiée une dépêche de Charleston, Caroline du Sud, datée du 17 mai, et concernant une créature aperçue en Caroline du Nord. Le récit se déroule à Bald Mountain : les habitants du cru l'appellent le *Yahoo*, tandis que les Indiens lui donnent le nom de *Chickly Cudly*. Le chercheur Scott McNabb remarque que le terme *Chickly Cudly* pourrait être une variante anglaise soit du nom Cherokee *ke-cleah* (*Chick Lay*, qui signifie poils) soit de *kud-leah* (*Cooed Lay*) qui signifie homme ou chose. Le terme *kud-leah* en Cherokee peut aussi signifier un homme-ours ou une chose-ours, ce qui donne *Chickly Cudly* = *ke-cleah kud-leah* = l'homme / chose velu.

Un autre article ancien paru dans le *Exeter Watchman* de New York le 22 septembre 1818, décrit l'observation d'un Homme Sauvage des Bois près d'Ellisburgh, État de New York, le 30 août 1818. Il y est dit que la créature velue se penchait en avant en courant, et qu'elle a laissé des empreintes de pas montrant un talon étroit et des orteils s'applatissant en largeur. À ces récits ont succédé des rapports de créatures velues de la taille d'un enfant, vues dans l'Indiana et en Pennsylvanie, dans les années 1830. A partir de 1834, en Arkansas, de nombreuses personnes ont aperçu un homme sauvage géant dans les Ozarks. Le *Memphis Enquirer* du 9 mai 1851 a publié un rapport sur les observations de l'Arkansas au mois de mars : "Cette créature singulière est traditionnellement connue depuis longtemps dans les comtés de St. Francis, de Greene et de Poinsett, des chasseurs amateurs et professionnels de l'Arkansas l'ayant décrite il y a déjà 17 ans." On a dit que l'homme sauvage était de stature gigantesque, velu, avec de longs cheveux tombant jusqu'aux épaules. Les empreintes de pas trouvées mesuraient quatorze pouces de long.

De l'extrémité du Michigan, Mark A. Hall (1999 : 46-47) rapporte que des êtres formidables, à l'aspect humain, couverts de poils, ont été vus dans les années 1860 près du Lac Sainte Claire et du Lac Huron. Le groupe comprenait des mâles et des femelles adultes, ainsi que trois ou quatre petits ou jeunes. Un des mâles avait une barbe aux poils raides, tandis qu'un autre avait une tête chauve et une barbe blanche. Leurs ventres étaient proéminents, ils possédaient de longs bras, et étaient fortement musclés. Dans ce secteur spécifique du Michigan, les rencontres avec des hominiens velus similaires ont persisté, avec des observations en 1910, 1969, 1981 et 1983 (Hall, 1999 : 48-49). En outre, les rencontres agressives avec "les monstres" de Sister Lake et de Monroe Lake, au Michigan, en 1964-1965, reflètent étroitement les descriptions précédentes de ces hominiens trouvées par Hall (Coleman, 2001 : 199-200).

Des environs de la Rivière Traverspine au Labrador, nous viennent en 1913 des récits d'une créature pareille à un singe, dont on a dit qu'elle se tenait debout mais qu'elle allait aussi à quatre pattes. Dans cet hominien à crinière blanche de la Traverspine, on retrouve la description de pelage pie si commune dans les rapports sur ces primates inconnus (voir les descriptions "d'Hominiens Marqués", dans Coleman et Clark, 1999 : 151-153 ; Coleman et Huyghe, 1999 : 20-23, 46-51 ; Hall, 1999 : 33-62). D'autres, tel "Old Yellow Top ", nom donné à des hominiens à la crinière de couleur claire, vus en 1903, 1926 et 1970, à Cobalt dans l'Ontario (Coleman et Huyghe, 1999 : 48-49), ceux vus dans des zones voisines comme l'Indiana, l'Ohio et la Pennsylvanie, ou ceux étiquetés *Momo* au Missouri et dans les états environnants, constituent autant d'exemples historiques (Coleman, 2001 : 188-205). Des observations d'hominiens hirsutes se poursuivent aujourd'hui.

Cependant, l'utilisation du terme "homme sauvage" dans les articles de presse a été remplacée, depuis 1958, par l'emploi du surnom de "Bigfoot". Alors que les termes de classification utilisés par les hominologues comme Hominiens Marqués, Hominiens Plus Grands ou Bigfoot Oriental, paraît désigner une race géographiquement différenciée, l'utilisation abusive du mot générique "Bigfoot" semble malheureusement être la préférée des médias. Mais qu'en est-il du *Windigo* dans l'Est de l'Amérique du Nord ?

L'UTILISATION RENOUVELÉE DE *W*INDIGO À L'ÉPOQUE CONTEMPORAINE

Certains chercheurs ont estimé que *Windigo* / *Wendigo* était une invention occidentale, dont les origines sont liées à une nouvelle écrite par l'écrivain de fantastique Algernon Blackwood. Comme nous le savons maintenant, ce nom existe en fait depuis longtemps. Troy Taylor (1998) remarque que Blackwood a écrit son récit de terreur classique "Le Wendigo" en 1907, en se basant sur de vraies légendes des Bois du Nord. Selon les recherches de Taylor, le *Windigo* historique a fait un certain nombre d'apparitions près d'une ville appelée Rosesu, dans le nord du Minnesota, à partir de la fin des années 1800 jusqu'aux années 1920.

L'impact de l'utilisation par les Natifs du nom *Windigo* dans l'Est a bien sûr été suivi à la trace au cours des années.

L'avenir pourrait-il voir son usage se développer davantage encore pour délimiter une sous-espèce ou un type d'hominien velu spécifique à la partie Est de l'Amérique du Nord ? Y aurait-il déjà dans l'air quelques prémices de cette pratique ? Examinons ensemble quelques exemples.

Les commentateurs canadiens de l'inconnu ont commencé, il y a près d'un demi-siècle, à placer le *Windigo* dans le contexte d'autres créatures, en le transportant dans le temps. Pierre Berton (1956) a fait des remarques sur le *Windigo*, de même que R. S. Lambert (1955). Lambert a écrit que le *Windigo* ou *Wendigo* était "une entité canadienne, moitié fantôme, moitié bête, qui vit dans les forêts et chasse les hommes, en particulier les enfants. La croyance en cette horreur remonte aux légendes indiennes les plus anciennes et il est dit que le *Wendigo* mange la chair de ses victimes."

Ivan T. Sanderson était conscient de ce qu'il appelle les traits de type "Abominable Homme des Neiges" du *Windigo*, traquant l'héritage de ces hominiens velus à travers l'Est du Canada, et il les mentionne dans son livre *Things* en 1967. Onze ans plus tard, John Green a raconté qu'un journaliste a noté en 1974 que les Crees du Manitoba connaissaient le *Weetekow* et les Saulteaux le *Wendego* (1978 : 245).

L' "Introduction" de John Robert Colombo à son *Windigo : an Anthology of Fact and Fantastic Fiction* (Saskatoon, Saskatchewan : Western Producer Prairie Books, 1982) contient une des meilleures études sur le conflit entre les légendes concernant cette créature, basées sur la zoologie, et le désordre psychologique (" Psychose du Windigo ") décrit plus tardivement, qui provoque la transformation de gens affamés en cannibales. Il dissipe les malentendus sur cette question, que nous n'avons pas abordée ici. À ce sujet, Colombo donne environ trente-sept variations du nom *Windigo,* et note que ce mot a été imprimé pour la première fois en 1722.

Marjorie Halpin et Michael M. Ames ont édité deux textes de conférences basées sur la psychologie, et concernant le *Windigo*, datant de 1978, dans leur somme *Manlike Monsters on Trial : Early Records and Modern Evidence* (Vancouver, BC : University of British Columbia Press, 1980). Richard J. Preston a étudié de près dans son article les bases de la psychose, mais beaucoup moins les traditions indigènes factuelles du *Witiko* Algonquin. Raymond D. Fogelson a examiné un sujet digne d'intérêt dans "Windigo Goes South : Stoneclad Among the Cherokee ", et son analyse folklorique tient la promesse du titre de l'article.

De nos jours, les livres employant le thème de *Windigo* se trouvent fréquemment dans des collections de littérature enfantine, par exemple *The Windigo's return : A North Woods Story* par Douglas Wood (NY : Simon and Schuster, 1996) et *The Legend of the Windigo : A Tale from Native North America* par Gayle Ross (NY : Dial, 1996). Le *Windigo* réapparaît lentement dans la conscience collective des Indiens et des autres peuplades du Haut Midwest, avec plusieurs utilisations locales pour son nom. N'importe quelle recherche rapide sur Internet révèle un grand nombre de sociétés ou d'organisations employant ce nom.

Dans l'Est, il semble de plus en plus évident aux Bigfooters de base comme Richard Brown de Sidney (Maine), que le terme *Windigo* gagne du terrain pour désigner les auteurs de ces longues empreintes de pas courbées, que l'on continue à découvrir de temps en temps.

Lorsque l'on considère les origines des diverses désignations qui ont tenté de capturer l'esprit des anciens, et qui s'étendent de la terre des Ojibwes dans le Minnesota aux forêts des Micmacs dans le Maine, *Windigo* semble bien être la plus apte à décrire ces hominiens velus de la partie Est de l'Amérique du Nord.

BIBLIOGRAPHIE :

ALEXANDER, Hartley Burr
1964. North American. In *Mythology of All Races*. L. H. Gray (ed.), X. New York : Cooper Square.

BARBEAU, C.M.
1914. Supernatural Beings of the Huron and Wyandot. *American Anthropologist* 16 : 288-313.

BERTON, Pierre
1956. *The Mysterious North*. New York : Alfred A. Knopf.

COLEMAN, Loren
2001. *Mysterious America : The Revised Edition*. New York : Paraview Books.

COLEMAN, Loren, and CLARK, Jerome
1999. *Cryptozoology A to Z : The Encyclopedia of Loch Monsters, Sasquatch, Chupacabras, and Other Authentic Mysteries of Nature*. New York : Simon and Schuster.

COLEMAN, Loren, and Mark A. HALL
"Some Bigfoot Traditions of the North American Indians ", *The INFO Journal*. Washington, DC, International Fortean Organization, Fall 3 : 2-10.

"From "Atshen" to Giants in North America" in *The Sasquatch and Other Unknown Hominoids*, edited by Vladimir Markotic and Grover Krantz, Calgary : Western Publishers, pages 31-43.

COLEMAN, Loren, and HUYGHE, Patrick
1999. *The Field Guide to Bigfoot, Yeti, and Other Mystery Primates Worldwide*. New York : Avon Books.

COLEMAN, Sister BERNARD
1937. The Religion of the Ojibwa of Northern Minnesota. *Primitive Man* 10 : 41.

COLOMBO, John Robert
1982. *Windigo: An Anthology of Fact and Fantastic Fiction*. Saskatoon, Saskatchewan: Western Producer Prairie Books.

COOPER, John M.
1933. The Cree Witiko Psychosis. *Primitive Man* 6 : 20-24.

DAVIDSON, D.S.
1928a. Folktales from Grand Lake Victoria, Quebec. *Journal of American Folklore* 41 : 275.
1928b. Some Tete de Boule Tales. *Journal of American Folklore* 41 : 267.

FLANNERY, Regina
1946. The Culture of Northeastern Indians. In *Man in Northeastern North America*. Frederick Johnson (ed.), Papers of the Robert S. Peabody Foundation for Archaeology 3. Andover, Massachusetts.

GREEN, John
1978. *Sasquatch : The Apes Among Us.* Seattle: Hancock House.

GUINARD, Rev. Joseph E.
1930. Witiko Among the Tete-de-Boule. *Primitive Man* 3 : 69-71.

HALL, Mark A.
Yeti, Bigfoot, & True Giants 2nd ed. Bloomington, MN : MAHP.
1999. *Living Fossils : The Survival of Homo gardarensis, Neandertal Man, and Homo erectus.* Bloomington, MN : MAHP.

HALPIN, Marjorie and Michael M AMES
1980. *Manlike Monsters on Trial: Early Records and Modern Evidence* Vancouver, BC: University of British Columbia Press.

KRANTZ, Grover
1992. *Big Footprints: A Scientific Inquiry into the Reality of Sasquatch.* Boulder, CO: Johnson.

1999. *Bigfoot Sasquatch Evidence.* Blaine, WA: Hancock House.

LAMBERT, R.S.
1955. *Exploring the Supernatural : The Weird in Canadian Folklore.* London : Barker. Lexicographical Centre for Canadian English
1967 *A Dictionary of Canadianisms on Historical Principles.* Scarborough, Ontario : Gage Publishing.

PARSONS, Elsie Clews
1925. Micmac Folklore. *Journal of American Folklore* 38 : 56.

ROBBINS, CHANDLER S., BRUNN, B. & ZIM, H.S.
1966. *Birds of North America.* New York : Golden Press.

ROTH, John E.
1997. *American Elves : An Encyclopedia of Little People from the Lore of 380 Ethnic Groups of the Western Hemisphere.* Jefferson, NC : McFarland & Company.

SANDERSON, Ivan T.
1961. *Abominable Snowmen : Legend Come to Life.* Philadephia : Chilton.
1969. *Things* New York : Pyramid.

SPECK, Frank a.
1915. Myths and Folklore of the Timiskaming Algonquin and Timagami Ojibwa. *Anthropological Series*, Canada Department of Mines, Geological Survey 9.
1935a. *Naskapi.* Norman : University of Oklahoma Press.

1935b. Tales of the Penobscot. *Journal of American Folklore* 48 : 81.

SUTTLES, Wayne
1979. On the Cultural Track of the Sasquatch. *The Scientist Looks at the Sasquatch (II)*, edited by Roderick Sprague and Grover S. Krantz, Moscow : University of Idaho Press.

TAYLOR, Troy
1998. The Wendigo : The North Woods of Minnesota.
  www.prairieghosts.com/wendigo.html

WALLIS, W. D. & SAWTELL WALLIS R.
1955. *The Micmac Indians of Eastern Canada*. Minneapolis : University of Minnesota Press.

WITTHOFT, J. & HADLOCK, W. S.
1946. Cherokee-Iroquois Little People. *Journal of American Folklore* 59 : 413-422.

L'Homme est-il né debout ?
François de Sarre

La théorie de la *Bipédie Initiale* suggère la grande ancienneté de l'homme et son origine à partir de formes aquatiques. Implications pour l'histoire de l'Humanité.

A) Introduction et récapitulatif historique

En ce début de XXIe siècle, peu de chercheurs récusent le modèle courant d'une évolution de l'homme à partir de simiens quadrupèdes. On peut même dire que cette explication s'est généralisée au cours du XXe siècle, chaque fois que l'on a cru découvrir l'un des fameux " missing links " entre le singe et l'homme... Les journaux ont souvent fait leurs titres sur " *La découverte de notre ancêtre* " !

Et pourtant des scientifiques, issus de l'anthropologie ou de la zoologie, se sont toujours insurgés contre ce modèle incohérent de nos origines.

Ce qui leur faisait le plus douter était sans conteste la grosse tête *humaine* d'aspect des fœtus de singes. Ainsi, l'anatomiste allemand G. Schwalbe (1906) avança l'idée que l'homme était *évidemment* apparenté aux singes anthropoïdes, mais qu'il n'avait pas pu se développer à partir de formes *ressemblant* aux Grands Singes actuels, *ni même* à partir d'une créature comme *Pithecanthropus erectus*, au crâne plat et à la capacité cérébrale réduite...

Certains auteurs antérieurs avaient émis l'hypothèse que non seulement l'homme (*Homo sapiens*) avait préservé dans sa structure corporelle des caractères *primitifs* (ici, au sens d'*originels*), mais bien plus, qu'il avait déjà commencé son développement structurel *au début de la lignée des Mammifères.*

Avant Schwalbe, d'autres savants (Snell 1863, Gaudry 1878, Ranke 1897, Alsberg 1902, Klaatsch 1903, Stratz 1904) doutèrent que l'homme eût pu, selon la formule consacrée depuis Lamarck et Darwin, " descendre du singe ". Que l'on prenne ici en compte une forme récente ou éteinte, semblable ou non aux grands singes actuels, cela revenait bien sûr au même...

En effet, *si les ancêtres de l'homme avaient " fait le détour " par la forêt en participant à l'évolution d'une lignée d'arboricoles*, ils ont dû grimper aux arbres et s'y transformer... *avant de pouvoir redescendre à terre*. Cette adaptation, même transitoire, *aurait laissé des traces* dans l'anatomie de l'homme. Or, ce n'est pas le cas.

En 1905, J. Kollmann a émis l'hypothèse singulière que le gros cerveau de l'homme, ainsi que la capsule crânienne *ronde* " qui allait avec ", avaient été acquis sans transition particulière, à partir de formes *jeunes* : les premiers hommes ne s'étaient pas développés à partir d'anthropoïdes adultes, mais plutôt à partir des formes foetales, dont ils surent préserver le crâne rond jusqu'en fin d'ontogenèse (=*développement individuel*). D'une génération à l'autre, les formes " à l'aspect fœtal " s'imposèrent sur les " vieux stades ", jusqu'à ce que tous les individus présentassent les critères anatomiques qui sont ceux des humains...

Le biologiste hollandais L. Bolk (1926) parvint à des conclusions semblables à partir de considérations plus larges, admettant qu'un " retard " avait pu se produire dans le développement de l'homme, en raison de perturbations diverses des organes de sécrétion interne, de façon à ce qu'un grand nombre de caractéristiques du fœtus se retrouvassent intactes chez l'homme adulte. Cela concernait surtout le crâne rond, ainsi que la pilosité corporelle.

C'est ce qu'on appelle la théorie de la *foetalisation*. Bolk en vint ainsi à formuler la constatation plutôt surprenante que l'homme était un " fœtus de singe devenu mature " !

A partir de considérations différentes, le professeur d'anatomie berlinois M. Westenhöfer (1924) soutint, quant à lui, que l'homme s'était développé à partir de la *racine commune des Mammifères*. Déjà, certains zoologistes comme A. Naef (1926) et H. Böker (1935) s'étaient montrés enclins à placer les Primates, en tant qu'Ordre zoologique, au tout début de l'évolution des mammifères.

Westenhöfer en tout cas rejetait l'évolution de l'homme à partir de formes *connues* du monde animal, car toutes lui paraissaient *bien trop spécialisées* pour compter dans leurs rangs les ancêtres de l'homme. Lors d'un congrès de la Société d'Anthropologie de Salzbourg, en 1926, Westenhöfer n'eut cesse de proclamer que l'homme était " *le plus ancien mammifère* ". Ses caractéristiques intrinsèques étaient, entre autres : la pentadactylie (5 doigts et 5 orteils), la denture orthodonte en demi-arc de cercle, et la non-spécialisation adaptative.

De plus, Westenhöfer attribuait *une démarche bipède* à ce mammifère originel. Ainsi, la quadrupédie pratiquée par la plupart des autres mammifères résultait-elle d'un développement *ultérieur* au sein des lignées concernées !

La théorie de la *bipédie initiale* était née...

Pour le professeur Max Westenhöfer (1923), diverses caractéristiques chez l'homme (au niveau des reins, de la rate et de l'appendice) permettaient de rattacher notre espèce directement au *stade aquatique antérieur*, qu'il appelait le " *Lurchreptil* ". Ce reptile/amphibien semi-érigé constituait à ses yeux le *vertébré ancestral* par excellence, à l'origine du phylum tout entier !

Le paléontologue allemand E. Dacqué parvenait en 1924 à des conclusions assez semblables, puisqu'il faisait remonter la formation de l'homme au stade amphibien original. Mais, très classiquement, Edgar Dacqué faisait parcourir à l'homme tous les stades simiens : c'est seulement après s'être " débarrassé " des attributs du singe qu'il apparaissait en tant qu'*Homo sapiens*... Cette opinion fut combattue par Max Westenhöfer qui, comme nous l'avons vu, préconisait une parenté ancienne de l'homme et du singe, mais sans compromission entre les deux branches.

Quant à H. Poppelbaum (1928), issu de l'école anthroposophique de Rudolf Steiner, il pensait que la tête et le cerveau de tous les animaux supérieurs avaient *à l'origine* des proportions humaines, qu'ils n'avaient pu (ou su) garder. En revanche, l'homme de type moderne avait bien conservé l'*ensemble de ces caractères archaïques*.

Le paléontologue américain H. F. Osborn (1927) disait des conceptions de Darwin et de Haeckel au sujet de l'origine simienne de l'homme, qu'elles étaient fausses et mensongères... Osborn faisait provenir hommes et singes des mêmes primates anthropomorphes qu'il datait *du début de l'ère Tertiaire*. L'homme " en tant que tel " était présent dès l'Oligocène...

Quant au paléontologue britannique F. Wood Jones (1929), il pensait de son côté que les premiers mammifères avaient eu une attitude plus ou moins érigée. Cette possibilité leur était donnée par le fait qu'ils avaient tous *un pied plantigrade* à 5 orteils *originel,* ainsi qu'une structure du bassin *de type humain*.

Le professeur hollandais d'obstétrique, K. de Snoo (1937) concluait également, à partir d'observations faites dans sa pratique quotidienne, que les précurseurs de la lignée humaine devaient se tenir — et marcher — debout. Il remarquait aussi que les singes avaient été antérieurement *bipèdes*, avant de se suspendre dans les arbres. Pour Klaas de Snoo (1942), la façon d'accoucher de la femme — et la structure de son bassin — étaient prévues pour des nouveau-nés *au gros cerveau* originel. *Homo sapiens* n'avait ainsi pu se développer qu'à partir d'ancêtres présentant les mêmes caractéristiques !

Tout d'abord indépendamment de Westenhöfer, puis en parfaite convergence avec lui, le mammalogiste belge d'origine russe S. Frechkop (1936, 1937) devint vite un inconditionnel du *bipédisme initial*. Il était convaincu que le pied humain de type plantigrade n'était *jamais* passé par le stade d'un pied de singe. Frechkop, au terme d'une longue série d'études portant sur l'anatomie et l'embryologie des Mammifères, vint ainsi à réfuter toute idée d'une ascendance simienne de l'homme.

À partir des années 1950, le zoologiste franco-belge Bernard Heuvelmans (1916-2001) poursuivit les travaux de son maître Serge Frechkop à Bruxelles, dans maints articles (1954a, 1954b, 1955, 1966, 1974) et allusions à la théorie de la *bipédie initiale*. Pour Heuvelmans, les mammifères quadrupèdes (ou aquatiques) étaient *issus de bipèdes* qui avaient perdu leur aptitude locomotrice au cours de l'évolution.

L'homme actuel s'est jadis développé directement à partir du bipède d'origine. Le chimpanzé, en revanche, est l'exemple vivant d'une évolution qui vient de se faire vers l'arboricolisme et la quadrupédie au sol (*knuckle-walking*) !

En règle générale, les lignées animales se forment par *déshominisation* (= éloignement progressif par rapport aux traits qui caractérisent l'*Homo sapiens*). Tous les êtres atteints de *déshominisation*, non seulement cessent d'agir comme des hommes, mais ressemblent de plus en plus à l'image qu'on se fait de la Bête (Heuvelmans 1974, p. 450) : " *le front devient plus fuyant, les mâchoires se développent, l'appareil masticatoire plus puissant entraîne une amplification des crêtes osseuses du crâne auxquelles s'accrochent les muscles intéressés ; la silhouette toute entière se modifie, la tête s'enfonce dans les épaules, l'attitude devient de plus en plus penchée en avant, elle tend vers l'horizontalité et la locomotion quadrupède...* "

Plus près de nous, la conception d'un bipédisme initial, notamment chez les Grands Singes, a été soutenue dans les années 1980 et 1990 par divers biologistes et paléontologues (Gribbin & Cherfas 1981, Sermonti 1988, Deloison 1999) ou discutée (Brown 1982, Goodman 1985, Stanyon *et al.* 1986, Stoczkowski 1995).

En rapport avec mes idées personnelles sur l'histoire évolutive des Vertébrés, j'en suis vite venu à partager les conceptions de mon ami zoologiste Bernard Heuvelmans sur un bipédisme originel (Sarre 1988, 1989a, 1989b, 1989c). Par la suite, j'ai développé une théorie particulière sur l'origine *aquatique* de la lignée humaine (Sarre 1992a, 1992b, 1998, 2000) en me référant aux travaux de Max Westenhöfer. Chronologiquement, j'étais convaincu que cet épisode évolutif ancien devait se situer *avant* la radiation des groupes (actuels et fossiles) de Vertébrés...

B) Refus d'une ascendance simienne

La théorie de la *bipédie initiale* tente de reconstituer l'histoire évolutive de l'homme.

La vraie... non pas celle qui a la faveur presque unanime des anthropologues (et des médias !).

Ceux-ci jurent sur la théorie de la " savane africaine ", mieux connue en France sous sa version réactualisée de l' " *East Side Story* " du professeur Y. Coppens. L'homme serait né d'un groupe de singes égarés dans la savane africaine, voici 6 à 8 millions d'années. Ce dernier chiffre varie d'ailleurs selon les aléas des découvertes de " préhumains " en Afrique...

La théorie de la *bipédie initiale*, quant à elle, ne repose pas sur des spéculations de fossiles, mais sur une constatation fort simple : la marche debout (*bipédie orthograde*) et le développement du gros cerveau sont indissociables et vont de pair.

Ces dispositions anatomiques sont anciennes (*plésiomorphes*, diront les zoologues) et intrinsèquement liées. Et surtout : elles sont bien antérieures à l'avènement des singes au Tertiaire !

Les découvertes de fossiles, parlons-en, *ne font guère que simuler* une descendance à partir de formes simiennes. Effectivement, il suffit de replacer quelques crânes (ou des *reconstitutions* colorées pour les journalistes...) dans l'ordre souhaité. L'effet est saisissant ! Rappelons-nous la fameuse série de *Time-Life*, reproduite un peu partout dans le monde...

En effet, comme nous sommes tous pétris de darwinisme, nous admettons spontanément :

1) que les êtres vivants forment une chaîne graduelle allant des formes simples (à nos yeux !) aux formes les plus compliquées ;
2) que l'homme se situe bien évidemment au plus haut degré ;
3) que les singes qui ressemblent tant à l'homme doivent occuper dans la hiérarchie la place *juste en dessous*.

Ainsi formulé, nous descendons du singe...

Mais en cherchant bien, il n'y a rien dans le développement ontogénique de l'homme (*formation in utero* de la main, du crâne, du pied, etc.) qui vienne soutenir l'idée d'une ascendance simienne. Au contraire, les autres primates semblent dans le passé s'être séparés du tronc commun (humain) *avant* de développer les caractères spécifiques propres à leurs lignées ! En quelque sorte, on peut dire que *c'est le singe qui descend de l'homme !*

La solution au problème passe par une autre constatation : ce que nous appelons le *morphotype* humain [c'est-à-dire notre aspect général...] n'est pas le point final de l'évolution, *mais ne représente qu' une étape !*

Au fil du temps géologique, les lignées animales les plus diverses *ont ainsi pu se développer* à partir du morphotype humain... Cela s'est produit très récemment avec les australopithèques et les chimpanzés, nous l'évoquions plus haut.

Ce qui n'a pas empêché l'*Homo sapiens* de coloniser (à bon ou mauvais escient) l'ensemble de la planète !

C) Quelques données d'anatomie comparée

Observons justement des profils de chimpanzés **(fig. 1)**. On peut remarquer que le singe nouveau-né possède un profil *encore très humain* (Naef 1926, Westenhöfer 1935, Frechkop 1949, Heuvelmans 1954 b, Sarre 1994b).

La tête d'un jeune chimpanzé ressemble encore beaucoup à celle d'un homme; plus le chimpanzé grandit, et

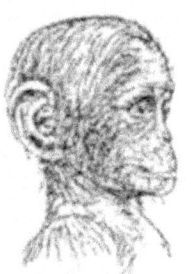

Fig. 1 — *à gauche, jeune, à droite, chimpanzé adulte.* [d'après Naef 1926 et Westenhöfer 1948]

plus son aspect s'éloigne de celui d'un homme, à cause notamment de la formation du museau.

Ce n'est qu'au cours du développement individuel (ou *ontogenèse*) que se précisent les modifications du profil, au plus tard lors du changement de denture et de la croissance des dents définitives. Celles-ci ne sont pas insérées verticalement (comme chez l'homme adulte), mais *obliquement*. C'est ainsi que se forme le *museau* animal.

La comparaison des fœtus d'un macaque et d'un homme montre aussi leur grande ressemblance **(fig. 2)**. La grosse tête des deux primates apparaît comme la préservation d'un caractère ancien, déjà présent sous cette forme dans le phylum !

Le primatologue américain A. H. Schultz (1926) fit en ce sens de remarquables études. Son attention se porta sur la comparaison des rapports de proportion entre la tête, le tronc et les membres **(fig. 3)** au cours de l'ontogenèse, c'est-à-dire, dans le cas présent, *depuis le stade de fœtus jusqu'à l'adulte*, chez l'homme et les grands singes.

Comme l'avait fait remarquer Westenhöfer (1953), cette illustration suffit *à elle seule* déjà à nous faire oublier tout idée d'une " ascendance simienne " de l'homme. Le professeur berlinois ajoutait : " Les proportions *originelles* de croissance sont conservées intactes chez l'homme, alors que chez les Grands Singes elles ont été progressivement modifiées par le mode de vie arboricole et l'habitude de se suspendre dans les

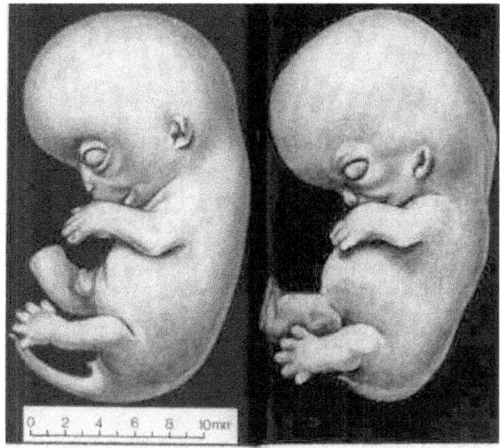

Fig. 2 — Fœtus de *Macaca* (à gauche) après 44 jours de gestation, et d'homme (à droite), après 49 jours.
[d'après SCHULTZ 1969]

branchages ".

A une époque récente, d'autres chercheurs ont envisagé (Heuvelmans 1966, King & Wilson 1975, Gribbin & Cherfas 1981, Brown *et al.* 1982, Goodman 1985, Langaney 1985, Stanyon *et al.* 1986, Sermonti 1988, Sarre 1988, Gee 1995, Stoczkowski 1995, Deloison 1999) que notamment le Chimpanzé eut pu évoluer à partir de *bipèdes* plus anciens. On pense à une parenté avec le fossile *Ardipithecus ramidus* dont on vient de retrouver des restes vieux de 5,2 millions d'années, en Ethiopie.

D) LES HOMMES FOSSILES

Nous savons maintenant d'où était venue l'idée d'octroyer une ascendance simienne à l'homme... Ce furent conjointement la publication du grand ouvrage de Darwin (1859) sur *L'Origine des espèces* et la découverte de l'homme de Néanderthal en 1856.

Selon Johann Fuhlrott, celui-ci avait conservé des traits *simiens*, thèse à laquelle Thomas Huxley, un proche de Darwin, s'était aussitôt rallié... Le mythe de " *l'homme qui descend du singe* " venait de naître, avec en plus sa caution (" preuve ") scientifique !

Lamarck avait été l'auteur auparavant de la célèbre assertion selon laquelle certains " *singes avaient pu se redresser pour mieux voir par-dessus les herbes hautes de la savane* ".

Nous le savons maintenant, Néanderthal n'a rien à voir avec notre ascendance, ni avec le singe : c'était un homme spécialisé du Pléistocène moyen, issu de l'*Homo sapiens*.

MAIS LE MAL ÉTAIT FAIT...

En 1894, le médecin militaire Eugène Dubois découvrit à Java les restes du " chaînon manquant " qu'avait imaginé Haeckel en 1874. Il lui donna

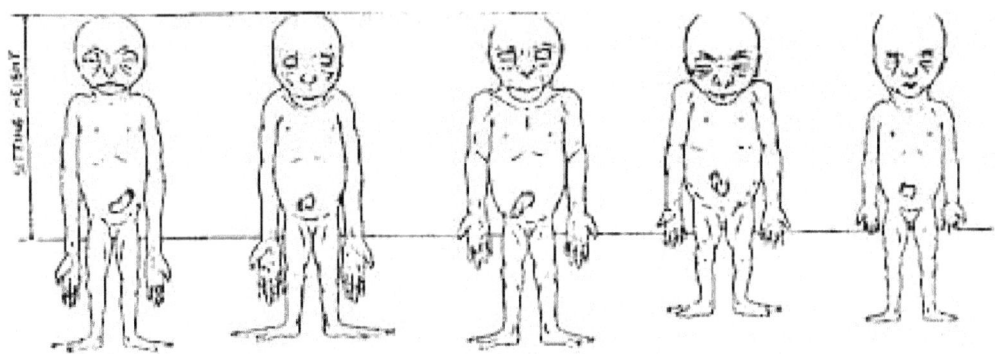

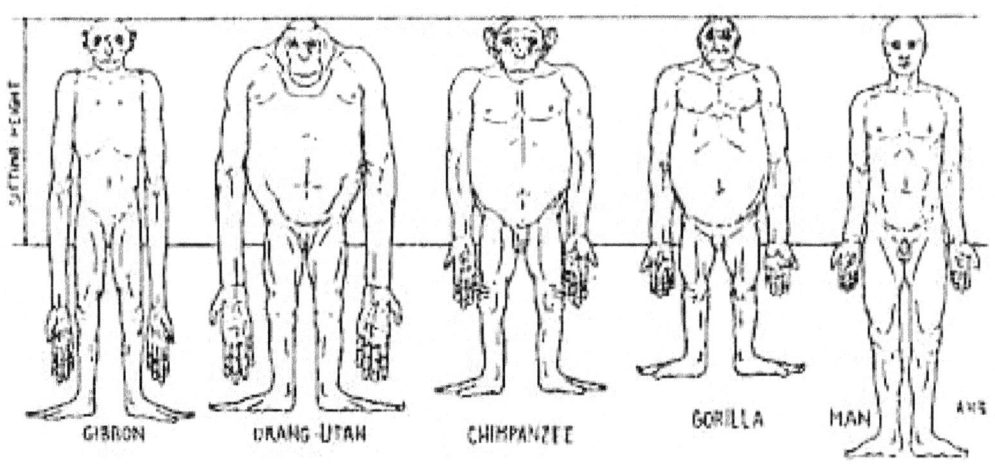

Fig. 3 - Schéma des proportions corporelles chez l'homme et les grands singes
en haut : chez le fœtus   *en bas* : à l'âge adulte
[d'après SCHULTZ 1926]

d'ailleurs le même nom scientifique : *Pithecanthropus*.

Puis on exhuma en Afrique du Sud ce qui semblait être un véritable homme-singe, c'est-à-dire le primate intermédiaire entre le singe et l'homme (1925, description du premier crâne d'australopithèque par le professeur Raymond Dart).

Les travaux d'Yvette Deloison (1999) ont remis les pendules à l'heure. Australopithèques et ardipithèques nous apparaissent désormais comme des primates issus de bipèdes plus anciens (et meilleurs bipèdes...) qu'eux.

Un *groupement d'étude de la bipédie originelle* s'est d'ailleurs formé sous l'égide d'Y. Deloison, au sein de la Société de Biométrie Humaine à Paris.

Face à cette initiative, les partisans du " modèle simien " n'ont bien sûr pas désarmé, aidés en cela par les médias qui n'ont cesse de répercuter la sempiternelle histoire de l'australopithèque qui s'est mis debout un jour dans la savane, — et par l'école/université peu encline à mettre ses tablettes à jour...

Bien sûr, l'on admet que l'*homme ne descend pas du singe* [sous-entendu, l'un des anthropoïdes actuels], mais la " mise en scène " classique des musées fait que l'on a l'habitude de voir dans les vitrines, des crânes de singes à queue, de singes sans queue, d'australopithèques, d'hommes fossiles et modernes, *placés à la queue leu leu*, afin de simuler l'évolution du singe vers l'homme !

Il y a eu, évidemment, toutes ces découvertes fameuses d'hominidés fossiles (*Lucy*, etc), encore tout récemment au Kenya et en Ethiopie. Ces *Ardipithecus*, *Orrorin* et *Australopithecus* ont jadis habité ce qui est aujourd'hui la " Rift Valley " en Afrique orientale [ou bien leurs ossements ont été charriés jusque là par les flots... avant d'être enterrés sous des mètres de sédiments !].

Nous savons que des bipèdes de type *Homo erectus* étaient aussi présents, un peu partout dans le monde. Cela prouve la grande variabilité et la grande viabilité des formes au sein de la famille des *Hominidés* (dans laquelle on peut inclure, comme le font désormais beaucoup de primatologues, les *ex*-pongidés, c'est-à-dire les Grands Singes).

Certes, on ne connaît pas de restes d'*Homo sapiens* du Tertiaire qui fussent reconnus par la science " officielle " [cf. cependant Cremo & Thomson 1993].

Il faudrait, techniquement, pouvoir fouiller aux bons emplacements (par exemple, sous le plateau continental inondé)... et non pas toujours aux mêmes endroits en Afrique, dans ces *zones à australopithèques*, où les anthropologues pensent déterrer nos ancêtres ! Ou plutôt trouver les crédits pour financer leurs futures expéditions...

En tout cas, il est navrant de constater à quel point les spécialistes de l'évolution de l'homme se sont fourvoyés dans cette " idée " de vouloir nous faire descendre des primates non-humains du Tertiaire, ceux-là mêmes que le hasard des fouilles exhume...

Bien sûr, toutes ces formes ont jadis existé et prospéré. Certaines, comme l'*Homo erectus*, ont vécu jusqu'à une époque très récente. Peut-être même survivent-elles en quelques endroits ? Ces hominiens témoignent des adaptations possibles du morphotype humain.

Une étude très récente (DEAN *et al.* 2001) a d'ailleurs révélé que le développement d'*Homo erectus* **se rapprochait plus de celui du grand singe** que de celui de l'homme moderne... En analysant des dents d'*Homo erectus*, les chercheurs ont en effet constaté que le développement de celui-ci ne passait pas par l'adolescence. *Exit* donc cette phase importante durant laquelle le pré-humain était supposé faire l'apprentissage de sa dure vie d'adulte !

Cela conforte l'auteur de ces lignes dans sa conviction que le pithécanthrope était une sorte **d'homme spécialisé**, sans doute dans un habitat semi-aquatique (mangroves, lacs, bord de mer), ce qui explique sa constitution *lourde et massive*.

D'autres traits anatomiques, comme les fortes mâchoires, les arcades sourcilières proéminentes, l'allongement antério-postérieur du crâne, proviendraient de ce mode de vie et des habitudes alimentaires (régime à base de coquillages, de crustacés et d'algues). Le phénomène *déshominisant* évoqué plus haut, tendrait une fois engagé comme chez les Grands Singes, à accélérer les phases de croissance (*ontogénie*). Il tendrait à raccourcir non seulement le développement embryonnaire (quand les neurones se multiplient dans le cerveau), mais aussi à réduire une phase de maturité comme celle de l'*adolescence*.

Bien sûr, dans le cas du pithécanthrope ou du chimpanzé, il s'agirait d'une *convergence* [évolution vers des formes ou des dispositions similaires], leur seule parenté étant l'enracinement dans la souche *Homo sapiens* commune...

Il faut savoir partir de l'évidence que la forme humaine actuelle *n'est pas un aboutissement*, mais qu'on peut la trouver au point de départ de lignées du monde animal !

L'homme est un processus évolutif en cours, écrivait aussi Anne Dambricourt (2000).

La **fig. 4** reprend, à gauche, le modèle " classique " et *linéaire* de l'évolution de l'homme à partir d'un pré-australopithèque arboricole, tandis que sur la droite on peut découvrir un arbre buissonnant, dont le tenant et l'aboutissement sont l'*homme de type moderne*. De part et d'autre du tronc principal se développent de nombreux rameaux latéraux. Les primates concernés sont irrémédiablement engagés dans un processus de *déshominisation*: ils continuent à s'éloigner du type humain dit " moderne ".

Ce sont ces formes-là que les paléontologues déterrent, et essayent de mettre bout à bout pour retracer l'évolution montante vers l'homme... La période concernée est le Plio-Pléistocène, débutant voici 6 millions d'années (selon la chronologie admise habituellement par les géologues).

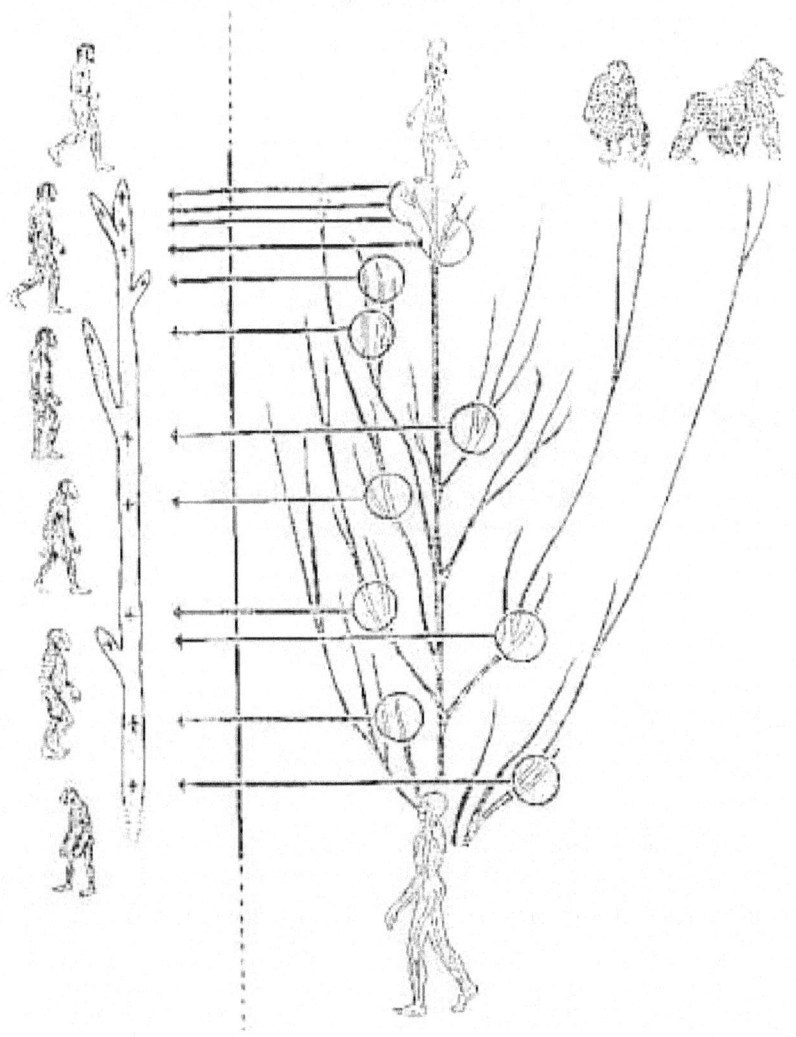

Fig. 4 - *Arbre phylogénétique de l'homme*
à gauche : représentation «classique"
à droite : conception de l'auteur d'un arbre généalogique buissonnant :

L'homme de type moderne reste inchangé durant le Plio-Pléistocène, tandis que se développent latéralement des formes *déshominisées*, qui conduisent entre autres vers les ardipithèques, australopithèques et grands singes africains.

Les flèches de droite à gauche permettent de passer d'un modèle à l'autre.

[de SARRE, 1994a]

Le lecteur attentif aura remarqué que je n'ai pas parlé, jusqu'à présent, des fossiles de type " *Homo* " *habilis* ou *rudolfensis*, présentés par certains sous l'étiquette de " premiers hommes ". Surtout dans le cadre d'émissions de télévision destinées au grand public...

En fait, à part leurs découvreurs (ou plutôt, leurs *inventeurs*, selon la terminologie en usage), les savants restent assez discrets sur leur sujet, car évidemment on peut également faire d'eux des australopithèques graciles... D'ailleurs le paléontologue britannique Bernard Wood a l'air maintenant bien décidé d'évincer tout ce petit monde fossile de l'ascendance humaine (Wood & Collard 1999) !

J'irai même plus loin en dépossédant les *H. erectus* de l'étiquette " *Homo* ", et en faisant de même pour les néandertaliens... [j'ai déjà proposé pour ces derniers le nom de genre *Hyperanthropus*, c'est-à-dire : " au-delà de l'homme ", faisant allusion au phénomène évolutif de *déshominisation*].

Le genre *Homo*, historiquement, a été forgé en 1758 par le savant suédois Carl von Linné, en même temps qu'il définissait l'espèce *Homo sapiens*.

Il est clair, d'un point de vue zoologique, que le genre *Homo* ne peut s'appliquer qu'à nous-mêmes *ou à nos ascendants directs* " à tête ronde ".

Les caractères principaux (diagnose) du genre *Homo* peuvent être définis de la façon suivante :
 - Station debout parfaite, locomotion bipède permanente, gros cerveau.
 - Main pentadactyle à pouce opposable, pied plantigrade.
 - *Crâne rond*, front haut, menton saillant, mâchoires en demi arc de cercle.
 - Utilisation d'un langage articulé, position basse du larynx, pensée réfléchie.

E) Embryogenèse et station debout

Quand au début du XIXe siècle le naturaliste russe Karl-Ernst von Baer entreprit l'étude d'embryons de vertébrés, dans des bocaux mal étiquetés, il fut déconcerté parce qu'il ne parvenait pas toujours à identifier les animaux conservés. Surtout quand il s'agissait de stades précoces : l'embryon de chien ou d'homme ressemblait alors trop à ceux des reptiles, oiseaux ou amphibiens...

L'anatomiste français Antoine Serres signala en 1824 les ressemblances successives de l'embryon humain avec les poissons, reptiles et ce qu'il appelait les mammifères " inférieurs ". Ainsi, les embryons se ressemblaient et paraissaient reproduire la *série animale*, en raccourci.

En 1866, le zoologiste allemand Ernst Haeckel formula sa *loi biogénétique fondamentale*. L'histoire de l'espèce (*phylogenèse*) était récapitulée durant le développement individuel (*ontogenèse*). En fidèle partisan de Darwin, Haeckel partait évidemment du principe qu'on avait été petit poisson, puis amphibien, reptile et mammifère

" inférieur ", avant de devenir mammifère " supérieur ", puis homme...

Certes, dans les stades précoces de leur développement, tous les embryons de vertébrés se ressemblent (cf. **fig. 5**). Ils sont unis par la " grosse tête "... On peut aussi voir ce qui ressemble à des branchies et à des palettes natatoires. L'indication d'un stade *aquatique* dans leur phylogenèse se précise !

Mais l'interprétation habituelle est de penser que le groupe des vertébrés est passé " par la classe des Poissons " (puis par celle des Amphibiens, etc) au cours de l'évolution paléontologique des espèces.

Cette assertion est tout à fait gratuite. Un embryon humain ne ressemble pas du tout à un poisson (qui est un vertébré spécialisé dans la nage rapide en eau libre). En revanche, l'embryon humain pourrait fort bien ressembler au *véritable prototype* des Vertébrés, l'ancêtre aquatique de tout le groupe ! Nous développerons un peu plus loin cette hypothèse de l'*homoncule marin*.

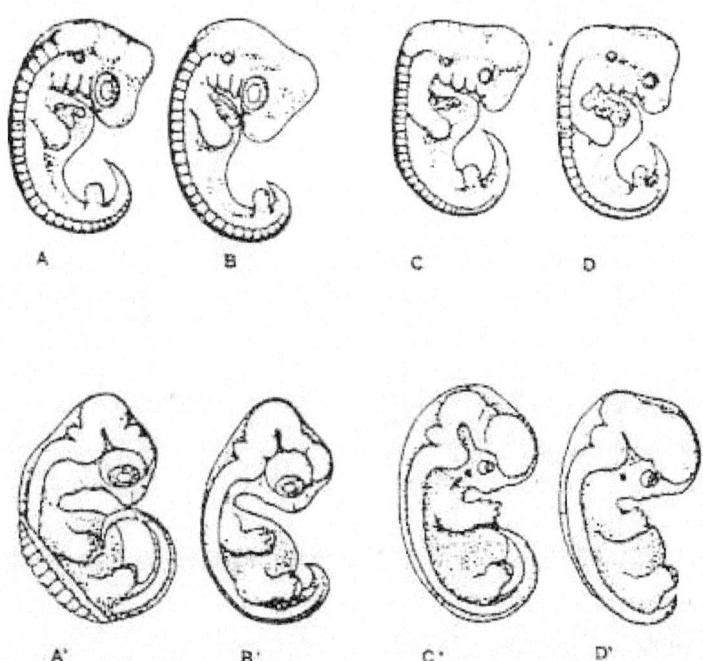

Fig. 5 — *Développement embryonnaire de 4 Vertébrés*
de *gauche* à *droite*: embryon humain, âgé de 4 (*en haut*) et 8 semaines (*en bas*)
embryon de chien, 4 et 6 semaines
embryon de poulet, 4 et 8 jours
embryon de tortue, 4 et 6 semaines

[d'après HAECKEL 1868]

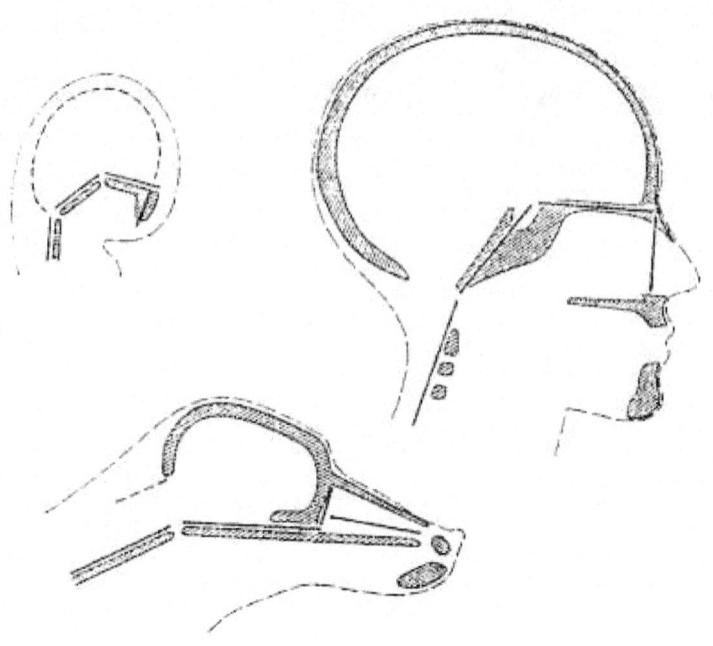

Fig. 6 — *Flexion de la base du crâne*

en haut et à gauche : flexion de la base du crâne valable pour
tous les embryons de mammifères (état primitif)
en haut et à droite: flexion de la base du crâne humain adulte
en bas : horizontalité de la base du crâne chez le chien.
[d'après BOLK 1926]

Un autre aspect intéressant chez l'embryon fut mis en évidence par le biologiste hollandais Louis Bolk (1926). Quand nous examinons la coupe médiane d'une ébauche de crâne [**fig. 6**], nous constatons que la *base du crâne* (c'est le plancher sur lequel repose le cerveau) *forme un angle de 120°*.

Cet angle persiste chez l'homme adulte. Mais chez un quadrupède comme le chien, la base du crâne devient *horizontale* : elle forme un *angle plat*.

Le redressement du plancher crânien permet à l'animal quadrupède de *voir droit en face de lui*. S'il avait conservé la disposition originelle (*fléchie*), il aurait dû marcher les yeux rivés au sol !

Chez l'homme, on peut dire de façon imagée que le poids du cerveau " verrouille " la base du crâne (où s'insère la colonne vertébrale) dans la position fléchie. *C'est parce que nous avons un gros cerveau que nous marchons debout !*

Et non point l'inverse. Ce n'est pas parce que nos ancêtres se sont redressés que le cerveau de l'homme s'est mis un jour à gonfler...

On peut donc dire que *l'homme est né debout !*

F) LES PREMIERS VERTÉBRÉS

Revenons à notre hypothèse de départ. A la différence des thèses classiques qui prennent au pied de la lettre l'évolution paléontologique *suggérée par les fossiles*, la question du premier vertébré se pose plutôt à nous à partir des constatations faites sur l'*embryon de vertébré*.

Nous considérons que la forme du crâne originelle a été *ronde*. Or une telle figuration ne peut avoir été acquise que *dans l'eau*. Ce premier vertébré à tête ronde a donc été aquatique !

Les paléontologues insinueront bien sûr que l'on n'a pas retrouvé de fossiles d'un tel être. Mais je peux leur renvoyer la balle, car selon leurs propres termes : " le peu que nous connaissons des ancêtres des vertébrés peut être considéré comme une *preuve par induction...* ".

En effet, les théoriciens de l'évolution ne raisonnent pas ici sur des fossiles, mais extrapolent à partir de représentants de la faune actuelle, comme l'*Amphioxus*, semblable à un poisson de 7 cm de longueur, mais sans crâne et pratiquement sans cerveau. Selon eux, celui-ci *pourrait* présenter la même structure anatomique que l'animalcule ancêtre des vertébrés... *Amphioxus* est resté dans sa voie de garage, car il n'a fait aucun progrès depuis quelque 500 millions d'années... Mais d'autres que lui " ont su se transformer en poissons " ! C'est du moins la version des paléontologues.

L'échelon suivant dans le développement des vertébrés aurait été alors le stade des poissons à nageoire lobées (Crossoptérygiens). Cette nageoire (essentielle pour un poisson destiné à évoluer en animal terrestre !) aurait donné naissance au *membre marcheur*. Viennent ensuite les premiers amphibies du Dévonien. Nous connaissons tous cette histoire... ou plutôt *cette fable...* du poisson qui s'extrait hors de l'eau !

La théorie de la *bipédie initiale* dans ses premières formulations (Westenhöfer, Frechkop, Heuvelmans) reprenait jusqu'ici le récit évolutif. Puis des divergences se faisaient jour : pour ces chercheurs, les premiers bipèdes étaient des amphibies à gros cerveau *et à station semi-érigée* ; leur évolution allait pouvoir se poursuivre *directement vers le mammifère bipède*, laissant les reptiles sur le bas-côté de la route.

Personnellement, en tant qu'ichtyologiste, je n'arrivais pas à " gober " l'histoire du poisson marcheur, qui se campait sur ses frêles nageoires paires pour coloniser le sec. Je n'étais certes pas le seul zoologue à remettre en question l'histoire ancienne des tétrapodes (Bonik 1978), ou carrément celle des premiers animaux (Gutmann & Bonik 1981, Grasshoff 1993).

Dans mon hypothèse, je plaçai [**fig. 7**] au tout début de l'évolution des vertébrés un *homoncule marin* (Sarre 1988, 1989a & b, 1998, 2000). Le gros cerveau dans un crâne ossifié s'était développé à partir du flotteur sphérique d'une créature pélagique (Sarre 1992). En s'approchant des rivages, l'homoncule présentait déjà toutes les caractéristiques suivantes :

- gros cerveau, endothermie (sang chaud), respiration pulmonée, viviparité ;
- pelage isolant, glandes sudoripares, sébacées et mammaires ;
- *position orthograde dès la sortie de l'océan* (du fait de la contrainte des structures organiques : gros cerveau, colonne vertébrale, bassin et membres) ;
- bipédie naturelle, plan des yeux perpendiculaire à l'axe du corps en position debout ou assise ;
- main pentadactyle, pied à cinq orteils ;
- régime omnivore.

Tous ces traits structuraux étaient acquis pendant la phase aquatique. Mais c'est surtout la *viviparité* de l'homoncule qui allait se révéler comme atout majeur dans la progression en milieu terrestre. Ainsi, durant la longue gestation, l'enfant était transporté par son géniteur comme dans une sorte d'*aquarium portatif*... Cette formule présentait beaucoup moins de risques pour le développement du fragile cerveau. En outre, elle permettait une excellente transition entre vie aquatique et vie terrestre !

Le gros cerveau était important à bien des égards. Nous avons vu qu'il était garant de la bipédie originelle. Evidemment, nous pensons aussi à l'*intelligence*...

Une autre théorie développée en 1960 par le biologiste marin Sir A. Hardy (sans doute inspiré par des textes de Max Westenhöfer) met en scène un *singe aquatique*. C'était l'époque (années 1950 et 1960) où il y avait encore un grand "gap" dans la lecture des archives paléontologiques, entre le Ramapithèque et l'Australopithèque. Pendant ce temps de quelques millions d'années, Sir Hardy mettait un singe parent de *Ramapithecus* en bord de mer, voire carrément dans l'océan. C'est là qu'il se serait développé en australopithèque, puis en homme... La théorie, reprise en 1982 et popularisée par E. Morgan, développe des arguments en accord avec ceux de la *bipédie initiale*. Un stade aquatique aurait joué un rôle déterminant dans l'aboutissement de l'homme !

C'est foncièrement exact, mais il y a un problème de chronologie... Et puis finalement, la théorie de l'*aquatic ape* ne se démarque guère du point de vue "classique" d'une évolution de l'homme à partir du singe !

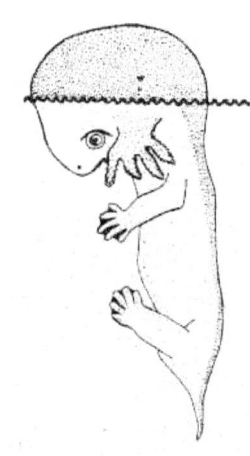

Fig. 7 — *Reconstitution de l'homoncule marin*

G) Discussion : doit-on réécrire l'histoire de l'Humanité ?

Pour la plupart de nos contemporains, nous sommes le résultat d'une évolution qui a mené, au cours de centaines de millions d'années, des formes archaïques simples de type "poisson" vers les primates bipèdes.

L'homme lui-même est considéré comme une espèce *jeune*, comme cela s'impose pour le "summum" de l'évolution... On parle de 2 millions d'années pour les représentants du genre *Homo*, mais l'homme moderne [c'est-à-dire *nous*] n'aurait guère plus de 100.000 ans.

Je ne reviendrai pas ici sur les "convictions" des anthropologues... Je noterai cependant qu'une plus grande divergence d'opinions (re)fait surface parmi les chercheurs concernés, ce qui est éminemment positif. Le *débat contradictoire* est une pièce maîtresse de l'édifice scientifique !

Concernant l'histoire de l'Humanité, la théorie de la *bipédie initiale* engage bien sûr à plus mûres réflexions.

Je remercie ici Jean-Luc Rivera de me donner l'occasion d'écrire dans sa *Gazette Fortéenne*. Dans le cadre de celle-ci, je peux développer librement ma pensée sans les restrictions d'usage imposées par la spécificité, ou bien la *scientificité*... [pardonnez ce néologisme !] du magazine pour lequel l'article est destiné.

Il faut s'imaginer une histoire de l'Humanité sensiblement différente de celle préconisée habituellement par les scientifiques, toutes disciplines confondues.

Tout d'abord, la *forme humaine* est ancienne. Nos ancêtres ne sont pas issus de quadrupèdes. Ce n'étaient pas non plus de "rustres" hominiens, comme le représente l'iconographie savante... C'était des hommes comme nous !

Ils ont vécu sur Terre avant les singes, avant même les grands groupes de vertébrés. Il n'est donc pas exclu que ces humains *primaires* — mais pas au sens de " primitifs " — aient développé une culture planétaire, voire une civilisation de haute technologie !

La première question qui fuse est de savoir *quand cet événement s'est produit...* ?

D'un point de vue zoologique, la réponse est aisée. Si le modèle de la *bipédie initiale* est le bon, les premiers bipèdes amphibies, puis terrestres, se sont développés au tout début de ce qu'on appelle l'*ère Primaire*.

Intelligents, parce que doués de la "grosse tête", ces humains anciens ont très bien pu expérimenter sur eux-mêmes — *provoquant* par là même les modifications anatomiques utiles à leur progression sur le sol. Je pense notamment au *pied*, organe de marche très élaboré, comprenant les 7 os du tarse, le métatarse, les orteils et la voûte plantaire. Ce type d'évolution *dirigée* me paraît ici plus plausible que l'évolution dite *naturelle*...

D'un point de vue géologique, on se heurte bien sûr à *l'échelle des temps*. L'apparition de l'homme daterait-elle de 500 millions d'années ? Sans vouloir trop ruer dans les brancards (je ne suis après tout "que" zoologiste, même si la paléontologie a compté au nombre de mes matières d'examen), je mettrai sérieusement en doute l'âge vénérable prêté au Paléozoïque... Il n'est de secret pour personne que les ères géologiques ont été "gonflées" au XIXe siècle, sous l'impulsion de Charles Lyell (au grand soulagement de Darwin) afin de permettre à l'évolution paléontologique de se dérouler *in fine*.

Lyell préconisait que les changements sur Terre étaient graduels, *uniformes*. Il s'opposait ainsi au catastrophisme, théorie géologique qui attribue à des cataclysmes les bouleversements de l'écorce terrestre. Cela change tout dans la durée des ères géologiques ! Le grand Cuvier ne me démentirait pas...

Près de 2 siècles plus tard, que faut-il penser de tout cela ?

Grâce aux observations des astronomes et aux calculs des astrophysiciens, nous savons maintenant que les impacts majeurs de corps célestes (astéroïdes, comètes) sont *plus fréquents* qu'on ne le pensait, et que la belle stabilité des planètes du Système Solaire n'est qu'*apparente*... En conséquence, il est impossible de prévoir à moyen et long terme les trajectoires de la plupart des objets qui croisent au dessus de nos têtes. De grandes catastrophes nous menacent. Au début du XIXe siècle, le paléontologue français Georges Cuvier donnait justement un rôle déterminant à cette notion de catastrophes dans l'histoire du vivant.

Cela nous oblige à repenser notre vision du monde : il nous faut désormais admettre que l'histoire de l'Humanité, depuis ses origines, a été un parcours d'obstacles plutôt qu'un long fleuve tranquille... Et la météorite qui a précipité la fin des dinosaures n'a été qu'une parmi bien d'autres !

Si l'on prend cette catastrophe en référence, pourquoi les dinosaures ont-ils alors disparu, *et pourquoi l'homme non ?* Mais la même question se pose aussi pour les oiseaux, crocodiles, tortues etc, qui vivaient à la fin du Cambrien... On peut penser que des "poches de survie" se sont constituées en différents points du globe. En l'occurrence, des zones relativement épargnées par le cataclysme et ses conséquences climatiques ultérieures.

L'homme a également pu chercher refuge à l'intérieur de la Terre, ou dans l'espace...

Nous prenons " le train en marche" : nous en savons très peu sur le chemin parcouru et sur les étapes franchies. *Pourquoi ne trouve-t-on pas trace des civilisations antérieures ?* Sans doute, parce que celles-ci ont été détruites par des cataclysmes d'envergure planétaire. Si des vestiges subsistent çà et là, ils sont quelque part au fond des océans, recouverts sous des mètres de sédiments.

Les récentes catastrophes du Quaternaire n'ont certes pas été aussi dévastatrices. Cro-Magnon s'est relevé en quelques milliers d'années. Nous pouvons encore admirer les magnifiques grottes ornées qu'il a léguées à la postérité. Mais le reste a été balayé par les flots.

Notre science actuelle n'est peut-être après tout qu'une belle construction intellectuelle... Le carbone 14 sert à cautionner une certaine histoire de notre passé (hommes des cavernes, Néolithique). Peut-on réellement se fier à ce mode de datation ? La concentration de radiocarbone dans l'atmosphère varie en fonction du flux de rayons cosmiques. Nous ne savons pas ce qui a pu survenir (impacts d'astéroïdes, perturbations solaires ou cosmiques) dans les derniers milliers ou dizaines de milliers d'années ! Tous les résultats que nous avons sont irrémédiablement tronqués [cela concerne *aussi* les autres méthodes de datation].

Et s'il ne fallait pas enlever plutôt un zéro (*voire plusieurs zéros...*) aux dates archéologiques ou paléontologiques communément admises ? Et si les sédiments des couches géologiques ne s'étaient pas déposés par lente accumulation, mais plutôt *par projection*s lors d'impacts d'astéroïdes ? Cela change tout quant à leur âge !

En Allemagne, le courant *récentiste* autour de Gunnar Heinsohn, Heribert Illig, Horst Friedrich et Eugen Gabowitsch, s'est remarquablement développé. Le lecteur intéressé peut se référer au dernier ouvrage paru (Zillmer 2001). En France, le professeur émérite de géologie Gérard Demarcq (1997) a été amené à formuler une très intéressante thèse sur l'existence d'une civilisation "paraterrestre", issue des *Homo sapiens* du Pléistocène moyen.

Ma réflexion de zoologiste va encore plus loin. Nous ne sommes pas en situation de bâtir une hypothèse générale adéquate sur la formation des espèces, *car nous raisonnons sur de vieux a priori*. Les scientifiques partent du principe que l'évolution s'est faite de façon quasi linéaire depuis les premières formes de vie jusqu'à l'homme. Le postulat qui se dégage est que nous sommes les premiers humains sur Terre à avoir développé une civilisation technologique. Nous nous trompons peut-être lourdement...

Quant aux théories évolutionnistes comme le néo-darwinisme, elles satisfont encore une majorité de savants... Et pourtant, l'analyse objective des faunes et flores contemporaines ou fossiles montre qu'il y a "autre chose" que les mutations aléatoires qui règle le développement des espèces. Nous parlions un peu plus haut d'évolution *dirigée*...

Quel est cet *organisateur*, sinon l'homme lui-même ?

H) Conclusion

L'idée d'une influence *spirituelle* dans l'évolution n'est pas neuve. J'emploie à dessein cette épithète qui regroupe à la fois les domaines de l'*intelligence* et de l'*esprit*. Le cerveau développé de l'homme et un facteur de régulation *cosmique*...

Jusqu'à présent, on raisonnait sur une évolution tronquée. Longues durées géologiques, *Homo sapiens* tardif (quelque secondes avant minuit...), séries des fossiles, mutations aléatoires et sélection naturelle omnipotente. La difficulté n'est pas de savoir s'il y a eu ou non évolution, mais d'en connaître les causes.

La théorie de la *bipédie initiale* permet d'appréhender d'autres possibilités. Elle redonne par ailleurs une dimension cosmique au *phénomène humain* !

Non seulement la vie a pu venir de l'espace (comme l'admet un nombre croissant d'exobiologistes), mais aussi certaines clés de l'évolution sont-elles à rechercher en dehors du "microcosme" terrestre... Un pas important dans la démarche scientifique consisterait déjà à entrevoir cette possible interaction (*échange de faunes ?*) entre les planètes telluriques dans le passé. Sans oublier le rôle joué par un peuple galactique, composé vraisemblablement d'humains de même origine que nous, dans l'évolution et *dans notre histoire*...

En conclusion, nous pouvons soumettre à discussion les points suivants:

- La vie s'est développée sur Terre, sans doute apportée depuis l'extérieur.
- Le développement du vivant n'est que très approximativement reproduit par les fossiles dont nous disposons. Ou bien, c'est leur interprétation qui fait défaut...
- L'homme est issu directement de formes aquatiques anciennes qui se sont développées, soit sur Terre au Paléozoïque, *soit sur une autre planète tellurique*.
- C'est probablement en expérimentant sur eux-mêmes que les premiers humains ont amélioré leur aptitude physique à vivre dans un habitat sec.
- Leur civilisation a été détruite par un grand cataclysme cosmique, mais des groupes d'hommes ont pu gagner l'espace ou de grands abris souterrains pour s'y réfugier.
- A la surface du globe, d'autres hommes ont survécu malgré les difficiles conditions d'existence, *mais au prix de leur identité*.
- Ces humains "féraux" mettent en général quelques milliers d'années à regagner un haut niveau de civilisation. *Le dernier épisode de ce type correspond au Paléolithique de nos anthropologues...*
- La notion d'*évolution dirigée* admet l'intervention humaine dans la floraison des espèces. Ainsi, l'homme du Tertiaire a-t-il modelé l'essentiel des formes de vie actuelles.
- La période *Quaternaire* marquée par des impacts de météorites et de comètes n'a duré en tout et pour tout que quelques dizaines de milliers d'années. Il y eut vraisemblablement plusieurs " retours en arrière " des hommes en surface, confrontés à de rudes conditions d'existence (*glaciations*, grandes inondations).

Quant à ceux qui préservèrent leur haute technicité, on les retrouve tout au long de notre histoire sous les traits de *visiteurs célestes*, plus récemment sous ceux d'*extraterrestres*. Le phénomène OVNI et beaucoup de manifestations fortéennes peuvent leur être imputés.

Le débat n'est pas clos...

BIBLIOGRAPHIE :

ALSBERG, M. (1902) : Die Abstammung des Menschen und die Bedingungen seiner Entwicklung. Kassel.

BÖKER, H. (1935) : Einführung in die vergleichend-biologische Anatomie der Wirbeltiere. Gustav Fischer-Verl., Jena.

BOLK, L. (1926) : Das Problem der Menschwerdung. Gustav Fischer-Verl., Jena.

BONIK, K. (1978) : Die Evolution der Tetrapoden als Problemlage. Zur Kritik an einem Modell. *Natur und Museum*, **108** : 133-136.

BROWN, W. M. *et al.* (1982) : Mitochondrial DNA Sequences of Primates : Tempo and Mode of Evolution. — *J. mol. Evol.*, **18** : 225-136.

CREMO, M. & R. THOMPSON (1993) : Forbidden Archeology. Bhaktivedanta Institute, San Diego.

DACQUE, E. (1924) : Urwelt, Sage und Menschheit. R. Oldenburg Verlag, München.

DAMBRICOURT, A. (2000) : La légende maudite du vingtième siècle — L'erreur darwinienne. Ed. La Nuée Bleue/DNA, Strasbourg.

DEAN, C. *et al.* (2001) : Growth processes in teeth distinguish modern humans from Homo erectus and earlier hominians. *Nature*, 414, 628-631, december 2001.

DELOISON, Y. (1999) : L'Homme ne descend pas d'un Primate arboricole ! Une évidence méconnue. *Biom. Hum. et Anthropol.*, **17** : 147-150, Paris.

DEMARCQ, G. (1997) : Les Paraterrestres. Ed. Ramuel, Villeselve.

FRECHKOP, S. (1936) : Le pied de l'Homme (*Essai anthropomorphique*). *Mém. Mus. Hist. Nat. Belg.*, **3** : 319-334, Bruxelles.

FRECHKOP, S. (1937) : N'y a-t-il que 2 phalanges dans le pouce et le gros orteil des Primates ? *Bull. Mus. Roy. Hist. Nat. Belg.*, **13** : 1-21.

FRECHKOP, S. (1949) : Le crâne de l'Homme en tant que crâne de Mammifère. *Bull. Mus. Roy. Hist. Nat. Belg.*, **25** : 1-12.

GAUDRY, A. (1878) : Les enchaînements du Monde animal. Ed. Savy, Paris.

GEE, H. (1995) : Uprooting the Human Family Tree. *Nature*, **373** : 15, London.

GOODMAN, M. (1985) : The impact of molecular Biology on the study of Human Origins. *in*: C. Peretto (editor) : *Homo*, Voyage to the Origins of Humanity, pp. 208-214, Venice.

GRASSHOFF, Manfred (1993) : Die Evolution der Tiere in neuer Darstellung. *Natur und Museum*, **123** : 204-215, Francfort/Main.

GRIBBIN J. & CHERFAS, J. (1981) : Descent of Man — or Ascent of Ape ? *New Scientist*, **91** : 592-595, London.

GUTMANN, W.F. (1987) : Organismus und Konstruktion. *Natur und Museum*, **117** : 165-172; 120: 288-298.

GUTMANN, W.F. & BONIK, K. (1981) : Kritische Evolutionstheorie. Ein Beitrag zur Überwindung altdarwinistischer Dogmen. Gerstenberg, Hildesheim.

HAECKEL, E. (1866) : Generelle Morphologie der Organismen. Berlin.

HAECKEL, E. (1874) : Histoire de la création des êtres organisés d'après les lois naturelles. Traduction de Ch. Letourneau. C. Reinwald et Cie, Paris.

HARDY, A. (1960) : Was Man more aquatic in the past ? *New Scientist*, **7** : 642-645, London.

HEUVELMANS, B. (1954a) : D'après les travaux les plus récents, ce n'est pas l'Homme qui descend du Singe, mais le Singe qui descendrait de l'Homme. *Sciences et Avenir*, **84** : 58-61, 96, Paris.

HEUVELMANS, B. (1954b) : L'Homme doit-il être considéré comme le moins spécialisé des Mammifères ? *Sciences et Avenir*, **85** : 132-136, 139.

HEUVELMANS, B. (1955) : Sur la Piste des Bêtes Ignorées - 2 Bd. Ed. Plon, Paris.

HEUVELMANS, B. (1965) : Le Grand Serpent-de-Mer. Le problème zoologique et sa solution. Ed. Plon, Paris.

HEUVELMANS, B. (1966) : Le Chimpanzé descend-il de l'Homme ? *Planète*, **31** : 87-97, Paris.

HEUVELMANS, B. (1974) : L'énigme de l'homme congelé, *in* : Heuvelmans, B. & Porchnev, B. : L'homme de Néanderthal est toujours vivant. Ed. Plon, Paris.

KING, M.C. & WILSON, A.C. (1975) : Evolution at two levels in Human and Chimpanzee. *Science*, **188** : 107-116.

KLAATSCH, H. (1903) : Entstehung und Entwicklung des Menschengeschlechts, Weltall und Menschheit. Berlin, Leipzig.

KOLLMANN, J. (1905) : Neue Gedanken über das alte Problem von der Abstammung des Menschen. *Globus*, **87** : 141-148.

LANGANEY, A. (1985) : Evolution humaine 1985. *Le Courrier du CNRS*, **59** : 39-41.

LINNAEUS, C. von (1758) : Systema Naturae. 10. Auflage. Holmiae, Salvius.

MORGAN, E. (1982) : The Aquatic Ape. Souvenir Press, London.

NAEF, A. (1926) : Über die Urform der Anthropomorphen und die Stammesgeschichte des Meschengeschlechts. *Die Naturwissenschaften*, **19** : 445-452.

OSBORN, H. F. (1927) : The Origin and Antiquity of Man : A Correction. *Science*, **65**.

POPPELBAUM, H. (1928) : Mensch und Tier. R. Geering-Verl., Basel.

RANKE, J. (1897) : Über die individuellen Variationen im Schädelbau des Menschen. *Korr.-Blatt d. deutsch. Ges. f. Anthr., Ethn. u. Urgsch.*, **28** : 134-146, München.

SARRE, F. de (1988) : Initial Bipedalism : an Inquiry into Zoological Evidence. *Bipedia*, **1** : 3-16, C.E.R.B.I., Nice.

SARRE, F. de (1989a) : La Théorie de la Bipédie Initiale (6 parties). *3° Millénaire*, **13** bis **18**, Paris.

SARRE, F. de (1989b) : Archaische Bipedie (4 parties). *Mysteria*, **71** bis **74**, Halver.

SARRE, F. de (1989c) : Des véritables Origines de l'Homme. 102 S. mit 40 Abb. C.E.R.B.I., Nice.

SARRE, F. de (1992a) : The *Marine Homonculus* hypothesis, an alternative paradigm for Human earliest Evolution. *Bipedia*, **9** : 13-16, C.E.R.B.I., Nice.

SARRE, F. de (1992b) : Kamen unsere Vorfahren aus dem Ozean ? *Efodon News*, **11**, Hohenspeissenberg.

SARRE, F. de (1993) : La Teoria del Bipedismo Inicial. *3er Milenio*, **7** : 33-45, Barcelona.

SARRE, F. de (1994a) : Was stimmt denn nicht mit den prähistorischen Menschen ? *Magazin f. Grenzwissenschaften*, **8** : 462-469, MG-Verlag, Plaidt.

SARRE, F. de (1994b) : The Theory of Initial Bipedalism on the question of Human Origins. La Teoria del Bipedalismo Iniziale ; il problema dell'origine umana. *Biology Forum, Rivista di Biologia*, **87** : 237-258, Perugia.

SARRE, F. de (1998) : Waren amphibische Hominiden die ersten Wirbeltiere, die je das Land betreten haben ? *Omicron*, **5** : 7-13, Fuldatal.

SARRE, F. de (2000) : Reconstructing the Archetype : *Initial Bipedalism* as a realist model for Vertebrate Evolution. *Bipedia*, **18** : 1-11, C.E.R.B.I., Nice.

SCHULTZ, A. H. (1926) : Fetal Growth of Man and other Primates. *Quart. Rev. of Biol.*

SCHULTZ, A. H. (1969) : The Life of

Primates. Weidenfeld & Nicolson, London.

SCHWALBE, K. (1906) : Zur Frage der Abstammung des Menschen. *Zeitschr. f. morph. Anatom.*, Sonderheft.

SERMONTI, G. (1988) : Dopo l'Uomo la Scimmia. *Abstracta*, **3** : 74-81, Roma.

SNELL, K. (1863) : Die Schöpfung des Menschen. Leipzig.

SNOO, K. de (1937) : Der Ursprung der Säugetiere und die Menschwerdung. *Zeitschr. f. Rassenk.*, **5** : 42-69, Stuttgart.

SNOO. K. de (1942) : Das Problem der Menschwerdung im Lichte der vergleichenden Geburtshilfe. Gustav Fischer-Verl., Jena.

STANYON, R. *et al.* (1986) : The Phylogenetic and Taxonomic Status of *Pan paniscus*. A chromosomal perspective.*Amer. J. phys. anthrop.*, **69** : 489-498.

STOCZKOWSKI, W. (1995) : Le bipède et sa science. *Gradhiva*, **17**: 16-43.

STRATZ, C.H. (1904) : Naturgeschichte des Menschen. Stuttgart.

WESTENHÖFER, M. (1924) : Das menschliche Kinn, seine Entstehung und anthropologische Bedeutung. *Arch. f. Frauenk. u. Konstitutionsforsch.*, Bd. **4**.

WESTENHÖFER, M. (1926a) : Der Mensch, das älteste Säugetier. Tagung der deutschen anthrop. Gesellschaft in Salzburg. *Sitzungsber. d. anthrop. Ges. in Wien.*

WESTENHÖFER, M. (1926b) : Vergleichend-morphologische Betrachtungen über die Entstehung der Ferse und des Sprunggelenks der Landwirbeltiere mit besonderer Beziehung auf den Menschen. *Archiv f. Frauenk. u. Konstitutionsforsch.*, **12** : 1-48, Leipzig.

WESTENHÖFER, M. (1935) : Das Problem der Menschwerdung. Nornen Verl., Berlin.

WESTENHÖFER, M. (1948) : Die Grundlagen meiner Theorie vom Eigenweg des Menschen. Carl Winter Univ.-Verl., Heidelberg.

WESTENHÖFER, M. (1953) : Le Problème de la Genèse de l'Homme. *Condensé et annoté par S. Frechkop.* Editions Sobeli, Bruxelles.

WOOD-JONES, F. (1929) : Man's place among the Mammals. Arnold & Co, London.

ZILLMER, H. J. (2001) : Irrtümer der Erdgeschichte. Langen Müller Verl., München.

La théorie des anciens astronautes (TAA)
Michel Granger

Des extra-terrestres, cosmonautes ou astronautes d'une autre civilisation de l'espace, ont-ils, un jour, visité la Terre ? Des êtres pensants, issus d'une autre planète, d'un autre système solaire et très développés techniquement, ont-ils entrepris, au cours de l'histoire de la Terre, un programme de prospection spatiale qui les a amenés jusqu'à nous ? Non pas en conquérants puisque, jusqu'à preuve du contraire, nous ne sommes asservis à quiconque d'extérieur à notre planète, mais en visiteurs, voire en initiateurs ?

En clair, y a-t-il eu une intervention d'êtres venus d'ailleurs dans notre passé, l'arrivée d'un vaisseau de l'espace dans l'atmosphère terrestre avec débarquement de voyageurs devant les yeux ébahis des gens de l'époque — primitifs de la préhistoire, sociétés de l'Antiquité, populace du Moyen Age, peuple de la Renaissance — qui les prirent alors pour des dieux, des démons ou des étrangers, descendus du ciel ?

Telle est, en substance, la question primordiale à laquelle la Théorie des Anciens Astronautes (TAA), née à la fin de la deuxième guerre mondiale et à l'orée de l'ère spatiale, cherche réponse. Malgré cette simplicité apparente, d'aucuns lui trouvent des parentés alambiquées qui méritent la curiosité, sinon grand intérêt.

Les racines " alléguées " de la TAA

Dans son livre *Des hommes, des dieux et des extraterrestres*, W. Stoczkowski, un spécialiste de l'exégèse dont on peut parfois se dire : mais où va-t-il chercher tout ça ?, décortique consciencieusement la genèse de la TAA et y trouve une cause première matérielle indiscutable dans la science-fiction, ce qui à priori relève du truisme le plus pur puisqu'en effet, l'idée d'explorateurs spatiaux arrivant sur Terre figure abondamment dans les revues populaires (pulps) de la SF américaine et les romans populaires d'anticipation français et allemands ; en fait les auteurs de la TAA fortement imprégnés de SF auraient sauté le pas en se disant : pourquoi cela ne s'est-il pas déjà produit jadis dans la réalité ? C'est enfoncer les portes ouvertes que d'arriver à un tel rapprochement si évident.

Plus tirées encore par les cheveux sont les similarités avancées entre la TAA et la théologie de Teilhard de Chardin même si c'est plutôt flatteur. C'est plutôt dans les ressemblances entre la TAA et certaines cosmogonies du gnosticisme que cet anthropologue des savoirs de la culture occidentale (W. Stoczkowski se décrit comme tel) apporte quelque chose (fallait-il 472 pages pour ça ?).

On n'a pas attendu ce maître de conférence en sciences sociales pour tirer des ressemblances entre "les ancêtres supérieurs" de Charroux et "les dieux du passé" de Erich Von Däniken et les "Divins Instructeurs" de l'ésotériste H.-P. Blavatsky. Pas au point d'y voir cependant "un produit conceptuel dérivé de la théosophie du 19e siècle". Qu'un tel rapprochement "téléphoné" donne de l'amalgame à une thèse si minutieusement élaborée me paraît personnellement plutôt suspect.

De même que faire de la TAA une "machine de guerre antireligieuse" au service des savants soviétiques qui ont été les premiers à l'esquisser. Et ratiociner des pages et des pages pour savoir si Charroux a été le précurseur de Von Däniken, ou vice versa, me paraît relever de la masturbation intellectuelle.

Non M. Stoczkowski, la TAA ne me paraît pas comme à vous "exceptionnelle, anormale, délirante, sans pareille dans son extravagance". Au contraire, elle a éclairé mon adolescence d'une lumière dont vous aurez du mal à ternir l'éclat.

Une théorie anti-scientifique ?

Selon cette source peu recommandable, la TAA "ne correspond pas à nos connaissances scientifiques actuelles".

C'est faire fi bien inconsidérément des arguments du Dr Luis E. Navia, professeur de philosophie au New York Institute of Technology, qui démontra que la TAA répond à tous les critères qui en font une hypothèse légitimement scientifique plutôt qu'une "spéculation gratuite" : en premier lieu, elle ne viole aucun principe fondamental même si elle s'appuie sur la thèse de la pluralité des mondes habités, concept largement consensuel mais encore non prouvé en cette fin de millénaire. En plus, son application "rend compte d'une manière adéquate d'un grand nombre de données difficiles à comprendre autrement".

Malgré cela, peu de savants de renom ont daigné en parler, même pour la réfuter. Si bien qu'il a manqué à la TAA un défenseur scientifique d'un poids suffisant pour en assurer l'entrée dans le domaine des sciences à part entière. Carl Sagan aurait pu assumer ce rôle clé ; au début, il admit "au moins une visite paléontologique", puis se rétracta et devint un des plus farouches adversaires de la TAA jusqu'à sa mort. Le Dr Hermann Oberth, qui trouvait les thèses de Von Däniken "convaincantes" et mettait sur le compte de la phobie des idées nouvelles le désintérêt des autres scientifiques, ne s'imposa pas non plus.

Jacques Bergier était mal parti lorsqu'il afficha ostensiblement ses doutes quant à l'existence des ovnis. A noter que le refus d'adhérer à la thèse des Anciens Astronautes de la part des grands noms de la Science (et de beaucoup de petits craignant pour leur avancement), n'a aucunement empêché l'A.A.S. (Ancient Astronaut Society) de compter en son sein des membres aux titres universitaires d'un très bon niveau ! Il a donc manqué à la TAA un scientifique adhérent suffisamment charismatique pour la tirer de l'ornière des pseudosciences dans laquelle elle s'est enlisée.

Quant aux excès des rationalistes qualifiant ces idées d'hérésies et de "poison intellectuel", ils ne méritent même pas qu'on s'y attarde tant ils rappellent les heures noires de l'Inquisition et de l'intolérance.

Une réponse à notre angoissante solitude ?

Personne aujourd'hui ne se hasarderait de traiter d'hérésie la boutade de savant qui a donné naissance au "paradoxe de Fermi". Et pourtant la TAA semble tout droit sortie pour en vérifier l'exactitude. Il est d'autant plus curieux de noter que M. Stoczkowski omet de citer une seule fois cette relation au point que l'on peut se demander si ce n'est pas voulu !

C'est en 1950 (avant donc le "lancement" de la TAA) que le physicien Enrico Fermi, en visite au laboratoire militaire de Los Alamos, au Nouveau Mexique, posa à ses collègues qui discutaient de l'origine extraterrestre des ovnis cette question : "Mais où sont-ils ?", sous-entendus ces envoyeurs de soucoupes volantes.

Il paraît que cette pertinente interrogation laissa le groupe de savants interloqués alors qu'au contraire, à mon avis, elle aurait dû leur ôter les œillères, mais passons.

L'idée de Fermi était de souligner que "s'il existe dans notre vaste Univers d'autres civilisations technologiquement avancées, elles auraient déjà dû nous rendre visite plusieurs fois dans le passé" (Nicolas Prantzos, *Ciel & Espace*, août 2000). Fontenelle avait déjà soulevé cette question en 1686 dans son livre *Conversation sur la pluralité des Mondes*.

Or les tenants de la TAA se sont donnés comme objectif il y a plus de 30 ans de chercher les traces de cette (ou ces) visites, cela N. Prantzos semble totalement l'ignorer. Qu'il conteste leurs "preuves" passe encore, c'est son droit le plus strict, mais reconnaissons leur au moins le mérite d'avoir cherché même si ce fut parfois avec grande maladresse. Ont-ils "trouvé" ? Là c'est une affaire d'appréciation personnelle.

La recherche des " preuves "

R. Charroux et E. von Däniken, aiguillonnés par les auteurs du fameux *Matin des Magiciens*, leurs érudits précurseurs, partirent physiquement les premiers à travers la planète à la recherche d'indices "probatoires" de ce passage et des traces éventuelles laissées dans notre histoire, nos traditions, nos religions mais aussi directement sur place (monuments, structures, ouvrages d'art …), par d'éventuels visiteurs de l'espace ayant fait escale ici, puis repartis.

Selon ce qui ressort de leurs travaux et ceux de leurs émules, ces preuves sont de 3 types, se subdivisant en traces directes et indirectes. Je les note ci-dessous en indiquant les découvertes qui entreraient dans chaque catégorie :

* Mythologiques : Chine, Grèce, Soudan, Polynésie, Finlande, voire "bibliques" : machine à manne de l'Exode, vaisseau d'Ezechiel, arche d'alliance.

Josef Blumrich, spécialiste en aéronautique et ingénieur à la NASA, à la lecture du livre biblique d'Ezéchiel qui passait, depuis toujours, pour décrire des visions du prophète inspirées par Dieu lui-même, y reconnut la représentation maladroite "d'éléments d'un corps expéditionnaire à bord d'un étrange véhicule spatial en forme de toupie" de 18 mètres de diamètre !

* Archéologiques témoignant de :

- connaissances avancées possédées par nos ancêtres : couvercle de sarcophage de Palenque (Mexique) avec son "cosmonaute en position", (Stoczkowski parle d'une plante de maïs stylisée !), porte du Soleil de Tiahuanaco, candélabre des Andes.

- ou capacités dépassant celles que l'histoire leur alloue : colosses de Tula, au Mexique, pistes linéaires de la Nazca, au Pérou (aéroport des dieux ?), grande pyramide de Chéops en Egypte, pyramide de Teotihuacan au Mexique, acropole titanesque de Baalbek, à Lebanon, au Liban.

- monuments incongrus : statues de l'Île de Pâques, forteresse incas à Cuzco et Machu Picchu, au Pérou.

* Technologiques ou scientifiques :

- technologies anciennes en Espagne, en Amérique, au Mexique (mineurs toltèques équipés de casques de protection moderne), armes de guerre dans l'Inde ancienne, outil "divin" appelé "shamir" (ver magique) pour percer ou découper la pierre.

- représentations/dessins sensés dénoncer l'influence dans certaines cultures du contact "extérieur" : figures rupestres en Australie (Kimberly), "martien" à Tassili, au sud du Hoggard en Algérie, silhouettes de Val Camonica (Italie), tenues "spatiales" rituelles des indiens Kayapo du Brésil, pétroglyphes de Nazca, engrenages mayas d'Itza.

- cartes impossibles telle celle du 16e siècle de l'amiral turc Piri Raïs montrant les côtes de l'Antarctique aujourd'hui invisibles sous la banquise.

- scientifiques avec quelques exemples :

a- la théologie sumérienne, selon certains exégètes dänikeniens, usa du clonage pour se procurer de la main d'œuvre bon marché. Ce fut le travail du Dieu de l'Eau et de la Sagesse, Enki, qui créa ainsi six espèces "d'hommes imparfaits".

b- les connaissances astronomiques des Dogons.

Dans un livre publié en France en 1978, Von Däniken énumérait les "preuves" à ses yeux les plus probantes pour soutenir la TAA :

- des peintures primitives dans des grottes à Tassili, au Sahara, qui représentent des créatures ressemblant à des astronautes modernes avec casque sphérique et combinaison spatiale et dont fait partie "Le grand Dieu Mars".

- des dessins au Guatemala vieux de 2000 ans.

- une colonne de pierre, dénichée à

Tula, Mexique, où figure un voyageur spatial avec arme à la main (sic).

- et la mystérieuse pyramide en ruine de Teotihuacan, près de la ville de Mexico, qui, selon lui, accrédite la venue d'E.T. sur la Terre.

Selon le Dr Agrest, un des pionniers de la TAA, actuellement vivant aux États-Unis en Caroline du Sud et avec lequel j'échange régulièrement des idées sur la TAA (c'est lui qui, dès 1959, suggère que la Terre a été visitée par des extraterrestres et que la gigantesque terrasse de Baalbek, blocs de pierre de 20 m de long et pesant 1000 tonnes, au Liban, a pu être, jadis, utilisée comme site d'atterrissage par des véhicules spatiaux), les meilleures "preuves" jamais découvertes, ont été :

- les "tectites" qui n'ont pas, selon lui, une origine volcanique ni terrestre, mais viennent de l'espace. Il s'agirait de fragments de roche vitreuse en forme de goutte, contenant des isotopes radioactifs d'aluminium et de béryllium dont des champs entiers existent en Libye, Indochine, Australie. Ce ne sont pas, comme le prétend la thèse officielle, des morceaux de roche terrestre projetée en fusion dans l'atmosphère par l'impact d'une météorite, mais "des torrents de particules employées pour le freinage d'un vaisseau cosmique" qui arrosèrent la Terre.

- et le phénomène de la Mer Morte qui aurait été "stérilisée" par la radioactivité. Des échantillons récupérés à 20 mètres sous le fond contenant des traces de plutonium 239 seraient, selon Agrest, "des indices irréfutables d'un processus nucléaire artificiel".

Mais la meilleure preuve matérielle devrait se présenter sous la forme d'un "artefact".

LA QUÊTE DE L' "ARTEFACT"

Selon Vladimir Rubtsov, du Research Institute on Anomalous Phenomena, de Kharkov, Ukraine, et partisan convaincu de la TAA, il s'agit "d'un objet artificiel fabriqué par les extraterrestres". Le problème est qu'on ne dispose d'aucun critère scientifique pour le reconnaître comme tel. A quoi a-t-il servi ? Quelle était sa fonction ? Par sa définition même, il fait partie d'un système socio-culturel étranger au nôtre, d'où la difficulté à l'identifier et obtenir le consensus sur son origine non terrestre.

Des dizaines d' "artefacts candidats" ont été proposées. Parmi celles-ci, les sphères métalliques d'Ukraine, le disque de Phaïstos (Crète), le crâne de cristal maya de Lubaantun (Honduras), les "objets" de Aiud (Roumanie), de Vashka (Russie), une flûte colombienne futuriste, les disques de pierre controversés de Bayan Kara Ula, la capsule spatiale miniature de Toprakale (Turquie)…

J'en ai sélectionné ici une dizaine, les plus célèbres sinon les plus probants :

1/ L' "ORDINATEUR" DE ANTIKYTHERA

Selon l'Autrichien Helmut Zettl, de Ebergassing, il ressemble à "un mécanisme de différentiel moderne utilisé en automobile". Or il date de – 200 av. J–C !

Il fut repêché en 1901, par 60 m de fond, au large de l'île d'Anticythère, en Méditerranée, par des pêcheurs d'éponges et peut être vu au musée national d'Athènes.

2/ Le "cube" du Dr Gurlt

Un "cube", qui n'en est pas un (sa forme est "patatoïde") que C. Fort identifie comme "probablement un cube en acier usiné au cours du Tertiaire par des E.T. en transit" (il est en fonte) et J. Bergier à un "collecteur d'information" abandonné sur Terre par des êtres supérieurs. Découvert dans une fonderie en 1885, à Schöndorf, en Autriche, mélangé à des blocs de charbon, il se trouve au musée régional de Voecklabruck, en Autriche.

3/ Les amulettes de Coclé

Les plus connus sont les "avions" mais certains cabochons créés par des artistes amérindiens entre les années 200 et 1000 de notre ère utilisés comme pendentifs, ont été *"morphinguisés"* avant l'heure par Ivan Sanderson qui en a fait des machines : pelles mécaniques, excavatrices…

4/ L'avion de Saqqarah

Il s'agit d'un oiseau bizarre découvert dans une tombe datant de 2 à 3 siècles av. J-C et dont la forme évoque une maquette d'avion : queue verticale typique d'un empennage, ailes accrochées en haut de la carlingue, dièdre inversé (angle des ailes avec l'horizontale).

Son aspect cependant "peu technologique", le manque de datation, des essais en soufflerie jamais prouvés, font de cet objet un candidat "douteux".

5/ La lentille de Ninive

Normalement, les premières lentilles en cristal à caractère grossissant ont été taillées au 12 ou 13e siècle. Or, selon Henry King, auteur de *The History of the Telescope* (1955), il semble que bien avant de telles "loupes" existaient, notamment en Crète et Mésopotamie, 2000 ans av. J-C !

L'une d'elle fut même trouvée dans une tombe royale de Ninive datée de – 700. Son pouvoir grossissant fut vérifié à 4 ! Sa teneur en césium évoque un procédé de fabrication électrochimique.

6/ Les piles de Khuit Rabboua

Il semblerait que ces objets, datant du 2e siècle av. J-C, découverts en 1936 dans les vestiges de l'ancienne ville babylonienne, étaient des batteries électriques sèches servant à l'électrodéposition de l'or (dorure galvanoplastique) sur des bijoux et autres bimbeloteries et utilisées selon un principe qui sera "inventé" 2000 ans plus tard par Volta !

7/ Les hélicoptères du pharaon

Des hiéroglyphes égyptiens, présentés en fresque sur les parois du temple de

Seti 1er à Abydos sensées dater de 3200 ans, ressemblent à des engins de l'armée moderne : sous-marins, char, aéronef, hélicoptère type Apache...

8/ L'énigme des Dogus

Ces figurines antiques, dont plusieurs milliers ont été exhumées dans la région de Tohoku, au nord du Japon, et dont la méthode de datation au carbone 14 a donné 5500 ans d'âge, témoignent-elles d'une manie compulsive des membres de la tribu néolithique des Jomons à vouloir reproduire à l'infini la vision éphémère qu'ils ont eu de créatures "technologiques" fraîchement débarquées sur Terre ?

Mon ami, Vaugh Greene, auteur du livre *The six thousand year-old Space Suit* en est intimement persuadé.

9/ Un aéroglisseur maya ?

Vaughn, lui aussi un accroc de la TAA, a découvert cette statue maya au musée Young à San Francisco. Cette flûte, issue de la culture dite de Vera Cruz et datée de 200 à 500 après J-C. n'est autre, selon lui, qu' "un véhicule de transport amphibie, style hovercraft, destiné aux canaux mayas, piloté par un homme casqué et maintenu sur son siège par une ceinture de sécurit". "En ajoutant des ailes delta à un tel aéroglisseur, on peut le faire s'élever plus haut. Les Russes ont développé un tel bateau volant. La "flûte de Vera Cruz" use exactement du même principe".

10/ Les "cosmonautes" de l'île de Pâques

Sans revenir sur les mystères de l'île de Pâques concernant l'érection de ses statues de pierres, attribuée par Francis Mazière à " un contact extraterrestre " et fortement contestée par la suite, deux rapprochements effectués par des membres de l'A.A.S. :

- celui de l'ingénieur R. Kutzer, de Kulmbach, Allemagne, qui par une légère retouche d'une statue en bois nommée " Moai Kava Kava ", figurine pascuane datant de plus de 8 siècles, en a fait "un astronaute avec un casque sur la tête et un microphone devant la bouche"

- celui du Hongrois Laszlo Toth, de Berzsenyi, qui, avec quelques "rajouts" sur le profil d'un des " guetteurs de Rapa Nuit", affirme prouver que "les habitants de l'Île de Pâques ont vu un jour des cosmonautes ".

Actuellement, les continuateurs de la théorie des anciens astronautes se comptent sur les doigts d'une main. Andrew Tomas qui en jetait les bases en 1971 a 93 ans. Ulrich Dopatka, de l'AAS RA, lors d'une visite en 1999 à Chico, Californie, où vit Andrews, jouait de l'optimisme en disant que "peut-être que certaines de ses suggestions nous conduirons un jour à la découverte finale".

Zecheria Sitchin, avec ses "astronautes sumériens", a-t-il pris la relève ? Ses 4 ouvrages regroupés sous le titre "Earth Chronicles" visent rien moins qu'à réécrire l'histoire de l'humanité ! Plus modestement, la tendance est toujours à "humaniser les dieux" (A. Alford) ou à "technologiser" les Saintes Écritures (A.M. Jones).

Il est vrai que le lectorat de la TAA s'est beaucoup rétréci.

LA DÉSAFFECTION DU PUBLIC

Après une période euphorique d'une quinzaine d'années, l'engouement pour la TAA a commencé à décliner. Seul un noyau dur de passionnés a continué à propager la bonne parole, notamment au sein de l'A.A.S, laquelle a fermé ses portes en 1999 (voir annexe). En France il n'y a guère plus que Richard D. Nolane, auteur de *Autrefois les Extraterrestres* (1993) et moi-même à encore en parler.

Qu'est-ce qui a provoqué cette baisse d'intérêt pour une théorie qui vise ni plus ni moins qu'à établir si nous sommes seuls dans l'Univers ? En effet, le planétologue américain Michael Hart, réinventant de lui-même le paradoxe de Fermi (il n'en avait pas connaissance), est arrivé à la conclusion que l'absence de traces d'extraterrestres sur Terre "impliquerait que nous sommes la seule civilisation technologique dans la galaxie".

Les artefacts candidats cités plus haut ne sont-ils pas assez convaincants ? C'est possible. Mais le phénomène demanderait une étude plus approfondie, notamment socioculturelle que M. Stoczkowski n'a malheureusement pas entreprise.

Certes, la "preuve" tant souhaitée, irréfutable, propre à changer le paradigme n'est jamais arrivée. Certes, le pas n'a pas été franchi qui consiste, selon la TAA à assimiler Dieu à un extraterrestre.

Mais à l'inverse, rien n'est venu contredire le TAA et rien ne permet de dire, aujourd'hui en l'an 2000, qu'elle soit une utopie. Au contraire des calculs de savants ont même entériné une certaine fréquence de "visites" probables sur la Terre d'êtres supérieurs venus d'ailleurs. Il suffirait donc de chercher. Seul Von Däniken semble encore y croire, mais il a perdu beaucoup de son crédit suite à certaines bévues, voire à certains "coups de pouce". Et il a maintenant 65 ans.

Est-il allé trop loin en suggérant que cette immixion d'extraterrestres, en transit dans les affaires humaines, aurait, selon lui, apporté littéralement la "civilisation prête à l'emploi" aux terriens de l'âge de pierre de l'époque ? Et même l'intelligence, si besoin en a été (mutation dirigée cérébralisante ?).

Ainsi, aurions-nous été "programmés" par ces civilisateurs cosmiques qui pourraient bien repasser par chez nous un jour ou l'autre pour juger du résultat de leur "expérience". N'est-ce pas l'Américain Charles Fort qui disait que "nous appartenons à quelqu'un", comme du bétail dont les éleveurs viennent surveiller épisodiquement l'état de santé ?

Il faut bien reconnaître que cette théorie audacieuse n'est pas là pour flatter notre ego.

UN FUTUR INDÉCIS

L'échec de la TAA est-il plutôt dû à un manque de méthode qui l'a tenu à l'écart des sciences traditionnelles ? C'est plutôt par là, à mon avis qu'il faut chercher. Et se rallier, s'il en est encore temps, au Dr Rubtsov, de Kharkov, qui le répète depuis plus de 15 ans mais sans grand succès. La TAA est selon lui " à la croisée des chemins" et il en va de sa survie de tenter de rallier les suffrages de la science orthodoxe maintenant que l'idée d'êtres extraterrestres n'a plus rien de tabou.

Les outils de recherche et les modes de validation usuels dans les autres disciplines, lui sont-ils inadéquats ? Il n'y a aucune raison à ça. Rubtsov prône une science alternative, un champ interdisciplinaire, qui regrouperait des astronomes, des paléontologues, des biologistes, des ethnologues, dans le cadre de ce qu'il appelle la "paléovisitologie". N'est-il pas trop tard ?

Le projet SETA (Search for Extraterrestrial Artefact = recherche d'artefact extraterrestre), lancé en 1983 par Robert Freitas du Xenology Research Institute (Californie), n'a pas eu de suite et montre que l'occasion a été manquée quand la paléontologie n'a pas su pactiser avec le projet SETI (Search for Extraterrestrial Intelligence = recherche d'intelligences extraterrestres) dont, pourtant, elle constitue une incontournable composante. Il convient de la réactiver sinon cela donnera raison à M. Stoczkowski.

Jacques Bergier était trop optimiste en écrivant, en 1970, dans le prologue de son livre *Les Extra-terrestres dans l'Histoire* : "Je ne prétends pas apporter de preuves absolues des interventions d'extraterrestres au cours de la préhistoire et de l'histoire de notre planète. D'autres chercheurs, qui auront à leur disposition des moyens d'enquête supérieurs aux miens, le feront sûrement avant la fin de ce siècle".

Il convient simplement de lui donner raison avec un léger décalage. Le jeu n'en vaut-il pas la chandelle ? Je ne veux pas croire que l'Homme soit la seule créature pensante de l'Univers.

ANNEXE :
LA SOCIÉTÉ DES ANCIENS ASTRONAUTES

C'est après avoir lu le premier ouvrage de l'auteur suisse Erich von Däniken : *Présence des extraterrestres*, qu'en septembre 1973, Gene Phillips, attorney de Park Ridge, Illinois, fonde l'A.A.S (Société des Anciens Astronautes). Son but : l'accumulation, l'échange et la publication de faits susceptibles de supporter les théories suivantes :

- la Terre a eu des visiteurs (des "anciens astronautes" donc !) en provenance de l'espace dans les temps préhistoriques,
- l'actuelle civilisation technologique sur cette planète n'est pas la première,
- une combinaison des deux possibilités.

Pendant un quart de siècle, Gene et son épouse Doris vont mener de main de maître cette association de passionnés.

Dans son premier bulletin intitulé *Ancient Skies* de mars 1974, marqué du logo représentant un avion précolombien, Gene précisait ses intentions : échanger des idées, favoriser des groupes d'études, organiser des conférences, des expéditions, collecter et exhiber des "artefacts" et des preuves physiques venant alimenter la thèse selon laquelle "des voyageurs spatiaux venus d'ailleurs ont posé jadis le pied sur terre et y ont laissé diverses traces" qu'il nous reste à découvrir. L'ère moderne devrait nous permettre de reconnaître ces indices que nos ancêtres n'ont pu identifier faute de références tangibles. "Venez chercher avec nous !" sous-titrait Gene. Dès 1975, je devins membre de l'A.A.S.

Certes, je ne fus pas le seul Français à y adhérer ; j'y rejoignis : R. Charroux, J. Sendy, M. Chatelain.

Outre les articles originaux dont elle a permis la diffusion à travers son bimestriel, l'A.A.S. inscrivit à son actif des expéditions en des hauts lieux présumés de "visites" des anciens astronautes, des conférences, des congrès dits "mondiaux", tenus régulièrement aussi bien en Europe qu'en Amérique, avec la participation de quasiment toutes les célébrités dans le domaine et où l'échange des idées s'est fait le plus librement du monde.

Toutes les grandes découvertes les plus médiatisées y furent abordées sobrement, mais aussi des trouvailles plus confidentielles, trésors précieux d'un public averti donc conquis.

Hélas, malgré tout cela, la "preuve ultime" n'est jamais venue. Le rêve initial de Gene Phillips de faire de la TAA un secteur scientifique pluridisciplinaire à part entière, sous le nom d'astro-archéologie, ne s'est pas réalisé. Et le temps a passé.

L'A.A.S. qui compta plus de 10 000 adhérents disséminés dans plus de 35 pays du monde entier, n'en comptait en 1995 plus que quelques milliers.

Ce n'est pas pour cela que G. et D. Phillips ont décidé de cesser en 1999 la publication d'*Ancient Skies* ; ils continueront de mener le bateau (la société continuera d'être) mais sans carnet de bord et sans nouveaux membres. Ces deux septuagénaires encore en bonne forme ont voulu pouvoir disposer maintenant en totalité de leur temps libre, ce qu'ils ne pouvaient pas depuis 25 ans avec la parution régulière de leur bulletin de liaison. On ne peut leur en vouloir.

Qui allait oser combler le vide ainsi laissé ? L'initiative est venue avec l'apparition en 1998 de l'AAS RA (Archeology Astronautics & SETI Research Association) basée à Ithaca, dans l'Etat de New York. L'association est résolue à prouver, en utilisant des méthodes scientifiques, mais "des termes de profanes", si oui ou non des extraterrestres ont visité la Terre, dans un lointain passé. Voilà qui dénote d'un ambitieux projet affiché sans complexe. Je peux vous dire que jusqu'à maintenant, elle assume parfaitement son rôle et vous invite chaudement à la rejoindre.

L'association AAS RA peut être atteinte à diverses adresses :

- PO Box 818, Ithaca, NY 14851-0818 USA ;
- Postfach, CH-3803, Beatenberg, Suisse ;
- sur Internet via le site :
www.legendarytimes.com.

Elle publie, en effet, tous les deux mois un journal officiel fort intéressant : *Legendary Times*. Il vous en coûtera 25 dollars par an.

Rejoignez-nous pour que perdure cette grande idée que nous ne sommes pas seuls dans l'Univers.

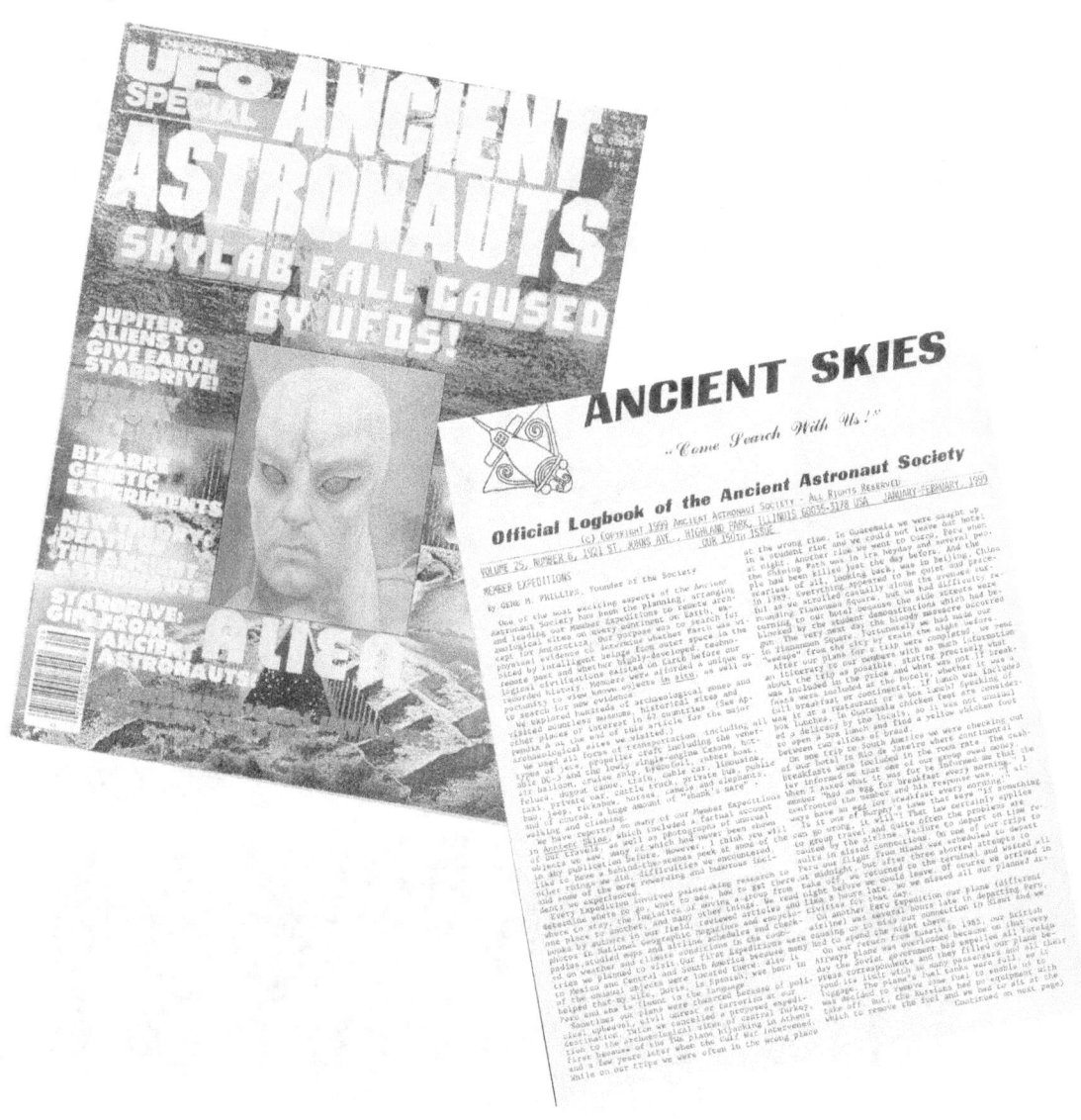

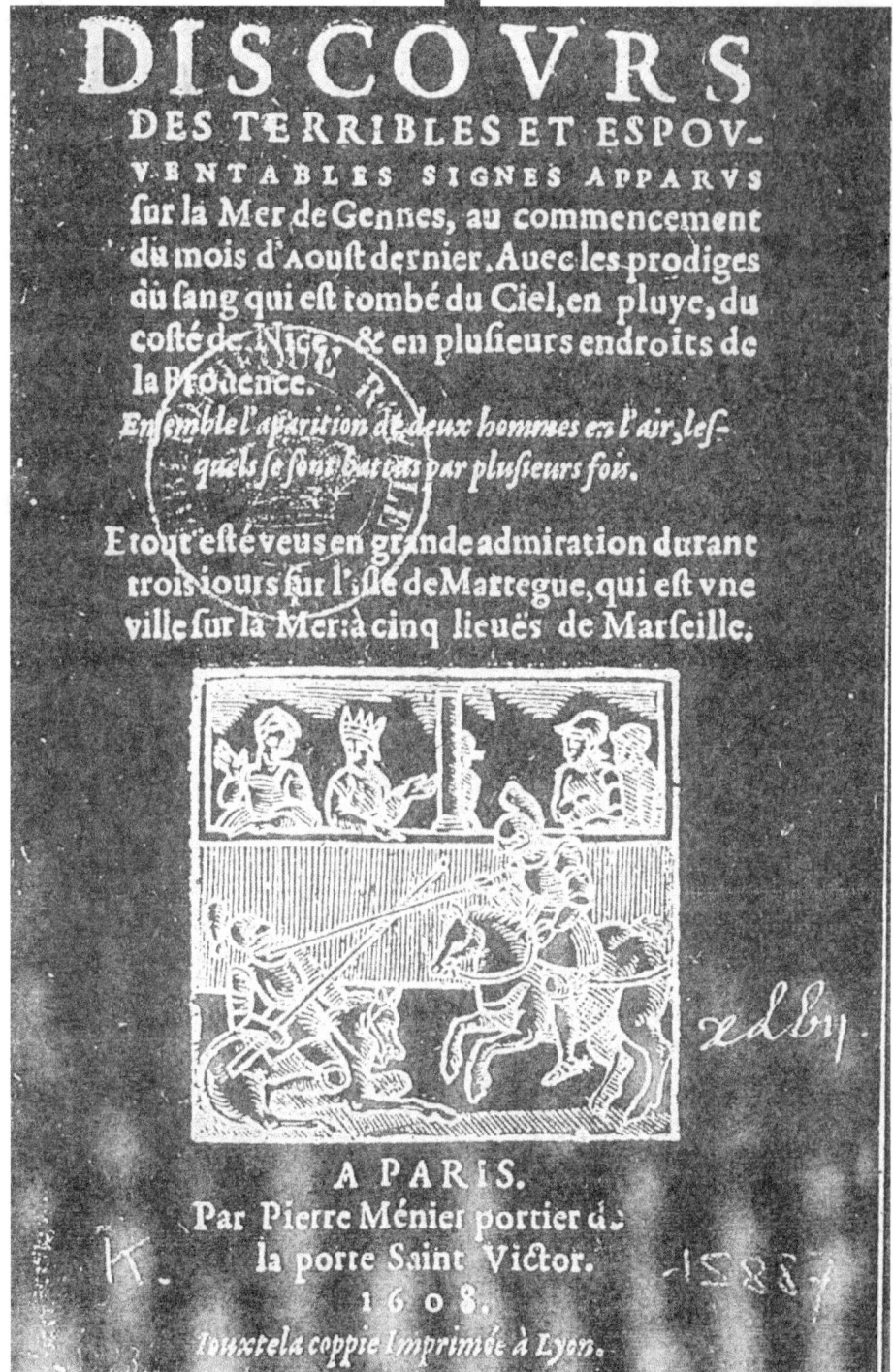

Fig.1 : *Page de titre de l'édition originale de 1608*

Des visiteurs venus d'un ailleurs à déterminer
Didier Leroux

À l'occasion d'une visite chez un ami ufologue, j'ai eu communication de l'ouvrage d'Hilary Evans : *From other worlds. The truth about aliens, abductions, UFO's and the paranormal*, dans lequel l'auteur, réputé sceptique, fait référence à un auteur français Simon Goulart (1543-1628) et à ses : *Histoires admirables et mémorables* repris par deux auteurs Olivyer et Boëdec, ainsi qu'à d'autres cas de l'époque. H. Evans consacre un chapitre à une étrange apparition qui serait survenue à Nice en 1608.

Ce texte, en anglais, reprenait les commentaires et les dessins, présentés sous forme de diapositives, illustrant ce cas et produites par le CFRU de Gérard Lebat au début des années 1970. Cette lecture m'a remis en mémoire ce cas découvert avec Guy Tarade dans : *Soucoupes volantes et civilisations d'outre espace* et cité à diverses reprises, notamment par Michel Bougard : *Des soucoupes volantes aux OVNIS*, Hervé Laronde : *Extra-terrestres ou voyageurs du temps ?*, etc.., reprenant tout le texte original faisant état de cette apparition à savoir : *DISCOURS DES TERRIBLES ET ESPOUVANTABLES SIGNES APPARUS sur la Mer de Gennes, au commencement du mois d'Aoust dernier. Avec les prodiges du sang qui est tombé du Ciel, en pluye, du costé de Nice, & en plusieirs endroits de la Provence. Ensemble l'aparition de deux hommes en l'air, lesquels se sont battus par plusieurs fois. Etout esté veus en grande admiration durant trois iours sur l'isle de Martegue, qui est une ville sur la Mer : à cinq lieues de Marseilles.* par Pierre Ménier, portier de la porte saint Victor[1].

Le récit, haut en couleurs, décrit l'arrivée au mois d'août 1608 sur la mer de Gênes de "carrosses" avec occupants. Mais laissons la parole à Pierre Ménier dont nous allons moderniser l'orthographe pour rendre la lecture plus accessible mais en conservant la syntaxe du texte :

"Discours épouvantable des signes qui sont apparus sur la Mer de Gênes, au commencement du mois d'août dernier de l'an 1608… c'est vu les plus horribles signes que de mémoire d'hommes ait été parlé, n'y écrit, les uns étaient en figures humaines ayant des bras qu'ils semblaient être couverts d'écailles, et tenaient en chacune de leurs mains deux horribles serpents volants, qui leurs entortillaient les bras, et ne paraissaient que depuis le nombril, en haut hors de la mer, et jetaient des cris si horribles, que c'était chose du tout épouvantable, et par fois se plongeaient dans la mer, puis ressortaient en d'autres endroits loin de là, hurlaient des cris si épouvantables que plusieurs en ont été malades de la peur qu'ils en ont eu, ils en voyaient qui semblaient être en figure de femme : d'autres avoient le corps comme corps humains, tout couverts d'écailles, mais la tête était en forme de dragon.

Depuis le premier jour du dit mois ils ont été ordinairement vus au grand étonnement de tous les Génois. La Seigneurie fit traîner quelques canons pour tacher de les faire ôter de ce lieu, et leur fut tiré quelque huit cents coups de canon mais en vain car ils ne s'en étonnèrent nullement. Les Eglises s'assemblèrent et allant au vrai remède firent force processions, commandèrent le jeûne, les bons pères Capucins ordonnèrent les quarante heures pour tâcher d'apaiser l'ire de Dieu, avec leur salutaire remède.

Le quinzième août apparurent sur ladite mer proche du port de Gênes, trois carrosses traîné chacune par six figures toutes en feu, en semblance de dragon. Et marchaient les dites carrosses, l'une à l'opposite de l'autre, et étaient lesdites carrosses traînées par les lesdits signes qui avaient toujours leurs serpents, en continuant leurs cris épouvantables : et s'approchaient assez près de Gênes, tellement que les spectateurs, du moins la plus grande part, étonnés s'enfuirent craignant les effets d'un tel prodige, mais comme ils eurent fait la virevolée[2] par trois fois le long du port après qu'ils eurent jeté des cris si puissants de bruit qu'ils faisaient retentir les montagnes des environs, ils se perdirent tous dans la dite Mer, et depuis l'on n'en a vu ni su aucune nouvelle.

Ceci apporte grand dommage à plusieurs des citoyens de Gênes, les uns qui en sont morts de peur comme entre autres le fils du sieur Gasparino de Loro, et aussi le frère du signor Antonio Bagatelo, plusieurs femmes aussi en ont été affligées et en ont eu telles frayeurs quelles en sont mortes. Depuis l'on chante le Te deum, ils se sont évanouis.

Du depuis du long de la mer de Nice et tout le côté de la Provence, tant du côté de la marine[3] que du plain[4], s'est trouvé avoir vu pleuvoir du sang naturel qui courait et tâchait de rougir les feuilles, et fruits des arbres. A Toulon la plupart des maisons sur le couvert étaient tachées du dit sang…".

Après d'autres précisions, de même nature, Pierre Ménier continue : "*Aussi choses dignes de mémoire arrivées presque en même temps en la ville de l'île de Martegue, le vingt-deuxième dudit mois apparut deux hommes en l'air ayant chacun en main des armes et boucliers et se battaient de telle sorte qu'ils étonnaient les spectateurs, et après s'être longuement battus se reposaient par un certain temps, puis retournaient en batterie, et leur combat tenait deux heures.*

Le vingtième du dit mois ils combattirent à pied et, se chamaillèrent de telle sorte qu'il semblait des forgerons qui battaient sur l'enclume, le lendemain ils se trouvèrent être à cheval, et faisaient voltiger leurs chevaux comme gens de guerre, puis se chamaillèrent de telle sorte que l'on eu dit que l'un ou l'autre tomberait à bas."

Pierre Ménier ajoute que le bruit était comparable à des coups de canons et si effroyable qu'il semblait aux auditeurs être la fin du monde, le tout ayant duré sept heures. Puis, "*tout en un instant une nue épaisse apparut en l'air, et couvrit si obscurément, que rien de deux heures ne parut que nuées et brouillards noirs, obscurcis sentant comme le salpêtre et après que l'air fut purifié ne fut rien vu de toutes ces chimères lesquelles furent évanouies.*".

L'auteur termine par une exhortation édifiante : "*Ces prodiges esmerveillables ont touché l'âme de plusieurs chrétiens lesquels ayant considéré les merveilles de ce grand dieu et cognoissant qu'il est seul puissant et que par sa bonté infinie il nous veut avertir avant que de nous envoyer le châtiment qui nous est du se sont les uns rendus religieux, les autres font pénitence pour apaiser l'ire de Dieu. Le saint esprit leur assiste à cette bonne volonté. Ainsi soit-il.*"

Le texte n'est pas très sûr en ce qui concerne les lieux : si Martegue (Martigues), et Gênes sont bien mentionnées, est-il bien certain que l'auteur entend la ville de Nice au début de son récit par l'expression "mer de Gennes..." ? Les commentateurs situent l'événement à Nice pour ce qui concerne l'épisode par lequel débute la chronique sans que je discerne bien pour quelle raison car en lisant le texte, Nice n'est mentionnée spécifiquement que pour des pluies de sang ainsi que Toulon. Gênes est la ville spécifiée dans le texte pour les apparitions du début août. On remarquera que Pierre Ménier donne au lecteur un avertissement au début de son texte : *"Les romains aussitôt qu'ils apercevaient des prodiges, ils faisaient sacrifice aux dieux pour apaiser leur colère... Et nous qui sommes chrétiens nourris en une meilleure école il faut que saintement nous présentions nos cœurs contrits, et repentants, et humblement prier le tout puissant de nous pardonner nos fautes, et vouloir apaiser sa sainte colère ..."*. En résumé, le comportement des occupants des "carrosses" inquiéta suffisamment la population pour que des processions religieuses aient lieu. Le 15 août, trois "carrosses", pour reprendre l'expression de Ménier, apparaissent devant Gênes occasionnant un grand effroi avec mort de saisissement de plusieurs citoyens dont deux sont nommément désignés. La réaction des autorités, qui font tirer 800 coups de canon sans succès sur les indésirables carrosses est à la mesure de l'événement. Le texte original diverge grandement des traductions relevées chez les auteurs cités plus haut. Telle qu'elle était présentée, l'affaire n'était donc pas mince et, si son historicité était prouvée, assez précise pour étayer l'hypothèse d'une visite sinon d'extra-terrestres, du moins de personnages très étranges. Toute l'affaire était rendue hautement crédible par l'affirmation que le texte avait été retrouvé aux archives de la ville de Nice, et l'on en avait pour preuve des fac-similés avec cachet de la bibliothèque municipale à l'appui.

Le bon sens le plus élémentaire, pour un amateur d'Histoire, voulait que l'on s'adresse à des correspondants locaux pour confirmation de cette remarquable

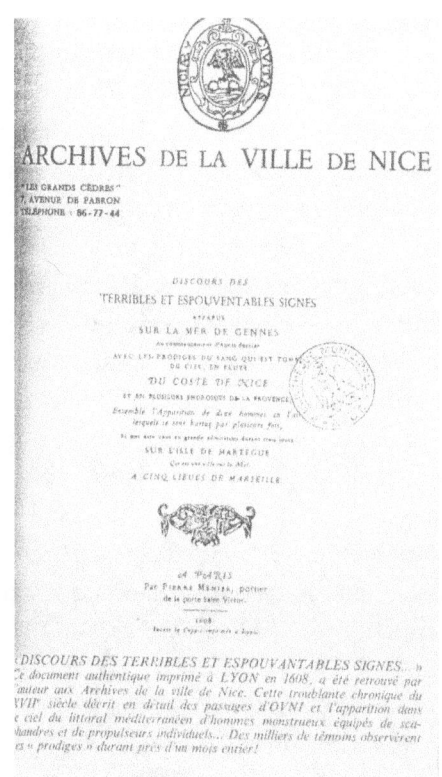

Fig.2 : *Couverture de la réédition de 1874*

découverte. Sur le conseil de l'ufologue Joël Mesnard, directeur de la revue *Lumières dans la nuit* et ufologue bien connu, j'ai donc contacté Patrick Boutonnet de Nice qui a bien voulu se rendre aux archives municipales pour vérifier de ses yeux la réalité du document que Gérard Lebat m'avait dit ne plus y figurer, mais avoir été transféré à la Bibliothèque Nationale à Paris. Patrick Boutonnet, fort déçu, m'a transmis par courrier le compte rendu de sa visite et une copie obligeamment fournie par la Bibliothécaire d'un article du journal *Nice Matin* du 17 janvier 1982 sous la plume de Michel Saint-Aime dénonçant le texte de Pierre Ménier comme un faux imprimé à Lyon, chez Louis Perrin, en 1874. L'article, persiflant violemment les ufologues et autres crédules, affirmait en outre que : *"aucune édition de l'époque concernée n'était actuellement connue"* et soulignait que les caractères typographiques utilisés n'étaient pas d'époque. En fait, le texte mis sous presse par Louis Perrin mentionne bien en dernière page qu'il s'agit d'une copie. Cet article de presse paru, et disparu semble-t-il, dans le silence assourdissant de la communauté ufologique, méritait au moins une contre enquête, d'autant plus que l'ouvrage de Christiane Piens : *Les OVNIS du Passé* ne signalait que de façon très laconique cette apparition : *"Dans l'île de Martigues (Martégué), le 27 août 1608, des machines volantes semèrent la terreur pendant 48 heures. Lorsqu'elles disparurent, une odeur de salpêtre leur succéda."* La discrétion de Christiane Piens m'ayant d'autant plus inquiété qu'elle citait en référence Michel Bougard, pourtant plus disert sur le sujet, j'ai demandé à des amis ufologues de contacter entre autres, Messieurs Tarade et Bougard. Le premier, d'autant plus aisé à contacter qu'il habite Nice, n'a pas donné à mon correspondant local de réponse exploitable. Le second, ne savait plus où étaient ses archives personnelles sur la question. D'autre part, dans l'ouvrage : *À la recherche des OVNI, la vérité sur les soucoupes volantes*, de Jacques Scorneaux et Christiane Piens, il n'est fait aucune mention d'un événement de ce genre entre 1571 et 1663 au chapitre "A-t-on vu des OVNI avant notre époque ?". Plus grave encore, un événement survenant dans une ville comme Gênes, constituant à cette époque un état maritime riche et puissant, et donnant lieu à une canonnade de la sorte aurait dû laisser des traces nombreuses dans les archives civiles et militaires mais aussi dans les archives ecclésiastiques si l'on considère le côté apparitions, les pluies de sang "naturel" et les processions faites. La ville de Toulon est également citée comme ayant été en but à ces pluies de sang. Tout cela laisse au moins des traces écrites à défaut de traces que nous serions bien en peine d'analyser quatre siècles après les événements. Il ne faut pas oublier que Nice était en 1608, comme Gênes, un grand port dans la dépendance de l'Italie voisine[5]. Nice n'est devenue française qu'en 1860 par le traité de Turin (24 mars). L'ufologue Italien Edoardo Russo, consulté à ma demande, nous a obligeamment fait parvenir copies des textes italiens qui ne sont, vérifications faites, que des reprises du fameux texte français lui-même sujet à caution !

Parvenu à ce stade de l'enquête, je me trouvais à peu près persuadé que toute l'affaire était un faux que le manque de suivi des investigations faites avait permis de faire passer pour un événement étrange de première grandeur. Intrigué tout de même par les références à un supposé transfert à la Bibliothèque Nationale, l'idée m'est venue de demander au chercheur Michel Meurger, lequel se fait une spécialité de vérifier les sources des compilations d'auteurs qui n'ont que trop tendance à se citer eux-mêmes les uns les autres, de rechercher à la Bibliothèque Nationale une trace éventuelle du texte en question. À sa légitime stupéfaction, Michel Meurger a bien retrouvé le texte de 1608 et même une seconde édition de 1609, le tout à la BN, ce qui prouve, à tout le moins, que le journalisme est une chose, mais que la recherche historique en est une autre. Disposant, enfin, d'une copie du texte de Ménier, j'ai écrit au Conservateur en chef des archives de Nice, Madame Mireille Massot, sans la prévenir que j'avais en mains la preuve de l'historicité du texte. Dans sa réponse, en date du 18 juillet 2001, Madame le Conservateur en chef m'a répondu, je cite : *"En réponse à votre demande relative à des apparitions célestes à Nice en 1608, je ne puis que vous signaler que la "chronique" manuscrite de Scaliero conservée aux Archives ne mentionne rien de ce genre pour les années 1607 à 1610. Le document "original" Ménier daté 1608/1874 est conservé à la Bibliothèque municipale. Nous n'en détenons qu'une reproduction."*. Point à la ligne, c'est le cas de le dire…

À l'issue de cette stupéfiante affaire, il apparaît qu'un document d'époque et cité, sans peut-être que des recherches suffisantes aient pu être faites, par les auteurs et leurs détracteurs, existe bien à la Bibliothèque Nationale, détail capital dont tout chercheur aurait pu s'assurer au préalable. D'autre part, il est hautement improbable, pour les raisons déjà évoquées, que des événements de cette sorte n'aient pas laissé d'autres témoignages écrits. Il est tout à fait erroné de croire, qu'au siècle de Henri IV, il n'existait pas dans des villes de l'importance de Nice ou de Gêne de gens de lettres, de fonctionnaires, et de gens d'église, capables de relater de tels faits de façon circonstanciée. L'hypothèse comme quoi une seule relation faite par un auteur, au demeurant parfaitement inconnu et dont la ville de résidence l'est tout autant, aurait échappé à l'épreuve du temps est tout simplement absurde. Tout chercheur ayant pris connaissance des chroniques de cette époque en sera convaincu. D'autre part, si l'on veut bien considérer qu'entre la date de 1608, à laquelle ces événements sont censés s'être produit, et 1874, il n'existe pas une durée telle que le souvenir populaire dans des villes telle que Nice, Gênes ou Toulon, ne s'en soit pas conservé, l'affaire devient de moins en moins crédible.

Il reste que, dans un premier temps, un faux du 19e siècle eut déjà constitué une énigme. Pourquoi faire un tel récit ? Peut-être pour faire croire aux lecteurs que des engins venant d'une mystérieuse contrée, éventuellement souterraine, comme celle décrite par Lord Edward George Earl Bulwer Lytton (1803-1873) qui fut ministre des colonies de la reine Victoria et occultiste, dans son livre : *The coming race* pouvait être à l'origine d'une menace pour notre espèce ? L'auteur était membre de sociétés secrètes, si l'on en croît Jacques Bergier, et son livre a connu un beau succès dans certains milieux férus d'occultisme et de politique hermétique. Wiktor Stoczkowski dans son ouvrage *Des hommes, des dieux et des extraterrestres* s'est beaucoup intéressé a la filiation des idées entre les sociétés ésotériques du 19e siècle et certains "contactés" soucoupiques contemporains. En somme, une Atlantide prête à ressurgir avec ses "carrosses" dont l'aspect interprété artistiquement par Norbert Norma et Liliane Gerard pour le compte du CFRU (ce sont ces illustrations qui sont fidèlement reproduites, en couleurs, dans l'ouvrage d'Evans) ne sont pas sans évoquer des sortes de scaphandriers à la capitaine Nemo, comme le lecteur de Jules Verne pouvait les imaginer à cette époque. Le célèbre *Vingt mille lieues sous les mers* est de 1870 et les sous-mariniers de Verne, revus par les studios Disney, pourraient figurer sur les diapositives du CFRU.

Puisque nous possédons maintenant les éditions originales de 1608 et 1609, il nous reste, jusqu'à plus ample informé, à considérer la thèse d'un canular du 17e siècle. Là encore, il faut se poser la question : pourquoi ? Une fantaisie dans le genre rabelaisien est-elle envisageable ? Ne serait-ce pas plutôt, un texte de nature "prophétique" dans la mesure où Ménier en profite pour appeler à la repentance les pêcheurs ? Le contexte de 1608 est à considérer. À cette époque, Henri IV règne sur la France après une guerre de religion dont on a oublié les horreurs en France et ailleurs, mais dont l'historien Pierre Miquel rappelle qu'elle fit dans une Europe, beaucoup moins peuplée qu'aujourd'hui, douze millions de morts. Les démêlés du Roi avec les Jésuites, et les haines tenaces, qui devaient aboutir à l'assassinat du monarque en 1610, sont en toile de fond de cette histoire. La description des carrosses fait irrésistiblement penser à ceux d'Ezéchiel. Par contre, les ufologues y ont vu pour leur part, tout comme Paul Thomas, alias Misraki, et autres Von Däniken pour les récits bibliques, la description en termes d'époque de modernes vaisseaux aériens avec cosmonautes en scaphandre. Les illustrations du CFRU nous montrent des soucoupes volantes du genre classique (deux assiettes retournées l'une sur l'autre) et des cosmonautes à l'équipement un peu étrange mais supposés décrits par un homme du 17eme siècle. Nous avons tendance aujourd'hui à oublier que les chroniqueurs du 16e siècle et du début du 17e siècle étaient d'avides compilateurs de récits de prodiges, qu'ils soient terrestres ou célestes. Pour mémoire, nous rappellerons les célèbres feuilles illustrées des apparitions célestes de Nuremberg en 1561 et de Bâle en août 1566 ainsi que les *Histoires admirables et mémorables de notre temps* de Simon Goulart. Il faut d'ailleurs rappeler, que ces récits de prodiges survenus à Bâle et Nuremberg ont intéressé tout particulièrement Carl Gustav Jung dans *Ein moderner Mythus* (*Un mythe moderne*). Ce sont les "feuilles volantes", plus ou moins ancêtres du journalisme moderne, qui, de la fin du 15e jusqu'au 19e siècle, ont été publiées souvent par des auteurs anonymes et avec de petits moyens. Les feuilles volantes relataient les événements d'actualité et les prodiges célestes aussi bien que les monstres ou le péril turc (à cette époque l'on ne parlait pas encore de péril jaune), et véhiculaient des informations souvent vraies mais avec la perspective de l'époque. L'anonymat des auteurs se comprend bien dans la mesure où leurs informations, et la façon de les présenter, pouvaient être considérées comme un danger par les pouvoirs civils et religieux. Le faible nombre de pages (8 à 16) et le médiocre papier de ces feuilles volantes permet d'y rattacher, avec certitude, la chronique de Pierre Ménier, à moins qu'un faussaire particulièrement informé en ait fait une imitation si réussie qu'elle aurait même dupé les responsables de la Bibliothèque Nationale. Mais ce serait entrer là dans une histoire aussi compliquée que celle d'un faux contemporain : le célèbre homme fossile de Piltdown, pour un motif d'un intérêt sans doute bien moindre.

Ce rappel étant fait, je suis persuadé que les socio-psychologues, les historiens et les ufologues eux-mêmes, ont encore matière à un beau travail sur ces "prodiges". Je pense que Pierre Ménier peut encore faire rêver et son texte donner matières à des recherches pleines de surprises.

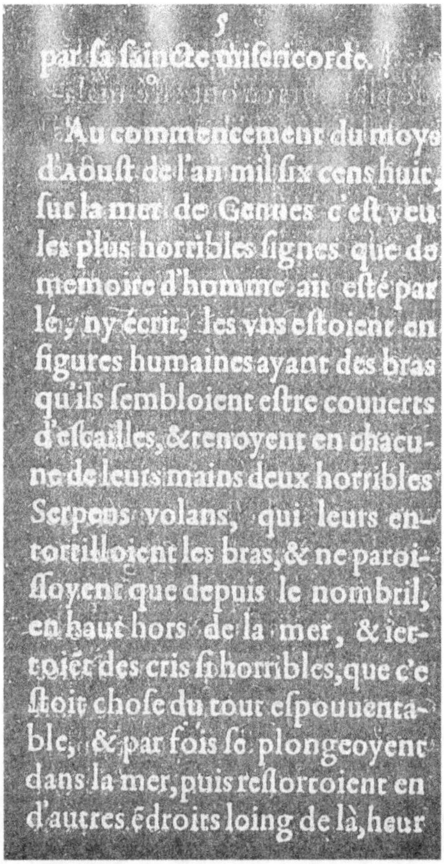
par ſa ſaincte miſericorde.

Au commencement du moys d'Aouſt de l'an mil ſix cens huic, ſur la mer de Gennes c'eſt veu les plus horribles ſignes que de memoire d'homme ait eſté parlé, ny écrit, les vns eſtoient en figures humaines ayant des bras qu'ils ſembloient eſtre couuerts d'eſcailles, & tenoyent en chacune de leurs mains deux horribles Serpens volans, qui leurs entortilloient les bras, & ne paroiſſoyent que depuis le nombril, en haut hors de la mer, & iettoiét des cris ſi horribles, que c'eſtoit choſe du tout eſpouuentable, & par fois ſe plongeoyent dans la mer, puis reſſortoient en d'autres édroits loing de là, heur

Fig.3 : *Une page de l'édition originale de 1608*

BIBLIOGRAPHIE :

Bougard, Michel : *Des soucoupes volantes aux OVNI*, SOBEPS, 1976, Belgique.

Bougard, Michel : *La chronique des OVNI*, Delarge, 1977, France.

Evans, Hilary : *From other worlds. The truth about aliens, abductions, UFO's and the paranormal*, Carlton Books, 1998, UK (traduction française : *Mondes d'ailleurs*, MLP, 1999).

Laronde, Hervé : *Extra-terrestres ou voyageurs du temps ?*, Alain Lefeuvre, 1979, France.

Piens, Christiane : *Les OVNI du passé*, Marabout, 1977, Belgique.

Tarade, Guy : *Soucoupes volantes et civilisations d'outre-espace*, J'Ai Lu, 1969, France.

NOTES :

1- Orthographe d'origine du titre et du texte de 1608.
2- Terme de vieux français indiquant soit un mouvement de tournoiement sur soi-même, soit l'action de se donner beaucoup de mouvement et, au figuré, de se remuer beaucoup (syn. : virevousse).
3- Terme de vieux français désignant le rivage.
4- Terme de marine désignant la haute mer.
5- Cette région a été très disputée : la République de Gênes est restée indépendante jusqu'en 1796, est ensuite devenue protectorat français avant d'être incorporée à la France en 1805. En 1815, elle est intégrée au royaume de Sardaigne. Quant à Nice, en 1608, la ville et le comté appartenaient à la Savoie dont la Maison de Savoie devint ensuite la dynastie régnante du royaume de Sardaigne, puis du royaume d'Italie.

Janvier 1913 : des aéronefs fantômes au-dessus de la Roumanie
Ion Hobana

Un des aspects les plus étranges du phénomène OVNI est, sans doute, celui du mimétisme. Tout au long de leur histoire, les objets volants non identifiés ont imité des véhicules connus, c'est-à-dire qu'ils ont pris leur apparence et ont reproduit leur comportement. Au Moyen Age, c'étaient les navires aériens signalés dans le nord de l'Europe. Vers la fin du XIXe siècle, les faux dirigeables sillonnèrent le ciel des États-Unis. Enfin, après le triomphe des appareils plus lourds que l'air, ce furent les avions fantômes. Je m'y arrête, car c'est précisément le sujet de mon article.

Délaissant la relation des premières observations, enregistrées en Grande-Bretagne, en Nouvelle-Zélande et aux États-Unis, je vous propose de voir ce qu'écrivaient les journaux britanniques au début de l'année 1913. Le 8 janvier, *The Dover Telegraph* publiait la déclaration de John Hobbs, employé de la Dover Corporation, sur les événements dont il avait été témoin le 4 janvier : *"Il était environ cinq heures samedi matin ; je descendais l'allée Lukey, lorsque j'entendis soudain le bruit d'un avion. J'ai entendu ce bruit bien des fois et j'ai une vue et une ouïe excellentes. J'ai vu passer beaucoup d'avions au-dessus de moi alors que je travaillais et je reconnaîtrai ce bruit n'importe où. Aussitôt après, en levant les yeux, j'ai vu une lumière qui se déplaçait dans l'air, ainsi qu'une grosse masse noire. Je ne pouvais en distinguer la forme car il faisait trop sombre, mais j'ai suivi des yeux la lumière et je l'ai vu disparaître à l'intérieur des terres. Elle semblait venir de la mer. J'ai par la suite attiré l'attention de M. Langley, l'épicier, qui déclara avoir également entendu le bruit en question. J'en informai M. Brockman, le batelier, qui déclara avoir entendu un bruit similaire, sans y avoir prêté trop d'attention. Je suis certain d'avoir vu la lumière*[1] *"*.

Hobbs a discuté également avec les agents de police Pierce et Smithen, lesquels ont confirmé avoir entendu le bruit. Pierce a ajouté : *"Il ne pouvait, pour pouvoir évoluer dans un tel vent, s'agir que d'un aéronef muni de puissants moteurs, et de surcroît piloté audacieusement* [2] *"*. Le vent soufflait en effet à quarante-huit kilomètres à l'heure au moment de l'observation, ce qui fit dire à un pilote : *"La matinée était trop orageuse pour un quelconque vol. Un vol avec n'importe quel aéronef était totalement exclu. Même un avion n'aurait pu se frayer un chemin*[3]*"*. Ce qui s'avère parfaitement exact, compte tenu du niveau de l'aéronautique en ce temps-là.

On a voulu mettre le bruit sur le compte d'un bateau à moteur qui regagnait le port, en omettant le fait que le principal témoin avait vu *"une lumière se déplaçant dans l'air, ainsi qu'une grosse masse noire"*. Sur la foi de cette précision, les garde-côtes crurent que Hobbs avait vu un avion appartenant à un aérodrome voisin. Nigel Watson, auteur de l'article dont je tire ces informations, met en question leur déclaration : "*À cette époque, il était rare que les avions soient dotés de feux de position* [4]". Je reviendrai sur ce commentaire.

Autre cas, britannique celui-là, répertorié dans l'incomparable collection d'étrangetés réunies par Charles Fort. Le 17 janvier, toujours en 1913, le capitaine Lindsay, chef de la police de Glamorganshire, a vu un objet dans le ciel de Cardiff, au pays de Galles. Il attira l'attention d'un passant, qui convint qu'il s'agissait d'un objet de dimensions notables. Lindsay déclara : "*Il était beaucoup plus gros que l'aéroplane de Willows et laissa une fumée dense dans son sillage*[5]". Le lendemain, les habitants de Cardiff ont pu suivre l'évolution de "quelque chose" de lumineux, ou porteur de lumières, qui se déplaçait rapidement dans le ciel. Le 25 janvier, le *Cardiff Evening Express* écrivait : "*On a observé la nuit passée des lumières brillantes qui balayaient le ciel, et ce soir, elles sont devenues plus intenses. A Totterdown, les rues et les maisons ont été brusquement illuminées par une lueur vive et pénétrante, orientée vers le haut, ce qui a permis aux nombreux spectateurs de bien voir les collines éloignées*[6]". Le *Times* du 28 janvier évoque un navire aérien doté d'une lumière étincelante, vu au-dessus de Liverpool, en précisant : "*Les responsables de l'école d'aviation de Liverpool ont déclaré qu'aucun pilote n'avait volé dans la nuit de samedi*[7]". Le 31 janvier, le *Standard* publia une liste des villes où avait été vu l'aéronef, parmi lesquelles figuraient Cardiff, Newport, Neath. Cet aéroplane, évidemment étranger, aurait visité plusieurs fois le pays, ou n'y serait venu qu'une fois, en volant durant trois semaines. L'auteur de l'article pense, à juste titre, qu'aucun appareil n'aurait pu atteindre les villes citées sans être vu des habitants de la côte. Quant au séjour de trois semaines dans les airs, l'hypothèse ne vaut pas qu'on s'y arrête ...

Les autorités militaires ont été préoccupées par la présence d'aéronefs inconnus dans l'espace aérien britannique. A la réunion du 7 janvier 1913 du Comité de Défense de l'Empire, C.F. Snowden Gamble affirmait qu'au-dessus de Douvres avait évolué le zeppelin *Hansa*. Mais le 9 février 1913, Winston Churchill, Premier Lord de l'Amirauté, écrivit au Commandant de la flotte qu'il n'y avait pas d'informations précises sur ce sujet ; et le rapport final, rédigé en mai 1913, conclut que l'aéronef observé le 4 janvier restait "non identifié".

En janvier 1913, on a également consigné une véritable vague d'apparitions d'OVNIS dans le ciel roumain. C'est en compulsant les collections du journal *Universul* et de quelques périodiques de province que j'ai découvert les comptes rendus des vols de plusieurs appareils inconnus. Ci-dessous les plus intéressants :

"*Brăila, le 3 janvier.*

Ce soir, à six heures trente, un ballon dirigeable, venant de la direction de Măcin, a survolé la ville à grande altitude. L'appareil, doté d'un projecteur, a, après avoir évolué au-dessus de la ville, pris la direction de Focsani[8]".

"*Constanta, le 9 janvier.*

Les autorités de la ville ont été averties que la nuit dernière, vers une heure, un aéroplane, venant de la direction de Tulcea et se dirigeant vers Cernavodă, a été aperçu au-dessus du village de Pantelimonul de Jos.[9]"

" *Focsani, 9.*

Hier soir, vers huit heures et demie, un aéroplane, venant du nord-ouest et doté d'un projecteur, a survolé les casernes de la ville, puis s'est éloigné en direction du sud-ouest.[10]"

"*Ocnele-Mari, le 10 janvier.*

Un aéroplane doté d'un projecteur qui jetait une puissante lumière, a été vu, à vingt-et-une heures trente, au-dessus de notre ville. Après avoir effectué plusieurs tours, il s'est dirigé vers la frontière autrichienne[11]".

"*Focsani, le 12 janvier.*

La nuit dernière, vers deux heures, des sentinelles ont observé, au-dessus des casernes, l'apparition d'un aéroplane. Il fut sur-le-champ ordonné qu'un peloton tira des salves sur l'appareil, qui a disparu sans qu'on puisse savoir, en raison du brouillard, quelle direction il a prise[12]".

"*Focsani le 13 janvier.*

A la caserne de la ville a été installé un corps de garde qui a pour consigne d'observer les aéroplanes qui font leur apparition durant la nuit et qui tournent au-dessus de la cité et surtout de la caserne. A ce poste se trouvent des fanaux et des fanions dont l'utilisation somme les aviateurs à atterrir ; en cas de refus, les soldats doivent tirer des salves sur l'aéroplane[13]".

"*Focsani, le 13 janvier.*

A huit heures vingt un aéroplane muni d'un projecteur a survolé notre ville. Il a effectué plusieurs tours puis a disparu[14]".

"*Iasi, le 15 janvier.*

Hier soir, à vingt-et-une heures, un aéroplane puissamment illuminé a été aperçu au-dessus des casernes du Copou de notre ville, planant à grande hauteur. Les élèves de l'internat, attirés par le bruit produit par l'aéroplane, sont sortis et l'ont vu, mais peu de temps après, le projecteur s'est éteint et l'engin a disparu.

On annonce que, la nuit dernière, les gardes champêtres du village de Păusesti, commune de Dumesti, ont vu un aéroplane venant de la commune de Popesti et se dirigeant vers Cucuteni. Il était vingt heures trente. Les autorités enquêtent [15]".

" *Hărlău, le 16 janvier.*

Un aéroplane muni de puissants projecteurs a été aperçu hier soir à huit heures vingt au-dessus de la ville. Après avoir évolué un moment au-dessus de la commune de Deleni, il s'est dirigé vers Dolhasca-Fălticeni[16]".

Du journal *Galatii* du 16 janvier :

"*Hier soir à vingt heures un aéroplane a survolé la commune de Drăguseni dans notre département. Il venait de la direction de la Bessarabie et se trouvait à une altitude d'environ cent mètres. Un aéroplane a été vu également à Barbosi.*[17]".

Revenons à *Universul*.

"*Brăila, le 16 janvier.*

Hier soir, vers vingt heures, un aéroplane muni d'un projecteur a survolé notre ville. Des cavaliers ont, depuis la cour de ma caserne, tiré des coups de feux sur l'appareil, qui a disparu [18]".

"*Tărgoviste, le 16 janvier.*

La nuit dernière, après une heure, un aéro-

plane, muni de puissants projecteurs, a été aperçu survolant la ville à faible hauteur. Il venait du nord-est et s'est dirigé vers Bucarest. Les personnes qui l'ont vu ont déclaré que l'appareil avait survolé le régiment n° 10 des hussards rouges et de l'école de cavalerie, avant de disparaître[19]".

"Iasi, le 16 janvier.

Un aéroplane a de nouveau été aperçu hier soir au-dessus de la caserne du Copou. Le soldat de garde a immédiatement donné l'alerte. Un sous-lieutenant, accompagné de plusieurs soldats, est sorti dans la cour, et, conformément à l'ordre du ministre de la guerre, a, après avoir fait effectuer les signaux réglementaires, fait tirer sur l'appareil. Au même moment, sur ordre supérieur, un sous-lieutenant est parti en automobile à la poursuite de l'appareil, allant jusqu'à Podul-Iloaiei. Mais il semble que là, le pilote de l'aéroplane ait éteint le projecteur et qu'il ait disparu avec son appareil pour une direction inconnue.

Alors qu'on pouvait voir la puissante lumière éclairer les hauteurs, des centaines de gens se sont massés sur la place de l'Union et dans les principales rues. Une profonde émotion s'est emparée de la foule lorsqu'elle a entendu les coups de feu tirés depuis la caserne[20]".

Du journal *Evenimental*, à Iasi, le 17 janvier :

"*Le Quatrième Corps d'armée fait savoir qu'un aéroplane a été observé évoluant au-dessus de Iasi la nuit dernière. Sa progression a été suivie, à l'aide d'appareils optiques, par plusieurs officiers supérieurs de la garnison locale*[21]".

Et, de nouveau, *Universul* :

"Zimnicea, le 25 janvier.

Hier, vers huit heures trente du matin, un aéroplane a été vu par les habitants des communes de Viisoara et Fântânele, situées sur la route Turnu Măgurele-Zimnicea. L'appareil, venant de la direction d'Alexandria, a évolué au sud-ouest de ces communes. Il volait en altitude au dessus de ces communes frontalières proches de la Bulgarie. On pense que ces avions effectuent des missions d'espionnage sur les villages le long de la rive gauche du Danube[22]".

L'implication de plusieurs unités de l'armée dans l'observation des "aéroplanes" et leur réaction, suite à l'ordre du ministre de la guerre, m'ont déterminé à intervenir auprès du chef du Grand Etat-Major. Je lui ai demandé de pouvoir consulter les archives du ministère de la Défense Nationale, dans l'espoir d'y trouver les rapports concernant ces événements tout à fait inhabituels. On a accédé à ma requête. Malheureusement, il semble que les documents aient disparu durant la Première Guerre Mondiale, lorsque les autorités civiles et militaires roumaines durent abandonner temporairement Bucarest et s'établir à Iasi. En revanche, on a mis à ma disposition les rapports envoyés par l'Inspecteur Général de la Gendarmerie Rurale au chef du Grand Etat-Major Général, le général de division Alexandru Averescu. Je reproduis trois d'entre eux, en fac-similés, le premier se rapportant à une observation du 28 décembre 1912 : (Fig. 1)

" *Le Commandant de la Compagnie de Gendarmerie Rurale de Vâlcea nous informe que le Gendarme Caporal Ciorei Mihail, du poste de Zmeorâtu, ainsi que d'autres habitants de cette commune, ont vu dans la soirée du 28 décembre 1912, vers dix-huit heures, un aéroplane volant à l'aplomb du village de Zmeorâtu,* à une altitude d'environ cent mètres ; par suite de l'obscurité, il n'a pas été possible de voir quelle direction prenait l'appareil — vraisemblablement celle des monts Voineasa" (Fig. 2)

" Le Commandant de la compagnie de Gendarmerie de Tulcea nous informe que, dans la nuit du 6 au 7 janvier, on a vu la lumière d'un projecteur entre les villages de Râmnic et de Cucichioi. Après deux à trois minutes, on a entendu un grondement, puis, un moment après, un aéroplane a été vu à l'aplomb du village de Rahman, dans la commune de Calfa. L'appareil se dirigeait vers Hârsova, et à vingt-et-une heures, il a survolé le village de Topolog, se dirigeant vers Tulcea".

"Le Commandant de la Compagnie de Gendarmerie de Vâlcea nous informe que le 13 janvier, vers vingt-et-une heures trente, il a vu de ses propres yeux, un aéroplane en altitude qui, après avoir survolé durant un moment la ville de Râmnieu-Vâlcea, s'est dirigé vers le nord. L'aéroplane était muni d'un puissant projecteur". (Fig. 3)

Le rapport du 9 janvier fait référence à plusieurs observations, que j'ai classées par ordre chronologique :

"*La Compagnie de Suceava*. Dans la nuit du 1er au 2 janvier, vers minuit, on a observé un aéroplane muni de projecteurs, volant au-dessus du village de Sasca, à cinq cents mètres d'altitu-

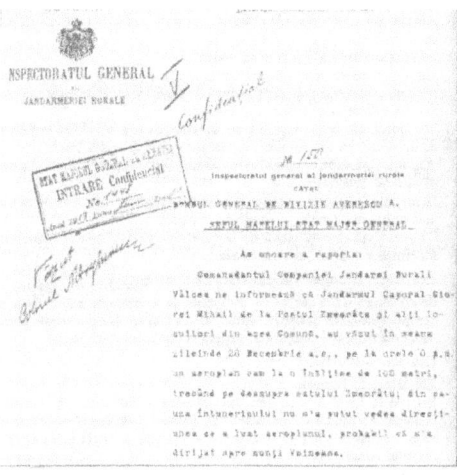

Fig. 1

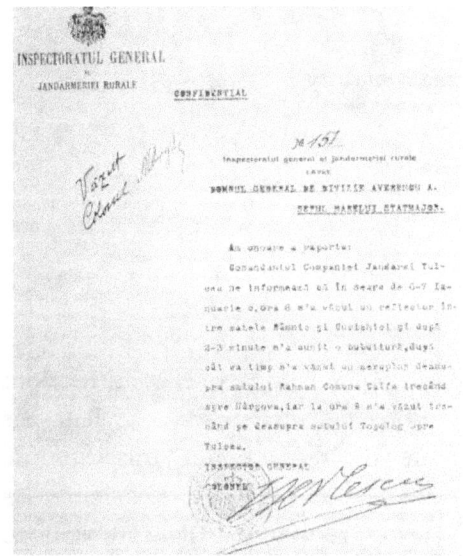

Fig. 2

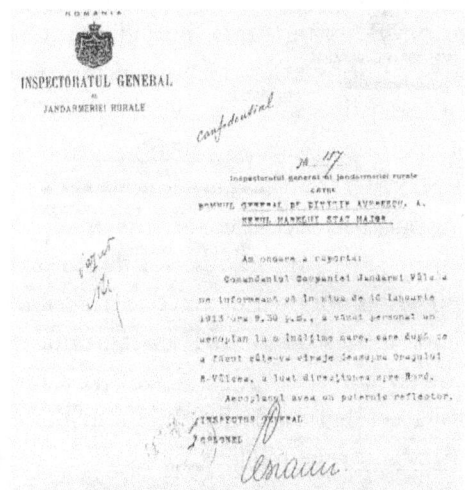

Fig. 3

de. Il venait du Sud et a suivi le cours de la rivière Moldava, en Bucovine.

La Compagnie de Tutova. Le chef de poste de Rãdesti a vu, dans la nuit du 1er au 2 janvier, un aéroplane passer au-dessus du village de Rãdesti ; il venait de la direction de Bârlad et se dirigeait vers la commune de [illisible] *du département de Covurlui.*

La Compagnie de Botosani. Le chef de poste de Stefãnesti a vu, dans la soirée du 5 janvier, vers vingt heures, à l'aplomb de la bourgade de Stefãnesti, un aéroplane venant de la direction de la Russie (Bessarabie) et qui se dirigeait vers Botosani. L'aéroplane volait à haute altitude, mais on entendait très bien le bruit de l'hélice.

La Compagnie de Constanta. Le chef de la Section de Gendarmerie de Bârsova a vu, dans la soirée du 8 janvier, vers dix-neuf heures trente, un aéroplane survoler les communes de Gârliciu et de Sarai. L'appareil venait de la direction de la Russie et se dirigeait vers la Bulgarie".

On a découvert neuf rapports de gendarmerie. Si on y ajoute les quatorze comptes rendus de presse, on est en possession de vingt-trois enregistrements d'observations effectuées en moins d'un mois : densité sans équivalence pour l'époque. Mais s'agissait-il de véritables OVNIS ? ... Pour apaiser l'inquiétude de la population face à ces intrusions dans l'espace aérien du pays, on a donné une explication qui puisse concorder avec les assertions des témoins. Dans son numéro du 17 janvier 1913, *Evenimental*, à Iasi, publia ces lignes, évidemment inspirées par les autorités militaires locales :

"Il a été établi d'une façon indubitable que les aéroplanes qui ont été vu récemment à Galatii et à Focsani venaient de Russie. Ils ont suivi le trajet Hanul, Conachi, Galatii, Nãmoloasa, Focsani. Le but de ces visites d'aéroplanes russes sont faciles à supposer : nos voisins veulent connaître nos mouvements militaires à l'intérieur du territoire, sur la ligne fortifiée Focsani-Nãmoloasa-Galatii[23]*".*

"Facile à supposer" : uniquement si on ignore l'état de l'aviation russe (et mondiale) en janvier 1913. Deux ans auparavant, Sir George White, Président de la Bristol Boxkite Company, avait annoncé que l'armée de la Russie impériale avait commandé huit avions, *"première commande d'un gouvernement étranger à une entreprise britannique de construction aéronautique*[24]*".* Voici une photo de l'acquisition (Fig. 4):

Et une autre du biplan autochtone Rebikov (Fig. 5)

Fig. 4

Ces appareils, ainsi que les autres dont était dotée l'armée russe, n'étaient pas capable d'effectuer des missions de reconnaissance nocturne. D'ailleurs, les vols de nuit représentaient à cette époque de rares exploits dus à quelques pilotes téméraires. L'observation aérienne des

Fig. 5

fortifications ou des mouvements de troupes, se faisait exclusivement de jour — les photos reproduites dans les ouvrages de référence en font foi.

L'explication ? En janvier 1913, et même plus tard cette même année, les avions ne disposaient pas de projecteurs. L'Histoire de l'aéronautique mentionne que le premier vol officiel avec éclairage à bord eut lieu le 31 mars 1910, lorsque Henry Farman accrocha à l'extrémité des ailes de son biplan ... des lampions. Plus tard, en 1911, en France, et en 1913 en Angleterre, des expériences furent effectuées avec des rampes d'ampoules électriques. D'où sortaient, alors, les nombreux et puissants projecteurs décrits par tant de témoins civils et militaires ?

Curieusement — encore que ce ne le soit pas — les Russes devaient affronter les mêmes problèmes. Voici ce qu'en dit Boris Chourinov, éminent ufologue moscovite : "*Il y eut beaucoup d'observations de phénomènes se rapportant aux Ovnis en 1913 et 1914. Cette vague de phénomènes insolites se caractérisait par l'observation de feux se déplaçant dans l'atmosphère, de "dirigeables" et d' "avions" munis de puissants projecteurs, au-dessus du front germano-russe, à l'intérieur du pays, au Kazakhstan, le long du littoral de la mer d'Okhotsk.*

A cette époque, pour expliquer les observations nocturnes, on parlait de vols de nuit ; pourtant, les premiers vols de nuit ne datent que des années 20 [25]".

Chourinov situe trop loin dans le temps le commencement des vols nocturnes, comme nous allons le voir sous peu ; mais des apparitions insolites ont été signalées en Russie, avant 1913. Voici le compte rendu que j'ai déniché dans un journal roumain :

"*Plusieurs officiers supérieurs russes ont déclaré à la* Gazette de la Bourse *avoir vu un gros dirigeable illuminé à la lumière électrique survolant à grande altitude la ville de St-Petersbourg. La nouvelle a fait sensation. On suppose que les anarchistes ont entrepris de lancer avec cet appareil terrifiant, qui volait la nuit, à contre-courant, des projectiles électriques.*

Des informations ont été demandées depuis le parc aérostatique de Cronstadt, au sujet de ces déclarations. La réponse fut que personne n'avait vu un tel engin et qu'en tous cas, si ce dirigeable a survolé le territoire russe, il n'était pas russe[26]".

Comme d'autres nouvelles de presse, les Russes croyaient que les aéronefs fantômes de 1913 étaient autrichiens, tandis que les Autrichiens incriminaient les Russes, comme il ressort d'une dépêche de l'étranger :

"*Un aéroplane russe au-dessus de la ville de Cernãuti.*

Cernãuti, le 14. Au moment où je télégraphie, un aéroplane inconnu, muni d'un puissant projecteur, tourne au-dessus de notre ville. Il paraît et disparaît brièvement en différents quar-

tiers de la ville. La place principale st noire de milliers de curieux. On dit que l'aéroplane est russe et qu'il fait de l'espionnage.

Il règne une grande agitation, d'autant que le même phénomène a pu être observé hier. Il faut noter que le gouvernement autrichien a récemment interdit, sous peine de mort, le survol de la Bucovine aux avions.

L'aéroplane continue à tourner, quoique le vent soit fort. Tous les habitants sont sortis de chez eux. La surexcitation est à son comble.

Les autorités militaires vont prendre des mesures énergiques[27]".

Je tiens à préciser à nouveau qu'en 1913 les avions n'étaient pas munis de projecteurs. La raison ? La seule source accessible de lumière intense aurait été les lampes à arc, où le rapprochement de deux tiges de charbon produisait un arc électrique. Les projecteurs terrestres équipés de ces lampes étaient trop lourds et trop volumineux, comme d'ailleurs les générateurs de courant nécessaires, pour être installés sur les fragiles constructions du genre de la Bristol Boxkite. On a donc monté sur les appareils volants la dynamo utilisée pour les phares des automobiles. L'idée vint de l'ingénieur français Léon Cibié, qui coupla la dynamo non pas au moteur, mais à une petite hélice entraînée par le courant d'air produit par le vol de l'avion. Le système fut homologué en juin 1914, et le lieutenant Laurens a effectué le 3 décembre un vol de nuit avec un appareil Voisin, muni de phares : (Fig. 6)

Dans le rapport rédigé après l'achèvement de la mission, il attirait l'attention de ses supérieurs : "*Les phares ne sont pas assez puissants pour permettre le choix d'un terrain en cas d'atterrissage forcé. Jusqu'à deux cents mètres, le sol n'est éclairé que sur une surface restreinte et avec une intensité si faible, qu'il est impossible de découvrir les petits obstacles qui pourraient nuire à l'atterrissage. Un voltage plus grand et des phares multi-directionnels pourraient pallier partiellement cet inconvénient*[28]".

Deux ans donc après la vague d'apparitions d'OVNIS au-dessus de la Roumanie, l'utilisation de projecteurs durant les vols de nuit était encore au stade expérimental, alors que l'intensité du flux lumineux était loin d'avoir la puissance rapportée par les témoins. Arnaud Prudhomme, l'auteur de l'article des informations reproduites supra, nous éclaire également sur le but présumé des "visites des aéroplanes russes" :

"*En 1917 est enfin née la reconnaissance nocturne, qui a pénétré au-dessus de la zone située à l'arrière de l'ennemi, pour observer ses mouvements, notamment sur les chemins de fer*[29]". En 1917 ! ...

Victor Anestin, astronome amateur reconnu, écrivain et publiciste très actif, a

Fig. 6

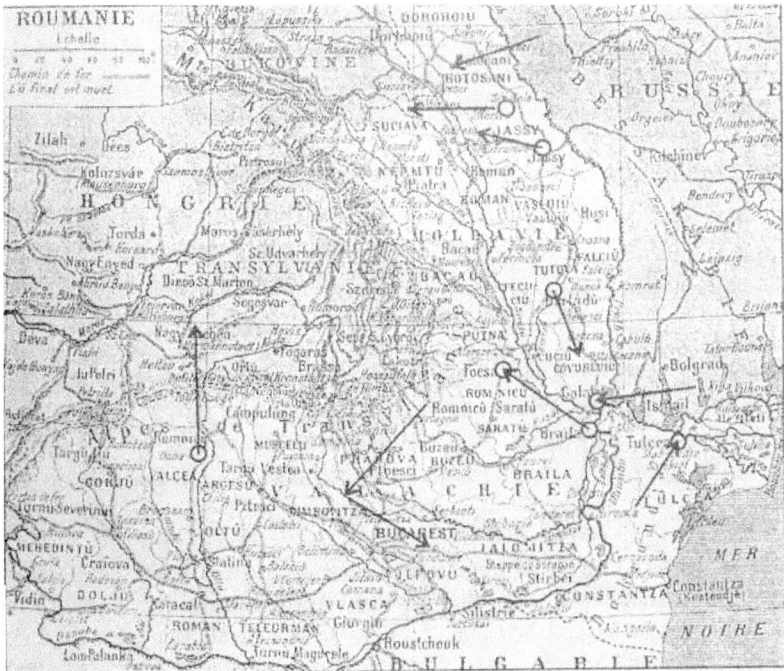

Fig. 7

mené une campagne de presse soutenue pour convaincre les lecteurs déconcertés du fait que les observations étaient liées à la planète Vénus qui avait atteint son éclat maximum entre vingt et vingt-et-une heures et pouvait être vue si on regardait en direction du sud-ouest. Il écrivit notamment :

"Chez nous, en seulement quelques soirées, des aéroplanes ont été vus à Tulcea, Galatii, Brăila, Focsani, Bârlad, Husi, etc. Tous étaient munis de projecteurs, tous apparaissaient vers vingt heures. Pour ceux qui connaissent le ciel, il est élémentaire de supposer que les mystérieux aéroplanes n'étaient là que pour Vénus, d'autant que tous disparaissaient vers l'ouest [30]*"*.

Pour le triomphe de la cause, Anestin omettait le fait que les "aéroplanes" se montraient également à d'autres heures de la nuit : à minuit (à Sasca), une heure (à Pantelimonul de Jos, à Târgoviste), deux heures (à Focsani), et même à huit heures trente du matin (à Viisoara et à Fântânele). Il omettait également d'évoquer le fait constaté que nombre d'appareils venaient de la direction de la Bessarabie, donc de l'est (Drăguseni, Târgul Stefănesti), et se dirigeaient vers le nord (Râmnicu-Vâlcea, Sasca), le nord-est (Topolog) et le sud-ouest (Târgoviste).

J'ai indiqué sur la carte de la Roumanie d'alors les localités survolées par les "aéroplanes" et les directions qu'ils ont suivies : (Fig. 7)

On peut imaginer qu'Anestin a procédé de même car, répondant à un lecteur, il se montrait moins catégorique : *"La planète Vénus se trouve au sud-ouest, non pas* au nord-ouest. *Ainsi, nous pouvons dire qu'à notre avis, presque tous les aéroplanes, munis de projecteurs, signalés sur différentes villes de Moldavie, devaient en fait être cette même pauvre planète*[31]". "A notre avis", "presque tous" ... Evidemment, la "pauvre planète" n'aurait pu ni se déplacer dans différentes directions, ni tourner au-dessus des villes et des casernes (à Focsani, Ocnele-Mari, Iasi, Târgoviste, Râmnicu-Vâlcea), ni faire de bruit (à Iasi, Stefãnesti). Anestin ne dit mot des déplacements et des courbes effectués, mais s'amuse aux dépens des témoins en ce qui concerne la dernière manifestation des "aéroplanes" : "*Quelques-uns ont entendu du bruit. Comme les planètes volent dans l'espace, mais sans bruit, il n'est pas du tout sûr qu'il s'agisse de la planète Vénus, d'autant que maintenant, c'est la guerrière Mars qui fait le plus de vacarme*[32]".

Pour avoir la conscience tranquille, je me suis adressé au Docteur Harald Alexandrescu, astronome roumain fort connu et estimé. Après avoir étudié les documents que je lui ai présentés, il m'a donné son opinion :

"*Le comportement, l'intensité de la lumière, la fréquence de l'apparition de ces phénomènes excluent une interprétation astronomique. S'il ne s'agissait pas d'avions, le mystère demeure*". Je suis tout à fait d'accord.

Les aéronefs fantômes qui ont survolé la Roumanie en 1913 ajoutent un chapitre très étoffé au dossier du mimétisme des objets volants non identifiés.

NOTES :

1- Nigel Watson, *Etranges aéronefs en 1913*, in *OVNI Présence*, trimestriel n° 37-38, juillet 1987.
2- Nigel Watson, *Id.*
3- Nigel Watson, *Ibid.*
4- Nigel Watson, *Ibid.*
5- Nigel Watson, *Ibid.*
6- Nigel Watson, *Ibid.*
7- Nigel Watson, *Ibid.*
8- *Un dirijabil deasupra Brãilei*, in *Universul*, 5 ianuarie 1913.
9- *Aeroplane strãine în tarã*, in *Universul*, 11 iannuarie 1913.
10- Voir note 9.
11- *Un aerplan strãin la Vâlcea*, in *Universul*, 13 iannuarie 1913.
12- *Recunoasterile unui aeroplan*, in *Universul*, 14 iannuarie 1913.
13- *Mãsuri contra recunoasterilor rãcute de aeroplane strãine*, in *Universul*, 15 iannuarie 1913.
14- *Un aeroplan strãin deasupra orasului Focsani, Id.*
15- *Un aeroplan strãin deasupra Iasului*, in *Universul*, 17 iannuarie 1913.
16- *Aeroplane strãine spioneazã diferite puncte din tãra*, in *Universul*, 18 iannuarie 1913.
17- *Informatiuni*, in *Galatii*, 16 iannuarie 1913.
18- Voir note 16.
19- *Un aeroplan asupra scoalei de cavalerie din Târgoviste*, in *Universul*, 18 iannuarie 1913.
20- *Trupele din Iasi descarcã focuri asupra unui aeroplan, Id.*
21- *Ultime informatii*, in *Evenimentul*, 17 iannuarie 1913.
22- *Spioni bulgari în aeroplane*, in *Universul*,

28 iannuarie 1913.
23- Voir note 21.
24- Jac Remise, Henry Beaubois, *Ces Aéroplanes qui volent encore*, Ed. Lausanne-Vilo, Paris, 1975, p. 28.
25- Boris Chourinov, *OVNIS en Russie. Les deux faces de l'ufologie russe*, Guy Trédaniel Editeur, Paris, 1995, pp. 14-15.
26- *Prin postă. Un dirijabil fantomă*, in *Viitorul*, 6 (19) innuarie 1910.
27- *Un aeroplan rusesc deasupra orasului Cernăuti*, in *Universul*, 16 iannuarie 1913.
28- Arnaud Prudhomme, *Lux fiat ! ... et l'avion eut la lumière*, in *Le Fana de l'aviation*, n° 374, janvier 2001.
29- Arnaud Prudhomme, Id.
30- *Aeroplane rusesti*, in *Universul*, 18 iannuarie 1913.
31- *Rubrica Cititorilor. Planeta Venus*, in *Ziarul călătoriilor si al stiintelor populare*, 22 iannuarie 1913.
32- Voir note 30.

Analyse de la photographie d'une boule lumineuse se déplaçant à grande vitesse
Richard F. Haines

Date de la photo : 16 juillet 1988
Heure de la photo : approximativement 1400 PST [1]
Lieu : 33° 49' N; 116° 44' W (à l'ouest de Palm Springs, Californie)
Durée de l'observation : de 5 à 10 secondes
Nombre de PANI : un
Nombre de témoins oculaires : un plus d'autres (présumés)
Nombre de clichés : un

(Tous les clichés sont © Richard F. Haines)

Introduction et informations sur le vol

De nombreux auteurs ont écrit que la crédibilité d'une photographie d'ovni supposé repose beaucoup plus sur la crédibilité du photographe que sur tous les détails et les caractéristiques techniques de la photo. Lorsque la crédibilité du témoin oculaire est élevée et qu'aucune preuve de fraude ou de mystification n'est constatée, il devient plus raisonnable d'accepter la photo comme étant au moins ce qu'elle prétend être c'est-à-dire l'évidence d'un phénomène intéressant, bien qu'inconnu.

Une observation aérienne intéressante (avec une diapositive en couleurs 35mm) a été rapportée par le témoin et photographe, R. J. Childerhose (1966) le 27 août 1956. Il pilotait à ce moment-là un avion à réaction F-86 de l'Armée de l'Air Royale Canadienne. Ainsi que Klass l'a remarqué (1968, p. 146), "la photo (reproduite sur la couverture de son livre) montre un objet intensément brillant, blanc, ovoïde qui semble être suspendu au-dessous d'un orage intense", visible à travers un trou dans des nuages dont les plus hauts étaient à une altitude d'environ 12.000 pieds ou plus. Le témoin a dit à Klass que l'objet semblait avoir des bords bien définis et ressemblait à "un dollar d'argent brillant se tenant à l'horizontale." Le pilote a aussi écrit au docteur James McDonald pour lui dire (Maccabee, 1999, p. 209) que "…la photo de l'objet brillant ne représente pas tout à fait ce qui apparaissait à l'oeil nu. Quand j'ai vu l'objet pour la première fois, il m'est apparu comme un objet discoïdal très brillant, clairement défini, comme un dollar d'argent couché sur le côté. La photo le fait ressembler à une tache de lumière, le résultat de l'intensité lumineuse." Klass et Altschuler, un membre du Comité d'Etudes des OVNI de l'Université du Colorado (Gillmor, 1968, p. 733), ont estimé que l'objet vu et photographié par Childerhose était de la foudre en boule. Un travail plus tardif par Maccabee (1999) suggère que peu des caractéristiques de la foudre en boule correspondent à celles vues et photographiées par ce pilote et témoin.

Childerhose a essayé d'expliquer pourquoi ce qu'il avait vu ne correspondait pas à ce qui est apparu sur sa photo. Il a déclaré que "la lumière émise par l'objet était beaucoup plus brillante que la lumière du soleil à cette heure-là du jour, ce qui a surexposé le film, causant les bords flous que vous voyez dans l'image." (Klass, 1968, p. 147) Les suppositions ultérieures et les calculs de Maccabee (1999) suggèrent que l'objet était en réalité composé de deux taches/objets distincts et brillants très proches l'un de l'autre, dont les pourtours lumineux ont fusionné ensemble et dont l'énergie aurait été de plus de 10^9 watts. Cette photo classique a continué de rendre perplexe les investigateurs au cours des années. Curieusement, l'auteur a appris l'existence d'une autre photo, décrite dans cet article, qui contient un certain nombre d'éléments semblables à ceux du cas Childerhose. Comme nous le verrons, le cas présenté ici est important non seulement à cause des recoupements apparents qu'il a avec le cas précédent mais aussi parce qu'il pourrait nous éclairer sur les raisons pour lesquelles certaines photos ne correspondent pas plus étroitement avec ce qui aurait été vu.

L'auteur fut informé par courrier électronique au National Aviation Reporting Center on Anomalous Phenomena (NARCAP)[2] le 27 janvier 2001 que John Williams (pseudonyme) avait en sa possession "une photo originale et un négatif ainsi que le journal de vol...". Dans ce courrier électronique il donnait aussi un récit relativement complet de sa localisation en vol quand l'événement est arrivé, à savoir cinq milles au NE du Mt. San Jacinto qui se trouve lui-même à environ huit milles au NO de l'aéroport de Palm Springs, en Californie.

ÉLÉMENTS DE BASE DE L'OBSERVATION

M. Williams, pilotant un planeur Mini-Nimbus/C[3], tiré par un avion de remorquage standard, est parti de Hemet, aéroport de Ryan en Californie[4], à 13h15 PST le 16 juillet 1988 et s'est élevé vers le NE, atteignant finalement une altitude d'environ 12 000 pieds par rapport au niveau du sol. Le terrain dans cette région s'élève graduellement à partir d'une altitude de 1 600 pieds par rapport au niveau moyen de la mer en direction de l'Est où la chaîne de montagnes de San Jacinto (qui ont en moyenne de 7 000 à 10 000 pieds de haut) est orientée grossièrement dans une direction nord-sud. Le but premier de ce vol (qui a duré à peine plus de quatre-vingt-dix minutes) étant d'avoir des photos couleurs du planeur en vol depuis un avion qui le suivait, M. Williams avait pris des dispositions pour qu'un ami proche vole en tant que passager et photographe dans le Mooney 201[5] avec le pilote (M. D.L.S.) étant assis dans le siège de gauche. M. R.C. avait pris place dans le siège avant droit et a pris vingt-quatre photos, principalement par la fenêtre à sa droite. M. Williams lui a fourni l'appareil photo et le film (décrits plus loin) et les a récupéré immédiatement après l'atterrissage.[6]

Ayant atteint une altitude de 12 000 pieds, l'avion de remorquage (commercial) a largué le planeur et s'est immédiatement éloigné pour retourner à l'aéroport d'Hemet. Le pilote de l'avion suiveur, M. D.L.S., suivait généralement sur sa gauche le planeur ce qui permettait au photographe de prendre ses photos de la fenêtre de droite. Les trois personnes étaient en communication radio constante pendant le vol sur 123.3 MHZ. La figure 1 est une photographie du Mooney 201 prise pendant le vol par Williams avec son appareil photo calibrée placé dans le cockpit.

La figure 2 a été faite pour aider à comprendre les emplacements instantanés relatifs du planeur (S), de l'avion suiveur (A) et le phénomène aérien non identifié (PANI) qui nous intéresse et leurs trajectoires. La ligne noire (V - V') indique la trajectoire approximative du planeur pendant les cinq à dix secondes de l'observation visuelle. La ligne brisée droite (Y - Z) est la course linéaire présumée du PANI. L'angle (X-A-X', non dessiné à l'échelle) représente le diamètre angulaire de l'objectif de la caméra sous-tendant un arc (Th) d'environ 57 degrés (commentaires après).

Vous remarquerez dans la Figure 2 que, durant l'observation, le planeur

Figure 1 : *Le Mooney 201 (Registration : N1985Y)*

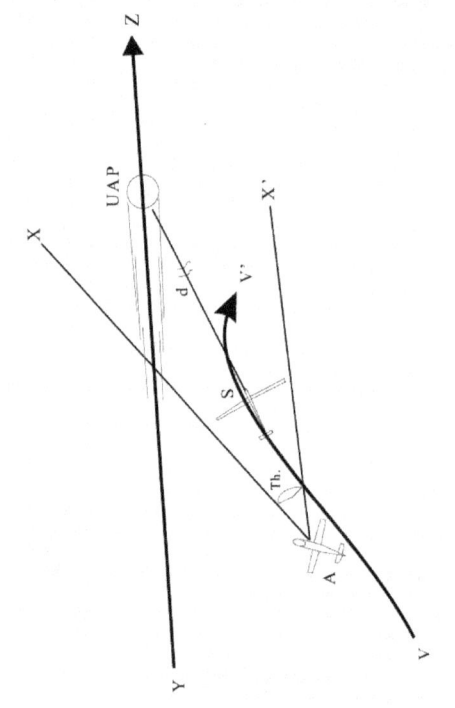

Figure 2 : *Dessin des positions relatives de l'avion et du PANI lors de l'observation visuelle*

suivait un cap d'environ 45 degrés (magnétique) ; il se trouvait à ce moment-là approximativement à "cinq milles au Nord-Est du Mt. San Jacinto". Selon les propres mots du témoin principal, "… une faible descente à 11 000 pieds a eu lieu afin de prendre de la vitesse pour la session de photos. Un certain nombre de photos ont été prises sans qu'il n'y ait rien d'inhabituel ; ensuite il y a eu un virage pour tourner vers la droite(V - V') en s'éloignant de l'avion suiveur". Pendant ce virage les observateurs des deux avions ont vu le PANI que le photographe dans l'avion suiveur a photographié (cf. Figure 3). Williams a dit que cet objet se déplaçant rapidement ressemblait à "…une grande sphère réfléchissante… presque comme un grand roulement à billes avec une queue."

Au début, le PANI est venu d'une position à 7 : 00 par rapport au planeur (point Y) et est passé devant lui à une distance (d) évaluée à environ 1 - 2 milles. Selon Williams, "Il (le PANI) est sorti de mon champ de vision à une position de 1 : 00 toujours par rapport au planeur." (point Z). La question la plus importante est sans doute quelle était cette distance (d) ?

M. Williams a indiqué qu'ils ont atterri entre 14h45 et 15h00 à Hemet, aéroport de Ryan. Cela représente une durée de vol totale de 90 à 105 minutes.

DÉTAILS SUR L'AVION SUIVEUR. Avec une hélice d'une taille de 6 pieds 2 pouces, se trouvant à moins de dix pieds devant le photographe, il serait peu recommandé de photographier un autre avion en regardant à travers elle directement devant l'avion suiveur. Une vitesse d'obturateur rapide pourrait presque "arrêter" une pale, la rendant visible pendant sa rotation ou produisant au moins une zone floue et sombre qui pourrait réduire la clarté de l'image. Donc M. R.C. a pris toutes les photos par la fenêtre de droite du poste de pilotage. Ces photographies ont probablement été prises quelque peu en oblique par rapport à la fenêtre de l'avion comme suggéré dans la Figure 1.

LA PHOTOGRAPHIE DU PANI

La Figure A (p227) montre le planeur Mini-Nimbus/C sur un fonds de ciel clair bleu avec le phénomène aérien non identifié (PANI) (zone striée de blanc) vu juste au-dessus de lui. L'heure locale était d'environ 14h00. Si la photographie est retournée de trente degrés dans le sens horaire pour placer le planeur dans un virage vers la droite, on voit la trajectoire du PANI en une faible ascension telle que Williams s'en souvient.

Si le PANI était à une altitude plus haute que celle du témoin et en un vol droit au même niveau, du point de vue de sa perception, il aurait semblé monter comme il le dépassait.

D'AUTRES TÉMOINS OCULAIRES POTENTIELS

Cet événement a impliqué censément cinq témoins oculaires dans quatre avions différents : (1) le planeur dans lequel M. Williams a visuellement observé le PANI ; (2) un avion suiveur de modèle Mooney 201 avec un pilote (D.S., aujourd'hui décédé) et M. R.C., le photographe et ami de M. Williams ; (3) un deuxième planeur dans le voisinage dont le pilote (capitaine Léo ; seulement son prénom) a été le premier pour voir l'approche du PANI ; (4) le pilote [7] de l'avion de remorquage. Nous avons appris que ce M. R.C. était un ingénieur qui avait travaillé précédemment pour la Société Hewlett-Packard. D'après Williams c'est "une personne très réservée". En 1988 lui et Williams étaient employés dans la police et étaient très inquiets que leurs carrières puissent être affectées par l'observation et le récit de ce phénomène. Ils ont seulement maintenu des contacts peu fréquents après qu'il (Williams) ait quitté la Californie du sud pour l'état de Washington. Williams ne connaissait pas l'identité du Capitaine Léo à part son prénom et le fait qu'il était un pilote commercial. Bien que plus de treize ans se soient écoulés depuis que cet incident a eu lieu, l'auteur a essayé de retrouver les autres témoins présumés mais sans succès. Quant on lui a demandé pourquoi il avait attendu si longtemps pour rapporter son observation, Williams a répondu qu'il n'avait aucun intérêt particulier les OVNI ni même qu'il avait placé non plus sa photo dans cette catégorie. Il avait simplement oublié l'incident et la photo jusqu'à ce que, bien des années plus tard (le 10 janvier 2000), quand il a vu par hasard le site Web du National UFO Reporting Center, il a décidé de leur soumettre un rapport "au cas où quelqu'un pourrait être intéressé par cela." Comme indiqué précédemment, il a par la suite appris l'existence du NARCAP et est entré en contact avec nous à cause de notre intérêt pour les PANI et la sécurité aérienne.

APPAREIL PHOTO – OBJECTIFS – PELLICULE

APPAREIL PHOTO. Il s'agit d'un Minolta Maxxum Modèle 7000, 35mm, caméra réflexe à lentille simple, utilisé avec la capacité d'avance de film motorisée (permettant jusqu'à deux photos/seconde dans le mode "rafale"). L'appareil photo a été en principe mis sur le mode d'exposition automatique afin que tout ce que le photographe ait à faire soit de viser, zoomer et appuyer.

OBJECTIFS. Un objectif zoom Rokor 28-80 mm avec une ouverture variant, respectivement, de f/3.5 à f/4.5.

Mis en position full zoom (longueur focale de 28mm), la largeur angulaire de la photo en résultant est d'environ 57 degrés d'arc. D'après la mise au point "standard" du fabricant, la largeur angulaire de la photo aurait été d'environ 40 degrés d'arc, ce qui est la valeur retenue pour les calculs effectués dans le présent article. Puisque la mise au point du zoom n'a pas été enregistrée, cette valeur pourrait être erronée. Néanmoins, les conclusions générales des analyses ne sont pas changées si une largeur angulaire différente a été utilisée.

En mode d'exposition automatique, cet appareil possède un "programme" d'exposition fixe, c'est-à-dire que le rapport entre l'ouverture et la vitesse de l'obturateur pour un zoom donné est pré établi (calculé par l'appareil). La Figure 3 montre les coefficients du programme d'exposition automatique pour ce modèle d'appareil. Il montre qu'à mi-chemin entre f/3.5 et f/4.5 sur mise au point "TELE" de l'objectif, la vitesse d'obturation résultante aurait été approximativement 1/500e de seconde. De même, si le zoom avait été mis en position médiane, la vitesse d'obturation correspondante aurait été approximativement de 1/250e de seconde. Finalement, si le zoom avait été mis sur la position la plus élevée, la vitesse d'obturation correspondante aurait été de 1/30e de seconde. Pour obtenir une photo avec le planeur remplissant presque en entier l'image, le zoom aurait dû être au moins en position médiane ou plus ; une vitesse d'obturation assumée de 1/250e de seconde a été utilisée ici, qui est compatible avec la définition de l'image du planeur. (Fig.3)

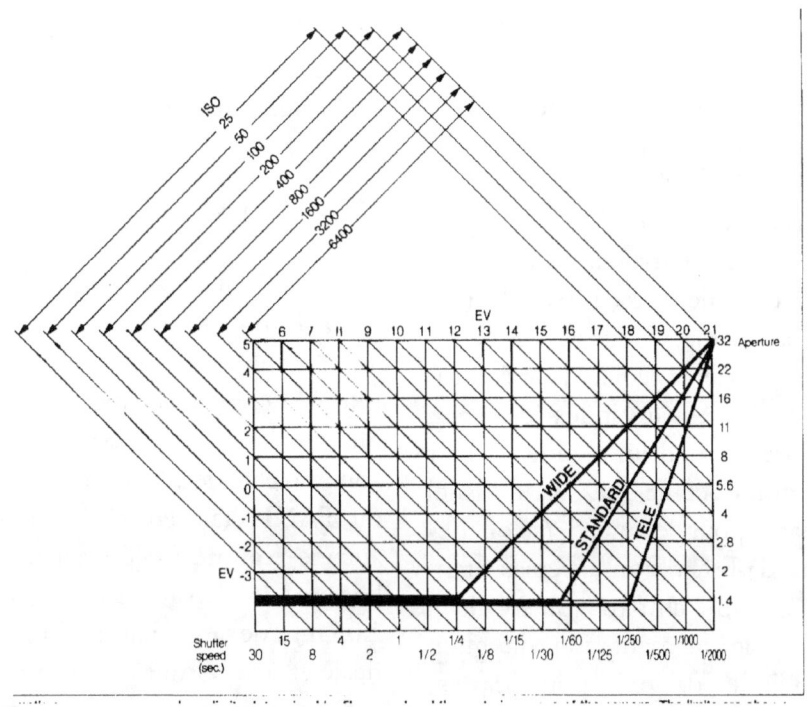

Figure 3 : *Données d'exposition automatique*

La vitesse d'obturation est importante parce que le plus longtemps l'obturateur est ouvert plus grande est la chance pour qu'un flou de l'image provienne du mouvement de l'appareil photo dans l'avion suiveur. Au contraire, un objet cible parfaitement défini indique un appareil et une cible relativement stables pendant l'exposition. C'est clairement le cas ici. Les bords supérieur et de devant du PANI qui semblent avoir une double bordure doivent être dus à une cause autre que le mouvement de l'appareil photo.

Pellicule. Le négatif était un Kodak VPS 5026, connu aussi comme le Film Professionnel Vericolor III. Ce film négatif couleur, 35mm, vitesse moyenne, possède un ASA nominal de 100. "Cette pellicule est conçue pour l'exposition avec la lumière du jour ou avec un flash électronique, avec des temps d'exposition allant de 1/10 000 de seconde à un 1/10 de seconde." (Kodak, p. 2, 1997) La taille du grain et la structure de l'image sur l'agrandissement reçu par l'auteur semblent être compatibles avec les déclarations faites dans la feuille de spécification de Kodak ; leur index de grain pour impression donne une valeur de 25 comme étant "le seuil visuel approximatif pour le grain" (selon des conditions d'observation diverses standardisées). Un chiffre plus élevé représente une augmentation du grain observé. L'index de grain pour impression publié par Kodak pour un film 35mm négatif Vericolor III agrandi à 8" x 10" est de 61. Lorsqu'il est agrandi à 16" x 20" cette valeur monte à 91. L'examen du tirage actuel couleur en 8" x 11" révèle un grain évident, comme prévu. La couche de colorant jaune atteint un maximum de sensibilité à 425 nm et se termine avec une longueur d'ondes maximale de 525 nm. La couche magenta atteint un niveau maximal de 558 nm et s'arrête à 620 nm alors que la couche cyan culmine à 660 nm et se termine à 690 nm. La courbe de fonction de transfert de modulation est relativement plate entre 2.5 et 12 cycles par minute d'arc puis diminue doucement jusqu'à une réponse de 32 % à environ 75 cycles par minute d'arc. En résumé, cette pellicule professionnelle supporte la photographie à relativement haute résolution sur un grand choix de contrastes. Vous pouvez consulter le site Web suivant pour plus d'information :

Http://www.kodak.com/global/en/professional/techPubs/e26/f002_0475ac.gif

Le 9 mars 2001 l'auteur a reçu la pellicule du négatif couleur, longue de 4.25", contenant une image exposée (No 3A) connectée aux images 4A et 5A qui n'ont pas été exposées pour une raison non élucidée. La seule image exposée du PANI était en très bon état sans aucune éraflure ; elle avait une bordure linéaire de densité plus légère, faisant 2.05 mm de large dans sa dimension verticale et une bordure de 0.9 mm de large sur son bord inférieur. Un tirage en positif fait par l'auteur à partir de ce négatif a montré ces deux bordures noires qui étaient absentes sur l'agrandissement 8" x 11" reçu de Williams (soit elles avaient été coupées soit sa photo avait été faite à partir d'un autre négatif). La largeur totale de l'image était de 36 mm comme prévu. La présence de ces deux bordures visibles qui ne pouvaient pas avoir été produites dans l'appareil pendant l'exposition, additionnée à l'absence d'autres images exposées suivant celle du PANI, suggère fortement que ce n'était pas le négatif original mais une copie du négatif. D'où cette copie du négatif pourrait-elle provenir si ce n'est pas de M. Williams ?

Développement de la pellicule

M. Williams a dit qu'en récupérant son appareil photo des mains de son ami (R.C.), immédiatement après l'atterrissage, il a placé l'appareil (le film étant toujours à l'intérieur) dans son sac à caméra en nylon. Il a emmené la pellicule exposée dans un magasin de développement de photo en une heure dans Convoy Street, à San Diego, "l'après-midi même ou le jour suivant, sur la route de son travail" ; environ une semaine plus tard, il a repris le film développé et des épreuves couleur positives de taille standard. "Je ne les ai même pas regardé à ce moment-là," a-t-il expliqué. "J'allais voler à nouveau le week-end suivant et je les ai pris avec moi pour montrer aux autres ce qu'elles avaient donné. Nous volions presque tous les week-ends." Quand ils tous ont remarqué la photo intéressante (le PANI), le pilote de l'avion suiveur n'a quasiment rien dit tandis que M. R.C. a simplement commenté : "Regardez ce que nous avons sur cette photo !" "C'est quelqu'un de très stoïque," d'après M. Williams qui a alors commandé deux (2) agrandissements couleur 8" x 11" de la photo montrant le PANI, nous en envoyant un avec le négatif.[8]

Les détails de l'analyse photographique

L'auteur a fait un certain nombre de scans digitaux de cette photo du PANI, décrits ci-après. L'objectif de ces scans était pour mieux comprendre la nature de différents détails de l'image. La numérisation initiale a souligné l'aile gauche du planeur à travers laquelle la traînée (de vapeur ?) blanche est passée. Si il s'agissait d'une double exposition, la luminance de l'aile dans la zone de la traînée (sur l'épreuve en positif) devrait être un peu plus élevée que dans les zones où la traînée ne l'a pas croisé à cause de l'additivité d'exposition. La Figure 4 montre les sept lignes également espacées (chacune normale par rapport à la surface de l'aile) le long desquelles les mesures de densité ont été obtenues ainsi qu'à dix emplacements le long de la traînée blanche (Fig. 4).

Heureusement, aucune preuve n'a été trouvée qui supporterait l'affirmation selon laquelle une double exposition aurait été effectuée (avec une marge d'erreur de +/-2 %). La luminance de l'aile gauche n'était pas, de façon mesurable, plus grande à l'endroit où la traînée de vapeur l'a croisé que dans la zone où l'aile se détache contre le ciel bleu et clair.

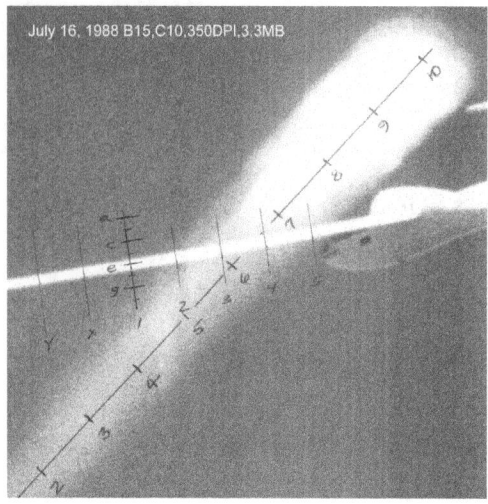

Figure 4 : *Image de l'aile gauche du planeur et de la traînée de vapeur*

LA TRAÎNÉE BLANCHE

Deux essais séparés ont été exécutés sur la même zone que celle de la Figure 4 afin de mieux comprendre les détails de la traînée de vapeur (?). Dans le premier essai, le filtre "Posterize" (Adobe Photoshop) a été mis au niveau cinq (5) pour voir si des bords discrets pourraient être obtenus à partir de la traînée blanche diffuse derrière le front de l'objet. Comme prévu, plusieurs gradients non-parallèles allant en diminuant peuvent être distingués comme le montre la Figure B (p227).

Pour le deuxième essai, nous avons utilisé le Filtre "Emboss" qui accentue significativement les détails de grain à bas contraste des micro-images ;

il s'agit d'une fonction de l'angle de pseudo-illumination et de pseudo-profondeur de la luminance des pixels. La Figure 5 montre les résultats de cet essai où les zones de l'image qui sont des zones exposées à presque 100 % (c'est-à-dire la partie blanche, diffuse, très lumineuse de la traînée du PANI) apparaissent ici comme une zone de forme ovale, lisse et grise. Notez "la granularité" plus importante dans la traînée du PANI (entre les lignes X et Y) par comparaison avec le ciel clair (hors des lignes X et Y). Cette grande granularité est probablement due à la lumière du soleil dispersée par la tur-

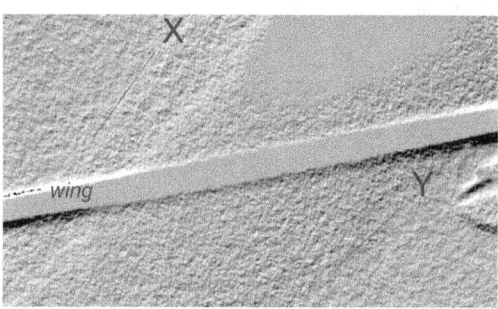

Figure 5 : *Micro structure granulaire de la traînée de vapeur du PANI*

bulence plus grande à l'intérieur de la traînée. Une possibilité peut être que la traînée blanche du PANI représente de l'air ionisé ou agité d'une autre manière par les micro-ondes émises par le PANI (cf. McCampbell, p. 23-37, 1973), une possibilité soutenue par les Figures C et D (p229) qui sont liées à la tête ou au bord principal de l'effet.

L'essai final a porté sur la variation de luminance de la traînée blanche s'écoulant à l'arrière du PANI. Elle a été scannée à intervalles égaux sur toute sa longueur (équivalente à environ 27,3 degrés d'arc) selon les positions montrées dans la Figure 4. En raison des variations de luminance à chaque emplacement une valeur supérieure et une inférieure ont été enregistrées (Colonnes 2 et 3). Nous donnons ces valeurs relatives de luminance dans le Tableau 1.

On peut remarquer que, en s'éloignant de la partie "avant" du PANI, la luminance de la queue diminue très rapide-

TABLEAU 1

Emplacement des mesures* (voir Fig. 4)		Valeur Inférieure+ (%)	Valeur Supérieure+ (%)	Angle (deg.) derrière tête A	Cos A
(Fin de la queue)	1.0	60	62	27.3	0.518
	1.5	56	62		
	2.0	58	62	23.9	0.443
	2.5	56	64		
	3.0	57	60	20.5	0.374
	3.5	62	64		
	4.0	58	68		
	4.5	63	76	17.0	0.306
	5.0	60	70		
	5.5	58	67	13.6	0.242
	6.0	67	75		
	6.5	70	80	10.2	0.178
	7.0	77	85		
	7.5	95	98	6.8	0.119
	8.0	100	100		
	8.5	100	100	3.4	0.059
(Tête du PANI)	9.0	100	100		
	9.5	100	100	0	0.000

* Approximativement de 0.5" en 0.5" tout le long de la queue blanche sur l'image agrandie + 100 % sur cette échelle représente une pellicule totalement exposée, i.e., la luminance la plus élevée.

ment à partir de la prise de mesure 5.5 (juste au-dessous et à gauche de l'aile du planeur dans la Figure 4) ce qui suggère un taux de décroissance presque exponentiel. Si la queue avait été composée seulement de vapeur d'eau, on s'attendrait à ce que sa réflectivité (dans la direction de l'appareil photo) soit proche du cosinus de l'angle (soleil – PANI – appareil) (cf. Colonne 5 dans le Tableau 1) ce qui n'est clairement pas le cas. La queue est-elle le sous-produit d'un processus totalement différent ? Elle est peut-être composée d'une substance ayant une demi-vie lumineuse rapide, de l'ordre d'une seconde ou deux, ou de particules possédant une réflectivité directionnelle ou il y a encore une autre explication.

L'AVANT DU PANI. Une autre série d'essais a été faite dans la zone de la "tête" du PANI. Cette zone est très surexposée — pratiquement au point de rendre impossible n'importe quelle définition du bord de l'objet ou de détail de la surface. Le filtre "Emboss" a été utilisé en premier. La zone homogène grise, paraissant plane, de la Figure C (encart couleur) montre la partie de la pellicule surexposée à 100 % : il est fort possible que ce soit le PANI lui-même et une partie de sa traînée à haute luminance. On peut voir l'extrémité gauche de la traînée. Cependant ce sont les zones se trouvant à l'extérieur de cette partie centrale grise qui présentent le plus d'intérêt. On y voit des doigts minces et parallèles qui sortent de l'avant arrondi de cette image. Il est intéressant de noter que la plupart de ces doigts divergent de dix à quinze degrés d'arc de la trajectoire du PANI. (fig. C & D p 228).

Nous ne savons pas ce que sont ces protubérances courtes mais elles peuvent représenter une sorte de projection d'énergie. Ces protubérances apparaissent aussi dans la Figure D où la même partie de l'image a été soumise à un filtrage sinusoïdal (RGB Curves function) utilisant sept (7) cycles également espacés à travers les 255 bits de la profondeur d'exposition. Cela donne des profils artificiellement augmentés de luminance égale. Les limites de luminance les plus proches de la tête du PANI ont tendance à inclure les projections qui caractérisent l'avant lui-même tandis que les plus éloignées n'en ont pas. Cet effet semble compatible avec un effet de radiation qui diminue en intensité avec l'éloignement de la source d'énergie.

L'apparition de striations séparées dans la queue blanche derrière le PANI semble être compatible avec les traînées de condensation d'un corps à l'avant émoussé en vol sub-sonique dans l'atmosphère terrestre (Smith, 2001). Naturellement la queue peut être produite par un mécanisme totalement différent. Mais si le PANI se déplaçait à une vitesse supersonique, l'apparence de l'onde de choc bombée serait significativement différente de celle qui se voit sur la photographie. De plus, le pilote du planeur n'a pas entendu de boom sonique ni ressenti de subites turbulences aériennes pendant ou juste après le passage du

PANI, ce qui serait compatible avec un véhicule voyageant à vitesse sub-sonique.

Le dernier essai pratiqué sur l'avant du PANI a consisté à "étirer" l'exposition en sorte que seulement trente [environ 12 %] des bits de "profondeur" *d'input* (l'exposition) sur un total de 255 (245 moins 215) ont été étirés sur plus de deux cents (200) bits de "profondeur" *d'output*. Cela a été fait pour vérifier si des détails à très bas contraste pouvaient être enfouis dans la zone très surexposée de l'avant du PANI. La Figure E (encart couleur) montre ce qui a été trouvé.

L'agrandissement et le centrage de l'image de la Figure E sont semblables à ceux des Figures C et D (encart couleur) pour le plaisir de la comparaison. L'étirement de la luminance a été exécuté seulement dans le plus petit encart pour permettre la comparaison de son diamètre avec l'image non étirée (vue dans le reste de la photo). On peut être remarqué que le bord frontal de l'extrémité avant est relativement circulaire et inclut (je le répète) plusieurs protubérances courtes, placées près du sommet. L'objet de forme sphérique que M. Williams a aperçu correspond probablement à une partie de cette zone arrondie.

Emplacement du soleil, luminance du ciel et analyse météorologique

Le 16 juillet 1988, à 14h00 PST, le soleil, à cet endroit, avait une élévation de 56 degrés 37,8 minute d'arc et un azimut de 244 degrés 33,6 minute. Ces valeurs sont utiles pour étudier l'illumination et les ombres sur le PANI, le planeur et les fenêtres de l'avion suiveur. La direction indiquée pour le planeur (approximativement 45 degrés) à l'heure de la photo est compatible avec l'emplacement de l'ombre du soleil sur son fuselage. De plus, une quantité assez significative de lumière solaire est aussi réfléchie de la surface de la terre sur le dessous du planeur comme on le voit dans la Figure A (p 227).

Aucun nuage n'est visible sur la photo, ce qui confirme la déclaration de M. William disant que les nuages ne s'étaient pas encore formés à cette heure de la journée.

L'image entière a été numérisée à 175 dpi et un filtre de brillance utilisé pour souligner la gamme de luminance le long des lignes A et B (c'est-à-dire du coin supérieur droit au coin inférieur gauche). La Figure 6 montre l'image qui en résulte. Quand on fait tourner l'image d'environ trente degrés CW, ces lignes de mesure représentent le gradient horizontal de luminance du ciel. On montre des valeurs de luminance individuelles (3 x 3 curseur de pixel) à l'emplacement de leur mesure. Nous pouvons remarquer que le ciel, dans le coin supérieur droit de cette image, est visiblement plus sombre qu'il ne l'est dans le coin inférieur gauche. Une différence de luminance de x 2.4 a été trouvée le long de la ligne A, plus importante que celle attendue de la lumière des particules atmosphériques habituelles se dispersant à travers un angle de ciel aussi étroit (Allard, 1876).

Analyse optique du pare-brise et de la fenêtre latérale

Afin de mieux comprendre la cause possible de ce gradient important de luminance, plusieurs hypothèses ont été formulées. La première est que la lumière du soleil a frappé la fenêtre de droite du Mooney et créé la luminance voilante de la Figure 6. Une tentative a été faite pour obtenir des détails sur la fenêtre latérale, taux de courbure et autres informations géométriques. Une estimation approximative de ces paramètres a été faite, basée sur l'examen d'une photographie de cet avion vu de face (cf. Figure 7). La fenêtre du côté du passager a une courbure horizontale de grand rayon (approximativement 24") sur sa moitié supérieure, devenant un plan presque plat dans sa moitié inférieure.

En supposant que l'avion suiveur commençait un virage sur la gauche en s'éloignant du planeur au moment où la photographie a été prise, le champ de vision de l'appareil photo aurait probablement été la partie inférieure et plane de la fenêtre. La direction du Mooney

Figure 6 : *Répartition de la luminance du ciel*

étant d'environ 360 degrés et l'azimut de la lumière du soleil à environ 244 degrés, la lumière solaire n'aurait pas pu frapper la fenêtre de plexiglass teinté. En résumé, les conditions d'éclairage étaient parfaites pour cette photo, le soleil illuminant le côté supérieur et la gauche du Mooney et du planeur ; *la fenêtre et l'appareil photo étaient tous deux dans l'ombre*. Le gradient de luminance du ciel de la Figure 11 n'est probablement pas causé par la lumière du soleil tombant sur la fenêtre latérale du Mooney si la direction de l'avion est celle que nous supposons ici.

Figure 7 : *Photo de la vue à partir de l'avant du Mooney M20S*

Une deuxième hypothèse de travail est que ce gradient élevé de luminance à travers le plan de la pellicule aurait pu provenir de son traitement si l'environnement d'une chambre noire habituelle a été utilisé. Les spécifications pour pellicule Kodak sont : "N'utilisez pas de lumière de sécurité. Développez le film non traité dans l'obscurité totale." (Kodak, p. 2, 1997) Heureusement, M. Williams a pu retrouver cinq autres photos prises de l'avion suiveur pendant ce même vol. Il a indiqué que la photo de la Figure 8 est certainement celle prise juste avant la photo du PANI (Figure 3 ; cf. note 8). Cette photo a permis de faire une comparaison entre le gradient de luminance du ciel et celui de la photo du PANI ; dans chacune a été trouvée approximativement la même gamme de luminance ce qui va à l'encontre de la deuxième hypothèse ainsi que d'une troisième.

La troisième hypothèse serait que le PANI, d'une façon ou d'une autre, aurait causé une exposition supplémentaire de la pellicule, peut-être en raison d'une sorte de radiation émise par lui. La Figure 8, prise plusieurs minutes avant l'apparition du PANI, indique que cette possibilité est très peu probable car un montant semblable de gradient de luminance est présent ici aussi.

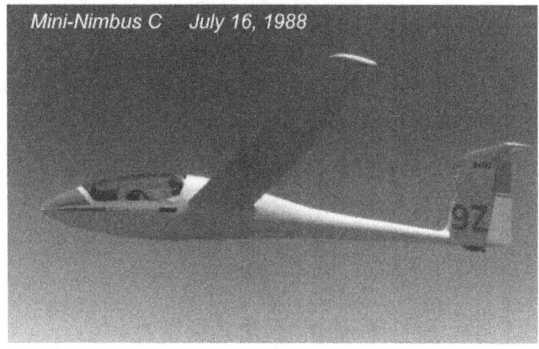

Figure 8 : *Photo du planeur prise plusieurs minutes avant celle du PANI ?*

La quatrième hypothèse est que ce gradient de luminance est simplement celui de la lumière naturelle du jour dans le ciel sous ces conditions. L'examen de toutes les photos fournies par M. Williams tendrait à soutenir cette hypothèse bien que le champ soit plus haut que prévu (Allard, 1876, Koschmieder, 1924).

CALCULS DE LA VITESSE DU POSSIBLE PANI

Si le PANI (1) voyageait en ligne droite, (2) se déplaçait à vitesse constante, (3) a été observé pendant une durée totale (t) de cinq à dix secondes, (4) est passé par les angles horizontaux (Colonne A - voir ci-dessous) et (5) était à un ou deux milles de distance de M. Williams (Colonne D), il aurait dû voyager aux vitesses (Colonne V) indiquées dans le Tableau 2.

Il semble que toutes ces vitesses soient trop grandes face à la probabilité que le PANI se déplaçait à une vitesse sub-sonique pour les raisons données ci-dessus. Soit l'estimation de la durée de l'observation était trop courte, soit la distance du PANI était trop grande, soit l'angle par lequel le PANI a semblé passer était erroné, soit il s'agit d'une combinaison de ces facteurs. Même le chiffre (aventureux) de 857 mph donné ci-dessus est supersonique. Il existe clairement une assez grande erreur dans ces paramètres estimés. Des erreurs de perception ne sont pas rares du tout quand

Tableau 2
Paramètres calculés pour le PANI en fonction des paramètres supposés

Angle Horizontal Total (deg arc.) PANI se déplaçant	Taux angulaire du PANI (deg./sec.)	Durée (sec.) t	Distance (st.mi.) depuis planeur D	Distance totale parcourue (st. mi.) en Temps "t" 8	Vélocité (mph) V
100	20	5	1	2.38	1,714
100	20	5	2	4.77	3,434
100	10	10	1	2.38	857
100	10	10	2	4.77	1,717
100	10	10	3	7.15	2,574
110	22	5	1	2.86	2,059
110	22	5	2	5.71	4,111
110	11	10	1	2.86	1,030
110	11	10	2	5.71	2,056
110	11	10	3	8.57	3,085

il y a peu ou pas de points de repère visuels stables et/ou de références temporelles disponibles dans le champ de vision (Haines, 1980). Si la distance du PANI était réduite à seulement un demi mille, il aurait dû se déplacer à 428 mph pendant plus de dix secondes et sur 100 degrés d'arc ; à une distance de 0,75 mille il aurait dû se déplacer à 644 mph pendant plus de dix secondes et sur 100 degrés d'arc étant donné les autres évaluations.

Le changement de l'angle d'azimut par lequel le planeur se déplaçait à 110 kts dans un virage coordonné vers la droite de 20 degrés (en assumant qu'il n'y a pas eu de dérapage latéral) pendant plus de cinq secondes représente environ 14 degrés, 27 degrés pour plus de dix secondes.[9] Le planeur aurait parcouru environ 700 et 1 400 pieds respectivement pendant ces deux durées. Puisque le PANI a été observé initialement à gauche du planeur, c'est-à-dire à l'extérieur de son virage vers la droite, Williams aurait été en train de tourner dans une direction qui le gardait en vue légèrement plus longtemps, environ 2,7 secondes, que s'il avait volé en droite ligne.

Un PANI sous-tendant un angle visuel de 2 degrés 35 minutes d'arc, à un ou deux milles, mesurerait respectivement 238 et 475 pieds. À une distance de 0,25 mille, il mesurerait 59,4 pieds.

ÉVALUATION DE LA CRÉDIBILITÉ DU TÉMOIN

M. John Williams était bien un pilote breveté (pilote S.E.L. de niveau "Diamond" avec une expérience vol de 18 ans) au moment de l'événement. Il n'avait aucune restriction ou limitation. Il affirme avoir eu 400 heures de vol enregistrées dont 350 heures avec des planeurs hautement performants "… dans des enveloppes et des conditions de vol nombreuses." Sa direction d'un musée spatial très connu de Californie dans les années 1980 a été aussi confirmée. Sa connaissance claire et détaillée de l'aéronautique et des détails du pilotage s'est avérée être précise dans tous les détails. Aucune preuve qu'il ait jamais essayé de monnayer cette photo de quelque manière que ce soit n'a pu être trouvée.

DISCUSSION

Deux sujets principaux seront discutés : (1) les différences (et leurs causes possibles) entre qui est censé avoir été vu et ce qui a été enregistré sur la photographie, (2) l'ambiguïté de savoir si le négatif soumis était l'original ou une copie et les raisons de l'accepter pour étude.

(1) LES DIFFÉRENCES ENTRE CE QUI A ÉTÉ VU ET PHOTOGRAPHIÉ

M. Williams a remarqué que le PANI lui faisait penser à "une grande sphère réfléchissante… presque comme un grand roulement à billes." Mais ce n'est pas ce à quoi ressemble sa photo. Une situation assez semblable existe avec le rapport de 1956 de Childerhose discuté plus tôt. Et lorsqu'on lui a demandé si il se souvenait avoir vu ou non un bord supérieur parallèle à la traînée de vapeur qui est visible sur sa photo, il a déclaré que "le PANI paraissait plus distinct et sphérique qu'il ne l'est sur la photo, avec une zone à l'arrière faisant plusieurs fois son diamètre qui avait l'aspect de vapeur." Cette description basée sur la perception implique clairement la présence d'un objet avec une surface de métal polie et non pas une boule blanche diffuse avec une traînée de vapeur telle celle que l'on voit sur la pellicule. Il se souvient avoir observé "une queue" derrière l'objet.

Plusieurs explications possibles existent pour ces différences d'apparence : (a) les souvenirs de William peuvent avoir été modifiés quelque peu au cours des années suivantes. De tels exemples de modification des souvenirs sont bien documentés (par exemple Shepard, 1979). (b) Williams a changé sa description visuelle du PANI pour une raison inconnue. Cette possibilité semble peu probable du fait que sa description du PANI ne correspond pas du tout à la photographie qu'il a soumis. Cela vient soutenir son honnêteté et son assurance quant à ce détail de l'observation. (c) La radiation réfléchie ou émise par le PANI "sphérique" a affecté la pellicule différemment de la rétine et du système visuel du témoin. Cette dernière possibilité mérite d'autres commentaires liés aux aspects géométriques et de sensibilité spectrale du cas.

ASPECTS GÉOMÉTRIQUES L'auteur a conduit une recherche en laboratoire sur les effets perceptuels et photographiques de l'emploi de cibles à ultra-haute luminance en appui du programme spatial (Haines, 1965, 1966, 1968, 1969, 1971) ; il a photographié des sphères métalliques fortement polies et d'autres surfaces de formes diverses dans des conditions de plein soleil (par exemple : Haines, Fig. 39, 40 ; 1980). Ces études démontrent clairement que l'oeil humain normal perçoit des cibles très brillantes différemment de leur apparence sur un film qui a été exposé dans des conditions prétendument "normales". Considérons d'abord l'apparence visuelle d'une sphère de métal polie. Lors d'une observation prolongée et adaptée à la lumière d'une sphère éclairée par le soleil, on verra son contour en entier et sa surface "métallique" (reflet du ciel et autre arrière-plan) avec un diamètre plus petit : l'image virtuelle du soleil réfléchi qui est extrêmement brillant. *Mais la surface entière de la sphère n'apparaîtra pas brillante de manière homogène.* Souvenez-vous que la déclaration, basée sur sa perception, de M. William était que le PANI ressemblait à "une grande sphère réfléchissante... un grand roulement à billes."

Considérez maintenant l'apparence visuelle d'une photographie correctement exposée d'une même cible ayant une surface comme celle d'un miroir ainsi que décrite ci-dessus. Avec une vitesse d'obturateur et une ouverture appropriées, la plupart des détails de l'objet seront observés tels que décrits ci-dessus. D'autre part, si la vitesse de l'obturateur et/ou l'ouverture ne sont pas adéquates pour réduire la puissance optique ultra élevée provenant de la cible sphérique, le résultat produit est une zone d'un blanc diffus, beaucoup plus grande, peut-être de la même taille angulaire que la sphère toute entière elle-même, comme dans la présente photographie. Cependant, dans la photo actuelle, le planeur a été correctement exposé ce qui signifie que la vitesse de l'obturateur et l'ouverture devaient être approximativement correctes dans ces conditions nominales. La surexposition du PANI ne peut donc résulter que de sa production excessive de puissance optique. C'est probablement ce qui est arrivé dans le cas présent ainsi que dans le cas antérieur de Childerhose.

Considérez maintenant une sphère ensoleillée dans le ciel dont la surface n'est pas un miroir mais une surface réfléchissant de manière diffuse, comme de la craie blanche. Elle apparaîtra à l'oeil nu et sur une photographie comme un objet à la surface presque plate, c'est-à-dire que sa troisième dimension sera significativement réduite. Sa bordure ronde correspondra avec son diamètre angulaire. Chaque point de sa surface émettra de la lumière vers l'oeil et vers la caméra. La différence entre une surface miroir ensoleillée et une sphère à la surface diffuse est immédiatement discernable et ne sera pas confondue.

Une autre possibilité dans une ou dans les deux observations aériennes serait que sont le film pourrait avoir été soumis à un effet d'irradiation directe encore mal compris[10], peut-être en raison de longueurs d'ondes non-visibles venant de la source (proches de l'infrarouge ?). Une recherche supplémentaire sera nécessaire pour découvrir si c'est possible.

ASPECTS DE LA SENSIBILITÉ SPECTRALE
Une autre question est le degré de fiabilité avec lequel la pellicule Kodak ASA100 capture les mêmes longueurs d'ondes cibles que le système visuel humain normal. En fait, il a été démontré comme ayant une relativement bonne correspondance à cet égard (cf. Kodak, 1997). En effet, si ce n'était pas le cas, cette pellicule ne serait pas vendue avec autant de succès. Les gens ne continueraient pas d'acheter une pellicule qui n'a pas capturé les mêmes nuances et contrastes que ceux existant dans la scène perçue. À l'extrémité de la longueur d'ondes la plus courte du spectre du Kodak 5026, la courbe de sensibilité spectrale de la couche de formation du jaune descend à 400 nm tandis que la sensibilité visuelle normale tombe à pratiquement rien à 395 nm. (Prince, 1962). Une correspondance presque identique est trouvée à l'autre extrémité du spectre, celle de la plus longue longueur d'ondes, où la couche de formation du cyan de l'émulsion est sensible jusqu'à 690 nm, ce qui est juste en dessous des 730 nm où s'arrête un oeil normal. Ainsi, l'oeil peut

voir légèrement plus loin dans le proche infrarouge que ne le peut cette pellicule en particulier.

Quelle est la possibilité que ce PANI ait émis la radiation invisible qui a affecté la pellicule ?

Il n'y a aucune recherche publiée connue sur cette importante question. Une recherche supplémentaire doit être menée pour évaluer une telle possibilité, notamment sur des micro-ondes dans la gamme de longueur d'ondes de 1mm à 1cm.

(2) La question du négatif original

Il est bien sûr important d'étudier le négatif original d'un PANI présumé ou d'une autre anomalie rapportée chaque fois que c'est possible (Louange, 1999) sauf si il a été perdu et une copie de haute qualité du négatif non retouché a été faite. Ainsi que nous l'avons mentionné auparavant, il semble que le négatif reçu par l'auteur n'était pas l'original mais une copie. De plus, sur les trois images du négatif reçu, le PANI a été pris sur l'image 3A sans expositions sur les images 4A ou 5A. Lorsque Williams a été interrogé sur cette divergence (le 9 mars 2001), il a déclaré qu'il pensait qu'il s'agissait de l'original pour "autant que je le sache." Que ce fait ait un impact sérieux ou non sur la valeur du cas entier repose sur les motifs personnels et la crédibilité du témoin principal. Les deux seules autres personnes qui aient traité la pellicule étaient le photographe et le technicien du magasin de développement de film en une heures sur Convoy Street, à San Diego. Etant donné que le photographe n'a pas enlevé la pellicule de l'appareil du témoin mais l'a simplement remis à Williams après l'atterrissage, il est lavé de tout soupçon. Nous ne savons pas si la copie du négatif a été faite par le technicien. Il l'a eu pendant toute une semaine, selon Williams, qui se souvient aussi qu'il a reçu un plein rouleau de négatifs à l'époque mais il ne peut pas être sûr que c'étaient ses originaux.

Considérez les points suivants :

(1) pour autant que nous puissions le savoir, M. Williams n'a rien fait du négatif pendant 11 ans et demi à part faire tirer deux agrandissements — un qu'il a envoyé à l'auteur pour étude et l'autre pour accrocher au mur de son bureau.

(2) Il est possible que le photographe ait chargé une deuxième pellicule et se soit ensuite arrêté de prendre des photos immédiatement après le passage du PANI. Williams pense qu'ils sont tous rentrés pour atterrir peu après l'observation.

(3) Quand l'auteur lui a rendu visite à son bureau, à son domicile, au N-O de Seattle, Washington, il a remarqué : (a) que c'était un ancien officier de marine, (b) qu'il n'y avait aucune indication qu'il ait un intérêt quelconque pour les OVNI ou le surnaturel, (c) qu'à aucun moment il ne s'est mis sur la défensive ou n'est devenu agressif quant à la divergence apparente concernant la copie du négatif ; il l'a simplement traité comme un point sans grande importance. À

aucun moment il ne s'est contredit ou n'a donné de faits qui se sont révélés erronés ultérieurement et (d) il est instruit, c'est un membre respecté de sa communauté ; il est aujourd'hui vendeur de matériel de haute technologie pour procéder à des essais non destructifs et il est très précis dans son vocabulaire et sa connaissance du vol. Tous ces faits tendent à soutenir l'affirmation que Williams est un individu digne de confiance malgré le fait que le négatif analysé n'était probablement pas l'original. Bien sûr, en théorie, la fiabilité générale du cas est diminuée de ce fait.

3) LES AUTRES QUESTIONS

Une vérification a été faite pour déterminer si d'autres rapports de PANI avaient été faits à cette heure, cette date et cet endroit. Aucun rapport au National UFO Reporting Center (Seattle, Washington) n'a été trouvé excepté le propre rapport abrégé de M. Williams, soumis le 10 janvier 2000. Il peut être important de noter que M. Williams n'a pas inclus le jour du mois de l'incident dans son rapport au NUFORC. Il a dû rechercher pour eux cette date dans son journal de bord du vol, plus tard. Il n'y a eu aussi aucun rapport d'observation de trouvé dans la base de données nationale maintenue par Hatch (2001). Un contrôle a aussi été fait avec un bureau central astronomique international en Tchécoslovaquie pour des observations de météorites et de bolides ; aucun n'a été annoncé par des astronomes pour cette heure et cet endroit.

CONCLUSIONS PRÉLIMINAIRES

Nous proposons un certain nombre de conclusions préliminaires suite à cette enquête :

(1) Il n'y a aucune preuve solide d'une double exposition ou d'une autre mystification délibérée malgré le fait que le pilote n'a probablement pas soumis l'original du négatif.

(2) Quoi qu'ait été le PANI, il était probablement en vol sub-sonique, comme le suggèrent les caractéristiques visuelles des turbulences de la queue à l'arrière du corps du PANI, l'absence d'un effet de vague visible et le fait que l'on n'a entendu aucun boom sonique.

(3) Si le PANI se déplaçait à une vitesse sub-sonique soit la durée estimée de l'observation était trop courte, soit la distance du PANI est trop grande, soit l'angle sous lequel le PANI semblait se déplacer était erroné, soit il s'agit d'une combinaison de tous ces facteurs. Il n'est pas possible de déterminer laquelle (lesquelles) de ces estimations sont fausses.

(4) L'apparence visuelle du PANI ne correspond pas à l'apparence de la photographie, une découverte qui est similaire à un cas photographique aérien antérieur. Cette différence s'explique peut-être parce que la puissance optique totale du PANI était si grande qu'elle a saturé complètement la pellicule relativement "lente". En effet, même avec un "étirement" extrême par ordinateur de la zone fortement exposée, il n'a pas été possible de distinguer quelque détail

significatif que ce soit dans la partie centrale de la tête "blanche".

(5) La diminution de l'albedo de la queue du PANI avec l'accroissement de la distance derrière son bord principal *n'est pas* compatible avec la lumière du soleil réfléchie par de la vapeur d'eau sous ces angles. C'est comme si les particules possédaient une réflectivité directionnelle ou une autre caractéristique inhabituelle.

(6) Des détails de microstructure très fins ont été découverts qui s'étendaient à l'extérieur de la "tête" du PANI. La nature du PANI n'a pas été identifiée à ce jour.

Notes :

1-Pacific Standard Time.
2-Ce cas n'impliquant pas la sécurité du trafic aérien, l'auteur a enquêté de manière indépendante de ses responsabilités en tant que Directeur Scientifique du NARCAP.
3-Le planeur Mini-Nimbus/C pèse 480 livres et a un ratio en vol plané de 44:1.
4-L'aéroport de Ryan, à Hemet, Californie, est à une altitude de 1 512 pieds au-dessus du niveau de la mer, avec une piste d'atterrissage de 4 300 pieds. Il est très utilisé par les pilotes de planeurs et accueillait près d'une centaine de ces avions à l'époque.
5-Le Mooney 201 a été certifié par la FAA (Federal Aviation Administration) en Septembre 1976.Il est entièrement métallique. Il peut embarquer quatre passagers et est équipé d'un moteur 4 cylindres de 200 chevaux. Sa grande manoeuvrabilité et bonne visibilité en font un candidat idéal pour servir d'avion suiveur pour la photographie. Lors de ce vol, ses volets étaient complètement relevés afin de le ralentir à la vitesse du planeur (approximativement 120 kts).
6-M. Williams affirme posséder les autres photos bien qu'il n'ait pu les retrouver à la date du 1er septembre 2001. Il a atterri entre 14h45 et 15h.
7-Nous ne savons pas si le pilote de l'avion de remorquage a vu le PANI. Aucune tentative n'a été faite à ce jour pour le savoir.
8-Est-ce à ce moment-là qu'une copie du négatif a été faite ? Si oui, dans quel but ? L'auteur a reçu les cinq photos additionnelles de ce film le 12 août 2001. Étant donné que ce n'est pas Williams qui a pris les photos, il n'est pas sûr de leur ordre dans le film.
9-Le rayon du virage dans ces conditions = 2 944 pieds obtenu par $R = v2/(\tan \theta \times g)$ où : R = rayon du virage, theta = angle du virage (degré) et g = 32,2 degrés/seconde2. M. Williams a estimé (plus tard, le 9 mars 2001) que son angle de virage était d dix à quinze degrés.
10-L'irradiation fait référence à une diffusion latérale de l'exposition de la lumière sur la pellicule, au-delà de la limite de la cible la plus brillante.

GLOSSAIRE

Vitesse d'obturation : l'expression est souvent utilisée pour désigner en fait la

durée d'exposition (ou temps de pose), en seconde.

Ouverture (relative) : rapport entre la longueur focale (F) d'un système optique et le diamètre de l'objectif (D). L'ouverture permet de caractériser la luminosité d'une optique (F /D) ainsi que la profondeur de champ. Plus le diaphragme est fermé, moins l'ouverture est importante, plus la profondeur de champ augmente.

Index de grain (Print Grain Index) : permet de définit la granularité d'une épreuve (tirage). Le seuil au delà duquel le grain devient visible pour un observateur est un "Print Grain Index" de 25 (Kodak).

Courbe de transfert de modulation : représente la sensibilité d'un film en fonction de la longueur d'onde.

Numérisation : action consistant, à l'aide d'un périphérique d'acquisition (par exemple un "scanner"), à enregistrer une image sous forme de données numériques.

Luminance : C'est le degré de luminosité des points de l'image. Elle est définie aussi comme étant le quotient de l'intensité lumineuse d'une surface par l'aire apparente de cette surface. Elle varie en fonction de l'éclairement d'une surface et de sa reflectance.

Ppi : "dot per inch" (points par pouce). Correspond au nombre de pixels par unité de surface. La résolution permet de définir la finesse d'une image. Plus la résolution est grande, plus la finesse d'une image est grande.

BIBLIOGRAPHIE :

Allard, E., *Mémoire sur l'Intensité et la Portée des Phares*. Dunod, Paris, 1876.

Childerhose, R. J., *Montreal Star*, November 13, 1966.

Gillmor, D. S., (Ed.), *Scientific Study of Unidentified Flying Objects*. Bantam Books, New York, 1968.

Haines, R. F., "The effects of high luminance sources upon the visibility of point sources". *Adv. in the Astronautical Sciences*, vol. 20, Pp. 887-896, 1965.

Haines, R. F., and S. H. Bartley, "A study of certain visual effects occasioned by factors of so-called glare". *J. of Psychology*, vol. 62, Pp. 255-266, 1966.

Haines, R. F., and W. H. Allen, "Irradiation and manual navigation". *Navigation*, vol. 15, no. 4, Pp. 355-365, 1968.

Haines, R. F., "Changes in perceived size of high luminance targets". *Aerospace Medicine*, vol. 40, Pp. 754-758, 1969.

Haines, R. F., "The retinal threshold gradient in the presence of a high luminance target and in total darkness". *Perception and Psychophysics*, vol. 9, no. 2B, Pp. 197-202, 1971.

Haines, R. F., *Observing UFOs*. Nelson-Hall, Chicago, 1980.

Hatch, L., "U," www.larryhatch.net, 2001.

Klass, P. J., *UFOs Identified*. Random House, New York, 1968.

Koschmieder, H., "Theorie der Horizontalen Sichtweite". *Beitraege zur Physik der Atmosphare*, vol. 12, Pp. 33-53, 171-181, 1924.

Kodak, *Professional Video Analyzing Computer PVAC XL CCD Series 6 with Modification 2*. Report CCPR10e, Technical Information Data Sheet, Rev. 11-97 www.Kodak.com/global/en/professional/support/techPubs/e26.shtml

Louange, F., "Procedures for analysis of photographic evidence". Chapter 21 In Sturrock, P. A., *The UFO Enigma*. Warner Books, Inc., New York, 1999.

Maccabee, B., "Optical power output of an unidentified high altitude light source". *J. Sci. Exploration*, vol. 13, no. 2, Pp. 199-211, 1999.

McCampbell, J. M., *Ufology : New insights from science and common sense*. Jaymac Co.,Belmont, Calif., 1973.

Prince, J. H., "Spectral absorption of the retina and choroid". *The Ohio State University Institute for Research in Vision*, Columbus, Ohio, Publ. No. 14, March 1962.(Also cf. Haines, 1980, Pg. 119)

Shepard, R. N., "Reconstruction of witnesses' experiences of anomalous phenomena". Chpt. 10 In Haines, R.F., (Ed.), *UFO Phenomena and the Behavioral Scientist*. The Scarecrow Press, 1979.

Smith, B. E., Ames Research Center-NASA, Personal communication, April 4, 2001.

VOLUME I (2002)

Annexe de l'article de Richard Haines
ANALYSE DE LA PHOTOGRAPHIE D'UNE BOULE DE LUMIÈRE SE DÉPLAÇANT
À GRANDE VITESSE
(toutes les photos sont copyright Richard Haines)

Figure A : *Photo du planeur et du PANI*

Figure B : *Gradients de Luminance de la traînée de vapeur du PANI*

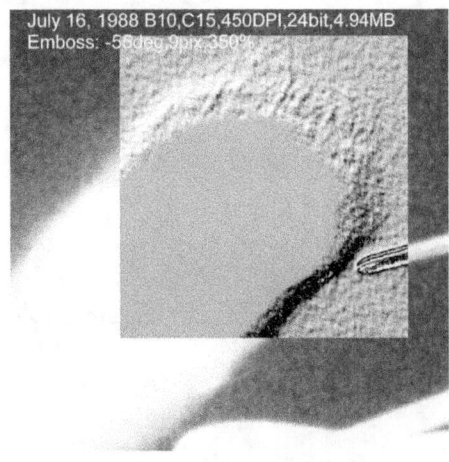

Figure C : *Zone de la "tête" du PANI, accentuant la micro structure coronale*

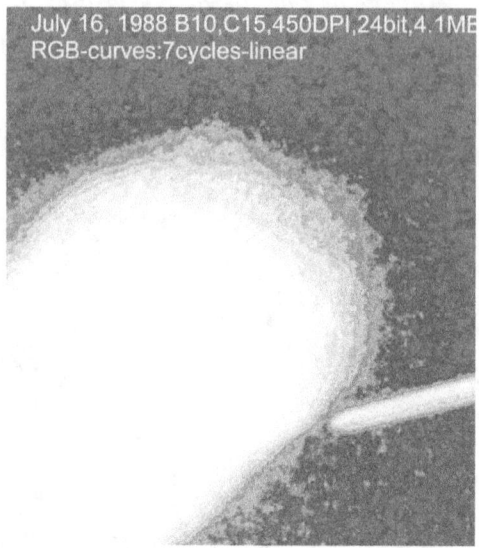

Figure D : *Zone de la "tête" du PANI, accentuant la macro structure coronale*

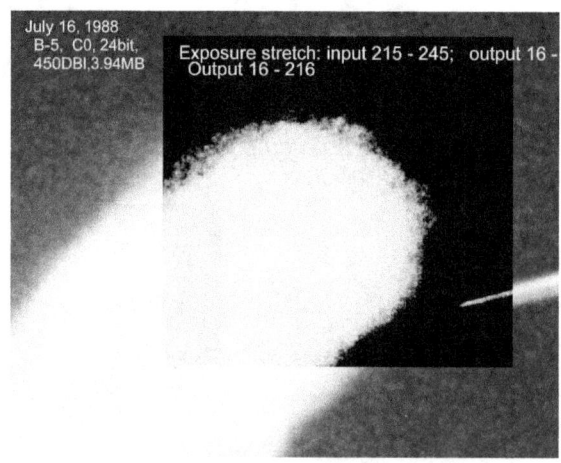

Figure E : *Zone de la "tête" du PANI avec "étirement" de la luminance*

VOLUME I (2002)

Annexe de l'article de V. J. Ballester-Olmos & R. Campo Pérez
LES ESSAIS DE MISSILES DE LA MARINE U.S. ET LES OBSERVATIONS D'OVNI AUX ÎLES CANARIES

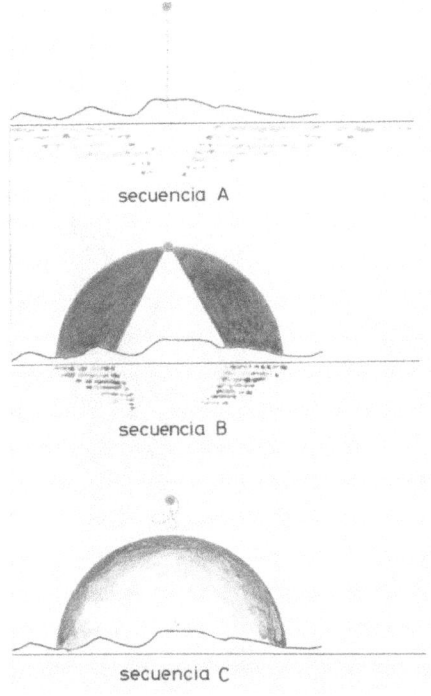

Fig. A : *22 juin 1976, Iles Canaries.*
(Source : rapport officiel de la Spanish Air Force)

Fig. C & C' : *19 nov. 1976, Iles Canaries.*
Observation depuis la localité de Guia,
côte orientale de Gran Canaria
(Source : rapport officiel de la Spanish Air Force)

Fig. B : *22 juin 1976, Maspalomas, Iles Canaries*
Photo d'un témoin anonyme)
(Source : rapport officiel de la Spanish Air Force)

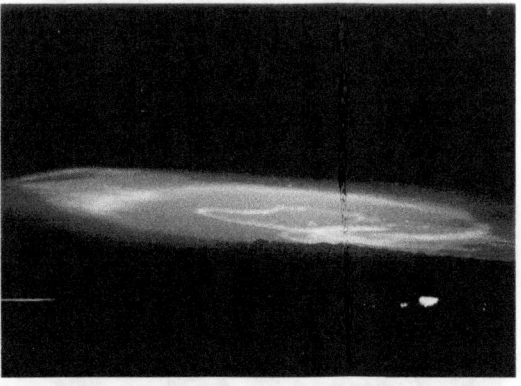

Fig. D : *5 mars 1979, Adeje, Tenerife, Iles Canaries*
(Photo © José Alfonso Quintero)

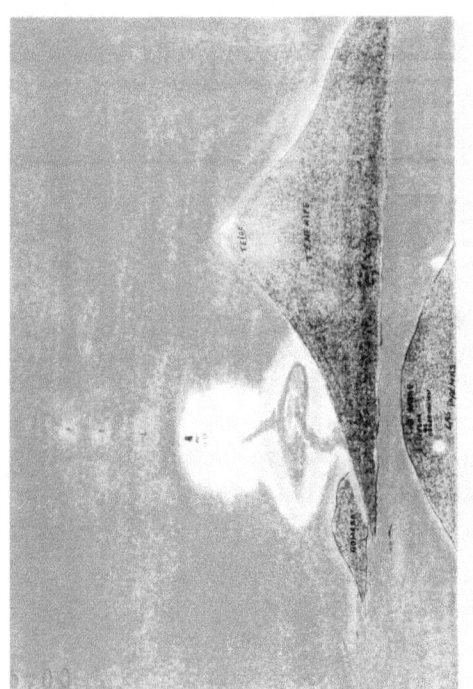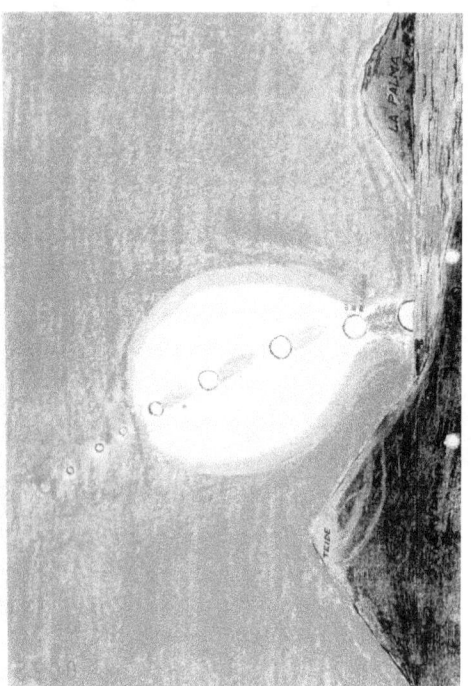

Fig. G : *5 mars 1979, Iles Canaries*
(Source : rapport officiel de la Spanish Air Force)

Fig. E & F : *5 mars 1979, Adeje, Tenerife, Iles Canaries*
(Photo © José Alfonso Quintero)

LES OBSERVATIONS D'OVNI DES CANARIES ET LES ESSAIS DE MISSILES DE LA MARINE AMÉRICAINE

V. J. Ballester Olmos & R. Campo Pérez

RÉSUMÉ

Après plus de 20 ans de mystère ininterrompu, un certain nombre d'incidents ufologiques majeurs, survenus dans les années 1970 aux Canaries (territoire espagnol situé dans l'Océan Atlantique, au large de l'Afrique), ont été expliqués. Certains de ces cas ont connu une notoriété internationale, leurs photographies illustrant de nombreux livres et paraissant dans de nombreux documentaires télévisés. Des informations récemment déclassifiées par la Marine des États-Unis ont révélé que les observations d'OVNI étaient causées par des lancements de missile *Poseidon* tirés dans un site d'essais de l'Atlantique.

INTRODUCTION

Pendant plus de 20 ans, M. Ballester Olmos a essayé de découvrir l'origine d'une série d'observations d'OVNI spectaculaires survenue dans l'archipel des Canaries, une province espagnole située dans l'Océan Atlantique, au large de la côte du Maroc. Des milliers de témoins, des séries multiples de photographies, une couverture de presse très large et l'enquête officielle de l'Armée de l'Air espagnole étaient les clefs principales de ces observations. Séparément, M. Campo Pérez a compilé toute la masse d'informations connues sur ces incidents[1]. Afin de familiariser le lecteur avec la phénoménologie que nous analyserons, des résumés de toutes les observations concernées suivent. Les OVNI ont été observés du sol, d'avions et de navires dans un périmètre englobant le sud de l'Espagne, la côte africaine et une partie du territoire appartenant au Portugal et situés dans l'Atlantique.

AVANT-PROPOS

Ambassade russe, Madrid, 24 mai 1994. Quand nous avons montré au Colonel Alexandre Bondarev, attaché adjoint de l'armée et de l'air, les photographies magnifiques de l'observation des Canaries du 5 mars 1979, dont nous étions convaincus qu'elles présentaient les effets visuels du lancement d'un missile, nous fûmes étonnés d'entendre des objections à cette hypothèse. Il est vrai que nous étions devant lui dans le but de lui demander de solliciter de l'État-Major de la Marine Russe des informations pouvant nous éclairer sur la cause de cette observation et d'autres semblables. À cette époque-là, nous soupçonnions la Marine Rouge d'être responsable des lancements. (Lors de notre visite, nous avons découvert que le Colonel Bondarev possédait déjà une lettre de l'État-Major de la Marine rejetant la paternité du lancement de missiles balistiques dans les eaux de l'Atlantique Nord à ces dates). Comment n'a-t-il pas vu ce qui était d'une évidence limpide ? Pourquoi le nier, particulièrement si les Russes n'étaient pas responsables des tirs ? Nous craignons qu'un pays qui doit abandonner le vaisseau spatial *Mir* à un destin fatal à cause d'un manque de ressources doive systématiquement nier toute responsabilité potentielle résultant de ses activités spatiales (des rentrées, par exemple) qui pourraient causer des pertes et des dommages susceptibles d'engendrer des indemnités portant sur plusieurs millions de dollars. Une autre interprétation, en accord avec les méthodes des services de renseignement, consiste à laisser les diplomates de l'ex-URSS prétendre ne disposer que de mauvaises informations alors qu'ils savent vraiment grâce aux capacités de leurs satellites espion. (Fig. 1)

La série de cas d'OVNI que nous couvrons dans le présent article est récapitulée comme suit :

22 novembre 1974. 19h30 environ (heure locale et GMT). Selon la presse locale, à intervalles de deux minutes, on a vu trois lumières rouge vif s'élevant très rapidement au-dessus de l'horizon maritime puis créant des cercles concentriques brillants. Elles ont dégagé des sortes de jets rouges laissant une traînée brillante triangulaire.

Le phénomène a été vu aussi de l'île portugaise de Madère (à environ 500 km au Nord des îles Canaries) où un journaliste de Funchal a pris quelques photographies. On l'a aussi vu d'une barque de pêche espagnole le long de la côte africaine. (Fig. 2)

Fig.1 : *Vincente-Juan Ballester Olmos pose avec le Colonel Alexandre Bondarev à l'ambassade de Russie (photo © Ricardo Campo)*

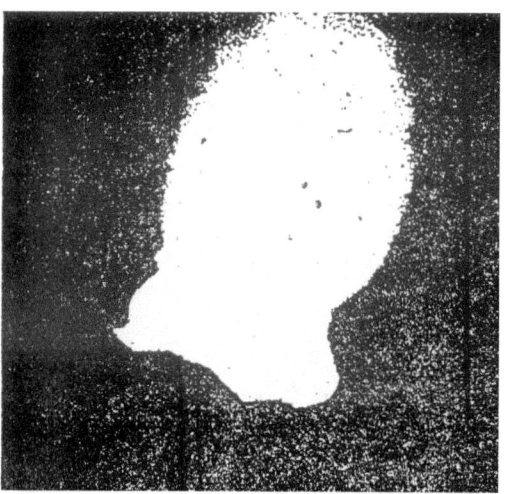

Fig.2 : *22 nov. 1974, Funchal, Madeira Islands, Atlantique Nord (photo © Diario de Noticias)*

22 juin 1976. 22h30 environ (heure locale, 21h30 GMT). De l'horizon, un point de lumière rouge vif, comme "une fusée" émergeant de la mer au loin, s'éleva en diagonale et développa une traînée en spirale avant de devenir un grand dôme semi-circulaire brillant au-dessus de l'océan. C'était transparent, avec une nuance bleuâtre-blanche et cela s'estompa avec le temps. L'équipage d'un vaisseau de guerre de la Marine espagnole, la corvette *Atrevida*, a observé le phénomène et son commandant l'a signalé dans le livre de bord. Pendant l'observation, un touriste étranger a pu prendre une photo qui a été retrouvée avec l'aide de la *Guardia Civil* (la police) (Fig. A & B p 235).

À 400 km au sud de l'île de Gomera, dans la zone des Canaries, l'équipage du bateau *Osaka Bay* a aussi été témoin de ce phénomène lumineux, qui a pris l'apparence d'une sphère augmentant de taille jusqu'à atteindre des dimensions gigantesques. (Fig. 3)

19 novembre 1976. 19h15 environ (heure locale et GMT). Les équipages de plusieurs vols et bateaux tout autour de l'archipel des Canaries ont été témoins d'un phénomène aussi spectaculaire que celui vu cinq mois auparavant. Au début, un point de lumière (plus brillant qu'une étoile de première magnitude) a commencé à monter dans le ciel dans un mouvement en spirale, se développant et s'étendant jusqu'à avoir un diamètre gigantesque (deux ou trois fois la taille de

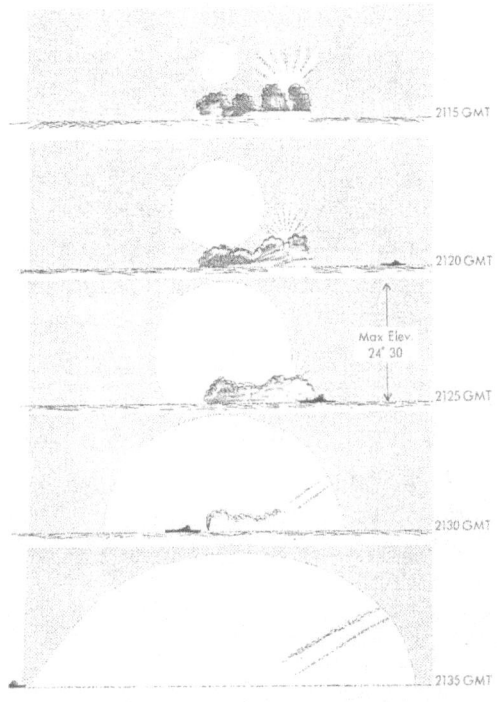

Fig.3 : *22 juin 1976, Vue depuis le* Osaka Bay. *Publié dans* The Marine Observer, © Crown, *reproduit avec l'autorisation de* The Controller of Her Majesty's Stationery Office.

la Lune). À ce moment-là, il avait une forme semi-circulaire, donnant l'impression qu'il reposait sur l'horizon. Parmi les centaines de témoins se trouvaient le Général Carlos Dolz de Espejo, à cette époque Chef d'État-Major de la Zone Aérienne des Canaries, ainsi que l'équipage du navire-école de la Marine espagnole *Juan Sebastián Elcano*.

En même temps, le contrôleur aérien de service à Málaga (Sud de l'Espagne continentale) informait que les vols IB-825 et IB-562 de la compagnie aérienne

Iberia, ainsi que le vol OM-300 de la compagnie *Monarch*, signalaient l'observation "d'une coupole très brillante, non détectée par le radar" à environ 10 km d'altitude. (Fig. 4, ainsi que Fig C p 229)

24 mars 1977. 20h50 environ (heure locale et GMT). Depuis les îles Canaries de La Palma et de Tenerife, une lumière rougeâtre a été vue émergeant de la mer, montant très vite, évoluant en zigzag et laissant derrière elle un halo énorme et brillant qui a duré dix minutes. Plus tard, un DC-8 scandinave volant vers Bandjun (Afrique) et passant au-dessus de Villacisneros (continent Africain, à l'Est des Canaries) a observé un nuage lumineux vers l'Ouest. Un *Jumbo* de la Compagnie *SAA*, venant d'Afrique du Sud, a décrit le même phénomène.

500 km au Sud des Canaries, le capitaine M. Brackenbridge et ses officiers, à bord du navire marchand *Kinpurnie Castle*, ont vu se former à l'horizon un demi-cercle lumineux, avec une petite zone brillante à l'intérieur. En seulement trois minutes il avait atteint des dimensions colossales. Sept minutes plus tard, il s'était complètement dispersé après qu'une deuxième tache lumineuse soit apparue au-dessus de lui.

Fig. 4 : *19 nov. 1976, Le nuage lumineux tel qu'il a été vu à Tacoronte, Tenerife, Iles Canaries. (photo & montage © Ricardo Campo)*

5 mars 1979. Ce fut l'événement le plus étonnant de la série. De nombreux insulaires ont été captivés par la vue d'un coucher de soleil étrange. A l'horizon, vers l'Ouest, on a vu des anneaux concentriques multicolores ou des traînées brillantes en zigzag formant un énorme nuage. Quelques minutes après 20h00 (heure locale et GMT), quand ces traînées avaient presque disparu, de ce même endroit, un point de lumière est monté, laissant un jet lumineux qui a commencé à s'étendre, se développant en un dôme brillant énorme. Quand le phénomène s'est achevé, il a laissé derrière lui le même genre de traînées que celles observées au début. Grâce à la longue durée du phénomène, plusieurs jeux indépendants de photographies incroyablement claires ont été prises de points de vue différents et éloignés les uns des autres, permettant de reproduire la séquence complète de l'observation.

Ce merveilleux phénomène a même été vu de la ville africaine de Safi (Sahara), nous donnant une mesure de son ampleur. Des milliers de personnes en ont été témoins, y compris les équipages de plusieurs vols (*Iberia*, *Aviaco*, *Spantax*, *Aeroamérica* et *Naysa*). Parmi eux, un vol BX-816 se trouvait à 800 km au Nord-Est de l'île de Gran Canaria. (Fig. 5 & 6, ainsi que Fig. D, E, F, G pages 229-230)

ENQUÊTE OFFICIELLE

Trois de ces événements (22 juin 1976, 19 novembre 1976 et 5 mars 1979)

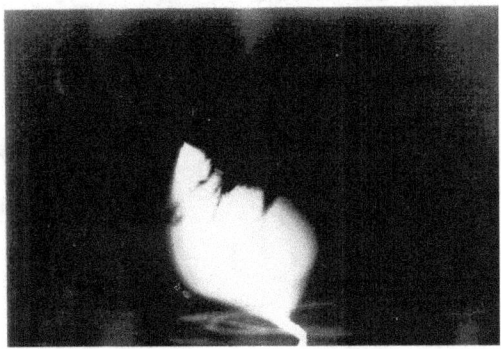

Fig. 5 : *5 mars 1979, Alajero, La Gomera, Iles Canaries.*
(photo © Joaquin Nebro)

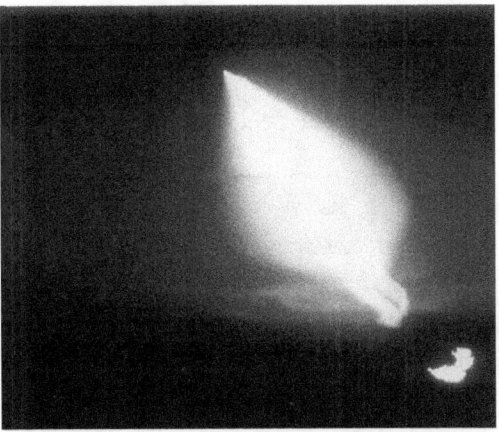

Fig. 6 : *5 mars 1979, Playa de las Américas, Tenerife, Iles Canaries.*
(photo d'un témoin anonyme.)
Source : Rapport officiel de l'Air Force espagnole

ont fait l'objet d'une enquête par des officiers de l'Armée de l'Air, nommés juges d'instruction selon les procédures en vigueur à l'époque. Les dossiers de ces enquêtes militaires ont été finalement déclassifiés pendant le processus de déclassification des cas d'OVNI adopté par l'Armée de l'Air espagnole, 1992-1999[2], inspiré par l'un de nous (Ballester Olmos). Le cas daté du 22 juin 1976 a pris des allures extravagantes quand un docteur local du petit village de Santa María de Guía a donné une interprétation très personnelle de ce qu'il avait vu, transformant une grande coupole lumineuse éloignée en un objet flottant très près de lui et piloté par de grands êtres de 3 mètres de haut ! Ses explications dans les journaux locaux ont mis en évidence des croyances et des idées subjectives pré-établies.

L'enquête officielle sur l'observation du 22 juin 1976 a été conduite par le Major Antonio Munáiz Ferro-Sastre, de la Zone Aérienne des Canaries, qui a écrit un rapport de 100 pages, assez naïf. Il a envisagé l'hypothèse du missile qu'il a rejeté avec le faux argument qu' *"aucun missile n'est capable de laisser une traînée lumineuse subsistant 20 minutes"* mais aussi parce que le phénomène a semblé venir de la terre. N'ayant pas été détecté par le radar, il a été forcé de décider que sa nature était *"celle d'une énergie inconnue"*.

L'enquête sur le phénomène du 19 novembre 1979 a également été confiée au Major Munáiz. Il a encore une fois considéré l'hypothèse du missile mais, n'étant pas un spécialiste du sujet, il l'a rejetée parce qu'il a estimé qu'un missile lancé d'un sous-marin en plongée *"aurait pu produire de tels effets par une nuit sombre, mais jamais à un tel point."* Il a finalement suggéré *"une explosion nucléaire dans l'ionosphère"* en plaçant le phénomène à environ 100 km au-dessus de la mer. Néanmoins, ayant relié le cas à deux observations précédentes d'OVNI dans le secteur, le 22 juin 1976 et le 24 novembre 1974 (celle-ci est sans rapport avec le type de cas discuté ici), le Major Munáiz a préféré de beaucoup son hypothèse personnelle *"d'un vaisseau d'origine inconnue, doté d'une énergie de propulsion inconnue, volant librement dans les cieux des Canaries"*.

Quand ce second rapport (de 80 pages) a été reçu par le Chef de l'État-Major Général de la Zone Aérienne des Canaries, celui-ci l'a envoyé au Ministère de l'Air à Madrid, non sans ajouter une courte note exposant quelques considérations qui offrent des idées de valeur. *"J'ai personnellement observé le phénomène"*, écrit le Général Dolz, *"et je n'ai pas vu d'objet volant, seulement un phénomène optique"* ; il a donc suggéré que *"l'on doit présenter à un groupe d'experts de cette sorte d'incidents (des États-Unis, par exemple) les évidences, au cas où ces incidents seraient dus à des expériences exécutées par certains pouvoirs"*. Comme nous le verrons bientôt, le Général, beaucoup plus réaliste que son subordonné, avait tout à fait raison.

L'officier d'instruction nommé pour examiner l'incident du 5 mars 1979 était le Major Pedro Ortega García, aidé du Capitaine José Juan Abad Cellini. Leur rapport, déclassifié par l'Armée de l'Air en 1995, comporte 229 pages. Il inclut leur évaluation selon laquelle le nuage lumineux n'était pas à une altitude inférieure à 64 km et s'étendait sur un diamètre de 516 km ! La description est précise : *"À 20h08, à l'horizon, au même endroit que le premier objet, est apparu un disque argenté laissant une traînée rouge derrière lui. Il s'est approché de l'île à une vitesse impressionnante. Sa trajectoire ressemblait à une spirale... Quand l'objet a atteint le fond du nuage lumineux précédent, il a commencé à grimper presque verticalement ... le long de cette montée ont été observées plusieurs explosions qui se sont développées en une traînée brillante énorme... Avec la dernière explosion, l'objet a atteint une vitesse plus grande et s'est séparé de la traînée, changeant sa trajectoire à l'horizontale pendant quelques secondes, avant de suivre une trajectoire parabolique, disparaissant dans le ciel à une vitesse énorme..."*

Bonne description d'un lancement de missile, y compris la séparation de son deuxième étage.

Néanmoins, quand le juge militaire a discuté les diverses hypothèses possibles et alternatives pour expliquer l'observation, il s'est contenté de répéter sans aucune imagination les arguments de son prédécesseur, pensant que *"les propergols solides employés dans les missiles ne produiraient pas de si grandes traînées"*, bien qu'il ait suggéré que l'on contacte la NASA afin de découvrir si l'agence américaine avait lancé deux fusées ce jour-là. Finalement, les officiers Ortega et Abad ont conclu que la nature du phénomène était, *"actuellement, inconnue."*

Avec une lettre officielle classifiée "Secret", le Général responsable de ce qui s'appelle maintenant le Commandement Aérien des Canaries a envoyé ce rapport au Chef d'État-Major au Quartier Général de l'Armée de l'Air à Madrid. Ce document disait clairement : *"mon opinion personnelle est que le phénomène a été causé par deux missiles d'une puissance et d'un calibre extraordinaires, lancés du secteur indiqué dans le rapport"*. Il spéculait ensuite sur la responsabilité des Soviétiques dans l'incident.

Plusieurs années plus tard, Munáiz, devenu Lieutenant-colonel, a présenté une monographie sur l'OVNI des Canaries lors d'un cours à son État-Major. Nous ne pouvons pas résister à citer une de ses conclusions : "Des missiles, en particulier ceux lancés à partir de sous-marins submergés, peuvent facilement expliquer 95% des observations de cette sorte de phénomènes, vus de la terre, d'un navire ou d'un avion"[3].

5 MARS 1979 : QUELQUES AVIS SCIENTIFIQUES

Plusieurs années plus tard, l'ingénieur français François Louange nous a informé que cet incident avait eu un témoin exceptionnel, Claude Poher, qui naviguait sur l'Atlantique dans son bateau. Ce scientifique (fondateur du GEPAN) avait été précédemment le directeur de la division de fusées du CNES (le Centre National d'Études Spatiales) et il fut absolument sûr qu'il s'agissait "d'une sorte de missile".

Le Dr. Desmond King-Hele est considéré comme l'un des meilleurs experts mondiaux en fusées et satellites artificiels. Ce membre du Royal Aircraft Establishment du Ministère de la Défense Britannique a étudié les photos prises pendant ces incidents et a montré que les nuages iridescents étaient typiques des traînées éjectées par une fusée et que les courbures à la partie inférieure de la traînée étaient dues aux vents variables soufflant dans la haute atmosphère. Il a aussi expliqué que l'expansion plus large observée a eu lieu à des altitudes plus élevées et était causée par l'air raréfié à ce niveau atmosphérique. Il a évalué que l'altitude minimale pour la traînée lumineuse était de 100 km, ce qui indiquait un missile lancé à 1 000 km à l'Ouest. *"Un lancement non-déclaré"* (c'est-à-dire secret), a-t-il écrit.

D'autres scientifiques remarquables connaissent bien les photographies du 5 mars 1979. Parmi eux, grâce à une rencontre personnelle avec l'un des auteurs (Ballester Olmos), il y a les Russes Yulii Platov, chercheur principal de l'Institut sur le Magnétisme de la Terre, l'Ionosphère et la Propagation des Micro-Ondes (IZMIRAN), et Sergei Chernouss qui travaille avec l'Institut de Géophysique Polaire de l'Académie des Sciences de Russie. Les docteurs Platov et Chernouss ont examiné les photographies et ont conclu que les beaux effets optiques exposés étaient dus à des lancements de fusée ou de missile, expliquant que la structure en dôme typique adoptée par la poussière et la traînée gazeuse montre le processus de séparation du deuxième étage du missile. La couleur bleue verdâtre au point de séparation confirme que c'était un missile à propulsion solide et la limite entre la traînée mince et le grand nuage lumineux indique une altitude d'environ 100 km (tropopause).

L'ANALYSE DE MANUEL BORRAZ

Des enquêtes précédentes avaient déjà pointé vers la thèse selon laquelle cette série d'incidents avait été causée par des essais militaires, plus spécifiquement par le lancement de missiles balistiques[4].

Mais ce fut grâce à une étude détaillée faite par l'ingénieur de télécommunications espagnol Manuel Borraz[5], avec des standards scientifiques impeccables, qu'il fut possible de confirmer les conclusions qualitatives susdites avec une précision quantitative. Borraz a prouvé que les cinq cas principaux développés de 1974 à 1979 étaient des phénomènes lumineux d'une ampleur extrême, ayant lieu **à environ mille kilomètres à l'Ouest du point d'observation, au milieu de l'Atlantique Nord**. Cela ne pouvait être autre chose que des lancements de missiles balistiques. Les calculs mathématiques de Borraz démontrent que la distance minimale entre ces phénomènes et les îles Canaries était véritablement entre 700 et 1 000 km à l'Ouest des îles et que leur altitude devait être à plus de 40 km au-dessus du niveau de la mer.

Cette analyse a indiqué l'emplacement géographique des plates-formes d'où les missiles ont été lancés et elle a prouvé que, au lieu d'être des incidents proches, ceux-ci étaient vraiment des expériences développées très loin des Canaries et assez haut dans l'atmosphère, permettant ainsi que l'on puisse voir de tels phénomènes optiques d'endroits aussi éloignés.

Récemment, Borraz a communiqué aux auteurs des calculs affinés. Considérant qu'un missile laisse une traînée visible seulement durant sa phase de propulsion (plafond d'altitude : 200 km), Borraz a employé maintenant une formule mathématique employant l'angle de vision, le rayon de la Terre et l'altitude maximale pour calculer la distance maximum entre le point d'ascension du missile et les Canaries, parvenant à une valeur de 1 600 km pour les points visibles à l'horizon. Borraz, dans un courrier électronique daté de Septembre 1999 écrit : "On *peut conclure que les missiles responsables des observations des Canaries ont été lancés de sous-marins naviguant entre 700 et 1 600 km à l'Ouest de l'île de Tenerife.*"

MISSILES, OUI MAIS À QUI ?

Plusieurs années de correspondance avec des experts internationaux — plus des comparaisons simples avec des séries semblables de photographies prises en d'autres endroits autour du monde[6] — ont permis aux auteurs d'atteindre un consensus quant à la nature de ces extraordinaires "observations d'OVNI" aux îles Canaries, qui comptent parmi les événements les plus significatifs de la scène ufologique espagnole. La conclusion était claire : sans aucun doute, les témoignages et les images coïncidaient avec ceux provenant des observations de lancements de missiles intercontinentaux. Il serait irrationnel de ne pas accepter cette explication (ou alors il faudrait un désir évident des marchands de mystère de tromper l'opinion publique). Ironiquement, dès le début, la presse locale avait considéré le modèle du missile comme étant la solution parfaite et naturelle aux observations qui avaient inquiété la population des Canaries, tandis que quelques ufologues de la presse à sensation soutenaient que les soucoupes volantes étaient la cause des événements.

Le secret autour de ces essais (et donc le manque de paternité pour ces lancements d'armes) est probablement lié aux traités de non prolifération des armes nucléaire. Nous devons nous rappeler qu'en 1972 les Etats-Unis d'Amérique et l'Union Soviétique ont signé à Moscou le Traité de Réduction des Armes

Stratégiques (START I), interdisant les essais et les déploiements de missiles balistiques intercontinentaux pour les cinq années suivantes.

De quoi avions-nous besoin pour convaincre les incrédules les plus récalcitrants ? De preuves publiques et de données fiables d'essais balistiques effectués (a) précisément pendant ces cinq jours, (b) au moment des observations et (c) dans un secteur situé dans l'Atlantique Nord.

Pendant plusieurs années, malheureusement, nous avons été partiellement frustrés car nous ne pouvions pas répondre à ce défi. Nous étions incapables de prouver ce que nous soutenions : des démarches innombrables pour découvrir le responsable de ces essais militaires restaient vaines.

Nouvelle évidence

En avril 1998, un des auteurs (Ballester Olmos) a envoyé un rapport détaillé sur ces cinq cas à James Oberg, un scientifique de la NASA, qui a beaucoup écrit sur les OVNI et les astronautes d'un point de vue sceptique[7]. Deux semaines plus tard, notre télécopieur a reçu un message manuscrit, laconique mais expressif :

"*J'ai trouvé une corrélation certaine avec des lancements de missiles Poseidon. Je ne connais pas encore l'emplacement des sous-marins quand ils ont lancé les missiles. Félicitations pour votre pugnacité dans cette étude. Merci pour m'avoir poussé à mieux chercher*". Y était attaché un tableau préparé par Gunter Krebs, fournissant des données sur les lancements de missiles *Poseidon* correspondant aux cas d'OVNI des Canaries. (Fig. 7)

Une fois découvert que les dossiers de la NASA n'avaient pas de références pour des lancements de fusées à ces dates et sachant que les Soviétiques avaient déjà nié leur responsabilité, Oberg avait consulté Krebs, un spécialiste allemand de l'astronautique et

Fig. 7 : *Décollage d'un missile balistique Poseidon depuis un sous-marin immergé de la US Navy.*

l'espace. Il a commencé par s'enquérir des fusées expérimentales britanniques ou françaises. À son tour, Krebs a consulté la base de données compilée par Jonathan McDowell — *"la source de données la plus fiable de lancements satellites"* selon Oberg — et il a obtenu un tableau montrant des coïncidences remarquables et indubitables dans les dates et les heures avec les observations des Canaries.

McDowell a un doctorat d'Astrophysique et travaille dans le prestigieux Smithsonian Center for Astrophysics à l'Université de Cambridge, au Massachusetts. Il est l'un des plus importants experts mondiaux en lancements orbitaux et essais balistiques. Le Dr. McDowell a travaillé sur des projets aussi importants de la NASA que *Einstein*, *IUE*, *Rosat*, *Chandra*, etc. ; il a amassé un très long catalogue de lancements de fusées et de missiles, compilant des données venant des fichiers d'agences spatiales en Europe et aux États-Unis, ainsi que — ce qui est approprié aux observations en question — de la banque de données intitulée *Eastern Range Launches 1950-1994 Chronological Summary*, créée en 1995 par Mark C. Cleary, un historien respecté, spécialisé dans les lancements spatiaux opérés par les États-Unis à partir de la zone d'essai de missiles située à l'Est des États-Unis, dans l'Atlantique Nord. Cleary travaille au 45th Space Wing History Office de Patrick Air Force Base.

Le tableau Krebs/McDowell/Cleary nous a donné beaucoup d'informations, mais il n'était pas complet, nous verrons pourquoi plus tard. Nous le présenterons chronologiquement, le comparant avec les données des observations des Canaries et en ajoutant les commentaires pertinents.

Mais d'abord, nous devons expliquer la signification de chaque colonne :

1) ID numéro de lancement, c'est un numéro de contrôle séquentiel. Pour les cinq dates consultées, il y avait un total de 16 lancements.

2) Date julienne. C'est un calendrier particulier employé par les astronomes et les scientifiques travaillant dans les sciences spatiales.

3) Date du calendrier grégorien (année, mois et jour)

4) Heure GMT (Greenwich) ou Z (zoulou) du lancement

5) Véhicule lancé (type de missile). Dans tous les cas, c'était un *Poseidon C-3* SLBM (Sea Launch Ballistic Missile).

6) Plate-forme de lancement (sousmarin). Dans tous les cas, il s'agissait de sous-marins SSBN (Strategic Sub-Marine Ballistic Nuclear), de la classe *Lafayette*. Un numéro à trois chiffres identifie quel sous-marin était en opération. Dans nos cas, il y avait le SSBN 658 (*Mariano G. Vallejo*), le SSBN 632 (*Von Steuben*), le SSBN 517 (*Alexandre Hamilton*), le SSBN 624 (*Woodrow Wilson*) et le SSBN 642 (*Kamehameha*). Les lettres ETR se réfèrent

au champ d'essai employé : Eastern Test Range, comme mentionné.

7) L'organisation responsable du lancement. Dans tous les cas c'était la Marine des Etats-Unis (USN).

Cas 1 : 22 novembre 1974

Il y a eu quatre missiles lancés le 22 novembre 1974, numérotés 86 à 89. Malheureusement, l'heure exacte des lancements n'est pas enregistrée. Cependant nous savons au moins que ce jour, à plusieurs centaines de kilomètres à l'Ouest des Canaries, il y a eu plusieurs essais de missiles balistiques, comme prévu. Certains des lancements ont dû avoir lieu quelques minutes avant 19h30 GMT (l'intervalle entre les rapports d'observations dure de 19h00 à 20h30 GMT, avec 19h30 comme période de pointe.)

Cas 2 : 22 juin 1976

À une minute d'intervalle, deux missiles *Poseidon* ont été lancés, à 20h16 et 20h17 GMT. Les observations aux Canaries ont eu lieu à 21h30 GMT (l'intervalle de temps global des observations se situe entre 21h15 et 21h45 GMT), treize minutes après le second lancement ... si nous enlevons une heure, peut-être en raison d'une erreur dans la base de données. Nous avons consulté Cleary sur cette erreur de 60 minutes et il nous a informé que lui-même avait aussi décelé plusieurs erreurs de temps et de dates dans quelques lancements, après comparaison avec des données de son propre département (Range Scheduling).

Cas 3 : 19 novembre 1976

Ce jour-là, quatre lancements ont été effectués, en deux séries, avec un intervalle de deux heures, numéroté 127 et 128 à 17h07 GMT plus les 129 et 130 à 19h08 et 19h09 GMT (ces derniers étant vus des Canaries.) À cette occasion, la corrélation est parfaite, les phénomènes lumineux étant décrits entre 19h00 et 20h00 GMT, 19h15 étant l'heure la plus mentionnée. (Fig. 8)

Cas 4 : 24 mars 1977

Deux missiles ont été lancés à 20h47 GMT et leurs effets ont été observés aux Canaries après 20h50 GMT, jusqu'à 21h15 GMT, de nouveau une corrélation parfaite.

Cas 5 : 5 mars 1979

C'était le jour le plus actif, avec trois séries de lancements. D'abord, à 18h47 et 18h48 GMT, laissant des traînées iridescentes que les vents stratosphériques ont déformées en un zigzag caractéristique. On les a vues trois quarts d'heure plus tard des Canaries, après 19h30 GMT. L'intervalle de temps couvre jusqu'à 20h30 GMT, couvrant probablement aussi les effets optiques du second lancement à 20h07 GMT. De nouveau une belle corrélation.

Il y a eu de plus un troisième lance-

Cas 1. 22 novembre 1974

(1)	(2)	(3)	(4)	(5)	(6)	(7)
L098.086	2442373.50	1974 Nov 22		Poseidon SLBN	SSBN 658,ETR	USN
L098.087	2442373.50	1974 Nov 22		Poseidon SLBN	SSBN 658,ETR	USN
L098.088	2442373.50	1974 Nov 22		Poseidon SLBN	SSBN 658,ETR	USN
L098.089	2442373.50	1974 Nov 22		Poseidon SLBN	SSBN 658,ETR	USN

Cas 2. 22 juin 1976

(1)	(2)	(3)	(4)	(5)	(6)	(7)
L098.119	2442952.34	1976 Jun 22	2016	Poseidon SLBM	SSBN 632,ETR	USN
L098.120	2442952.35	1976 Jun 22	2017	Poseidon SLBM	SSBN 632,ETR	USN

Cas 3. 19 novembre 1976

(1)	(2)	(3)	(4)	(5)	(6)	(7)
L098.127	2443102.21	1976 Nov 19	1707	Poseidon SLBM	SSBN 617,ETR	USN
L098.128	2443102.21	1976 Nov 19	1707	Poseidon SLBM	SSBN 617,ETR	USN
L098.129	2443102.30	1976 Nov 19	1908	Poseidon SLBM	SSBN 617,ETR	USN
L098.130	2443102.30	1976 Nov 19	1909	Poseidon SLBM	SSBN 617,ETR	USN

Cas 4. 24 mars 1977

(1)	(2)	(3)	(4)	(5)	(6)	(7)
L098.138	2443227.37	1977 Mar 24	2047	Poseidon SLBM	SSBN 624,ETR	USN
L098.139	2443227.37	1977 Mar 24	2047	Poseidon SLBM	SSBN 624,ETR	USN

Cas 5. 5 mars 1979

(1)	(2)	(3)	(4)	(5)	(6)	(7)
L098.171	2443938.28	1979 Mar 05	1847	Poseidon SLBM	SSBN 642,ETR	USN
L098.172	2443938.28	1979 Mar 05	1848	Poseidon SLBM	SSBN 642,ETR	USN
L098.173	2443938.34	1979 Mar 05	2007	Poseidon SLBM	SSBN 642,ETR	USN
L098.174	2443938.43	1979 Mar 05	2225	Poseidon SLBM	SSBN 642,ETR	USN

ment, deux heures plus tard, non observé des îles espagnoles de l'Atlantique. Au total, quatre tirs de missiles *Poseidon*, numérotés de 171 à 174. Qui sait combien, sur un total de cent soixante-dix missiles balistiques intercontinentaux (plus les précédents *Polaris* et les *Trident* suivants, etc) ont également été pris pour des OVNI aux Canaries, par

Fig. 8 : *SSBN-617* Alexander Hamilton, *sous-marin de la US Navy, qui tira des missiles* Poseidon *le 19 novembre 1976.*

des navires en mer ou à partir d'endroits sur la terre ferme.

Les tableaux montrent qu'en plusieurs occasions il y a eu plus d'essais balistiques que ceux observés depuis les îles. Cela s'explique peut-être en raison de l'heure à laquelle ils ont eu lieu : il semble qu'on n'a pas vu ceux faits avant le coucher du soleil parce que la lumière solaire les a masqués mais on a vu tous ceux qui se produisirent après la tombée du jour.

Un dernier contrôle

Le docteur McDowell nous a dit que le East Test Range pour la Marine des EU s'étend du Cap Canaveral à Ascension, une île dans l'Océan Atlantique placée sur le même parallèle que Luanda (Angola). Selon les calculs faits par le lieutenant-colonel Munáiz, dans une annexe à sa monographie militaire sur les OVNI, la trajectoire suivie par l'objet du cas du 5 mars 1979 était Sud-Est. Nous savons que la portée de cette sorte de missile était d'environ 4 600 km. Une ligne droite tracée d'un point imaginaire 1 000 km à l'Ouest du centre des Îles Canaries, nous amène... précisément à l'extrémité de la zone d'essai des États-Unis, l'île d'Ascension !

Un océan Atlantique turbulent

Pendant les années soixante-dix, l'Atlantique Nord fut à plusieurs reprises l'épicentre d'une activité peu commune. Il y a un long index d'observations semblables, dont ont été témoins les marins stupéfiés qui naviguent sur ces eaux et qui les ont ensuite rapportées dans des bulletins professionnels. Par exemple, *The Marine Observer* est rempli d'histoires identiques aux incidents des Canaries[8].

Parmi elles, une tache circulaire grande et lumineuse est apparue au-dessus de l'horizon, augmentant de taille ; elle fut vue du navire *Adelaide Star* le 25 Septembre 1972. Les dossiers de McDowell/Cleary pointent en direction d'un lancement d'essai *Poseidon* par le sous-marin *George Bancroft*. De même, ces trois feux coniques surprenants, vus par l'équipage à bord du navire *Dart Atlantic* le 11 avril 1978, qui apparaissent avec une lueur jaunâtre à l'horizon et grimpent à une vitesse énorme jusqu'à leur disparition. Ce jour-là, le sous-marin nucléaire américain *Andrew Jackson* a tiré une volée de quatre missiles à intervalles d'une minute, comme l'expliquent les deux experts américains. (Fig. 9 & 10)

Fig. 9 : *25 sept. 1972, vue depuis le navire* Adelaide Star. *Publié dans* The Marine Observer © Crown, *reproduit avec l'autorisation de* The Controller of Her Majesty's Stationery Office.

Les cas ci-dessus ne sont qu'un petit échantillon des cas parus dans des bulletins maritimes professionnels. De retour aux Canaries, nous devons mentionner que dans les années soixante-dix il y eut d'autres phénomènes étonnants dans l'archipel, d'une nature semblable à ceux déjà décrits et dont la corrélation avec les données de lancements compilées par McDowell et Cleary nous étonne chaque jour. L'avant-dernière surprise fut l'explication d'un cas étrange daté du 17 janvier 1979 quand un couple de touristes belges a vu — et a photographié — à Tenerife une "*énorme masse blanche, immobile dans le ciel bleu*", avec une taille apparente considérable bien qu'elle ait semblé être très distante. Nos excellentes sources nous ont fourni son origine : un bombardier *FB-111* survolant le East Test Range avait lancé un missile SRAM.

ÉPILOGUE

Bien que nous ayons maintenant des preuves indiscutables — nous connaissons la nation responsable, le type de missile employé et les sous-marins

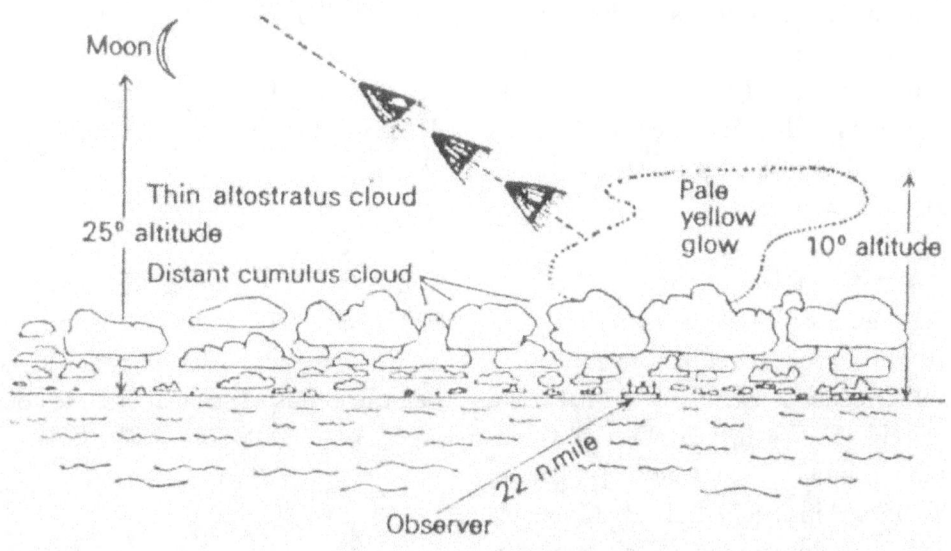

Fig. 10 : *11 avril 1978, vue depuis le navire* Dart Atlantic. *Publié dans* The Marine Observer © Crown, *reproduit avec l'autorisation de* The Controller of Her Majesty's Stationery Office.

impliqués — quelqu'un pourrait objecter que nous sommes toujours ignorants quant à un détail relativement important : l'emplacement exact des SSBN à l'intérieur du champ d'essai. C'est vrai. La raison ? Ces données sont toujours classifiées comme nous l'ont expliqué Jonathan McDowell et Mark Cleary. Il est raisonnable de penser que les États-Unis procèdent toujours à des essais d'armements stratégiques dans le même secteur ; par conséquent l'emplacement précis de ces sous-marins doit toujours être tenu secret. Cependant, ne pas connaître ce détail n'entre pas en conflit avec notre thèse.

Notre recherche a définitivement prouvé que la dernière génération d'armes balistiques de la Marine américaine a été essayée dans des zones de l'Océan Atlantique, loin des territoires insulaires espagnols ou portugais. Ses effets lumineux optiques, sensationnels, ont été aperçus d'endroits habités comme les Canaries et Madère, expliquant ainsi plusieurs des principaux épisodes d'OVNI dans l'histoire de l'ufologie espagnole.

REMERCIEMENTS

Les auteurs veulent exprimer leur gratitude pour la collaboration inestimable reçue de M. Borraz, M. Cleary, G. Krebs, S. North, J. McDowell, Lieutenant Colonel E. Rocamora, J. Plana et P. Redón. Ainsi qu'à Luis R. González pour une traduction (en anglais) superbe.

BIBLIOGRAPHIE

(1) Campo Pérez, R. *Luces en el cielo. El fenómeno ovni en Canarias*. Manuscrit non publié, 1999.

(2) Ballester Olmos, V.J., *Expedientes insólitos*, Temas de Hoy (Madrid), 1995.

(3) Munáiz Ferro-Sastre, A, *Método para la investigación de fenómenos aeroespaciales*, 37th Staff Course, Escuela Superior del Aire (Madrid), 1981.

(4) Ballester Olmos, V.J. y M. Guasp, *Los OVNIS y la Ciencia*, Plaza & Janés (Barcelone), 1989.

(5) Borraz, M., *Los gigantes de Gáldar y los avistamientos canarios*, Fundación Anomalía (Apartado 5041, 39080 Santander, Espagne), 1992.

(6) Campo Pérez, R., "El OVNI de la discordia", *Enigmas*, mai 1996.

(7) Oberg, J.E., *UFOs and Outer Space Mysteries*, Donning (Norfolk, Virginia), 1982.

(8) Divers auteurs, "Unidentified Phenomena", *The Marine Observer*, juillet 1973, avril 1977, janvier 1978, avril 1979.

En décembre 1999, mon assistant Peter Robbins me transmettait le courriel

LE VAISSEAU DANS LE DÉSERT
Budd Hopkins

d'un habitant du New Jersey que j'appellerai "Bob Williamson", relatant un incident avec un OVNI que le narrateur avait eu en mai 1980 avec trois autres personnes. Presque tout, dans ce récit très vivant, suggérait que les quatre témoins avaient vécu bien plus ce jour-là que ce dont ils se souvenaient.

Bob Williamson écrivait :

Mon frère et sa femme, moi-même et mon épouse — tous les quatre approchons de la trentaine — étions allés à Los Angeles pour des vacances. Nous nous sommes rendus, dans une voiture de location, à Las Vegas pour jouer, puis au bout de quelques jours, nous avons décidé de nous rendre à Palm Springs. Après avoir pris un petit déjeuner, nous sommes partis vers 6h du matin et avons commencé à traverser le désert par une route secondaire : un raccourci qu'on avait recommandé à mon frère. Au bout de deux heures, ne voyant aucune voiture ni aucune construction, je commençais à m'inquiéter. Nous roulions à une moyenne de 75-80 milles/heure (120-130 km/h), quand mon frère s'est mis à crier. Il a braqué vers le bas-côté de la route et j'ai cru que nous allions entrer dans le sable car nous allions très vite, mais nous nous sommes arrêtés à moitié sur le bas-côté ; il criait tout en désignant la fenêtre côté passager.

Au-dessus du désert, à environ 150 yards (135 m) de nous, planait un énorme vaisseau ovale en métal terne, à une hauteur équivalant à cinq étages. Aucun bruit, aucune lumière. L'objet était si proche et si gros que je pouvais voir des formes ou des silhouettes de personnes derrière les fenêtres. Nos épouses, assises sur la banquette arrière, hurlaient comme dans un film d'épouvante. Je me sentais à la fois engourdi et effrayé mais, après quelques minutes de panique, j'ai ouvert la portière pour sortir (j'étais sur le siège passager avant, à côté de mon frère). Tout en criant, ma femme m'a a attrapé par le col de ma chemise et par les cheveux pour essayer de me faire rester dans la voiture, mais je me suis dégagé et ai couru me réfugier de l'autre côté de la voiture — côté conducteur — comme si notre voiture pouvait me protéger du vaisseau. Puis mon frère est également sorti ; de temps en temps nous passions la tête par dessus le toit de la voiture pour observer cette chose énorme qui planait. Je me souviens très bien que dès que nous sommes sortis, nos femmes s'étaient verrouillées à l'intérieur de l'auto, nous enfermant dehors, et qu'elles nous criaient de nous enfuir à toute vitesse.

Je ne sais pas pourquoi mais, après quelques minutes (4-5 ?), j'ai quitté mon abri derrière la voiture et commencé à marcher dans le désert. Aujourd'hui je me souviens avoir vraiment eu envie d'aller avec "eux". Mon frère [Eddy] criait et courait vers moi puis repartait vers la voiture, me hurlant "Bob ! Bob ! Reviens tout de suite !". Une fois, il m'a rejoint alors que je me trouvais presque sous le vaisseau et a essayé de me tirer en arrière en agrippant ma ceinture et en me traînant. C'est tout. Ce qui s'est passé ensuite, nous nous en sommes souvenu plus tard.

Il me semble qu'au début, nous étions tous

assis dans la voiture, observant cette chose métallique claire, de la taille d'un quart de pouce, qui passait et repassait dans le ciel du désert. Nous la regardions depuis quatre ou cinq minutes lorsqu'elle commença à avoir comme des pulsations très rapides puis elle traversa le ciel et disparut. Nous étions stupéfaits et avons continué de rouler vers *Palm Springs*, à la fois très excités et confus. Juste à l'entrée de *Palm Springs*, mon frère repéra une cabine téléphonique dans une station-service et se gara. Nous avons couru tous les deux vers cette cabine et avons réussi je ne sais comment à y pénétrer tous les deux et à refermer la porte afin que la lumière s'allume. Ce petit détail m'a permis de réaliser un point important : il faisait nuit noire alors que nous avions quitté *Las Vegas* très tôt (6h du matin) afin de POUVOIR DÉJEUNER À PALM SPRINGS ET DISPOSER D'UNE DEMIE-JOURNÉE POUR VISITER LA VILLE ? ? ? [Toutes les particularités de ponctuation et les majuscules se trouvent dans l'original]

Nous ne savions pas qui appeler et nous sentions terrorisés sans savoir pourquoi. N'avions-nous pas vu seulement un assez grand vaisseau à des milles (plusieurs kilomètres) de distance dans le ciel du désert ? ? ? (Je me suis aperçu que c'était après notre expérience). C'était incroyable et nous l'avions si bien vu, mais...

Nous sommes restés éveillés toute la nuit dans le premier motel que nous avons trouvé, parlant nerveusement et nous demandant quoi faire. Nous avons même appelé nos parents à une heure du matin parce que nous avions besoin de parler à quelqu'un. C'est alors que cela m'a frappé — pourquoi avions-nous dû nous tasser dans la cabine téléphonique afin de pouvoir fermer la porte pour la lumière ? Il ne pouvait pas être aussi tard, nous aurions dû être là-bas en début d'après-midi ! ! ! M.... "Ne te souviens-tu pas de nos femmes hurlant et nous enfermant hors de la voiture ?" OUI. CONFUSION. "Et d'Eddy qui essayais de me traîner vers la voiture quand je marchais sous le vaisseau ?" OUI. OUI. Ils s'en sont tous souvenu quand j'ai rappelé tous ces petits détails.

Mais à ce moment-là ma belle-sœur était épouvantée et ma femme pleurait. Plus personne ne voulait plus parler de tout cela. Nous étions totalement paniqués et dans un état de rare confusion.

Au cours des quinze années suivantes, j'ai évoqué deux ou trois fois cette affaire et il n'existe aucun désaccord quant aux détails. Cependant, personne ne veut plus discuter de ce sujet. CELA NE POUVAIT PAS ÊTRE RÉELLEMENT ARRIVÉ ? ? ?

Je n'en parle que rarement, pour ainsi dire jamais, et seulement avec quelques amis proches. Mais de temps en temps je sens que j'ai toujours cette profonde appréhension dont j'aimerais me libérer.

Dans son courriel, Bob Williamson précisait qu'il avait divorcé quelques années après cette rencontre de 1980 à Palm Springs et qu'il avait ensuite perdu tout contact avec son ex-femme. Il m'expliquait pourquoi il avait décidé de m'écrire si longtemps après les faits, puis il décrivait une expérience OVNI qu'il avait eu avant 1980, au Canada, impliquant son frère et un troisième homme.

Cette rencontre, survenue quelques années avant que lui et son frère ne soient mariés, comprenait l'observation très rapprochée d'un OVNI (observation largement commentée dans la presse) et l'inexplicable disparition de deux heures environ de leur temps.

"JE NE SAIS PAS POURQUOI J'ÉTAIS EFFRAYÉ"

Williamson m'avait écrit sur les conseils de sa petite amie qui avait lu un de mes livres et s'était rendue compte que plusieurs détails de son récit ressemblaient à ceux rapportés dans d'autres cas d'enlèvements ufologiques. Après avoir fini de lui raconter pour la première fois sa rencontre à Palm Springs et ses suites, elle commença immédiatement à lui poser des questions à ce sujet. Il décrivait sa propre réaction face à son intérêt soudain :

Je ne sais pas pourquoi j'étais si effrayé. Ou plutôt, considérant cette histoire comme impossible, je craignais qu'on me prenne pour un fou. Bref, 15 années plus tard, relevant les jambes de mon pantalon pour chercher ces cicatrices dont me parle ma petite amie qui affirme que certains enlevés en ont, j'ai la stupéfaction de découvrir, sous mon genou droit, un trou parfaitement rond que je n'avais jamais remarqué auparavant. Évidemment, je n'ai pas l'habitude d'inspecter ainsi mes jambes mais je sais que je n'avais jamais vu cette marque avant. De toute façon, rien de tout ceci n'est réel, N'EST-CE PAS ? ? ? Je n'en ai pas dormi pendant des semaines. Effrayé/déprimé ? ? ?

Mise à jour — après avoir écrit ce courriel et ne sachant pas où l'envoyer, j'ai parlé avec mon frère lorsqu'il m'a appelé pour me souhaiter un bon anniversaire. Il est toujours dans la même attitude de déni mais il se souvient de tout ce que j'ai rapporté plus haut et estime que nous avions probablement perdu deux heures [lors de l'incident canadien]. Je comprends son hésitation à parler de cela : j'ai passé des années à faire la même chose. C'est comme admettre que vous êtes fou.

Bref, maintenant je suis prêt à découvrir ce qui est arrivé et à y faire face. Je lutte contre une phobie sociale agaçante, une nervosité, une tension que personne ne soupçonne et j'en suis fatigué. Je veux savoir si ces expériences en sont la cause. Je ne peux plus nier cette éventualité. J'ai partagé ces expériences rapprochées avec d'autres personnes responsables et honnêtes donc je n'ai aucune raison de continuer à en douter.

Après lecture de ce courrier électronique (qui mentionnait un numéro de téléphone), j'ai appelé Bob Williamson chez lui dans le New Jersey. C'est un homme d'affaires âgé (à la fin de décembre 1999) de 45 ans et possédant sa propre société. Il a vécu au Canada et dans différentes parties des États-Unis. C'est une sorte de casse-cou — un grand skieur et un parachutiste expérimenté. Nous avons parlé de sa famille, de sa fille, de ses relations avec ses parents et son frère, et bien sûr de ses souvenirs des deux expériences OVNI/temps manquant. Nous prîmes rendez-vous pour le premier week-end de janvier.

Bob Williamson est un homme de grande taille, séduisant, mais lorsqu'il arriva à mon studio d'artiste il était passablement nerveux. Je fis de mon mieux pour le calmer et l'interviewai longuement. Quelques heures plus tard, nous commençâmes une séance de régression sous hypnose afin d'explorer l'incident de Palm Springs en 1980. Cette séance, très courte, allait changer radicalement les souvenirs précédents de Bob concernant ce jour. Elle allait aussi être l'une des séances les plus poignantes que j'ai jamais entreprise.

Après l'avoir plongé en état d'hypnose, je retraçai le décor, répétant les descriptions que Bob avaient données du voyage des deux couples à Las Vegas, de leur week-end de jeu, et ainsi de suite, jusqu'au petit déjeuner au cours duquel on avait indiqué à son frère un raccourci pour Palm Springs. Alors que Bob se souvenait être en train de conduire le long d'une route à deux voies quasi déserte, nous poursuivîmes jusqu'au moment où la voiture avait braqué "presque latéralement" sur le bord de la route. Bob fit une longue pause avant de dire : "Je peux rien voir".

Il souffrait manifestement d'un blocage de mémoire presque total puisqu'il avait maintenant "oublié" les détails dont il s'était souvenu si clairement pendant 20 ans. Une longue expérience m'a conduit à croire qu'un sujet hypnotisé "crée" souvent inconsciemment un tel blocage car il sent que les souvenirs vaguement entrevus qu'il va explorer seront source de traumatisme.

TOUT LE MONDE CRIE

Afin de surmonter le blocage de Bob, je retournai en arrière dans le temps, l'aidant à se souvenir de la nuit précédant leur départ de Las Vegas. Alors qu'il commence enfin à permettre à ses souvenirs de se libérer, il décrit un show avec des "filles à demi nues" auquel les deux couples ont assisté. "C'était vulgaire", dit-il. "Je ne me suis jamais senti à l'aise dans des boîtes de strip-tease. Nos femmes trouvaient ce spectacle choquant." Puis je l'amène à revivre son réveil tôt le matin suivant, le rangement des bagages dans le coffre de la voiture de location, le petit déjeuner et ainsi de suite. Sa mémoire étant alors libérée, ses souvenirs peuvent affleurer à sa conscience.

Bob raconte que l'autoroute, à la sortie de Las Vegas, comporte un terre-plein central. Après une vingtaine de minutes, ils tournent pour prendre le raccourci vers Palm Springs. Je lui demande de me décrire le paysage. "De petits arbres chétifs" répond-il. "Ce n'est pas vallonné… assez plat…" Apparemment le paysage est sans grande particularité et l'absence de circulation ou de tout signe de civilisation le met mal à l'aise. "Je vérifie le niveau d'essence afin d'être sûr que tout va bien."

J'amène Bob à l'instant où il sent que la voiture commence à ralentir — un moment crucial dans ses souvenirs conscients de l'incident et lui demande :

"Est-ce que la voiture glisse jusqu'à s'arrêter ?"

"Non. Elle fait une queue de poisson. Elle glisse latéralement. Mais je ne peux pas le voir. Je le sens…"

"Restez avec les sensations de votre corps" lui dis-je. "Vous n'avez pas à regarder quoi que soit. Vous pouvez sentir le mouvement de glissade en queue de poisson de la voiture."

"Nous glissons sur le côté" commente-t-il avec une voix tendue. "C'est très effrayant." Puis, très fort : "Qu'est-ce qui se passe ?" Sa respiration devient brève, haletante. Je lui répète qu'il n'a pas besoin de regarder mais lui demande s'il entend quelque chose.

"Tout le monde crie" répond-il. "Il n'y a rien autour. Que se passe-t-il ?" Puis, après une pause : "Je n'entends personne. Ils…" Et il commence à trembler et à pleurer : "Je ne peux pas parler !" Il hurle, en proie à une terreur abjecte et, sortant spontanément de son état de transe, il ouvre les yeux, s'assied brusquement et vient se blottir au bord du divan, comme si il avait peur de ce qu'il voit devant lui. Les 15 minutes suivantes, il ira de crises de larmes en halètements et en tremblements. "Cela fait mal ! Cela fait mal !" hurle-t-il encore et encore en tenant ses jambes étroitement contre son corps.

Durant mes 25 années d'observation sous hypnose d'enlevés, je n'ai vu qu'une fois ou deux un tel degré de panique. Je ressens une immense pitié pour ce que vit Bob. Pour le calmer, je lui demande de comprendre que, quoi qu'il ait vécu ce jour-là, il y a survécu et qu'il est maintenant en sécurité. J'utilise l'image d'un cadran qu'on fait tourner pour diminuer la douleur physique, et je compte de dix à neuf, de neuf à huit et ainsi de suite, calmant lentement sa détresse. Je lui prends la main et lui demande de serrer mes doigts aussi fort qu'il le peut.

Sachant qu'un contact humain rassurant peut parfois aider, je lui propose de lui masser les épaules qui sont voûtées et tendues. Entre des sanglots et des hoquets violents, il crie "Non… ne me touchez pas. Je veux que personne ne me touche. Mon corps me donne l'impression qu'il est rempli d'électricité. Cela me fait mal. Cela me fait mal."

Quand je l'interroge au sujet de cette douleur, il répond, entre deux sanglots, "Je ne veux pas en parler. Je ne me sens pas bien. Je me sens comme… Je ne veux pas avoir affaire avec ça. Je ne veux pas y penser. J'ai froid [il tremble]. J'ai froid. Je ne veux pas voir affaire avec ça…"

Je lui mets une couverture sur les épaules. Au bout d'une demie heure, Bob recouvre graduellement son contrôle et se calme. Pour éviter de discuter de son expérience, nous parlons un moment de sa petite fille qu'il adore. Ce ne sera que plusieurs heures plus tard qu'il me donnera quelques informations sur ce dont il s'est souvenu pendant cette pathétique séance d'hypnose.

Confirmation

Le point principal est le suivant. Les souvenirs conscients précédents de Bob sortant de la voiture et s'approchant de l'OVNI en vol stationnaire tandis que son frère essayait de l'en empêcher et que les femmes verrouillaient les portes de la voiture dans leur panique — tout cela a eu lieu *après* l'enlèvement de plusieurs heures et *après* que lui et son frère aient été replacés dans la voiture. L'enlèvement a débuté lorsque la voiture a été non pas arrêtée volontairement par son conducteur mais lorsqu'elle a été apparemment retirée de la route par l'OVNI. Dans une autre modification importante des souvenirs conscients précédents de Bob, il a réalisé qu'au début c'était *lui* qui conduisait et non pas son frère. En fait, il s'est souvenu qu'Eddy était assis sur le siège arrière droit de la voiture, à côté de sa femme qui était derrière le conducteur. Après l'enlèvement, ils ont été ramenés à la voiture : *Eddy a été placé sur le siège avant côté conducteur et Bob mis à côté de lui sur le siège passager.* Ainsi son souvenir d'Eddy se trouvant sur le siège du chauffeur — comme si il conduisait — était correct puisque tous les souvenirs dramatiques de Bob avant son hypnose étaient ceux d'événements survenus après l'enlèvement.

Quelques jours après la séance d'hypnose, Bob appelait son frère pour lui demander si il se rappelait qui était le conducteur ce jour fatidique. Sans hésitation, Eddy lui répondit que Bob conduisait et que lui, Eddy, et sa femme se trouvaient à l'arrière. Ainsi, une fois de plus, les souvenirs sous hypnose étaient confirmés par les souvenirs conscients d'un témoin indépendant.

Dans les jours qui suivirent notre séance, j'hésitais à appeler Bob pour voir comment il allait car je savais que mon nom et ma voix lui rappelleraient inévitablement cette expérience ufologique profondément perturbante qu'il préférerait oublier. Néanmoins je lui ai téléphoné plusieurs fois et il m'assura que, bien qu'ayant des problèmes de sommeil, il allait bien.

Quelques mois plus tard, nous eûmes une autre conversation, très éclairante. Il m'avoua que, lorsque nous avions discuté auparavant, il n'avait pas été sincère. Il n'allait pas bien, dit-il, et pendant des semaines, avait à peine dormi. Son anxiété avait augmenté. Maintenant, m'assura-t-il, il allait finalement bien mieux.

Ce dernier coup de téléphone me réservait une nouvelle révélation surprenante. Lors de ma première interview avec lui, Bob avait indiqué qu'il consultait un psychothérapeute depuis un certain temps pour une anxiété intense et une phobie sociale gênante — la peur de faire face à des groupes de personnes inconnues. Lors de cette dernière conversation téléphonique, je lui demandai si il avait parlé à son thérapeute de sa séance d'hypnose et des souvenirs d'un enlèvement dans un OVNI qui étaient apparus. Il me répondit qu'en fait ils avaient longuement discuté de ses expériences. Je lui demandai quelle fut la réaction de son thérapeute. "Il m'a cru" répondit Bob. "Il m'a dit qu'il croyait que cela était réellement arrivé."

La réaction de Bob face à l'acceptation de son médecin me stupéfia : "Je ne suis jamais retourné le voir après cela. Je voulais qu'il me dise que ce *n'était pas* arrivé, que tout était dans mon esprit. Le fait qu'il croyait que cela était réellement arrivé m'a épouvanté. Je ne l'ai jamais rappelé."

Bob m'a expliqué que son thérapeute était quelque peu familier avec le phénomène des enlèvements dans des OVNI et que certains de ses patients souffraient de PTSD (Post-Traumatic Stress Disorder : troubles engendrés par un grave traumatisme) — en particulier des vétérans du Vietnam. Cet homme avait apparemment saisi ce jour-là pour la première fois la raison probable des symptômes évidents de PTSD de Bob : le traumatisme de son enlèvement à bord d'un OVNI. Je suggérai à Bob de retourner chez son médecin — un conseiller qui l'avait beaucoup aidé dans le passé. Il me répondit qu'il le ferait peut-être. Il y réfléchirait pour le moins.

Nous en sommes là pour l'instant. Je n'ai toujours pas demandé à Bob quels autres souvenirs de son enlèvement lui étaient revenus durant cette séance d'hypnose traumatisante car je suis sûr qu'il m'appellera lorsqu'il sera prêt à en parler. Comme toujours, le bien-être émotionnel du témoin prend le pas sur tout besoin de l'enquêteur d'amasser simplement un peu plus de données.

En résumé, les déductions que l'on peut tirer de ce cas sont assez importantes. L'enlèvement de Palm Springs démontre que :

- Les enlèvements dans des OVNI peuvent avoir lieu, apparemment sans risque, sur une route, en plein jour, avec des témoins multiples.
- Un PTSD de longue durée, débilitant, peut résulter d'un enlèvement dans un OVNI.
- De nouveaux détails, obtenus sous hypnose, peuvent être vérifiés par les souvenirs conscients de témoins supplémentaires.
- Un enlevé peut être si désireux de croire que les souvenirs de son enlèvement dans un OVNI sont simplement d'origine psychologique qu'il coupera les ponts avec un thérapeute qui accepte la réalité de ces événements.

Prises ensemble, ces déductions contredisent les théories qui prétendent que les enlèvements sont explicables par la "paralysie pendant le sommeil", que l'interaction humain-extraterrestre est bénigne et bénéfique, que l'hypnose n'est pas fiable, et que ceux qui rapportent des enlèvements dans des OVNI sont des "aspirants à la célébrité" recherchant les feux de la rampe en se glorifiant de la "réalité" de leurs expériences.

Bob Williamson m'a autorisé à écrire ce compte rendu de ses expériences si je pensais que sa diffusion aiderait d'autres personnes ayant eu des rencontres similaires. Je n'ai aucun doute à ce sujet. Nous avons tous une dette à l'égard de Bob.

Le texte qui suit est un court extrait du prochain livre de Budd Hopkins et Carol

DES PETITES FILLES DISPARAISSENT...
Budd Hopkins

Rainey, provisoirement intitulé Sight Unseen — New Scientific Evidence for the UFO Abduction Phenomenon. *Ce passage traite d'un des nombreux cas d'enlèvements sur lesquels Budd a enquêté durant ces vingt-cinq dernières années ; il est particulièrement intéressant à cause de l'endroit où il a eu lieu.*

En 1990, je fus contacté par "Marianne D.", une habitant du quartier de Queens, à New York, et commençai peu après à enquêter sur un certain nombre d'expériences d'enlèvements remontant à son enfance et qu'elle avait partiellement remémorées. Marianne vient d'avoir cinquante ans. Divorcée, elle a un seul enfant, un fils qui vient de passer ses examens universitaires. Cette femme, très menue et délicate, parle d'une manière rapide et nerveuse, rit facilement et a su maintenir d'étroites relations avec plusieurs amis, tant hommes que femmes. Actuellement, elle vit dans un appartement à New York avec sa vieille mère dont l'état requiert à domicile des soins intensifs.

Une des expériences que nous avons explorée par la régression hypnotique concerne un enlèvement qui eut lieu en 1957 alors qu'elle avait sept ou huit ans. Marianne et sa meilleure amie, "Angie", une petite fille qui habitait en bas de la rue, avaient été enlevées ensemble lors de ce qui révéla être une expérience très traumatisante de son enfance. Il est important de remarquer que Marianne a mentionné cet incident chez son amie seulement après que je lui ai demandé, lors d'une longue interview préalable, si, enfant, elle ne s'était jamais perdue. Jusqu'à cet instant, dit-elle, elle n'avait jamais songé que cet incident puisse dissimuler un enlèvement possible oublié.

Le texte qui suit est un extrait d'une conversation au cours de laquelle Marianne raconte (avant hypnose) ce dont elle se souvient consciemment à propos de cet incident :

MARIANNE : Je me trouvais à Fresh Meadows, une zone résidentielle composée de maisons particulières, chez mon amie qui habite de l'autre côté du bloc où je vis, environ cinq maisons plus haut. Comme chaque fois que nous jouions chez elle, nous étions au sous-sol, nous amusant à colorier des images avec nos craypas [sorte de crayon gras] et j'étais en train de colorier ma scène préférée à l'époque, scène que j'avais déjà colorié de nombreuses fois : une sorte de paysage d'île tropicale avec une plage, des palmiers, des jaunes et des oranges vifs, un coucher de soleil dans le ciel, et à laquelle j'aimais rajouter dans le ciel quelques petits oiseaux.

Nous allions dans ce sous-sol au moins trois ou quatre fois par semaine.

C'était l'été, il n'y avait pas d'école, aussi passions-nous beaucoup de temps ensemble. Quand nous ne jouions pas dehors, nous nous tenions en général dans la même pièce du sous-sol de sa maison. C'était un sous-sol partiellement aménagé, transformé en salle de jeux/salon/bar. Il y avait un canapé avec une petite table à café juste devant. Pour autant que je me souvienne, à part un tapis devant le canapé, le sol était couvert de linoléum. A l'autre bout de la pièce, il y avait un bar, une télévision, et parfois une table de ping-pong montée.

Angie y laissait quelques jouets. Elle gardait beaucoup de choses dans sa chambre mais les quelques affaires avec lesquelles elle jouait le plus souvent restaient au sous-sol : quelques poupées, de jeux de construction, des jeux, des jeux de société ... Je me souviens que ce jour-là, nous étions à genoux ou assises sur le plancher (notre position favorite pour les gribouillages) et nous dessinions. Comme d'habitude, je m'étais lancée dans une autre version de mon île.

Nous étions là depuis deux heures environ lorsque — ce devait être vers la fin de l'après-midi, sans doute un peu avant l'heure du dîner — nous décidâmes de sortir. Après avoir monté l'escalier, nous sommes passées par la porte de derrière qui donnait sur un porche fermé attenant à la maison, et nous avons descendu l'allée du garage. Tout en marchant, nous avons vu la mère d'Angie de l'autre côté de la rue. Ma mère se trouvait avec quelques voisins de l'autre côté de la rue et il y avait une voiture de police garée devant eux. Des policiers allaient et venaient, parlant à certaines personnes. Je crois que c'est Angie qui est allée demander ce qui se passait à sa mère. Celle-ci, en nous voyant, a eu l'air stupéfaite et a commencé à se comporter de façon presque hystérique, nous demandant où nous étions passées pendant tout ce temps.

Nous lui avons répondu que nous étions restées dans le sous-sol tout l'après-midi. Je ne me souviens pas des termes exacts de la conversation mais la mère d'Angie jurait que nous n'étions pas chez elle, qu'elle avait vérifié dans toute la maison et c'est pourquoi elle avait alors appelé la police. Elle pensait que, pour une raison quelconque, nous étions parties sans la prévenir et que nous nous étions enfuies.

Les policiers avaient fouillé le petit parc qui se trouvait à proximité de nos maisons respectives. Des rumeurs avaient couru : un homme d'apparence suspecte aurait récemment été vu en train de rôder autour du parc vers cette heure-là, et certains voisins l'avaient signalé. Je crois qu'ils craignaient tous un peu que nous ayons eu des problèmes si nous étions allées dans le parc. Cela me paraissait d'autant plus étrange que ni Angie ni moi n'étions du genre d'enfants à partir quelque part sans en avertir ses parents ou même sans en demander la permission. Aussi cela nous semblait-il bizarre que la mère d'Angie ait pu même penser que nous fussions parties mais tout le monde jurait ses grands dieux qu'elle nous avait cherchées toute la maison.

J'imagine que la police avait dû également fouiller la maison pour vérifier que la mère d'Angie avait raison de dire que nous n'y étions plus. Nous n'avons jamais réussi à comprendre à quoi pouvait correspondre cette histoire, étant donné que nous avions passé tout l'après-midi dans la salle de jeux du sous-sol jusqu'à ce que nous ayons décidé de sortir peu avant l'heure du dîner.

La police semblait aussi étonnée que nous. Un officier de police nous a demandé : "Êtes-vous allées quelque part ?" et nous lui avons répondu : "Non, nous sommes restées tout le temps dans le sous-sol." À ce moment-là, je me souviens que les officiers — ils étaient deux — ont échangé des regards entre eux et regardaient la mère d'Angie ; franchement, je pense qu'ils se posaient des questions à son endroit et se demandaient pourquoi elle n'avait pas réussi à nous trouver chez elle.

Nos réactions d'étonnement devant leurs questions les ont convaincu de notre sincérité et ils ont pensé que nous étions dans la maison. Aucun d'entre nous comprenait. Ma mère s'est reprise la première en présumant que la mère d'Angie s'était affolée ou qu'elle n'avait pas vraiment vérifié dans la maison aussi sérieusement qu'elle le prétendait. Cet incident a été évoqué plusieurs fois au cours des années comme étant une de ces choses dont on parle entre voisins ou entre membres de la famille lorsque l'on discute d'incidents étranges. De temps en temps cela refaisait surface : "Vous vous souvenez de la fois où vous étiez dans la maison et que la mère d'Angie a appelé la police en jurant que vous étiez parties ?"

QUESTION : Pensez-vous que quelqu'un d'autre que la mère d'Angie ait fouillé la maison ?

MARIANNE : Dans mon souvenir, le père d'Angie travaillait ; il n'était donc pas à la maison pendant l'indicent. Je crois que sa mère était seule. Angie a un petit frère, Joey, mais il n'était pas là ce jour-là car il passait tout l'été en colonie de vacances. Je pense que la police a dû fouiller la maison : comment concevoir que la police à qui une mère téléphone pour dire que sa fille et son amie sont manquantes, pourrait ne pas vérifier d'abord sur place si les gamines ne sont pas toujours là.

Nous n'avons jamais bougé, nous ne sommes jamais allées où ce soit : tout le monde savait que nous pouvions rester assises pendant des heures à faire la même chose. Puis nous nous sommes levées, nous avons passé la porte de derrière, nous avons descendu l'allée vers tous ces gens qui essayaient de se figurer où nous étions. J'avais seulement sept ou huit ans. Je ne me serais jamais permis de critiquer à voix haute la mère de mon amie mais je le faisais intérieurement. Ma mère aussi sans doute ainsi que les voisins. Nous pensions que cette femme était un peu légère d'avoir agi ainsi.

Plus tard, j'en ai parlé une fois ou deux avec des amis. Si nous devions évoquer les incidents étranges de nos vies, c'était l'un de ceux que je mentionnerais, en disant : "Oui, il y a cette chose étrange qui m'est arrivée". Je me suis toujours demandée comment quelqu'un pouvait fouiller une maison pour trouver deux enfants et ne pas les voir dans le sous-sol tout le temps où ils y étaient.

QUESTION : Parlez-moi un peu du voisinage. Par un après-midi d'été, y avait-il des gens, des enfants, dans la rue ?

MARIANNE : À l'époque, il y avait pas mal d'enfants dans ce pâté de maisons. La plupart avait à peu près le même âge, à un an près. Plusieurs d'entre nous jouaient ensemble régulièrement, et l'été quasiment tous les jours. Deux ou trois d'entre nous au moins étaient ensemble. Les enfants vivaient à la maison, pas à l'école. Le quartier avait beau être tranquille, il y avait forcément quelques passants, des voitures ... Il faisait très beau, chaud, ensoleillé : une journée typique d'été.

QUESTION : Pensez-vous qu'un OVNI aurait pu survoler la maison sans être vu ?

MARIANNE : J'en doute beaucoup [rires]. Ca ne me paraît pas plausible : quelqu'un aurait vu quelque chose.

L'affirmation de Marianne et Angie selon laquelle elles n'auraient jamais quitté la salle de jeux du sous-sol — en dépit des recherches infructueuses de la mère — pousse à bout notre crédulité. L'endroit que la mère d'Angie aurait fouillé en premier, le sous-sol où sa fille jouait habituellement, aurait été vide. On peut facilement l'imaginer appelant les enfants, de plus en plus angoissée tandis qu'elle poursuivait son exploration systématique de la maison. Et l'on peut facilement comprendre la panique qui l'a poussée, finalement, à appeler la police à la rescousse.

Le bon sens nous dit que personne ne cherche des enfants (ou des chiens, des chat, des amis, des parents, etc...) soudainement manquants dans un espace restreint sans les appeler par leurs noms avec une inquiétude croissante. Or Angie et Marianne affirment qu'elles n'ont jamais quitté leur aire de jeux ni entendu quiconque — mère, voisins, police — les appeler.

Sous hypnose, à sa grande surprise, Marianne se souvint d'un enlèvement complexe durant lequel elle et sont amie furent séparément emmenées en flottant dans l'air hors de la maison vers un OVNI en vol stationnaire : explication bizarre mais qui permettrait à la fois de comprendre leur disparition et leur incapacité à entendre ceux qui les appelaient. Le contenu de ses souvenirs sous hypnose concernant leur enlèvement simultané correspond aux traits familiers des expériences d'enlèvements à travers le monde mais nous ne nous étendrons pas dessus ici, sauf pour citer les souvenirs du début et de la fin de la rencontre qui sont revenus à Marianne :

Je me souviens d'une sensation qui a, en quelque sorte, rempli la pièce à un moment où Angie n'était pas là. J'ai pensé qu'elle était montée dans la salle de bains ou quelque chose comme ça. Mais j'ai commencé à devenir nerveuse... je percevais une sensation différente dans l'air et je me souviens de quelque chose venant de la partie non encore aménagée de la pièce... là où le chauffe-eau et les machines à laver auraient dû être, où je n'avais aucune raison d'aller. Il y avait quelque chose de changé dans la pièce, une sorte de différence dans la lumière.

Marianne s'est sentie flotter au-dessus de l'escalier et, quelques minutes après, s'est retrouvée à l'intérieur du vaisseau. Le récit de son retour, plus tard, dans la salle de jeux du sous-sol est particulièrement intéressant :

Je me souviens de ce qui m'est arrivé lorsque je suis revenue à la maison. Tout est devenu vraiment bizarre : à un moment, je me suis retrouvée prise dans les poutres de bois qui se trouvaient en haut des escaliers menant au sous-sol, j'étais prise quelque part dans ces structures de bois, et je passais à travers le mur pour redescendre.

À ce moment-là, je ne me souviens de rien jusqu'au moment où je me suis retrouvée dans le sous-sol où nous étions assises pour colorier et tout est redevenu relativement normal. Angie était là. La seule chose à laquelle je me souviens avoir pensé à ce moment-là était que nous allions monter et sortir de la maison.

Et, ensuite nous descendons le long de l'allée pour voir cette scène avec la mère d'Angie affolée et hystérique, ma mère de l'autre côté de la rue, les voisins et la police. Ils nous avaient tous cherchées.

Il y a deux explications alternatives, non ufologiques, à la disparition supposée de Marianne et Angie que nous devons examiner. Premièrement, elles n'ont jamais disparu mais, pour une raison ou une autre, elles se cachaient de la mère d'Angie et ne sont sorties de leur cachette que lorsque la police est arrivée et que la situation devenait sérieuse. Le problème avec cette théorie est que, lorsque Marianne m'a parlé pour la première fois de cette double disparition, c'était une adulte avec un fils allant à l'université. Il paraît difficile de penser qu'elle aurait toujours peur de dire la vérité sur une farce datant de son enfance et impliquant la mère de son amie. Et si elle *avait peur* de révéler leur farce, pourquoi m'aurait-elle parlé de cet incident en premier lieu ?

On peut aussi penser qu'elle ait inventé de toute pièce cette histoire dans le cadre d'une série de mensonges subtils, destinés à me convaincre qu'elle avait été enlevée. Au cours des ans, j'ai enquêté sur 10 incidents d'enlèvements que Marianne a eu à différentes époques de sa vie, dont plusieurs impliquaient d'autres personnes que j'ai pu interroger séparément. À travers ces enquêtes, je n'ai jamais eu une seule raison de douter de sa véracité et n'ai pu trouver un motif plausible pour une blague dans laquelle elle aurait eu à recruter et entraîner des complices. Marianne n'a jamais recherché l'attention des medias et m'a paru toujours effrayée, véritablement, par ses expériences ufologiques.

Mais si les deux petites filles ont disparu et ont flotté jusqu'à un OVNI en vol stationnaire, il nous faut considérer un autre problème, plus crucial : l'heure et le lieu de leur enlèvement. Cet incident a eu lieu au milieu d'une après-midi d'été, non pas dans un endroit isolé mais dans une rue où jouaient des enfants, où passaient des voitures et où, sans aucun doute, un piéton occasionnel marchait sur le trottoir. Quand j'ai demandé à Marianne si un OVNI pouvait avoir survolé la maison sans être vu, elle m'a dit en riant : "J'en doute beaucoup. Quelqu'un aurait dû voir quelque chose." À une telle heure, en un tel endroit, l'OVNI aurait dû être vu par de nombreuses personnes — non seulement l'OVNI en vol mais aussi les deux enfants en train de léviter. Nous sommes ainsi face à un problème véritablement énigmatique, une observation non vue que nous devons explorer.

Cet article se propose de dresser un bilan sommaire de la parapsychologie

Situation de la Parapsychologie Scientifique : Bilan et Perspectives
Pascale Catala

scientifique, en passant en revue son historique, ses résultats, ses controverses, tout en essayant d'expliciter son positionnement et sa spécificité au sein du contexte du Paranormal. Une attention particulière sera portée à la situation en France.

1. Définitions et enjeux de la parapsychologie

La parapsychologie, jeune discipline dont on peut situer l'origine vers 1882 (fondation de la Society for Psychical Research) ou vers 1930 (son entrée dans un laboratoire de recherche), tente d'émerger de la "nébuleuse du paranormal" en invoquant ses méthodes scientifiques et en définissant restrictivement son objet d'étude.

Traditionnellement, le paranormal recouvre l'ensemble des énigmes scientifiques se rapportant à des phénomènes rares et étonnants, dont les phénomènes parapsychologiques ne sont qu'un sous-ensemble.

Il n'existe pas encore actuellement de consensus absolu sur la manière d'énoncer les spécificités de la parapsychologie, mais on peut avancer la définition suivante, très générale :

La parapsychologie est l'étude rationnelle, approfondie, et pluridisciplinaire des faits semblant inexplicables en l'état actuel de nos connaissances scientifiques, et mettant en jeu le psychisme et son interaction avec l'environnement.

Au cours du temps, plusieurs dénominations et définitions successives ont été utilisées, qui mettaient respectivement l'accent sur tel ou tel aspect des phénomènes, et qui souvent contenaient des hypothèses implicites.

En premier lieu, l'appellation "métapsychique" a été proposée par Charles Richet pour désigner "l'étude des phénomènes mécaniques ou psychologiques dus à des forces qui semblent intelligentes ou à des puissances inconnues latentes dans l'intelligence humaine".

En 1889, Max Dessoir forge le terme "parapsychologie" pour spécifier "toute une région frontière encore inconnue qui sépare les états psychologiques habituels des états pathologiques".

Pour J. B Rhine, qui le premier a introduit la parapsychologie dans le milieu universitaire, la parapsychologie est simplement l' "étude des phénomènes paranormaux", c'est-à-dire télépathie, clairvoyance, précognition, et psychokinèse (voir plus loin les spécifications respectives). Cette définition, qui revient en fait à citer explicitement la liste des phénomènes étudiés, est encore majoritairement employée par l'école américaine et par la plupart des laboratoires dans le monde, bien que certains (à Edimbourg) insistent plus particulièrement sur l'aspect communicationnel :

" Etude des moyens de communications entre les organismes et leur environnement, autres que ceux actuellement expliqués par la communauté scientifique."

Thouless et Wiesner ont introduit en 1942 l'expression "Phénomène PSI" (et non "psy"), de la lettre grecque Psi, qui se voulait un terme neutre simplement destiné à désigner le "facteur inconnu" dans les expériences de parapsychologie, en opposition avec les communications sensori-motrices habituelles. Les Québécois ont ensuite adopté la dénomination "Psilogie", plus neutre selon eux que "parapsychologie".

L'appellation "Psychotronique" a été également en vigueur un moment, notamment dans les pays de l'Est, mettant l'accent sur l'aspect énergétique supposé.

Dans les années 70 en France, des réflexions philosophiques ont amené des chercheurs à proposer la définition suivante : "Dans l'état actuel des connaissances, les phénomènes psi peuvent être définis comme objectivement inexplicables (ils sont quasi impossibles physiquement parlant), mais subjectivement compréhensibles (ils sont chargés de sens pour la ou les personnes concernées, au niveau conscient, ou, plus souvent, au niveau inconscient)." Certains ont étendu cette notion en posant que les phénomènes psi sont ceux qui contredisent le principe de causalité, d'autres que ces phénomènes ont la particularité de nous faire croire à la transcendance.

On voit donc que selon les aspects particuliers que l'on considère : normal/pathologique, énergétique, communicationnel, causal/transgressif, comportemental, etc... les limites du champ d'étude psi peuvent varier. Cependant les phénomènes principaux (ESP et PK) sont reconnus par tous comme le noyau central du corpus parapsychologique. La notion d'intervention du psychisme est également fondamentale quelles que soient les approches.

La parapsychologie, de même que la plupart des sciences, n'obtient pas le consensus de tous les chercheurs quant à son objet d'étude, et en cela elle s'inscrit comme toute entreprise humaine, dans une démarche socialement orientée.

2. Phénomènes

Bien que, historiquement, de très nombreuses typologies aient été proposées, on peut dire qu'actuellement, les phénomènes étudiés par la parapsychologie se répartissent en deux grandes catégories : ESP et PK

ESP (Extra sensory perception)

Ce terme signifie que des connaissances peuvent être acquises en dehors des contacts sensoriels habituels.

TÉLÉPATHIE

Communication directe de psyché à psyché ou "transmission de pensée".

CLAIRVOYANCE

Prise de connaissance directe d'un événement, d'un objet, ... en dehors des contacts sensoriels habituels.

Différents phénomènes peuvent se rapporter à la clairvoyance :

- Psychométrie : clairvoyance effectuée avec le support d'un objet (ex : montre ayant appartenu à une personne)

- Autoscopie : visualisation/clairvoyance de l'intérieur de son propre corps.

- Vision à distance (ou Remote Viewing) : clairvoyance d'un lieu éloigné (le sujet peut décrire le lieu comme s'il s'y déplaçait).

- Radiesthésie : prise de connaissance d'événements ou d'objets avec l'aide d'un pendule ou d'une baguette de sourcier (découverte d'eau, ou de personnes disparues). La radiesthésie peut s'opérer soit sur le lieu de recherche, soit sur plan.

- Xénoglossie : fait de pouvoir parler (ou comprendre) une langue sans l'avoir apprise.

- Et bien sûr toutes les autres "mancies", c'est-à-dire clairvoyances effectuées à l'aide de support divers (boule de cristal, cartes, etc.).

PRÉCOGNITION/ RÉTRO

Connaissance d'événements, de lieux, d'objets ... dans le futur (Précognition) ou le passé (Rétrocognition). Evidemment la précognition est le phénomène qui semble défier le plus notre sens commun, puisque les événements ne se sont pas encore produits au moment où le sujet en prend connaissance.

PK

Psychokinèse, ou psychocinèse, ou télékinésie.

Action directe du psychisme sur la matière, sans contact, sans moyen physique décelable.

- Macro-PK : Psychokinèse produisant des effets directement observables à l'œil nu (torsion de métal, déplacements d'objets ...).

- Micro-PK : Psychokinèse sur des particules atomiques (par ex. dans des Générateurs d'Evénements Aléatoires) ou sur des systèmes en évolution, et produisant des effets repérables seulement par une analyse statistique qui montre que les évènements aléatoires ne se sont plus conformés exactement au hasard.

Remarque : les expériences de lancers de dés sont à cheval sur les deux catégories (macro/micro).

- Bio-PK : Psychokinèse sur la matière vivante (organes malades, bactéries, plantes, cellules animales ou végétales etc.). Guérisons paranormales.

- RSPK (Recurrent Spontaneous PK) ou Poltergeist : phénomène apparaissant spontanément et de façon récurrente dans certains lieux ou dans l'entourage d'une personne : raps (bruits inexplicables), déplacements ou bris d'objets, pluie de pierres, coups etc...

- Ectoplasmie : matérialisation d'une substance émanant du corps d'un sujet, et pouvant prendre des formes variées :

corps humain total ou partiel, objets ou animaux ...

- Psycho-photographie : impression d'une pellicule photo par le psychisme.

Autres phénomènes

ESP et PK sont les catégories les plus étudiées par les parapsychologues. Cependant, beaucoup d'autres phénomènes paranormaux peuvent faire également partie du corpus. La plupart peuvent s'expliquer en termes d'ESP et PK, bien que ces interprétations requièrent parfois des constructions intellectuelles complexes. Il ne faut pas perdre de vue que les catégories spécifiées ne sont que des grilles d'analyse établies par commodité.

Certains des phénomènes suivants ont été interprétés au cours de l'histoire, soit dans un contexte religieux, soit comme indication de la survie de l'âme.

- Apparitions : perception de personnes, animaux, entités ou objets ... dans un lieu donné, alors que leur présence en ce lieu est impossible (ex : apparition de la Vierge, de personnes décédées (" fantômes"), boules lumineuses ...)

- Hantises : phénomènes liés à un lieu (souvent châteaux ou vieilles maisons) où se produisent des apparitions de fantômes et souvent des phénomènes de RSPK.

- Médiumnité : "possession" apparente d'un sujet-médium par un esprit, lévitation de tables, coups frappés, acquisition d'information paranormale etc. (considérés comme provenant d'esprits désincarnés).

- TCI (Transcommunication Instrumentale) : enregistrement sur supports audio/vidéo/photo etc ... d'images, de messages, ou de bruits paranormaux, attribués par les pratiquants à des esprits de défunts.

- Lévitation : soulèvement d'objets pesants ou du corps humain (souvent chez les mystiques).

- Anomalies psychosomatiques : fakirisme, marche sur le feu, stigmatisation (apparition paranormales de marques sur le corps), inédie (survie sans alimentation), thanatose (conservation des corps après la mort), etc. : phénomènes dans lesquels les limites physiologiques du corps humain semblent repoussées.

- OBE (Out of Body Experience) : Etat de conscience dans lequel le sujet a l'impression que sa conscience est dissociée de son corps physique qu'il peut observer à distance. Pendant cette expérience il peut y avoir acquisition paranormale d'informations.

- NDE (Near Death Experiment) : Expérience se produisant essentiellement dans un état de "mort imminente", dans laquelle le sujet éprouve d'abord une OBE puis diverses sensations (passage dans un tunnel, aspiration vers une lumière, etc.), et produisant des modifications psychologiques durables.

- Hypnose (antérieurement appelée "somnambulisme") : état de très grande suggestibilité, où peuvent se produire différents phénomènes (auto/hétéroscopie, clairvoyances, hyperesthésies, anesthésies ...)

- Synchronicités : coïncidences temporelles de deux ou plusieurs événements, physiques ou psychiques, qui ne sont pas liés causalement, mais par leur sens.

- Divinations (par l'astrologie, les runes, le Yi-King, etc.) fondées sur des relations de synchronicité.

Cette liste n'est pas exhaustive et on peut remarquer que chaque contexte historico-psycho-sociologique engendre ses propres phénomènes, dont le point commun est le rapport esprit/matière inhabituel.

3. Historique

Si depuis l'aube de l'histoire humaine, on peut retrouver des témoignages d'événements pouvant se rapporter aux phénomènes paranormaux (dans le chamanisme, la magie, la sorcellerie, les miracles ...), la préoccupation de leur évaluation rationnelle n'a pu se faire qu'avec le développement de la Science en générale. Ce sont les Grecs qui les premiers ont commencé à se poser des questions à leur sujet, tandis qu'ils introduisaient les prémisses de la recherche philosophique et scientifique.

Pendant la Renaissance, les découvertes scientifiques et techniques se sont progressivement construites, au détriment des "superstitions et vieilles croyances religieuses". Les chasses aux sorcières étaient le signe d'un mouvement foncièrement anti-magique où la phénoménologie paranormale était totalement refusée.

Il n'en reste pas moins qu'au 17e siècle, Francis Bacon, l'instigateur de la méthode inductive en science, eut le premier l'idée d'utiliser cartes et dés pour l'étude scientifique des phénomènes parapsychologiques.

Au 18e siècle, Messmer et Puységur introduisirent le "somnambulisme magnétique" (méthode thérapeutique fondée sur ce que nous nommons aujourd'hui l'hypnose), qui engendrait nombres de phénomènes étranges que l'on qualifierait aujourd'hui de parapsychologiques. Le Mesmérisme connut une popularité sans limites, ce qui finit par provoquer des débats académiques, jusqu'au milieu du 19e siècle qui vit l'éviction officielle du magnétisme en France par l'Académie de Médecine. L'Allemagne fut plus réceptive au "somnambulisme", des chaires de "magnétisme" apparurent à l'Université, et peut-être n'est-il pas inutile de rappeler que de nombreux scientifiques et philosophes allemands se sont intéressés de près à la parapsychologie (Schopenhauer, Hegel, Goethe, Schrenck-Notzing ...)

Vers 1848, les soeurs Fox lancèrent la vogue du spiritisme, qui devait devenir par la suite un mouvement quasi-religieux, mais dont les phénomènes intriguaient fortement bon nombre d'intellectuels. Durant le 19e siècle, la montée en puissance du "positivisme logique" avait conduit à considérer l'observation des faits comme la seule voie rigoureuse d'acquisition de connaissances scientifiques, malgré l'opposition fondamentale de la mentalité "romantique". C'est dans ce contexte que fut fondée en 1882 en Angleterre la SPR (Society for Psychical Research), dont le but était "d'examiner sans préjugés ou influence et dans un esprit scientifique ces facultés de l'homme, réelles ou supposées, qui apparaissent comme inexplicables par quelque hypothèse générale reconnue". Parmi les membres fondateurs de la SPR, on pouvait compter de grands noms de la recherche scientifique ou philosophique, parmi lesquels certains affichaient des tendances "spiritualistes", alors que d'autres se déclaraient très réticents quant à "l'hypothèse de la survie de l'âme". Tous désiraient vérifier et étudier rationnellement les phénomènes métapsychiques, en particulier ceux produits par des médiums lors de séances spirites. On peut citer notamment, en tant que membres les plus célèbres de la SPR : F. Myers, H. Sidgwick, E. Gurney, le prix Nobel C. Richet, le philosophe H. Bergson, l'astronome C. Flammarion, et ... Sigmund Freud ! Le principal apport de la SPR a été à cette époque de collecter une somme énorme de témoignages de cas de télépathie, d'apparitions, etc…, tout en menant des enquêtes permettant de crédibiliser ces témoignages. Le succès de la SPR conduisit des universitaires américains, dont le philosophe et psychologue William James, à fonder en 1885 l'ASPR (American Society for Psychical Research). La SPR et L'ASPR ont ensuite mis sur pied un grand nombre d'expérimentations dans des conditions de laboratoire, permettant d'établir des résultats fiables.

Il n'est guère de grande nation européenne qui ne désirât par la suite fonder sa propre institution de recherche.

A témoin en France l'Institut Métapsychique International, créé en 1919, fondation reconnue d'utilité publique, et devenu célèbre entre autres par ses études sur la télépathie de groupe (R Warcollier) et ses expérimentations avec des sujets doués. Ainsi le Dr Geley a-t-il réalisé une série d'expériences avec des médiums comme F. Kluski et J. Guzik, obtenant de fascinants "moulages ectoplasmiques", le Dr Osty a-t-il entrepris des études approfondies sur des sujets clairvoyants, des peintres spirites, etc… Plus encore, l'IMI a publié pendant de nombreuses années une revue de très grande qualité, *la Revue Métapsychique*.

Dès 1920, la recherche parapsychologique débuta aux Pays-Bas, avec le professeur Tenhaeff qui devait plus tard se faire connaître par ses recherches sur des cas spontanés de voyance, notamment avec le célèbre voyant G. Croiset dont la spécialité était de retrouver les personnes disparues.

En Allemagne, la renommée de "l'Institut pour les Zones Frontières de la Psychologie", fondée par Hans Bender en 1930, fut retentissante. Cet institut a étudié entre autres les rêves prémonitoires, et surtout a enquêté très sérieusement sur les phénomènes de poltergeists. Bender reste le grand précurseur en ce qui concerne l'abord psychologique/psychanalytique des phénomènes psi.

La Société Italienne de Métapsychique naquit, quant à elle, en 1937, "dans le cadre officiel de la culture nationale", et se distancia du spiritisme en déclarant l'hypothèse de la survie "non-scientifique". L'historien des religions De Martino milita pour une recherche en "ethno-métapsychique".

De nombreux pays, comme la Pologne ou la Russie, participèrent à la recherche en parapsychologie.

Les années trente marquent un grand tournant dans l'histoire de la parapsychologie : en 1934 fut fondé le premier laboratoire institutionnel de parapsychologie à la Duke University de Durham (Caroline du Nord), dirigé par J. B Rhine. L'approche de Rhine, et de son épouse Louisa, devaient influencer radicalement toute la recherche américaine future en parapsychologie. L'apport de Rhine peut se résumer en 5 grands principes :

- application des méthodes de la psychologie expérimentale pour standardiser les procédures et rendre les expériences plus objectives
- évacuation du spiritisme (bien qu'au départ, Rhine ait été surtout intéressé par l'étude de l' "âme") et restriction à l'étude des phénomènes ESP et PK sous la dénomination de "Parapsychologie"
- utilisation de la méthode statistique introduite par C. Richet pour l'établissement de "preuves expérimentales"
- étude des facultés présentes en chacun et non plus seulement des cas spectaculaires des grands médiums (approche "universaliste" plutôt qu'approche "élitiste")
- recherche de lois, de principes, de conditions optimales pour l'obtention des phénomènes psi.

Après cette étape fondatrice, de nombreuses recherches expérimentales se sont poursuivies aux USA dans la lignée rhinienne, pour la plupart au sein d'instituts de recherche privés.

En France, l'opposition à la métapsychique s'étant intensifiée suite à des levers de boucliers de la part d'auteurs sceptiques matérialistes, la recherche devint plus difficile, se réduisant à des études dispersées et non officielles, tandis que le développement de la psychiatrie et de la psychanalyse imposait une grille d'interprétation laissant peu de place aux phénomènes psi (en particulier, comme l'a montré B. Meheust, le somnambulisme fut épuré et récupéré en tant qu' "hypnose médicale").

En 1957 naquit une association internationale, la PA (Parapsychological Association), qui ne tarda pas à acquérir des membres dans le monde entier. En 1959, la très académique AAAS (American Association for the Advancement of Science) reconnut, non sans soulever maintes polémiques, que la Parapsychological Association "utilisait effectivement des méthodes d'investigation scientifiques".

A partir de 1975 se développa au Québec un enseignement de la psilogie au niveau institutionnel, à l'Université puis dans les Collèges d'Enseignement Supérieur et Professionnel. Plusieurs départements universitaires aux Etats-Unis créèrent des sections de parapsychologie.

Les années 70 furent fécondes au niveau de la recherche, surtout aux USA où elle se développait au sein de laboratoires et d'instituts. On peut citer à cette époque les expériences de M. Ullmann et S. Krippner au Maimonides Hospital de Brooklyn (télépathie dans le rêve) et celles de R. Targ et H. Puthoff au Stanford Research Institute (Remote Viewing) dont les résultats ont été publiés dans *Nature*, et ont été reprises dans le programme "Stargate" financé par la CIA. On assista à plusieurs innovations : l'introduction par H. Schmidt vers 1970 de l'utilisation des Générateurs d'Evènements Aléatoires dans la recherche parapsychologique (PK et précognition), l'utilisation de la méthode d'isolation sensorielle dite "Ganzfeld" par Honorton, et l'emploi de la méthode statistique de méta-analyse dans les années 80, pour faire un bilan des expériences passées.

En France, où la recherche était devenue plus confidentielle, on peut citer les expérimentations sur le PK à l'aide de l'appareil "tychoscope" (P. Janin, R. Chauvin, ...), notamment dans le cadre du GERP (Groupe d'Etudes et de Recherches en Parapsychologie), éditeur de *La revue de Parapsychologie* ; on mentionnera également les expériences d'ESP dans les groupes (H. Marcotte, D. Si Ahmed) reprises dans une expérimentation rigoureuse, le projet AGAPE de B. Auriol, initié par le GEEPP de Toulouse (résultats en cours de publication). En 1997 est apparu l'OR3P (Organisation pour la Recherche en Parapsychologie et sur les Phénomènes dit Paranormaux), dirigée par Y. Lignon, dont l'objectif est de promouvoir et fédérer la recherche et qui publie une revue : *Revue Française de Parapsychologie*. La fin des années 90 a vu sous l'égide de M. Varvoglis, la renaissance de l'Institut Métapsychique, qui en raison de problèmes financiers avait dû suspendre ses activités, mais qui jusque dans les années 80 avait été, avec le GERP, un grand pôle de réflexion et de diffusion d'informations.

En Allemagne fort heureusement, l'Institut de Freiburg ayant reçu en 1992 un apport très important de fonds privés, un très grand centre de recherche, l'IGPP, commence à se constituer, employant des professionnels (essentiellement psychologues spécialisés dans le paranormal) à temps plein. On peut espérer que ce centre deviendra le pôle européen de recherche en parapsychologie, faisant enfin accéder cette spécialité au statut officiel de discipline scientifique. Les autres grands centres universitaires de recherche à l'heure actuelle en Europe sont situés à Edimbourg et Amsterdam.

On peut remarquer que la plupart des activités de recherche psi n'ont pu se mettre en place que grâce à des legs de riches donateurs (A. Koestler, J. Meyer, F. P. Bolton etc) et grâce à des personnalités motivées et enthousiastes, n'ayant pas besoin de défendre leur carrière et n'hésitant pas à investir tout leur temps libre dans cette recherche.

Aujourd'hui la parapsychologie fait l'objet d'un enseignement universitaire, mais seulement dans quelques pays (cf § 7.1). En France des initiatives isolées ont eu lieu (Paris V, grandes écoles ...) mais à l'heure actuelle seul P. L. Rabeyron, à l'Institut Catholique de Lyon, dispense un cours sur le paranormal.

4. Place de la parapsychologie dans le paranormal

Le paranormal est omniprésent dans notre société, ne serait-ce que sous sa forme littéraire. Il convient de préciser quelle est la place exacte de la parapsychologie scientifique parmi les différents courants sociaux en rapport avec le paranormal, courants qui sont assez divers, avec des origines et des objectifs différents.

4.1 Praticiens / grand public

Pour le grand public, le terme de "parapsychologue" correspond le plus souvent à un praticien de la divination (voyant, astrologue, marabout ...), personnage possédant un attrait certain de par sa capacité supposée à exercer ses pouvoirs "magiques" en remédiation aux problèmes de la vie. Des résultats de la parapsychologie scientifique, le public a conservé l'unique idée que les phénomènes psi étaient possibles, il en déduit donc qu'il n'y a pas de raison de ne pas les utiliser, surtout lorsque l'on est dans une situation de grande détresse.

Selon des sondages divers publiés dans la presse, de 30 à 60% des Français (selon les sources et les années) "croient" à la télépathie, la clairvoyance, ou la précognition.

Erik Pigani, dans son livre *Psi : enquête sur les phénomènes paranormaux*, a fait apparaître dans ses multiples interviews de personnalités que la plupart d'entre elles pensent que les phénomènes psi existent, mais qu'ils doivent rester un peu aléatoires, incertains, fluctuants, pour préserver la part de mystère de la vie. Si la majorité des scientifiques intéressés pensent que les phénomènes parapsychologiques constituent un domaine légitime de recherche, le grand public, lui, préfère adopter une attitude plus romantique de fascination/admiration/rêve plutôt que de pratiquer le discernement pour "séparer le bon grain de l'ivraie", distinguer la fiction des phénomènes réels.

4.2 Sectes

De trop nombreuses personnes, déçues par la société, par leur parcours de vie, ou par l'aspect matérialiste des préoccupations quotidiennes, se laissent embrigader dans des sectes qui promettent un monde meilleur et souvent utilisent généreusement la fascination pour les phénomènes paranormaux pour endoctriner leurs adeptes. Les phénomènes psi n'y sont jamais présentés dans leur aspect factuel, mais intégrés dans les constructions dogmatiques du gourou.

4.3 ÉSOTÉRISME

Ce courant se manifeste principalement par l'appartenance à des sociétés secrètes censées détenir une connaissance "traditionnelle", par un intérêt pour les savoirs occultes, ou par une consommation d'articles spécialisés (ouvrages alchimiques, pierres ou talismans "magiques", objets symboliques etc.).

Le ressort de ce courant social est la recherche de pouvoir, l'élitisme, ou bien l'intérêt pour les choses cachées, l'histoire secrète, ou encore le sens du sacré et des rituels traditionnels ...

La démarche scientifique au sens actuel du terme est absente de ces pratiques "traditionnelles". Il s'agit plutôt d'une démarche individuelle de "recherche initiatique" fondée sur des connaissances transmises de générations en générations.

4.4 SPIRITISME

Le spiritisme, mouvement lancé en 1848 par les sœurs Fox, consiste à invoquer les "esprits des morts" pour obtenir des manifestations paranormales (bruits, déplacements d'objets, lévitations de tables ...) et des messages (par "incorporation" du médium, coups frappés, oui-ja, écriture automatique, ou photographie spirite ...). Le spiritisme ne tarda pas à devenir une nouvelle religion, qui professait d'une part la survie de l'âme après la mort de l'enveloppe charnelle, et d'autre part la possibilité pour les décédés de contacter les vivants depuis "l'au-delà", par ex. par l'intermédiaire d'un sujet "médium". Il expliquait également commodément les phénomènes de "hantise". Ce qui constituait l'aspect le plus fascinant du spiritisme était que les messages semblaient constituer des "preuves" rationnelles de la croyance, surtout quand ces messages contenaient des informations qui ne pouvaient être connues que du mort lui-même (de la même façon qu'un "miracle" prouve aux fidèles que leur religion ne peut être que "la vraie").

S'il est vrai que le spiritisme a été pour une grande part à l'origine de l'intérêt que les scientifiques ont apporté à la "métapsychique", celle-ci s'est progressivement distinguée de l'approche spirite, en refusant de considérer l'hypothèse de la survie comme une hypothèse scientifique (testable) et en préférant axer ses recherches sur les facultés psi du psychisme humain des vivants (clairvoyance, PK etc...). Certains chercheurs, comme Rhine, ont préféré laisser l'hypothèse spirite de côté tout en pensant qu'elle reviendrait en avant-plan quand la recherche aurait progressé.

D'autre part, les spirites n'ont en général pas d'intérêt pour la recherche scientifique et sont avant tout les pratiquants d'une religion, avec ses rituels, son efficacité psychologique dans le réconfort des personnes endeuillées, etc...

L'immense intérêt du spiritisme pour la recherche psi est que cette croyance engendre une formidable richesse de phénomènes : il ne faut pas oublier que par ex. les fameux ectoplasmes sont apparus dans un contexte spirite. Malheureusement, les séances spirites se déroulent dans des conditions difficilement contrôlables, et les parapsychologues, trop empressés de se distinguer de l'approche spirite, ont beaucoup évacué ce contexte, réduisant par là-même l'ampleur des phénomènes.

La forme moderne du spiritisme, la TCI, utilise des supports comme la vidéo ou les cassettes audio pour enregistrer les messages.

Le spiritisme conserve encore aujourd'hui un énorme pouvoir d'attraction : s'il représente une activité fascinante et ludique pour les jeunes, il permet de donner un réconfort aux personnes ayant subi un deuil. Cependant, toutes les spéculations de la doctrine spirite ne peuvent être considérées que comme pseudo-scientifiques, puisque partant d'un postulat de base peu fondé (information psi en tant que "preuve" de survie, absolue crédibilité des messages des morts).

4.5 Médias / sensationnel / cinéma / Science-Fiction

Le cinéma, la science-fiction, et surtout les séries télévisées (*X-Files*, *Poltergeist* ...) s'inspirent des phénomènes psi en en donnant une image très déformée. En général, les phénomènes sont amplifiés et ont des effets agressifs et violents. Les "pouvoirs psi" deviennent des facultés contrôlées, régulières et toujours disponibles. Les scénarios mêlent souvent des histoires de cas parapsychologiques à des "entités" comme des démons, monstres, vampires, extra-terrestres, etc...

Les phénomènes psi restent une énorme source d'inspiration pour la fiction, littéraire, artistique ou cinématographique, de par leur aspect fascinant et leurs implications métaphysiques possibles.

En France, les médias d'information se placent toujours sur le plan du "Y croire ? / Ne pas y croire ?", "Info ou arnaque", etc... et les présentations objectives de travaux scientifiques y sont rares, ou alors perdues dans un galimatias d'interviews de personnages peu crédibles ou d'histoires sensationnelles peu vérifiables. Les médias utilisent souvent les résultats de la parapsy scientifique pour construire des sujets "sensationnels" permettant un fort indice d'audience. C'est pourquoi, les personnes désireuses de se faire une opinion objective sur la parapsychologie scientifique ne peuvent accorder foi à des émissions de télévision ou à des journaux grand-public. Pour s'informer, il faut réellement lire les ouvrages ou les articles des chercheurs eux-mêmes, ainsi qu'éventuellement les écrits des "sceptiques".

4.6 Médecines douces / Guérisons

Dans notre société hyper-médicalisée, nombreux sont les individus qui continuent à souffrir sans trouver de réponses auprès des pratiques médicales orthodoxes. Aussi ces êtres se tournent-ils en désespoir de cause vers les thérapeutes alternatifs : acupuncteurs, homéopathes, magnétiseurs, ... et autres guérisseurs de tout type. Ces praticiens utilisent en général en façade des "techniques" mais en réalité les guérisons se produisent de façon paranormale, c'est-à-dire inexplicable scientifiquement parlant. Généralement, ces thérapeutes ne cherchent pas à faire valider leur pratique par des scientifiques, et les recherches dans ce domaine sont rares et mal accueillies (voir J. Benveniste avec l'homéopathie). Certains parapsychologues ont cependant réalisé des enquêtes et des expériences dans le domaine des guérisons paranormales et des placebos.

Parallèlement, de plus en plus de croyants font des démarches s'inscrivant dans la prière (mouvements charismatiques ...) ou les pèlerinages (Lourdes ...). Comme il est absolument primordial de préserver la croyance pour obtenir une efficacité thérapeutique, et malgré l'existence d'un Bureau Médical à Lourdes, peu sont motivés pour une étude rationnelle de ce type de guérison dit "miraculeuse".

4.7 Anomalies (dont OVNIs)

Certaines âmes curieuses ont comme passion le recensement des anomalies scientifiques (phénomènes atmosphériques, animaux légendaires, OVNIs, vampires etc...). Ainsi les recherches fortéennes établissent, souvent avec le plus grand sérieux dans les enquêtes et les recoupements d'information, des catalogages de phénomènes divers et variés, aussi étonnants et énigmatiques les uns que les autres. Les cercles ufologiques élaborent des dossiers très détaillés et documentés sur chaque cas signalé d'objet non identifié dans le ciel.

Les anomalies peuvent aussi consister en énigmes scientifiques posées depuis longtemps mais non encore résolues (par ex. en astro-physique), qui n'ont aucun caractère intentionnel, ou bien en problèmes posés de façon insoluble pour la méthode scientifique (ex : Dieu). Bien que certains parapsychologues soient aussi anomalistes, ou incluent les OVNIs dans la rubrique "apparitions", la recherche dans ce domaine du "paranormal en général" diffère de la parapsychologie scientifique, qui se restreint à l'étude des phénomènes en rapport avec le psychisme humain, et est plus portée sur la démarche expérimentale et théorique de la science classique.

4.8 New-Age

L'idéologie du New-Age, fondamentalement optimiste, laisse une place de choix aux facultés parapsychologiques, puisqu'elle annonce une transformation en profondeur de l'être humain, qui passe par l'élargissement de la conscience et la maîtrise de la spiritualité.

Les thèmes principaux de ce mouvement socio-culturel sont le millénarisme (nous sommes à l'aube d'un âge d'or), le changement de paradigme scientifique (la science va reconnaître le rôle de l'esprit), la métaphysique de l'unité (Univers global, holisme, hypothèse Gaïa), et la possibilité pour l'homme de se transformer spirituellement (yoga, psychologie transpersonnelle, entraînement au psi ...). La pensée du Nouvel-Age s'est développée prodigieusement aux États-Unis et a atteint la France au point de saturer les rayons de librairie (on ne peut quasiment plus trouver d'ouvrages de parapsychologie scientifique, alors que les ouvrages consacrés à ces thèmes de développement personnel foisonnent). La position des New-agers par rapport à la science est ambivalente : d'une part il y a rejet du "rationalisme strict" dont le matérialisme est assimilé à la société de consommation, d'autre part il y a fascination quasi-mystique pour les "nouvelles" théories laissant entrevoir (supposément) une intervention de la conscience dans le monde matériel : mécanique quantique, systémique, complexité, théorie du chaos, holographie, etc... Le Nouvel-Age prône une rupture avec le positivisme et le déterminisme actuels pour une réconciliation de la science avec les savoirs traditionnels (bouddhisme, taoïsme, transcendantalisme ...). Les New-agers ne possèdent pas, pour l'immense majorité, de rigueur scientifique, et sont plutôt des croyants pratiquants et pragmatiques. Ils utilisent les résultats de la recherche psi pour étayer leurs thèses de transformation de l'Homme ou de communication universelle entre les êtres.

Cependant, il faut savoir que la plupart des théories du psi sont d'inspiration New-Age, et nourrissent en retour cette idéologie par un processus de feedback, tant l'imprégnation culturelle est aujourd'hui importante. Pour le sociologue, ce mouvement culturel est une réponse aux pertes de valeurs, aux échecs des idéologies, et au matérialisme exacerbé du 19e et 20e siècle.

4.9 Sociologie

La sociologie, l'anthropologie et en particulier l'ethnologie, s'intéressent aussi au paranormal, si l'on en croit les multiples sondages publiés régulièrement dans la presse sur les croyances de la population, et les nombreux ouvrages sur l'attirance des foules pour les voyantes. Sauf rares exceptions, ces disciplines considèrent en général les phénomènes parapsychologiques comme des croyances illusoires, donc dénuées de toute efficacité réelle. Elles cherchent rarement à vérifier les conséquences des actes paranormaux comme par ex. le chamanisme, mais essaient plutôt de comprendre le système culturel de représentations des différents groupes humains concernés. Cette approche "de l'extérieur" me semble adéquate à ces disciplines sociales, cependant une attitude de base plus mesurée serait nécessaire : sans préjuger a priori de l'efficacité ou non-efficacité des facultés psi, il faudrait tout de même vérifier avec sérieux, tout au moins dans les enquêtes ethnologiques, les résultats des pratiques psi. Cela permettrait, entre autres, de fournir une base solide à la réflexion des parapsychologues, qui eux, se chargent de découvrir "comment ça marche".

4.10 Scepticisme

Les sceptiques constituent un groupe non négligeable dans la dynamique du paranormal, non par son importance numérique (la quasi totalité des publications aux USA ont été faites par une quinzaine d'individus), mais par la virulence de ses attaques contre les "croyants au paranormal" (dits "pro-psi"). Certains illusionnistes ou professeurs d'université se sont fait une spécialité de "dénonciateurs d'impostures paranormales" et vivent d'ailleurs de cela.

Dans le camp des sceptiques, on trouve toutes sortes d'individus, des plus fanatiques "anti-psi" aux modérés prudents qui appliquent un "doute systématique" en examinant les faits avec attention et sérieux.

Certaines critiques sceptiques détaillées des expériences psi ont été très utiles pour faire évoluer et perfectionner les protocoles. Il est souhaitable maintenant que les expérimentateurs fassent participer des sceptiques à leurs études. Les principales organisations sceptiques sont le CSICOP (USA) et pour la France : le Cercle Zététique et l'AFIS. Ils sont très documentés et comptent parmi leurs membres des scientifiques très compétents. Néanmoins, la plupart des sceptiques obéissent à des préjugés implicites ou explicites qui ne sauraient être modifiés, quels que soient les faits auxquels ils sont confrontés. Ces principes de base sont les suivants :

- Le psi n'existe pas parce qu'il est impossible, il violerait toutes les lois scientifiques, donc ce n'est pas un objet d'étude légitime.

- Devant un fait semblant paranormal, l'attitude souhaitable est d'imposer toute explication alternative ramenant le problème à un phénomène connu, même s'il est extrêmement improbable (ex. : tremblement de terre pour expliquer un poltergeist etc…). *Remarquons ici que les sceptiques, qui se disent souvent rationalistes, ne prônent pas l'examen attentif, critique, et sans a priori des faits, mais une étude orientée des phénomènes de façon à prouver obligatoirement qu'ils ne sont pas paranormaux.*

- Il n'y a pas l'ombre d'une preuve expérimentale que le psi existe *(la totalité des centaines de recherches psi effectuées depuis plus de soixante-dix ans est balayée par les sceptiques sous prétexte de fraudes, d'erreurs, ou d'illusions des expérimentateurs)*.

- La parapsychologie n'a pas d'expérience reproductible, comme par ex. une expérience de physique peut l'être.

- Il suffit de montrer que le résultat positif d'une expérience peut être obtenu par des moyens d'illusionnisme ou frauduleux pour conclure que toutes les expériences de ce type sont nulles et non avenues (même si les conditions de la "reproduction frauduleuse" ne sont pas du tout les mêmes que les conditions de laboratoire).

- le terme "paranormal" n'est pas synonyme d'inexpliqué mais de surnaturel, magique, occulte etc... Il faut donc combattre le possible retour vers une mentalité magique et obscurantiste.

Évidemment ces assertions sont combattues par les pro-psi, mais les réponses ne seront pas explicitées ici (voir le livre de D. Radin cité en référence).

En règle générale, les sceptiques ne font eux-mêmes aucune expérimentation (puisqu'ils considèrent que le psi est impossible) et se contentent de critiquer les expériences des parapsychologues. Il faut reconnaître que l'histoire de la parapsychologie est parsemée d'épisodes de fraudes réalisées par des médiums, mais en général ces fraudes ont été découvertes par les seuls parapsychologues, grâce aux moyens de contrôle rigoureux qu'ils avaient mis en place. De plus, les vrais critiques épistémologiques de fond sont faites par les parapsychologues eux-mêmes, du moins par ceux qui s'interrogent sur leurs propres pratiques.

5. LA RECHERCHE DANS LE MONDE

5.1 Les méthodes

Les parapsychologues utilisent les méthodes scientifiques des autres sciences (sciences dures ou sciences humaines), mais doivent faire preuve de trans-disciplinarité, et inventer des méthodes originales de contrôle dans l'expérimentation de laboratoire. Il faut reconnaître que les fonds pour la recherche psi étant très limités, beaucoup d'études se font dans un cadre d'amateurisme qui donnent lieu à des critiques, d'autant plus que certains chercheurs étant des croyants enthousiastes, on peut leur reprocher leur manque de rigueur. Néanmoins il ne faut pas généraliser : beaucoup de recherches sont faites au sein d'instituts officiels par des scientifiques respectables, dans des contextes ni plus ni moins sérieux que ceux associés à toute autre recherche.

Dans les revues et les ouvrages publiant des recherches en parapsychologie, la plupart des articles se répartissent en six catégories, que j'ai illustrées par quelques exemples :

ÉTUDES DE CAS SPONTANÉS

Les phénomènes psi spontanés peuvent être étudiés en profondeur par des enquêtes de terrain, des recueils de témoignages, des entretiens cliniques, etc... Ils sont extrêmement convaincants, mais il y a toutefois peu de cas incontestables (possédant de nombreux témoins très fiables) et on en reste souvent malheureusement au stade de l'anecdote. L'intérêt majeur de l'étude des cas spontanés, qui sont au minimum des coïncidences significatives, n'est donc pas l'établissement d'une "preuve", mais plutôt l'exploration de la psycho-dynamique psi.

Exemples de travaux sérieux dans ce champ : *Phantasms of the living*, de Gurney, Myers, Podmore ;

Un voyant dans la ville, équipe de F. Laplantine ;

ENQUÊTES SOCIOLOGIQUES OU ANTHROPOLOGIQUES

Certains parapsychologues sont aussi sociologues ou ethnologues, ou bien collaborent à des travaux sociologiques d'autres universitaires. A l'aide d'outils statistiques habituels, on peut étudier par ex. le pourcentage de la population pensant avoir eu des phénomènes psi, ou croyant au psi, etc..., en les croisant avec des variables sociologiques (âge, niveau culturel, sexe, etc.).

Ex : "Les mains du temps", F. Favre, *Revue de parapsychologie.*

Les enquêtes anthropologiques sont moins fréquentes mais donnent des informations précieuses sur les grandes variations de la phénoménologie psi au sein de différentes cultures, permettant ultérieurement des comparaisons cross-culturelles passionnantes.

Ex : *Le monde magique*, De Martino et *Apparitions/disparitions*, dir. G. Bertin.

ÉTUDES ANALYTIQUES

L'exploitation statistique de grandes bases de données, notamment à travers la méthode de méta-analyse, permet d'arriver à des conclusions fiables sur l'existence du psi. Le principe de la méta-analyse est de calculer des résultats globaux sur un très grand nombre d'expérimentations, positives ou négatives, de façon exhaustive.

Ex : Méta-analyses de Honorton/Hyman.

SYNTHÈSES ET RÉFLEXIONS PHILOSOPHIQUES, HISTORIQUES, PSYCHOLOGIQUES

L'expérimentation seule ne suffit pas et il est parfois nécessaire de faire des pauses afin d'ordonner, de classer et d'analyser les données acquises, de tenter de dégager des invariants, ou d'obtenir une perspective socio-historique. C'est à ce prix que l'on gardera le recul critique nécessaire pour éviter de s'engager dans des voies sans issues.

Ex : *Traité de parapsychologie*, R. Sudre et *Somnambulisme et médiumnité*, B. Méheust.

RECHERCHE THÉORIQUE

Contrairement à ce que l'on peut penser, de nombreux modèles théoriques du psi ont été proposés. En général, ils mettent l'accent sur un aspect particulier du psi (physique, symbolique, psychologique, etc.) et utilisent des constructions conceptuelles complexes. Ils sont pour la plupart difficile à tester et ne remportent pas l'adhésion des confrères. Certains permettent néanmoins d'expérimenter au sein d'un "paradigme" spécifique.

Ex : modèle quantique de H. Schmidt, *Animisme et espace-temps* de F. Favre.

EXPÉRIMENTATION DE LABORATOIRE

La plupart des expériences de labo utilisent les méthodes de la psychologie expérimentale. Le schéma-type d'une expérience psi est constitué de quatre éléments :

- un (ou plusieurs) **sujet** dont on teste la faculté psi
- une **cible** : information à percevoir (si ESP) ou dispositif à influencer (si PK)
- un **expérimentateur**, initiateur de la recherche et garant du sérieux de l'expérience
- un **obstacle**, qui rend impossible le

contact sensori-moteur conventionnel du sujet avec la cible.

On conclura qu'il y a eu psi si la relation sujet-cible est "statistiquement significative" c'est-à-dire si, selon les critères de la statistique mathématique, les observations diffèrent de ce que laisse attendre la loi de probabilité du hasard, et ce, malgré la présence de l'obstacle qui garantit le non-contact entre sujet et cible. L'occurrence du psi est donc définie par la négative, qui est une "réussite sans contact sensori-moteur conventionnel", mais on ne peut pas vraiment dire quel facteur a joué, seulement que l'hypothèse du hasard est statistiquement incompatible avec les observations. La règle de décision statistique habituelle consiste à rejeter ainsi cette hypothèse du hasard lorsque les observations ont moins de $p = 5/100$ de chances d'être obtenues si le hasard seul intervient (notation : $p<0.05$). Ceci revient à prendre un pari à 20 contre 1, et la pratique scientifique (de la biologie à la psychologie) a montré qu'il s'agissait d'une attitude "raisonnable". Cependant le seuil plus exigeant $p = 1/100$, utilisé épisodiquement ailleurs, l'est beaucoup plus fréquemment en parapsychologie, et il est arrivé assez souvent aux parapsychologues d'employer des seuils beaucoup plus faibles.

Exemples d'expériences : le sujet doit deviner l'ordre d'un jeu de carte battu par une machine ; le sujet doit dessiner un dessin fait par une autre personne dans une autre pièce ; le sujet doit influencer un Générateur de Nombres Aléatoires pour qu'il donne plus de uns que de zéros etc...

LES PROBLÈMES DE L'APPLICATION DE LA MÉTHODE EXPÉRIMENTALE EN PARAPSYCHOLOGIE.

Tant qu'il s'agit de montrer l'existence du psi, et ses possibilités de transgresser l'obstacle (distance, temps, personnes, cages de Faraday etc.), la méthode est parfaitement valable — si ce n'est que l'utilisation des statistiques peut toujours faire l'objet de controverses : même si la probabilité que le hasard seul ait joué est infime, elle n'est jamais nulle, donc il reste toujours une petite incertitude, due à notre méconnaissance de la nature du hasard —.

Par contre, dès qu'il s'agit de déterminer les corrélats et caractéristiques du psi, ce type d'expérimentation s'avère assez inadapté. En effet, la méthode expérimentale classique suppose l'isolement des facteurs, que l'on fait varier un à un. Ici, la faculté du psi à passer au-dessus de l'obstacle (par définition) ne permet pas d'isoler les facteurs, et on ne peut pas savoir ce qui est responsable de l'effet-psi. Exemple : un dispositif aléatoire lumineux se déplace à côté d'animaux en cage. Si les résultats montrent que le dispositif s'approche significativement de la cage, qui est responsable du PK ? : les animaux, l'expérimentateur, les gens du labo, la personne qui a financé l'expérience etc... (potentiellement le monde entier). Avec le psi, il est impossible d'avoir un système fermé, donc un cadre expérimental strict. Des expériences positives ont d'ailleurs eu lieu sur l'influence d'une conscience collective et mondiale sur un générateur d'événements aléatoires (Global Consciousness Project), ce qui ne manque pas de soulever des paradoxes et interrogations.

Depuis une trentaine d'années, on a mis en évidence en parapsychologie un "effet d'expérimentateur" qui stipule que des sujets réussissent mieux que d'autres en corrélation avec le désir, les a priori ou l'humeur de l'expérimentateur, et ceci même si les sujets et l'expérimentateur ne se connaissent pas. Il faut donc, pour surmonter ce problème, trouver des méthodologies particulièrement sophistiquées qui ne peuvent être réellement probantes que si on arrive à un bon niveau de reproductibilité (par ex. une expérience de Ganzfeld qui fonctionnerait quel que soit l'expérimentateur et le labo). La plupart des expérimentateurs en parapsychologie ignorent complètement ou feignent d'ignorer ce problème, qui n'est pas non plus mis en avant par les sceptiques car aussi impossible à croire pour eux que le psi, et menaçant d'ailleurs pour la méthode expérimentale dans les autres sciences. On peut formuler l'hypothèse que dans la pratique, cet effet d'expérimentateur peut être négligé, encore faudrait-il faire des recherches pour déterminer dans quelles conditions.

5.2 Situation actuelle de la recherche

Aux États-Unis actuellement, la recherche est essentiellement expérimentale. Les programmes militaires ont été abandonnés en raison de restrictions budgétaires, ils ne donnaient pas des résultats suffisamment reproductibles.

En Allemagne, l'approche est pour l'instant plus clinique et basée sur les enquêtes et les entretiens. En France les tentatives sont très ponctuelles et les travaux ne pourront pas se faire de façon institutionnelle tant que l'IMI n'aura pas mis en place une structure de recherche nationale.

Actuellement au niveau international seulement quelques dizaines de personnes se consacrent à la recherche parapsychologique à temps plein. Aux Etats-Unis, les crédits de recherche ont beaucoup diminué ces dernières décennies, et plusieurs laboratoires ont dû fermer, faute de rentabilité. Même en Amérique du Nord, la parapsychologie reste encore une "science controversée". En France, au maximum une vingtaine de personnes font des publications quelque peu régulières sur des thèmes de parapsychologie scientifique. Cependant partout dans le monde, de nombreuses thèses en rapport avec des sujets proches de la parapsychologie sont soutenues chaque année, pour la plupart dans le cadre de disciplines traditionnelles : médecine, biologie, sociologie, etc ...

La méthodologie expérimentale a beaucoup évolué depuis les années 30 :

maintenant tout est automatisé, il est fait un emploi systématique de l'informatique pour l'enregistrement et le dépouillement des résultats, ce qui minimise les causes d'erreurs humaines, les protocoles ont été perfectionnés de façon à éliminer totalement toute possibilité de contact entre sujets et cibles, et enfin on utilise des dispositifs sophistiqués tels que GNA, polygraphes, caisses d'isolation sensorielle etc... On ne peut donc plus reprocher à ce type d'expérimentation son manque de sérieux.

Il est maintenant peu utile de répéter les expériences de démonstration de l'existence du psi qui l'ont été des centaines de fois. Il est nécessaire d'orienter la recherche expérimentale vers les conditions d'occurrence du psi (moyennant les précautions méthodologiques mentionnées plus haut) et de privilégier l'approche clinique afin d'arriver à une meilleure compréhension du fonctionnement de la dynamique psi.

6. Résultats

6.1 Preuves de l'existence du Psi

Pour chaque phénomène, les expériences les plus concluantes sont présentées.

ESP

Télépathie

C'est la faculté la mieux établie. L'équipe de J. B. Rhine a réalisé des centaines d'expériences, dont la plus impressionnante est l'expérience "Pearce-Pratt", qui a eu un résultat positif très significatif ($p < 10^{-22}$)

Les expériences de télépathie dans le rêve du laboratoire du Maimonides Hospital de Brooklyn sont également très remarquables (sur les 450 séances, $p < 1 / 75 \times 10^6$)

Enfin, les expériences d'Honorton de privation sensorielle ont eu également des résultats positifs.

En 1982, C. Honorton a présenté la première méta-analyse effectuée sur l'ensemble complet des expériences de télépathie avec privation sensorielle. Avec le sceptique Hyman, les calculs ont été refaits, mais on a obtenu $p < 1 / 10^{10}$.

Clairvoyance

Au moins 185 expérimentations sur des cartes ont été effectuées des années 1880 aux années 40, et la méta-analyse montre que les résultats globaux ont été très positifs.

R. Targ/H. Puthoff/E. May ont mené des expériences de Remote Viewing au Stanford Research Institute, recherches financées par la CIA, la Nasa ... et dont les résultats ont été publiés dans *Nature* avec $p < 1 / 10^{20}$.

Précognition

Honorton et Ferrari ont réalisé une méta-analyse de 309 études sur des tests de précognition à choix forcé. Ici $p < 1 / 10^{25}$.

D. Radin a réalisé une expérimentation sur les réponses **inconscientes** du système nerveux à des événements futurs : résultats statistiquement significatifs et tendant à la régularité.

A noter que certains sujets ont obtenu des résultats ESP très consistants à plusieurs mois ou plusieurs années d'intervalle : H. Pearce, P. Stepanek, B. Dellmore, L. Harribance, M. Bessent ...

PK

Les séances "à ectoplasmes" avec le sujet E. Carrière, dirigées par Schrenck-Notzing et A. Bisson au début du 20e siècle, ont démontré des phénomènes extrêmement étonnants qui ont pu être photographiés, dans des conditions de contrôle particulièrement strictes (médium déshabillé, inspecté etc.). De même, les séances avec R. Schneider et F. Kluski, contrôlées par G. Geley à l'Institut Métapsychique, ont laissé sous forme de moulages des traces objectives des ectoplasmes observés.

Au niveau des poltergeists, des centaines de cas ont été constatés, y compris par des rapports de gendarmerie, et le plus célèbre d'entre eux, celui pour laquelle l'enquête a été la plus approfondie, est celui de Rosenheim (étudié par l'équipe de H. Bender).

En macro-PK, certaines expériences avec les sujets U. Geller et J. P. Girard ont été positives, en particulier celles menées par Crussard/Bouvaist dans le laboratoire de Péchiney en 1976, toutefois les compétences de ces sujets en matière d'illusionnisme incitent à une certaine réserve prudente.

La méta-analyse des expériences à jets de dés a donné $p < 1 / 10^9$. Helmut Schmidt, qui a le premier introduit la méthode des GNA, a voulu dans les années 90 répondre aux critiques en faisant participer des sceptiques à une série d'expériences : ces études ont été reconduites à 5 reprises avec, à l'issue d'une étude cumulative, $p < 1/ 12000$.

En France, les expériences avec l'appareil tychoscope ont permis de "descendre" jusqu'à $p < 1 / 10^{18}$ (A. Roux).

Enfin en bio-PK, au moins 130 publications ont été effectuées, et 56 de ces études ont eu des résultats de 100 chances contre 1.

6.2 Corrélats du psi

Bien qu'il soit très difficile, pour des raisons méthodologiques, d'arriver à des conclusions rigoureuses sur les corrélats du psi (cf § 5.1), la recherche psi a cependant apporté certains renseignements sur la façon dont le psi fonctionne :

- L'ESP ne repose pas sur un canal physique tel que ondes électromagnétiques, ultra-sons, etc... Des expériences avec cages de Faraday, ou bien à des distances de milliers de km, ont eu des résultats positifs.

- Le psi est indépendant de la distance et du temps.

- Les résultats varient d'un sujet à l'autre et d'un test à l'autre, ce qui entraîne une non-reproductiblité au sens strict. Pourtant, il existe, comme dans toute science humaine, une reproductibilité statistique qui peut être mise en évidence sans contestation possible dans la méta-analyse. De plus, avec les expériences de privation sensorielle ou de fonctions inconscientes, on parvient à une certaine reproductibilité.

- La plupart des expériences psi mettent en évidence un effet de déclin : les réussites sont plus importantes au début qu'au milieu du test, et parfois remontent vers la fin (la fameuse courbe en U).

- Quelquefois, on obtient du "psi-missing", c'est à dire des résultats aux tests significativement très inférieurs à ceux prévus par le hasard (comme si les sujets "rataient" volontairement).

- Comme son nom ne l'indique pas, l'ESP fait la plupart du temps appel à des circuits sensoriels (visualisations, auditions de voix, odeurs, goûts, sensations tactiles ...) sans qu'il y ait intervention des organes des sens eux-mêmes (les yeux ne "voient" pas, les oreilles n' "entendent" pas).

- Les phénomènes de poltergeist semblent se focaliser autour d'un individu (souvent un jeune souffrant de problèmes psychologiques), d'un lieu, et de certains objets.

- Les phénomènes PK apparaissent plus facilement au sein de groupes dont les individus sont en état d'attention passive.

- L'ampleur des effets PK ne dépend pas de la complexité du dispositif expérimental, mais semble guidé par la seule finalité.

- Dans les expériences, bien qu'on ne puisse pas déterminer de relation causale entre les actions du sujet et les résultats psi, on peut par contre toujours considérer l'intention finale. Le déterminisme apparaît donc final et non causal.

- On a souvent mis en évidence un effet dit "Chèvres/moutons" : les sujets (et les expérimentateurs) favorables au psi ont des résultats bien supérieurs aux sujets qui ne croient pas au psi.

- Dans certaines familles, les phénomènes psi sont plus fréquents que dans d'autres, d'où l'hypothèse d'une certaine composante héréditaire.

Il convient d'être réservé sur *les éléments qui ont semblé, dans certaines études, être "facilitateurs" du psi* :

- la conviction de réussir, l'extraversion, l'humeur positive, l'affectivité liant les sujets dans les expériences de télépathie, l'attention passive pour le PK, la motivation, la relaxation, la méditation, les ondes alpha, l'hypnose et les EMC en général.

et les facteurs négatifs :

- la fatigue, la maladie, une ambiance stressante ou négative, diverses substances psychotropes.

Toutefois l'effet de ces facteurs dans les diverses expériences qui ont été effectuées pourraient ne refléter que les préjugés des expérimentateurs (voir § 5.1).

Par ailleurs, voici quelques conclusions auxquelles sont arrivés certains théoriciens du psi :

Le psi est une source de mythes, et le parapsychologue se doit d'analyser ces mythes sur le plan psycho-sociologique.

Tout événement psi est au minimum une coïncidence significative, qui résulte en partie d'une construction arbitraire dans laquelle elle prend son sens.

Le psi montre l'influence de l'intentionnalité du psychisme sur le monde matériel.

Si l'on considère que le psi existe, une méthodologie permettant de prouver la survivance de l'âme semble impossible à mettre en place (indétermination).

Les phénomènes psi sont "élusifs", c'est-à-dire qu'ils s'esquivent souvent lors des tentatives d'objectivation.

7. Principaux centres d'enseignement et de recherche

(adresses complètes sur Internet, en particulier sur le site de l'IMI)

7.1 Enseignement

Pays-Bas : Université d'Amsterdam et Université d'Utrecht

Ecosse : Université d'Edimbourg

France : Université Catholique de Lyon

Angleterre : Université de Northampton (et Université de Hertfordshire)

Allemagne : Institute für Grenzgebiete der Psychologie und Psychohygiene, Freiburg

Québec : Université de Montréal

USA : Rhine Research Center, Durham et Bigelow Chair, Université du Nevada

Pas ou peu de cursus académique menant à un diplôme officiel en parapsychologie.

7.2 Recherche

Allemagne : Institute für Grenzgebiete der Psychologie und Psychohygiene (le centre le plus important de parapsychologie en Europe), Freiburg

Wissenschaftlichen Gesellschaft zur Förderung des Parapsychologie (WGFP), Freiburg

Ecosse : Koestler Parapsychology Unit, Université d'Edimbourg

Pays-Bas : Département de Parapsychologie, Université d'Amsterdam

France : Institut Métapsychique International (IMI), Paris

Angleterre : , Université de Hertfordshire , Londres

Suisse : Fondation Odier de Psycho-Physique de Genève

Norvège : Norsk Parapsykologisk Selskap, Oslo

Danemark : Selskabet for Psykisk Forsking, Copenhague

Suède : SPR suédoise (Université de Stockholm et de Gothenburg)

USA : Consciousness Research Laboratory, Université du Nevada, Université de Princeton, Université de Stanford

American Society for Psychical Research (ASPR), New-York (PA), Caroline du Nord

Japon : International Society of Life Information Science, NIRS, Chiba-shi

Autres organismes français s'intéressant à la parapsychologie scientifique :

OR3P, Organisation pour la Recherche en Parapsychologie et sur les Phénomènes dit Paranormaux , Toulouse

GEEPP, Groupe d'Etudes des Phénomènes Paranormaux, Toulouse

GERP, Groupe d'Etudes et de Recherches en Parapsychologie, site internet uniquement

CENCES, Centre d'Etude National et de Communication sur les Enigmes Scientifiques, Paris

8. Principales publications

8.1 Livres

Il existe relativement peu de livres sérieux consacrés à la parapsychologie scientifique. Vous trouverez une sélection bibliographique d'ouvrages en français à l'adresse internet :

http://gerp.free.fr/bibliographie.htm

8.2 Revues

European Journal of Parapsychology
Journal of Parapsychology
Journal of the Society for Psychical Research
Journal of the American Society for Psychical Research
Journal of Scientific Exploration
Parapsychology Foundation Review (internet)
Australian Journal of Parapsychology
Zeitschrift für Parapsychologie und Grenzgebiete des Psychologie
Quaterni di Parapsicologia

En France :
Revue Métapsychique
Revue de Parapsychologie (Internet)
Revue Française de Parapsychologie

Des articles de parapsychologie paraissent éventuellement de temps à autres dans des publications scientifiques diverses (*Proceedings of the IEEE*, *Nature*, *Science*, etc...)

8.3 Internet

Pratiquement tous les organismes ont maintenant leur site internet sur lequel on peut trouver de nombreuses informations, ainsi que parfois des résumés d'articles (voir en particulier le site de l'IMI : http://www.metapsychique.org). En France, nous vous signalons l'existence d'un "Anneau français de parapsychologie scientifique", un ensemble de sites réunis sous le nom de "Psiring" (adresses sur http://Psiland.org)

9. Rencontres

De nombreux congrès, rencontres, colloques etc... sont organisés dans le monde entier. Tous les ans a lieu un congrès de la Parapsychological Association. En France, la dernière importante manifestation a été le symposium sur "Les mythes et le paranormal" en 2000 à Paris, organisé par l'association CENCES.

10. Perspectives

10.1 Implications

L'existence du psi montre que la science actuelle est incomplète et ne peut conceptualiser correctement le rapport esprit/matière. La position métaphysique la plus répandue dans notre société est celle du "monisme matérialiste", c'est-à-dire que "l'esprit est un épiphénomène du corps". L'existence du psi nous incite à réfléchir sur les autres hypothèses, dualistes ou monistes, et oblige la science à prendre en compte le psychisme ou la conscience, notion qui avait été évacuée au 19e siècle.

De même, le psi nous montre que notre notion intuitive du temps est insuffisante, puisque la précognition permet, dans une mesure toujours limitée, de connaître des événements non encore survenus.

Le psi soulève de façon cruciale des problèmes philosophiques fondamentaux : le libre-arbitre, le rapport objectivité/subjectivité, le déterminisme et la causalité, le dynamisme conscient/inconscient, le hasard, la dynamique des groupes et la conscience collective, l'épistémologie, etc.

Il ne faut pas perdre de vue, comme tendent à le faire certains jeunes parapsychologues expérimentalistes américains, que le système d'idées autour duquel s'est construite implicitement la parapsychologie en tant qu'interrogation sur l'humain et le cosmos, s'apparente à la "mentalité magique" :

- influence à distance sans contact
- globalité de l'univers, interrelation de tous ses éléments (théorie des correspondances)
- existence de personnes ayant des "pouvoirs"
- liaison d'éléments par leur symbolisme ou leur sens commun
- existence de forces, d'énergies supra-normales et quasi-autonomes

Il n'est donc pas étonnant que ce système entre en conflit avec la science expérimentale positiviste et conduise bien souvent à des paradoxes. Il est tout aussi compréhensible que la réaction d'opposition de la part des sceptiques "rationalistes" soit aussi véhémente. Il n'en reste pas moins que la véritable richesse de la parapsychologie demeure sa valeur heuristique, sa capacité à soulever des interrogations fondamentales.

10.2 VOIES D'APPROCHE

De l'ensemble des informations rappelées ci-dessus, on pourrait penser que les progrès de la parapsychologie depuis une centaine d'années ont été maigres. Les raisons peuvent en être l'insuffisance des crédits de recherche, ainsi que les obstacles méthodologiques inhérents à l'étude d'un objet si particulier, dont les phénomènes sont en grande part culturellement construits. Cependant, il apparaît aujourd'hui que les avancées dans d'autres disciplines scientifiques puissent amener à une meilleure compréhension du psi, ou du moins offrir des pistes de recherche fécondes.

SCIENCES DE LA CONSCIENCE, NEUROSCIENCES

Une nouvelle discipline scientifique, l'étude de la conscience, est en train d'émerger. Apparaissant extrêmement complexe de par le fait que la conscience est à la fois le sujet et l'objet, elle soulève néanmoins de grands espoirs. Les progrès très rapides de l'imagerie médicale dans les neuro-sciences laissent présager de nombreuses nouvelles découvertes, mais surtout l'apparition de nouvelles questions. L'étude des états modifiés de conscience également amènera certainement à la parapsychologie de multiples informations qui lui permettront peut-être de dépasser certains de ses blocages épistémologiques.

PHYSIQUE QUANTIQUE

La physique quantique soulève des problèmes métaphysiques difficilement appréhendables par notre façon de pensée ordinaire et "macroscopique". Beaucoup, scientifiques ou non-scientifiques, se laissent griser par l'insondable mystère de ses profondeurs, et pensent que les prochaines découvertes en mécanique quantique permettront — ou permettent déjà — d'expliquer le psi. En particulier trois principes suscitent la plupart des extrapolations :

- l'indéterminisme fondamental au niveau quantique
- la conscience de l'observateur "influant" sur la mesure d'une particule
- la non-localité et la non-séparabilité

ÉTUDE DES NDE

La généralisation des études sur les sujets en état de mort imminente dans les services de réanimation pourraient nous apporter des éclaircissements sur la relation cerveau/psychisme.

10.3 APPLICATIONS

Certains parapsychologues américains espèrent pouvoir arriver à un niveau de connaissance du psi leur permettant une certaine maîtrise des phénomènes, dans l'optique techniciste actuelle. Les principales applications envisagées seraient :

- les guérisons paranormales (nouvelles méthode thérapeutiques par la "pensée")
- la recherche de personnes disparues, l'aide aux enquêtes policières
- l'espionnage ou l'exploration de sites inconnus
- la construction d'appareils contrôlables par la pensée, pour les handicapés par exemple
- l'utilisation de la précognition dans les situations incertaines (politique, affaires ...)

D'autres théoriciens soutiennent que cet espoir d'applications est un leurre et que le psi, non maîtrisable ou reproductible à volonté, y échappera toujours. En tout cas, une chose est sûre : la télépathie a déjà été rendue quasiment inutile par l'expansion des téléphones portables !

BIBLIOGRAPHIE

BENEY G., Indétermination et finalité en psilogie, *Revue Parapsychologie*, n° 10, 1980.

BROUGHTON R., *Parapsychologie : une science controversée*, Editions du Rocher, 1995.

KRIPPNER S., ROUX A., SOLFVIN G., *La science et les pouvoirs psychiques de l'homme*, Sand, 1986.

MEHEUST B., *Somnambulisme et médiumnité*, Synthélabo, 1999.

MICHEL P., *B-A- BA de la parapsychologie*, Gerp, 1984.

PIGANI E., *Psi : enquête sur les phénomènes paranormaux*, Presses du Châtelet, 1999.

RADIN D., *La conscience invisible*, Presses du Châtelet, 2000.

RHINE L., *Initiation à la parapsychologie*, Presses de la Renaissance, 1977.

ROGO D. SCOTT, *La parapsychologie dévoilée*, Tchou, 1976.

SUDRE R., *Traité de parapsychologie*, Payot, 1978.

SI AHMED D., *Parapsychologie et psychanalyse*, Dunod, 1990.

Secondes Vues : États altérés de conscience et Paranormal
Steven Mizrach

L'étude des états altérés de conscience (EAC) est, à de multiples points de vue, similaire à l'étude du paranormal (ou de ce que certains appelleraient des événements fortéens ou anomaliques). Les états altérés — que nous qualifierons principalement de EAC dans cette étude — sont, comme tous les événements paranormaux, généralement eux-mêmes peu fréquents, inattendus et paradoxaux. En fait, les modélisations habituelles de la conscience traitent les EAC précisément comme une anomalie et, comme tout événement fortéen, ils sont considérés comme des anomalies "damnées" car chacun assume qu'ils devraient être ignorés, s'agissant d'exemples d'un cerveau ne fonctionnant pas de manière normale. Dans cet essai, je suggérerai qu'il y a une relation entre les EAC et le paranormal mais que cette relation indique des directions qui, à mon avis, pourraient étendre notre compréhension des deux éléments de cette équation.

Je présume que la plupart des lecteurs de cette revue savent ce que sont des événements fortéens mais connaissent peu les EAC. Des exemples d'EAC incluent le rêve, le sommeil profond, la méditation, la transe hypnotique, les états de dissociation/possession, l'intoxication, les fugues visionnaires, etc...

Essentiellement, nous pouvons définir de manière subjective un EAC comme étant un état dans lequel les perceptions, les souvenirs et la connaissance de la personne sont "altérées" par rapport à la norme de la "conscience éveillée ordinaire". Nous pouvons aussi identifier de manière objective de tels états par des corrélations avec les niveaux des neurochimiques, les modèles d'ondes cérébrales, etc...(bien qu'il y ait eu peu de travaux dans ce domaine). Ainsi que Charles Tart et d'autres l'ont noté, la vérité est que notre connaissance des EAC en est encore à ses débuts — on discute encore si véritablement ou non l'hypnose induit un EAC et sur ce qui rend certaines personnes plus hypnotisables que d'autres.

Ce point est tout de suite important pour une raison capitale : l'hypnose est un instrument couramment employé par les enquêteurs du paranormal, principalement dans les cas d'enlèvements ufologiques, souvent sans reconnaître le caractère hautement problématique de la reconnaissance de celle-ci par la communauté des médecins et par celle des juristes. L'hypnothérapie est perçue de manière très sceptique par la science en général, bien que certains pensent que l'hypnose peut être utilisée en tant que substitut léger pour un anesthésiant. Mais beaucoup de tribunaux refusent aujourd'hui d'accepter un témoignage de sujets sous hypnose car ils connaissent les moyens par lesquels intervient une confabulation du sujet sous l'impulsion de l'hypnotiseur. Le point de vue selon lequel l'hypnose permet au sujet de se remémorer parfaitement des souvenirs passés tels qu'ils ont été observés n'est plus accepté. Cependant, je trouve intéressant le fait que peu de ces enquêteurs ont sérieusement réfléchi sur la raison pour laquelle l'hypnose devrait être un instrument *nécessaire* à l'enquête de ces phénomènes. Apparemment, elle est nécessaire parce que les sujets ne se souviennent pas consciemment de ces expériences dans leur mémoire éveillée. Mais alors, pourquoi est-ce le cas ?

Budd Hopkins et David Jacobs ont suggéré que les "aliens" qui se trouvent derrière l'expérience ont des technologies capables d'effacer la mémoire. Je pense que c'est une explication raisonnable mais alors, pourquoi ces civilisations plus avancées que nous de millions d'années n'ont-elles pas des appareils qui pourraient effacer la mémoire si parfaitement que même l'hypnose ne pourrait y avoir accès ? À la différence de Philip Klass, je ne pense pas que les expériences d'enlèvements sont "créées" seulement dans l'esprit du sujet/expérienceur[1] par l'action de l'hypnotiseur. Néanmoins, je me suis demandé pourquoi tant d'expérienceurs doivent être hypnotisés pour faciliter le rappel de leur expérience, et l'idée m'est venue à l'esprit que c'est pour une raison évidente. Pareillement, nous ne nous souvenons pas toujours de nos rêves. Les gens ne se rappellent pas de leurs souvenirs d'enlèvements parce que, comme le dit Tart, la mémoire est spécifique d'un état. *Leur expérience d'enlèvement est intervenue dans un état altéré de conscience.*

Je peux déjà voir le "clignotant danger" du lecteur s'allumer ici, qui se demande si je n'essaye pas d'expliquer le phénomène tout simplement en le "psychologisant", en le présentant comme une expérience " subjective " sans intérêt objectif. Ce n'est pas mon but. Un article récent compare les expériences d'enlèvements à ce que l'on désigne parfois sous le nom de "night hag" ou "panique nocturne", c'est-à-dire le sentiment d'une force maléfique accablant de son poids les personnes en état de conscience hypnagogique — cet état intermédiaire entre le sommeil et l'éveil. Je pense que les analogies entre les expériences d'enlèvements et d'autres expériences subjectives telles que les NDE, les paniques nocturnes et les visions chamaniques sont intéressantes et fructueuses. Mais finalement nous devrons nous débarrasser d'une partie de notre cartésianisme, à savoir l'idée que "subjectif" signifie "non-réel". D'un point de vue phénoménologique, la réalité subjective est la seule réalité que chacun de nous ne connaîtra jamais, même si des "choses-en-elles-mêmes" peuvent exister dans le "monde-qui-n'est-pas-nous". Je suis convaincu que les expériences d'enlèvements sont subjectives, mais cela ne signifie pas qu'elles ne sont pas réelles ; simplement, elles ne sont pas réelles au sens où votre maison ou votre chaise sont réelles.

L'une des observations les plus intéressantes d'Anton Mesmer, le fondateur du "mesmérisme" et de l'hypnose, était que ses sujets "mesmérisés" montraient des capacités de perception phénoménales. Mesmer remarque que le "mesmérisé" pouvait souvent entendre ce que disaient des personnes à l'autre bout de la pièce ou observer les détails d'objets qu'ils n'étaient pas capables de distinguer normalement. Nous présumons normalement que les EAC sont comme l'intoxication, dans laquelle les pouvoirs de perception sont réduits ou incapacités. Nous oublions que, dans d'autres sortes d'EAC, nos facultés de perception peuvent peut-être *augmenter* et nous rendre capables d'observer des choses que nous ne pourrions pas voir autrement. Peut-être que des phénomènes se passant dans notre environnement, que nous ne remarquerions pas autrement ou auxquels nous ne prêterions pas attention, nous deviennent apparents. Si nous adoptons la position selon laquelle certains phénomènes paranormaux font peut-être partie d'un continuum "subtil" qui échappe normalement à notre attention ordinaire, alors ils peuvent avoir lieu tout le temps, mais seules des personnes dans un état d'attention non-ordinaire remarquent ces événements subtils et parallèles hors de notre continuum espace/temps normal...

Une des recherches les plus intéressantes sur les EAC et le paranormal vient du laboratoire de Michael Persinger, un chercheur de la Laurentian University. Persinger est l'un des premiers à observer soigneusement comment l'électromagnétisme peut être une autre technique pour induire un EAC. Il fait porter à ses sujets un casque avec des aimants qui stimulent fortement les lobes temporaux du cerveau. Ces sujets rapportent toutes sortes d'expériences bizarres et intéressantes avec le casque de Persinger, allant d'une quasi-OBE (le sentiment d'être hors de son corps) à l'impression d'une "présence ressentie" les observant dans la pièce, et même jusqu'à des états quasi-mystiques d'extase et le déclenchement de ce que Persinger appelle le "Module D..." du cerveau. Des hallucinations, des distorsions du sens du temps, et même la sensation de recevoir des pensées d'ailleurs ont été rapportées. Naturellement, le fait que ceci fonctionne mène à la possibilité que la conscience soit elle-même partiellement "électronique" dans sa nature ; après tout, il se peut que nous ne soyons pas si différents que cela de nos ordinateurs. Persinger a montré les similarités évidentes entre ces types d'expériences et ce que les gens rapportent dans les enlèvements ufologiques. Cela l'a mené vers sa seconde théorie, beaucoup plus sujette à controverse.

Persinger croit que les rapports d'OVNI proviennent d'observations de lumières sismiques, des boules d'énergie électromagnétique générées par la pression tectonique des zones de failles. Certaines personnes ne s'approchent pas assez de ces lumières pour être affectées par elles. Cependant, si elles sont trop proches, le rayonnement électromagnétique de ces lumières affecte leur cerveau, déclenchant une fugue visionnaire dont elles souviendront plus tard comme d'un "enlèvement" en OVNI ou expérience de "rencontre" à l'intérieur d'un objet solide. Persinger affirme que son modèle possède une base empirique car les rapports d'OVNI sont plus communs près des zones de failles et juste avant les tremblements de terre, lorsque la pression tectonique est forte. D'autres chercheurs suggèrent que ce n'est pas le cas. Albert Budden, un ufologue, croit que la théorie de Persinger apporte la bonne réponse. Certains d'entre nous ont apparemment ce que Budden nomme une "allergie" à la pollution électromagnétique ; lorsque nous sommes trop fortement stimulés par elle, nous avons des expériences visionnaires dont nous nous souvenons plus tard comme des expériences OVNI. Budden pense que l'une des raisons de l'augmentation des rapports d'OVNI depuis 1947 est la diffusion croissante de la pollution électromagnétique des radio émetteurs, des pylônes électriques et d'autres technologies.

Bien qu'il parle principalement des OVNI, Persinger pense aussi que d'autres sortes de perceptions paranormales pourraient être induites électromagnétiquement. Il est agnostique quant à l'existence de la perception extra-sensorielle mais suggère que soit celle-ci soit la perception qui en découle est déclenchée plus activement dans un cerveau stimulé électromagnétiquement. Il suggère que d'autres sortes d'observations paranormales, allant des visions du Yeti aux apparitions de fantômes, peuvent avoir la même cause sous-jacente. Manifestement, l'objection principale à la réduction de tant d'anomalies à une hallucination induite par un EAC est, comme je l'ai écrit par ailleurs, que nous ne connaissons aucun mécanisme par lequel deux personnes peuvent avoir exactement la même hallucination simultanément. La littérature psychologique décrit la *folie à deux* mais il semble que ce soit une situation dans laquelle deux personnes réussissent à se persuader mutuellement qu'elles ont vu les mêmes choses "pas là" et ce "après les faits", sans tenir compte du fait qu'elles *aient* ou non réellement partagé des perceptions communes.

Je crois que Persinger est sur la bonne piste à deux égards : les OVNI et d'autres phénomènes paranormaux semblent être d'une *nature* électromagnétique, du fait que de telles observations paranormales sont souvent accompagnées d'interférences électroniques avec les automobiles, les radios et autres équipements électroniques ; la nature de nombreuses expériences paranormales suggère que la personne n'est pas dans un état ordinaire d'éveil quand elle les vit. Jenny Randles a décrit comment de nombreux témoins d'OVNI rapportent souvent d'étranges changements dans l'espace et le temps, comme si ceux-ci ne fonctionnaient pas "normalement" à l'intérieur de leur expérience. En fait, elle se demande si le "temps manquant" ne trouve pas son origine simplement dans une expérience où le flot du temps était, en fait, différent, plutôt que dans des machines à effacer la mémoire. Elle appelle cela le "facteur Oz"[2] mais garde ouverte la question de savoir si ce phénomène résulte des expérienceurs OVNI *occupant* effectivement un domaine différent de l'espace/temps ou simplement de la présence d'un EAC. Pour autant que je puisse en juger, il semble évident que de nombreux récits d'OVNI possèdent une nature "onirique" ce qui, pour moi, ne signifie pas qu'ils soient des *rêves* en tant que tels, mais il apparaît que la personne est dans un *état* semblable à un rêve durant l'expérience.

John Keel a émis la théorie selon laquelle de nombreuses entités paranormales proviennent de ce qu'il appelle le "Superspectrum" c'est-à-dire les limites supérieures, invisibles du spectre électromagnétique. Elles ne sont visibles seulement que lors de la brève période de transition pendant laquelle elles "traversent" le champ de la lumière visible. Comme beaucoup d'autres chercheurs, Keel a suggéré que nous étudiions non seulement les phénomènes mais aussi les témoins eux-mêmes. À sa manière foretéenne et ironique, il suggère que nous devrions savoir ce qu'ils ont pris au petit déjeuner. Ce qu'il veut véritablement dire, c'est que peut-être leurs cerveaux sont connectés un peu différemment, ce qui les rend plus enclins à avoir des EAC que nous... La psychologie suppose la "personnalité encline à la fabulation", un sous-groupe de la population plus susceptible d'avoir des expériences paranormales, simplement parce qu'il imagine plus facilement et a plus de difficulté à distinguer entre réalité et fiction. La théorie de Keel est que la "personnalité encline aux expériences" se distingue en fait par sa capacité à se brancher sur des fréquences du "Superspectrum" que la plupart des gens ordinaires ne peuvent normalement pas "recevoir".

Dans son étude sur les expérienceurs de NDE[3], Kenneth Ring a fait d'intéressantes observations sur ces sujets. Comme d'autres, il a noté les similarités entre les NDE et les enlèvements en OVNI (la perception d'une OBE[4], le sentiment de flotter à travers un tunnel, les rencontres avec d'étranges êtres, le sentiment d'être sondé ou examiné). Il a aussi remarqué que les personnes qui rapportent des NDE ont *aussi* probablement vécu d'autres sortes d'expériences paranormales, allant de voir des apparitions à avoir des précognitions intuitives ou des phénomènes de type poltergeist. Encore plus intéressant peut-être, de nombreux expérienceurs de NDE comme de nombreux expérienceurs d'OVNI rapportent que ces autres sortes d'expériences paranormales deviennent *plus* fréquentes après cet événement initial. Ring se demandant de ce fait si il y avait une "personnalité encline à être expérienceur", il a commencé à étudier les antécédents de ses sujets pour rechercher des points communs. Ces personnes ne semblaient pas nécessairement plus enclines à la fabulation ; mais d'autres points communs commencèrent à apparaître…

Un trait que nota Ring était qu'elles étaient toutes très enclines à se dissocier ; il leur était aisé de dissocier leur conscience. On sait depuis longtemps que les sujets enclins à la dissociation sont les plus faciles à hypnotiser et sont aussi les plus aisément capables d'entrer dans des états de transe et dans d'autres EAC. Mais un point plus troublant qui apparut durant cette étude fut qu'une grande partie de ses sujets de recherche avaient été en fait des victimes de maltraitances lorsqu'ils étaient enfants. Cela correspond bien avec d'autres recherches sur les enfants maltraités et le MPD[5]. Il apparaît que des traumatismes dans la petite enfance obligent les enfants à apprendre à dissocier leur conscience afin de pouvoir être "ailleurs" lorsque les abus et la violence se produisent. Il n'est donc pas surprenant que les meilleurs dissociateurs viennent de milieux de maltraitance des enfants. Une autre observation anecdotique que livre Ring, est qu'un grand nombre de ses sujets dit ne pas pouvoir porter une montre ou utiliser des appareils électroniques personnels sans problèmes. Certains chercheurs se demandent si cela n'indique pas que la "personnalité encline à être expérienceur" est différente bio-électromagnétiquement du reste d'entre nous…

Le chercheur Jacques Vallée a constamment comparé les phénomènes OVNI au folklore traditionnel mythique de l'humanité. Vallée a remarqué la manière dont les récits de rencontres avec des OVNI paraissent ressembler aux histoires mythologiques antérieures d'enlèvements par les fées, d'initiations chamaniques et d'entrevues avec des djinns, des élémentaux, des anges et des sylphes. Vallée n'est pas un réductionniste et ne croit pas que cela signifie que les rapports d'OVNI soient donc "purement du folklore". Comme Keel, Vallée propose une hypothèse "ultra-terrestre" : ces expériences émergent d'un univers ou d'un continuum espace-temps parallèle qui, normalement, ne nous est pas perceptible — mais peut-être peut-il le devenir dans le bon état de conscience… et les mêmes êtres que les gens prenaient à tort, au Moyen Âge, pour des fées et des anges et qui sont, aujourd'hui, confondus avec des extra-terrestres seront, dans le futur, pris à tort pour quelque chose d'autre.

En phase avec la recherche actuelle, Vallée se demande si l'univers ne serait pas une sorte de gigantesque ordinateur, traversé par des liens d'informations ainsi que par des champs d'espace et de temps. Cela pourrait expliquer les "Jeux de Noms" et les synchronicités exhibés par les phénomènes fortéens et pourrait aider à expliquer le paradoxe du rôle que joue la conscience dans le royaume mystérieux de la mécanique quantique. Ce n'est pas un solipsisme New Age ; Vallée ne dit pas que nous créons notre propre réalité, mais au lieu de cela, que notre conscience peut être capable de transiter d'un endroit à un autre parce que ces deux endroits sont reliés et associés "informationnellement". La vision à distance, technique parapsychologique courante aujourd'hui, semble offrir une vision similaire de l'univers. Je pense que, de plusieurs manières, Vallée s'est montré extrêmement prescient car cette vision "informationnelle" du cosmos gagne du terrain. La théorie de l'information est même utilisée par des physiciens comme John Wheeler pour expliquer des phénomènes tels les trous noirs.

Les parapsychologues rapportent que leurs sujets de recherche ont un taux de "succès" plus élevé lorsqu'ils sont en EAC que quand ils ne le sont pas. En fait, certains affirment que la technique Ganzfeld de déprivation sensorielle — placer une personne dans une pièce isolée et tranquille en protégeant ses yeux de la lumière — facilite grandement le fonctionnement psychique. Depuis les expériences avec des caissons d'isolation sensorielle dans les années 1950, il est bien connu que la déprivation sensorielle constitue une bonne méthode pour plonger une personne en EAC. Les médiums, les clairvoyants à distance et autres sujets psi disent qu'ils ont parfois besoin d'entrer dans une transe légère pour stimuler leurs facultés. Sigmund Freud lui-même a dit que la télépathie semblait être liée à ce qu'il appelait le "processus primaire" de pensée, lorsque l'inconscient est actif mais que la pensée consciente est calme et tranquille. Les impressions télépathiques viennent plus sous la forme de symboles visuels, d'intuitions, de sensations, etc. que de pensées concises, logiquement exprimées. Le cerveau gauche semble se fermer et le cerveau droit ouvrir ses capacités aux impressions, aux analogies et dessins... De nombreux domaines d'évidence semblent suggérer que la raison principale pour laquelle nous sommes peu nombreux à avoir des expériences de type psychique est que nous prêtons peu attention à nos impressions sensorielles ou "extra-sensorielles" quand nous ne sommes pas dans un état de conscience ordinaire. Ainsi que me le dit une fois un médium à transe : "Nous recevons tout le temps des messages, simplement nous ne sommes pas branchés dessus".

Vallée insinue que nous sommes toujours dans l'enfance de la compréhension de la conscience et de son rôle dans l'univers. Peut-être que si nous arrêtons de considérer la conscience comme un phénomène purement local, "isolé dans le crâne", suggère-t-il, nous pourrons commencer à voir plus clairement pourquoi les expériences paranormales sont plus fréquemment associées avec les EAC. La conscience de type éveillé "normal" que la plupart des gens semble présenter le plus souvent paraît orientée vers la survie immédiate et, occasionnellement, vers la planification et le gain à long terme. Quand elle ne se concentre pas sur les besoins immédiats d'auto-défense, d'abri, de nourriture ou autres besoins de base, elle se tourne vers le plus long terme, les problèmes plus abstraits de carrières, d'hypothèques, d'impôts, d'acomptes et vers le futur. On peut voir pourquoi l'évolution et la sélection naturelle "renforceraient" une conscience de ce type car, de toute évidence, des cerveaux tournés principalement vers cet état d'éveil auraient plus de descendants et seraient plus "adaptés" au sens darwinien du terme.

Cependant, les EAC semblent, un peu comme un interrupteur, "éteindre" ce genre de conscience en permettant peut-être à d'autres parties du cerveau de se mettre en marche. C'est un peu comme si l'esprit déconnectait ce réflexe de parcourir l'environnement à la recherche de menaces extérieures et commençait à activer sa capacité à se tourner vers l'intérieur. D'un point de vue évolutionnaire, je pense pouvoir comprendre pourquoi les EAC sont rares. Vous ne pouvez pas échapper à un lion qui vous pourchasse alors que vous êtes en pleine fugue visionnaire ou chasser et trouver de la nourriture lorsque vous êtes branché sur les vibrations du cosmos. Mais ce n'est pas parce que l'évolution a renforcé un type de conscience que cela signifie que c'est la "meilleure", ni même nécessairement la "meilleure" pour aborder et comprendre les énigmes des événements fortéens et les mystères de l'univers. Un point que les personnes soulignent, lorsqu'elles sont dans des états "plus élevés" ou mystiques de conscience, c'est un sentiment de compréhension plus profonde de l'interconnection de l'univers. Lorsque le réflexe de fonctionner en tant qu'unité organique tendant à son développement personnel et à la prolifération de ses propres gènes se trouve temporairement déconnecté, on "s'ouvre" soudainement à l'idée que l'on fait partie d'un système plus grand et plus complexe...

Je crois qu'au fur et à mesure que la recherche progressera, nous verrons de mieux en mieux qu'il existe une relation entre les EAC et les autres phénomènes paranormaux. Les rapports sur les fantômes sont plus fréquents durant la nuit, lorsqu'une personne a plus de chances de sombrer dans un état hypnagogique de conscience. Les sourciers décrivent une sensation semblable à celle de l'état de transe lorsqu'ils se livrent à la radiesthésie. Jenny Randles fait remarquer que de nombreux rapports de "monstres" semblent décrire des "monstres mentaux", nés dans le domaine situé entre l'éveil et les rêves — des créatures sans réelle matérialité ou tangibilité. En fait, les activités paranormales de toutes sortes semblent augmenter durant les périodes de "turbulence" du champ électromagnétique terrestre et, si Persinger a raison, je pense que c'est parce que les EAC sont aussi induits/déclenchés plus fréquemment chez les personnes pendant ces périodes.

Lorsque nous en saurons plus sur les EAC et sur la conscience en général, je pense que nous en saurons plus sur l'univers. La ligne de partage de Descartes nous a empêché de distinguer des faits évidents. Depuis Heisenberg, les physiciens ont réfléchi au rôle de l'observateur dans la création de la réalité à partir d'un ensemble de probabilités quantiques. De différentes manières, l'univers paraît *être fait d'informations* et les processeurs d'un kilo et demi que nous transportons dans nos crânes sont conçus pour traverser cet espace d'informations. Nous ne vivons pas dans l'univers en tant que tel mais dans une "réalité virtuelle" de celui-ci, générée par ce processeur. Aujourd'hui, notre problème est que, n'ayant pas le mode d'emploi de ces Power PC dans nos crânes, nous ne connaissons pas la gamme complète de leurs paramètres de fonctionnement. La recherche sur les états altérés de conscience peut nous fournir des indices. Une fois que nous considérerons la conscience et l'information non plus comme des épiphénomènes mais comme centrales dans la nature de la réalité elle-même, je pense que beaucoup des mystères paranormaux dont nous nous occupons ne nous sembleront plus aussi mystérieux…

Les chercheurs du paranormal ont trop longtemps ignoré la conscience car ils avaient l'impression qu'en se focalisant sur celle-ci, ils se trouvaient dans le même camp que les psychologues qui croient que toutes les formes de perception paranormale révèlent une "pensée magique" et des symptômes de maladie mentale ou de défauts de rationalité. Cependant, nous devons réaliser que la plupart des rapports d'expériences paranormales commencent avec la *perception* d'événements anomaliques par des témoins oculaires. Or il devient de plus en plus clair que la conscience et la cognition jouent un rôle actif dans le guidage et le filtrage de nos perceptions. Les états altérés de conscience sont des phénomènes objectifs et mesurables, dont la présence peut être détectée par des indicateurs externes (réponse galvanique, tracés d'électroencéphalogrammes, tracés SQUID, modifications biochimiques), même si leurs résultats restent largement subjectifs pour l'individu qui en fait l'expérience. Donc, lorsque l'on étudie les relations entre le paranormal et les EAC, on ne peut pas dire que le but est de réduire l'expérience paranormale au "purement subjectif". Si des auteurs comme Patrick Harpur ont raison, ces phénomènes émergent de la frontière liminale entre la subjectivité et l'objectivité, ou peut-être, pour mieux dire, de celle entre l'imagination et la nécessité.

La recherche sur le paranormal semble osciller entre la tendance qui le considère comme de nature purement folklorique (imaginaire) et celle qui le traite comme quelque chose "là-bas" dans le monde physique n'ayant simplement pas été correctement documenté et catalogué. Cependant, après avoir adopté un paradigme centré sur l'expérienceur pour les études paranormales, nous nous posons la question de savoir pourquoi certaines personnes ont ces expériences plutôt que d'autres. Ce sont ici des variables principalement sociologiques qui ont été examinées (l'hypothèse de la privation de statut), plutôt que des variables cognitives ou culturelles. Or il semble que certaines personnes, exposées au bon stimulus, ont plus de chances de passer dans des états altérés de conscience où surviennent des perceptions paranormales. Il se peut qu'elles soient plus régulièrement connectées que le reste d'entre nous au "continuum daimonique" de Harpur. Lorsque nous comprendrons mieux les règles qui lient les états d'éveil à l'organisation de la perception, nous pourrons mieux comprendre pourquoi c'est le cas. Nous connaîtrons le point pivot entre le monde mystérieux là-bas et l'univers encore plus étonnant "ici".

BIBLIOGRAPHIE (JLR) :

1/ Sur les EAC, les travaux de Charles T. Tart ont été publiés dans de nombreux articles et un livre dont il était l'éditeur : *Altered States of Consciousness : A Book of Readings*, John Wiley & Sons, 1969.

2/ Sur les EAC induits par des effets électromagnétiques, cf. les nombreux articles de Michael Persinger et une excellente présentation de ses travaux par lui-même dans : "The UFO experience : a normal correlate of human brain function", p. 262-302 in : "*UFOs & abductions : challenging the borders of knowledge*", David Jacobs (editor), University Press of Kansas, 2000.

3/ Le livre de Kenneth Ring sur les rapports entre NDE-OBE et autres expériences, *The Omega Project: Near-Death Experiences, UFO encounters and mind at large,* a été traduit en français sous le titre : *Projet Omega: expériences du troisième type - N.D.E*, Editions du Rocher, 1994.

4/ Les deux livres d'Albert Budden sur l'induction électromagnétique, publiés en Grande-Bretagne, n'ont pas été traduits en français : *Allergies and aliens : the visitation experience : an environmental health issue,* Discovery Time Press, 1994 et *UFO's : psychic close encounters*, Blandford, 1995.

5/ Les ouvrages de John Keel sur le "Superspectrum", parus aux États-Unis, n'ont pas été traduits en français : *UFO's: Operation Trojan Horse*, Putnam's Sons, 1970 ; *Strange creatures from time and space*, Fawcett, 1970 ; *Our haunted planet*, Fawcett, 1971 ; *The eight tower*, Saturday Review Press, 1975 ; *The Mothman prophecies*, Saturday Review Press, 1975 ; *Disneyland of the gods*, Amok Press, 1988.

6/ Michael Grosso a écrit plusieurs articles sur certains aspects des relations entre EAC et fortanisme, parmi lesquels : "UFOs and the myth of the New Age",

p. 81-98 in : *Cyberbiological studies of the imaginal component in the UFO contact experience* édité par Dennis Stillings, Archaeus, 1989 et "The ultradimensional mind", *Strange Magazine*, No. 7, April 1991, p. 10-13.

7/ Le livre de Patrick Harpur n'a pas été traduit en français : *Daimonic reality. A field guide to the Otherworld*, Viking Arkana, 1994, UK.

NOTES :

1- Un expérienceur est une personne qui rapporte avoir vécu une expérience d'enlèvement. Le terme a été introduit par Marie-Thérèse de Brosses dans son ouvrage *Enquête sur les enlèvements extra-terrestres*, Plon, 1995 (NdT).

2- En hommage au célèbre "Magicien d'Oz" (NdT).

3- NDE (Near Death Experience) : Expérience au seuil de la mort (NdT).

4- OBE (Out-of-the-Body Experience) : Expérience hors du corps (NdT).

5- MPD (Multiple Personality Disorder) : Trouble de dédoublement de la personnalité (NdT).

La révision de la vie

Hilary Evans

"Quand j'étais un petit garçon de sept ou huit ans, je vivais avec mon père et ma mère dans l'île de Guernesey. Je me rappelle très clairement qu'un jour mon père est rentré, paraissant différent de ce qu'il était habituellement, apparemment très secoué. Ma mère lui a demandé ce qui se passait et il lui a répondu qu'un ami l'avait persuadé d'aller se baigner. Il y avait une plage publique, avec une sorte de jetée en pierre. Mon père avait accidentellement glissé au bout et, incapable de nager, il avait coulé deux fois de suite avant d'être sauvé avec difficulté. Mais ce qui a impressionné mon imagination enfantine plus que tout fut l'expression que je l'ai entendu employer : "Tout ce que j'avais fait dans ma vie est passé devant moi dans un flash." Il n'était pas un homme imaginatif et je suis sûr que ce qu'il a dit correspondait à une expérience bien définie et ahurissante." (Herbert Thurston)

Ce qui est arrivé au père d'Herbert Thurston, l'éminent chercheur en anomalies, est arrivé à un nombre suffisant d'autres personnes pour que nous n'ayons aucun doute qu'il s'agissait d'un genre d'expérience réelle. Mais quel genre ? A première vue, s'écarter de cette façon des règles de l'écoulement normal du temps semble une impossibilité. Par conséquent, de tels rapports n'ont généralement pas été pris au sérieux par les psychologues ; ils ont plutôt été écartés comme un produit de l'imagination.

Cependant, nous commençons à nous rendre compte que la ligne de séparation entre la réalité et l'imagination n'est pas aussi nette qu'on l'a supposé autrefois. L'étude des hallucinations, du voyage hors-du-corps et d'autres expériences du même type indique qu'elles ont une forme de réalité, même si ce n'est pas la sorte de réalité de tous les jours. Donc "la révision de la vie", au cours de laquelle la vie passée d'un individu défile devant lui, a une base légitime pour être considérée comme une expérience réelle malgré son défi apparent par rapport à ce qui est possible.

En examinant comment une telle expérience peut avoir lieu, nous constaterons que le passage en revue de la vie est une expérience qui révèle des capacités mentales plus grandes que celles normalement acceptées. Mais elle soulève aussi des questions plus profondes : quel but — si il y en a un — est servi par cette faculté remarquable ?

La première question que nous devons nous poser est : cela arrive-t-il vraiment ou sommes-nous face à ce qui n'est qu'une tradition du folklore ? On répond facilement à cela : des mentions sans nombre de cette expérience ont été faites, beaucoup d'entre elles par des personnes dont il n'est pas facile de mettre en doute la parole. Le Père jésuite Thurston précédemment cité est probablement un témoin aussi digne de confiance que tout autre que nous pourrions espérer trouver : un chercheur très célèbre qui a judicieusement équilibré scepticisme et acceptation. Quoi que soit la "révision de vie", il ne peut y avoir aucun doute qu'un nombre suffisant de personnes l'ont racontée de manière fiable pour que nous soyons sûrs que c'est un phénomène authentique.

Nous pouvons exclure une tentative de rationalisation de cette expérience qui consisterait à dire qu'elle n'est rien de plus qu'une succession de fragments de la mémoire, exagérée lors des récits. Les narrateurs sont en effet tout à fait explicites, comme par exemple cet officier de cavalerie français en Afrique, dont Camille Flammarion, l'éminent astronome et chercheur psychique, nous rapporte l'histoire : *"Mon ami Alphonse Bué allait à cheval en Algérie et suivait le bord d'un ravin très escarpé. Pour une raison quelconque son cheval trébucha et il tomba avec lui dans le ravin d'où on le sortit inconscient. Pendant cette chute qui n'a pu durer à peine plus de deux ou trois secondes, il a vu sa vie entière se dérouler clairement et lentement dans son esprit, de son enfance jusqu'à sa carrière dans l'armée, ses jeux de petit garçon, ses cours, sa première communion, ses vacances, ses études, ses examens, son entrée à Saint-Cyr en 1848, sa vie avec les dragons, la guerre en Italie, avec les lanciers de la Garde Impériale, avec les spahis, avec les fusiliers, au Château de Fontainebleau, les bals de l'Impératrice aux Tuileries etc. Tout ce lent panorama a été déroulé devant ses yeux en moins de quatre secondes car il a repris connaissance immédiatement."*.

Cependant, la "révision de la vie" ne se manifeste pas toujours sous la forme qu'elle a prise pour Bué, et prendre note des formes diverses dans lesquelles elle peut survenir peut nous aider à comprendre quels sont les composants essentiels de l'expérience. Par exemple, ce qui pour Bué était un "panorama lent" est pour d'autres un fouillis d'images. L'amiral Beaufort qui, lorsqu'il était un jeune garçon, s'est presque noyé dans le port de Portsmouth, se rappelle : *"Une pensée succédait à une autre avec une rapidité de succession qui non seulement est indescriptible mais aussi probablement inconcevable par quiconque n'a pas été dans une situation semblable."*.

Pour le jeune Beaufort les événements ont été entièrement reproduits : *"Chaque incident semblait se projeter à travers mon souvenir, non pas comme un simple contour mais comme une image remplie de chaque particularité infime et collatérale."*.

Mais d'autres, comme ce soldat blessé au Viêt-Nam qui a décrit son expérience à Raymond Moody, ont eu une impression plus fragmentée : *"La meilleure analogie à laquelle je puisse penser pour la comparer est une série d'images, comme des diapositives. C'était comme si quelqu'un enclenchait très rapidement des diapositives devant moi."*.

Beaucoup, comme Bué, ressentent le passage en revue de leur vie dans un ordre chronologique, tel un autre des sujets de Moody : *"C'était comme si je parcourais chaque année de ma vie à partir de ma très tendre enfance jusqu'au présent."*.

Cependant, pour Beaufort *"chaque incident de ma vie a semblé se projeter à travers mon souvenir en une succession rétrograde"* et le neurologue S. A. K. Wilson a écrit que pour ses sujets *"les souvenirs panoramiques se déroulaient à l'envers, à partir du présent vers les années passées, se terminant dans la première enfance"*. D'autres n'ont décrit aucune suite ordonnée, ni à rebours ni en avant, seulement une succession apparemment aléatoire de scènes.

Il y a un point sur lequel presque chacun est d'accord : le caractère *visuel* de l'expérience. Presque toujours elle est décrite en termes *de photos, d'images* ou *de scènes*. Cependant même cela n'est pas toujours le cas ; un autre des sujets de Moody raconte : *"Ma vie toute entière était là, à la fin de ce tunnel, étincelant juste devant moi. Ce n'était pas exactement en termes d'images, plutôt sous forme de pensée."*.

D'autres sens peuvent aussi être impliqués : Moyes et Kletti, deux psychologues américains qui ont effectué l'analyse la plus détaillée de cette expérience, présentent un sujet qui a souligné que, dans les scènes où il était revenu dans son enfance, il goûtait la nourriture comme s'il était de nouveau un enfant et non pas avec la perception du goût d'un adulte.

Excepté pour ces différences de style, il y a des variations plus fondamentales qui soulèvent des questions plus profondes quant à l'origine et le but de cette expérience. Plus particulièrement il y a la question du contrôle. Presque chacun joue un rôle entièrement passif pendant l'expérience, comme si il regardait un film. Mais il y a des exceptions. Kenneth Ring a interrogé un sujet qui semble certainement avoir eu son doigt sur le bouton de contrôle :

"S : J'ai sauté certaines des choses.
Ring : Vous pouviez en supprimer beaucoup ?
S : Exact.
R : Etait-ce comme une bande de votre vie et quand vous êtes arrivé à une partie ennuyeuse vous pouviez juste la sauter ?
S : Exact et continuer sur une autre partie."

À l'opposé, il y a des cas où le sujet a la certitude qu'il y a une autre personne qui contrôle. Moody a trouvé que beaucoup de sujets disaient avoir été pris en charge par un "être de lumière" :

" Quand la lumière est apparue, la première chose qu'il m'a dite était, "Qu'avez-vous à me montrer, de ce que vous avez fait avec votre vie ?" Et c'est alors que ces retours en arrière ont commencé ... Je n'ai pas véritablement vu la lumière pendant que j'éprouvais les retours en arrière, cependant je savais qu'il était là avec moi tout le temps, qu'il me transportait à travers les retours en arrière parce que j'ai senti sa présence et parce qu'il a fait des commentaires ici et là.".

Notant que certains passages en revue de la vie sont "présentés" par une entité d'un autre monde alors que d'autres semblent venir de nulle part, Moody affirme que, lorsque l'être semble la diriger, la revue est une expérience plus accablante. Qu'un "être de lumière" semble être responsable ou non, il est souvent évident qu'un certain degré de sélection a été fait.

Ring a deux sujets qui insistent sur ce point : *"C'était comme si les mauvais morceaux avaient été presque supprimés. C'était de bons souvenirs."*.

"*Les grands moments de divers épisodes très heureux de ma vie ont été tous déployés devant moi. Juste les grands moments, juste certaines choses. Tout est positif là.*".

Grof et Halifax, dans leur livre *The human encounter with death*, soulignent le caractère agréable de l'expérience, écrivant à propos de l'un de leurs sujets : "*Elle était sûre que sa vie entière n'avait pas été représentée en images, seulement quelques scènes de son enfance et elle a souligné qu'elles étaient toutes remplies d'un bonheur extatique.*".

Michael Sabom, un autre docteur américain qui a fait une étude particulière des NDE (near-death-experiences), donne un exemple particulièrement saisissant de sélectivité dans le passage en revue de la vie : "*Il y avait des anges autour de moi mais les anges étaient tous mes enfants. Mon fils aîné avait 17 ans à l'époque mais il paraissait avoir environ 7 ans ... Je pense que cela a un rapport avec ma période favorite passée avec mes enfants. Je me suis souvenu quand j'avais l'habitude de prendre le thé avec ma fille aînée quand elle était une petite fille ... pour mon aîné, je me souviens être en bas et je pense que nous construisions une bibliothèque — Avec chacun des enfants quelque chose m'est revenu qui était le moment le plus chéri et le plus intime que j'avais eu avec eux.*".

Mais chaque sujet n'a pas autant de chance : beaucoup auraient préféré oublier ce qui leur a été rappelé, comme ce sujet de Moody : "*J'ai pensé à ma mère, à des choses que j'avais mal faites. Après avoir pu voir les méchantes petites actions que j'avais commises étant enfant et avoir pensé à ma mère et à mon père, je souhaitais n'avoir pas commis ces actes et pouvoir revenir en arrière et les défaire.*"

Bien sûr, cela soulève des questions quant au but de l'expérience ; mais avant d'en venir au "pourquoi", nous devons examiner le "comment".

Quoiqu'elles puissent différer de plusieurs façons, toutes les "révisions de la vie" ont un point en commun : selon notre mode de pensée orthodoxe, il n'est pas possible qu'elles aient eu lieu en un temps si court. Cependant, le passage en revue de la vie n'est pas la seule expérience que nous ayons dans laquelle les notions conventionnelles de temps sont remises en question. Chaque nuit, dans nos rêves, nous parcourons à toute vitesse des épopées grandioses et des suites complexes d'événements en quelques minutes, parfois seulement en quelques secondes.

Sous hypnose, il est aussi possible pour des processus mentaux d'être fortement accélérés. Le psychologue américain Linn Cooper a fait résoudre par l'un de ses sujets hypnotisés, en dix secondes (que le sujet a cru être dix minutes), un problème compliqué de relations humaines qui auraient normalement exigé plusieurs heures de réflexion.

Ne nous laissons donc pas effrayer indûment par l'impossibilité apparente de la brièveté de l'expérience de révision de la vie. La technologie moderne en offre quelques analogies utiles. Il y a quelques années un film a été fait dans lequel le voyage en chemin de fer de Londres à Brighton était accompli en 4 ou 5 minutes en employant une caméra à prise de vues ralentie. Et tandis que nos sens ne sont pas capables d'appréhender les données visuelles jusqu'à admirer le paysage qui défile, en un sens nous faisons l'expérience du voyage entier en des termes visuels.

De la même façon le bouton d'avance rapide sur un magnétophone permet de "jouer" la 9e symphonie de Beethoven en à peu près une minute quoique avec quelque perte d'un point de vue esthétique. Mais en principe il devrait être possible de corriger les altérations résultant de la marche rapide : ce serait alors simplement une question d'apprendre à nos sens comment traiter l'information plus efficacement. Nous serions alors capables d'apprécier tous les quatuors de Haydn en une seule soirée... Comment cela serait-il possible, nous ne le savons pas : mais nous savons par exemple que les vitesses de lecture varient énormément d'un individu à l'autre et qu'une lecture rapide n'est pas nécessairement une lecture inefficace. J'ai toujours envié mon frère pour sa capacité à lire beaucoup plus rapidement que je ne le fais ; et chaque fois que j'ai essayé de le prendre en faute, j'ai constaté qu'il se rappelait au moins autant de choses que moi.

En employant cette analogie, nous voyons qu'il n'y a aucune objection de principe à ce que l'esprit puisse assimiler les rapides successions d'événements qui constituent la révision de la vie. Mais certains de ceux qui la vivent semblent décrire quelque chose d'encore plus étrange. Dans ses *Confessions of an English opium-eater*, Thomas De Quincey écrit : "*Une de mes proches parentes m'a dit une fois qu'étant, dans son enfance, tombée dans une rivière et étant proche de mourir, elle a vu sa vie entière en un instant, avec des incidents oubliés, arrangée devant elle comme dans un miroir, non successivement mais simultanément, et elle avait développé soudainement une faculté pour comprendre à la fois la totalité et chacune de ses parties.*".

Moody décrit un sujet plus récent qui rapporte la même expérience : "*Tout était juste là. Tout était juste là immédiatement, je veux dire, pas une chose à la fois, apparaissant et disparaissant, mais c'était tout, tout ensemble en même temps.*"

Clairement, nous voici face à quelque chose de plus spectaculaire qu'une accélération ; c'est la conscience simultanée de l'entière collection des événements, quelque chose dans le genre du poste de commande dans un studio de télévision où des rangées d'écrans montrent des images différentes. Mais que pouvons-nous dire de la capacité d'un individu à être conscient de tant d'images simultanément ? Une fois de plus, nous devons dire qu'il y a eu une amélioration : ainsi que De Quincey l'a écrit, nous devons développer une faculté particulière pour être capable d'envisager le tout et chacune de ses parties.

Non seulement les limitations du temps ont cessé d'avoir une signification mais aussi les limitations de l'attention humaine qui restreignent le nombre de choses dont nous pouvons être conscient à tout moment. Cela signifie-t-il que, en de telles occasions, l'esprit s'échappe de ses servitudes habituelles ? Ce serait une manière de décrire le phénomène; mais je préfère employer une autre analogie de la technologie moderne et suggérer que l'esprit passe en "survitesse".

Cela revient à dire que l'expérience de révision de la vie doit être considérée comme l'un de ces divers "états modifiés de conscience" dans lesquels l'esprit semble entrer dans un mode de fonctionnement différent et révèle ainsi des capacités auxquelles il n'a pas normalement accès. Nous avons déjà mentionné les prouesses en état de rêve ou en état hypnotique ; nous pourrions aussi mentionner certains aperçus auxquels nous accédons grâce à l'extase ou à la conscience sensorielle particulière qui résulte des états induits par la drogue. Ces hyper-capacités peuvent être comparées aux réserves soudaines de force auxquelles nous pouvons faire appel en cas d'urgence, comme par exemple quand une mère, voyant son enfant pris au piège sous une voiture, est capable de soulever un poids qui serait normalement bien au-delà de ses forces.

À moins que vous ne croyiez que la force à laquelle fait appel la mère en un tel moment lui est surnaturellement accordée sur la base d'un don divin unique (Dieu regarde du haut du ciel et donne aux muscles la superforce requise) vous devez accepter que la capacité de soulever la voiture est toujours présente chez la mère mais n'est pas disponible habituellement. Il en serait de même avec les capacités psychologiques que nous examinons. Mais s'il en est ainsi, ces capacités ont été conçues en nous dans un but : soit pour nous aider à faire face à des situations d'urgence soit comme un potentiel non utilisé dont nous avons seulement des aperçus intermittents mais que des générations futures et plus développées pourront exploiter davantage. En étudiant l'expérience de révision de la vie, pouvons-nous aboutir à une meilleure compréhension du but de cette expérience et d'autres similaires ?

Traditionnellement, l'expérience du passage en revue de la vie est associée aux accidents — en particulier des accidents par noyade et par chute lors d'escalades. C'est confirmé par les statistiques qui sont disponibles : Ring a trouvé des passages en revue de la vie chez 55 % des victimes d'accidents qu'il a interrogées mais seulement chez 16 % d'autres personnes. Noyes et Kletti ont obtenu des réponses de 205 personnes qui, durant les cinq années précédentes, avaient été en danger extrême de mort ; environ la moitié de celles-ci était en danger de se noyer, environ un tiers avait eu des accidents de la route, environ un sixième des chutes ou d'autres accidents.

Il serait facile d'en tirer la conclusion que les gens qui ont des accidents sont particulièrement sujets à avoir cette sorte d'expérience mais nous ne devons pas être trop hâtifs. Il est tout à fait possible, par exemple, que nous éprouvions *tous* une révision de notre vie quand nous mourons mais qu'il y ait quelque chose de spécial dans certaines sortes d'accidents, suscitant prématurément cette expérience afin qu'elle soit expérimentée par les personnes qui survivent à ces accidents.

Ainsi quand nous nous posons la question : pourquoi les gens qui ont des accidents ont-ils des révisions de leurs vies, nous demandons en fait pourquoi, parmi ceux qui sont près de mourir, c'est le plus fréquemment les victimes d'accidents qui ont ces passages en revue de la vie.

Ce qu'il y a de spécial aux accidents, c'est qu'à la différence de quelqu'un mourant d'une maladie, la victime d'un accident n'est pas mourante bien qu'elle puisse sembler être dans un voyage à sens unique vers une mort certaine. Jusqu'à ce qu'il s'écrase au sol, l'alpiniste en train de tomber est en aussi bonne santé que vous et moi !

Nous semblons avoir là un facteur qui distingue la victime d'un accident des autres gens. Voici un compte-rendu par un guide de montagne professionnel, Eugen Guido Lammer, qui, en août 1887, a été emporté par une avalanche dans le Massif du Cervin : *"Pendant cette chute fatale mes sens sont restés en éveil. Et je peux vous assurer, mes amis, que c'est une excellente façon de mourir ! On ne souffre pas ! Une piqûre d'épingle fait plus souffrir qu'une chute comme celle-là. Et il n'y a pas non plus d'angoisse à la pensée de mourir — ou même seulement d'angoisse. A partir du moment où je me suis rendu compte que tout ce que je pourrais faire pour me sauver serait inutile, cela a été pour moi une grande libération. Cette personne qui était balayée à travers le chemin de l'avalanche, projetée par dessus le corps de son compagnon, lancée dans le vide par la secousse de la corde — c'était un corps étranger, un peu comme un bloc de bois : mon moi véritable flottait au-dessus de la scène avec la curiosité détendue d'un spectateur au cirque. Une vague d'images et de pensées a envahi mon cerveau : des souvenirs d'enfance, mon lieu de naissance, ma mère. Je pourrais remplir des centaines de pages avec elles ! Pourtant, pendant tout ce temps, je calculais froidement la distance restante avant que je ne touche le fond, mort... Tout cela sans pleurs, sans agitation, sans tristesse ; j'étais totalement libéré des chaînes du Moi. Des années, des siècles ont passé pendant cette chute !"*

Des cas comme celui-ci ont encouragé quelques psychologues à formuler une hypothèse selon laquelle l'expérience toute entière est un système de défense. En remarquant le détachement rapporté par Lammer et beaucoup d'autres, ils voient cela comme un moyen de dire "Ce qui m'arrive est trop terrible pour moi à envisager... je ne veux pas en faire partie." Un processus de détachement, et même d'extériorisation, aurait donc lieu.

C'est peut-être un élément dans le processus ; mais cela ne semble pas être adéquat en tant que compte rendu complet de ce qui arrive. Car ce qui caractérise l'expérience de révision de la vie est sa nature positive. Si tout ce qui était impliqué était une sorte d'évasion, cela pourrait être réalisé soit par un simple black-out soit par une évasion dans l'imaginaire. Mais non : l'expérience prend une forme très spécifique.

De plus, c'est une forme qui semble souvent, pour le sujet lui-même, avoir un but bien précis : même Noyes et Klettie, qui penchent en faveur de l'explication par le système de défense, notent que dans de nombreux cas le sujet a le sentiment qu'une sorte d'évaluation de sa vie est faite. L'amiral Beaufort a dit de son expérience : *"L'entièreté de mon existence a semblé être placée devant moi dans une sorte de vue panoramique et chaque acte de celle-ci a semblé être accompagné par une prise de conscience du bien et du mal, ou par quelque réflexion sur sa cause ou ses conséquences."*

Sir John Maxwell, qui fut presque noyé à Portsmouth alors qu'il était un aspirant de marine de 15 ans, a écrit : *"Les faits se sont précipités dans ma mémoire — petites choses, petits mensonges"* ; et il s'est rappelé qu'il avait dit à quelqu'un avoir déterré une plante dix ou douze ans auparavant ; à une autre occasion il avait mangé un peu de fromage et, quand sa mère l'avait accusé de l'avoir pris, il avait dit que sa nurse le lui avait donné, ce qui était un mensonge.

Mais quoique des sentiments de culpabilité aussi enfuis puissent être ramenés à la surface, il n'y a habituellement pas un jugement. Dans certains cas il n'y a pas même un sentiment de culpabilité. Un soldat blessé au Viêt-Nam a dit à Moody qu'il avait passé la révision de sa vie "sans regrets, sans sentiments dérogatoires à l'égard de lui-même."

Plutôt que l'impression d'être jugé, il y a fréquemment l'impression de se juger soi-même : et même alors, non pas avec un sens aigu de blâme ou de honte, mais plutôt seulement un léger regret. C'est en particulier le cas quand le sujet a l'impression d'être guidé par un autre être. Un des sujets de Moody, dont le passage en revue de la vie semblait être présenté par un "être de lumière", a remarqué : *"Comme je passais par les scènes de retour en arrière, il faisait des commentaires ici et là. Il n'arrêtait pas de souligner l'importance de l'amour. Il n'y avait pas d'accusation dans tout cela. Quand il arrivait à des moments où j'avais été égoïste, son attitude était seulement que j'avais appris quelque chose par ces expériences."*

Le Père John Gerard, qui fut rédacteur du journal catholique *The Month* où furent publiés beaucoup des articles perspicaces d'Herbert Thurston, avait eu un accident en patinant alors qu'il était écolier à Stonyhurst et avait eu l'expérience "d'une image parfaite de la vie passée dans le détail le plus infime." Comme d'autres que nous avons décrites auparavant, c'était une présentation simultanée : *"Ce n'était pas une chronique d'événements successifs mais une image, tout était vu simultanément et avec une égale clarté, sans aucune confusion, comme on peut supposer qu'un insecte voit par ses yeux à facettes. Tout semblait être inclus, même l'insignifiant — les promenades que j'avais faites et les pierres que j'avais jetées — mais c'était seulement ma propre partie que j'ai vu, personne d'autre n'est apparu. La conscience semblait ne jouer aucun rôle dans ce cas. Je ne peux me souvenir de rien en ce qui concerne la reconnaissance du bien et du mal dans mes actions passées — mais d'autre part, il y avait un sens accablant de responsabilité ; de tout ce que j'avais vu maintenant, j'en avais eu la libre disposition et maintenant c'était disparu pour toujours et je n'aurais jamais dû avoir le choix de ma propre conduite en regard de quoi que ce soit."*.

Ces différences dans l'attitude nous poussent à demander : les gens éprouvent-ils ce pour quoi ils sont conditionnés ? Autrement dit, ceux qui croient en l'expérience du Jour du Jugement Dernier ont-ils le sentiment d'être jugés tandis que les athées ne ressentent aucun regret pour leurs méfaits passés ?

Il semble très possible que des options culturelles jouent un rôle dans l'expérience : nous avons déjà remarqué qu'un sujet qui a vu ses enfants comme "des anges" et les vagues "êtres de lumière" peuvent provenir du système de croyances personnel de l'individu. Mais il n'y a aucune preuve pour suggérer que l'expérience dans son ensemble soit déclenchée par les croyances personnelles des individus. Quand une personne est en train de se noyer, elle ne se dit pas : Hé, ne suis-je pas censé voir ma vie défiler devant moi ? après quoi elle subirait promptement un passage en revue de sa vie.

Mais si ce n'est pas un artefact culturel et que ce n'est pas simplement un processus d'autodéfense psychologique, quel but la révision de la vie remplit-elle ?

Ce qui suit ne peut être seulement qu'une vision personnelle et fortement spéculative. Mais, en tenant compte de ce que nous avons vu de la nature de l'expérience de révision de la vie et les circonstances dans lesquelles elle survient, et en la plaçant aux côtés d'autres expériences psychologiques exceptionnelles, il est possible de voir le passage en revue de la vie comme un processus universel, peut-être un processus que nous éprouvons tous en fin de vie mais qui, dans des circonstances spéciales (comme certaines sortes d'accidents) est déclenché prématurément.

Je base cette hypothèse sur le fait que nous possédons la capacité de l'expérience de révision de la vie. Pour moi, cela implique que c'est quelque chose que nous *sommes censés* expérimenter : et j'ai beaucoup de mal à croire que c'est simplement pour que nous puissions rejouer notre passé comme si nous étions en train de feuilleter les pages de l'album de photos de famille dans un état d'esprit empreint de nostalgie. Un but plus sérieux lui est certainement attribué. Ainsi le point de vue traditionnel, que cela nous donne une chance de nous souvenir de ce que nous avons fait, avec l'espoir que nous ferons mieux ensuite, pourrait bien être le point de vue correct.

Quant à savoir pourquoi l'expérience prend la forme qu'elle a, il semble probable que le conditionnement culturel joue un rôle : nous aurons l'expérience en des termes qui ont une signification pour nous. De là le symbolisme associé à cette sorte d'expérience — les "frontières" symbolisant la transition entre cette vie et la suivante, les "tunnels", les "êtres de lumière" etc.

Enfin, quant à savoir pourquoi cela arrive si fréquemment aux victimes d'accidents, il semble raisonnable de supposer que le caractère spécial de ces circonstances dérange l'esprit à un tel point qu'il amène prématurément le processus de passage en revue de la vie. Il est même plausible que c'est fait délibérément, comme une manière de calmer l'esprit pendant une expérience aussi traumatisante. Ainsi l'explication du "système de défense" jouerait un certain rôle.

Tout cela implique, bien sûr, "un producteur" qui est responsable à la fois pour la création et pour la présentation du passage en revue de la vie et aussi pour décider quand cela doit être projeté. C'est à vous de décider si le producteur est quelque chose d'extérieur à nous, notre ange gardien, un bodhisattva ou quelque autre être bienveillant d'un autre monde ; ou si c'est une faculté que nous possédons tous : ce second Moi qui, la plupart du temps, se tient tranquillement à l'arrière-plan pendant que nous vivons nos vies mais qui, de temps en temps, dans les moments de crise, vient à notre aide.

BIBLIOGRAPHIE :

Thomas De Quincey, *Confessions of an English Opium-eater* : première édition en 1856 (nombreuses éditions)

Camille Flammarion, *La Mort et son mystère: avant la mort*, English translation : *Death and its mystery: before death,* T Fisher Unwin, London 1921, page 266.

Grof & Halifax, *The human encounter with death*, Dutton, New York 1977.

Raymond Moody, *Life after life*, Stackpole Books, Harrisburg Pennsylvania, 1976.

Russell Noyes and Roy Kletti, "The experience of dying from falls" in *Omega* volume 3, 1972, page 45 : ce texte contient la traduction en anglais de l'article d'Albert von St Gallen Heim "Notizen über den Tod durch Absturz", paru dans *Jahrbuch des Schweizer Alpenclub*, volume 27 pp327-337, Bern 1893.

Kenneth Ring, *Life at death,* Coward, McCann & Geoghegan, New York 1980.

Michael B Sabom, *Recollections of death*, Harper & Row, New York 1982.

Herbert Thurston, "Memory and imminent death" in *The Month*, (magazine anglais catholique romain) January 1935.

Les contes de Péoc'h : le petit poussin. Critique de la critique

Pierre Macias

Résumé : nous essaierons de voir que la critique (au titre satirique) du travail de M. Péoc'h, paraît n'être fondée que sur des informations parcellaires et un raisonnement inapproprié. L'auteur de ce travail semble en effet avoir négligé l'aspect documentation (en l'occurrence une thèse de doctorat d'état) d'une part, et l'aspect statistique d'autre part. En effet, l'aspect statistique ne consiste pas à sélectionner quelques graphiques appropriés à son raisonnement, mais à comparer quantitativement les résultats obtenus selon un protocole défini, à ce que le hasard permet d'attendre de ce protocole (essai témoin / expérimentation réelle). Enfin, s'il existe une possibilité de biais ("effet de bord" supposé), encore faut-il que la critique sur cette base soit pertinente au regard du protocole utilisé. Nous démontrerons ici que ce n'est pas le cas.

Introduction

Cet article se réfère principalement à l'article de Monsieur Damien Triboulot[1], visant à invalider, sur la base d'une argumentation scientifique, la démarche du Dr René Péoc'h dans son expérimentation relative aux rapports entre un tychoscope et des poussins conditionnés à reconnaître celui-ci comme leur mère.

Je n'avais, à ce jour, jamais eu l'intention de m'intéresser outre mesure à cette critique ; la raison en étant le ton, sans ambiguïté, polémique. Mais il y a quelque temps, mon opinion m'a été demandée ; il m'a donc fallu plancher un peu.

Avant d'entrer dans le vif du sujet, je me permettrai juste de rappeler succinctement en quoi consiste ce type d'expérimentation.

Depuis longtemps le hasard est utilisé en parapsychologie. Il a d'abord permis (et c'est toujours le cas) de choisir des cibles de manière aléatoire ou de générer des processus mécaniques aléatoires comme des jets de dés. Ces systèmes mécaniques étant lents, l'arrivée de l'électronique a permis de réaliser des systèmes beaucoup plus performants par lesquels des milliers de tirages aléatoires peuvent être réalisés en des temps très courts. Ces matériels ne cessent d'ailleurs d'être perfectionnés. D'autre part, l'expérimentation humaine pose toujours des problèmes variés allant de la psychologie du sujet, jusqu'à ses dispositions pour le truquage. L'expérimentation animale, bien que posant de nouveaux problèmes, permet de s'affranchir d'un certain nombre de ces difficultés humaines, mais encore faut-il savoir stimuler les animaux.

C'est sur la base de ces considérations que le Dr Péoc'h a réalisé ses premières expérimentations dans le cadre de son doctorat de médecine[2], en utilisant un tychoscope pour mettre en évidence d'éventuelles facultés psi chez des poussins.

Un tychoscope est un petit appareillage (conçu à l'origine par l'ingénieur Pierre Janin), se déplaçant sur roulettes, dont les mouvements (déplacements rectilignes et virages) sont commandés de manière aléatoire par une électronique. Cet objet est de petite taille, ce qui permet de l'utiliser avec des poussins, après leur avoir fait croire qu'il est leur mère (phénomène d' "imprégnation" chez les oiseaux, mis en évidence par l'éthologue Konrad Lorentz).

La première expérimentation du Dr Péoc'h, en 1985[3], visait donc à définir comment le mouvement, normalement aléatoire, d'un tychoscope pouvait être perturbé par la présence de poussins captifs sur le bord du périmètre de jeu de l'appareil. De fait, le comportement du tychoscope s'est trouvé modifié ; c'est ce que montre sa thèse.

Une critique est apparue en 1995 sous la plume de M. Triboulot, prétextant un biais, "l'effet de bord", susceptible d'invalider les résultats de M. Péoc'h. C'est de cette critique que j'entends discuter dans cet article.

L'ANALYSE STATISTIQUE DE MONSIEUR TRIBOULOT

Sur la base d'une simulation à l'aide du générateur pseudo-aléatoire[4] d'un ordinateur de type PC, la critique entend montrer que l'usage d'un cadre délimité induit un "effet de bord" rendant le comportement du tychoscope non aléatoire. L'ensemble de l'explication tient dans un paragraphe dans lequel on trouve "*[…] dans son mouvement aléatoire, le mobile rencontrera forcément un bord. Étant stoppé par ce bord et ne pouvant aller plus loin, il sera obligé de rebrousser chemin. Il se crée donc dans cette zone un amas de déplacements qui donne l'impression que le mobile est attiré par le bord.*"

Ceci veut donc dire que :
1) le mobile rencontre forcément un bord ;
2) ne pouvant aller plus loin, il rebrousse chemin ;
3) puisqu'il rebrousse chemin, il y a un amas de déplacements à cet endroit parce qu'il est attiré par le bord ;
4) ce comportement implique l'existence d'un biais dans le protocole de M. Péoc'h.

En fait, on ne voit là qu'une série d'affirmations argumentées par 4 tracés arbitrairement choisis. Leur interprétation n'étant basée que sur l'impression visuelle qui s'en dégage ; à aucun moment on ne nous gratifie d'une quelconque valeur numérique. En fait M. Triboulot a appliqué la méthode reprochée (à tort) au

Dr Péoc'h, qui consiste à choisir uniquement les quelques tracés qui correspondent à son explication. Ils sont de plus fort mal choisis. En effet, tout d'abord M. Triboulot ne conteste pas ainsi la caractéristique aléatoire du tychoscope.

La cage ne change pas de position au cours d'une expérimentation. Si donc nous considérons les 4 graphiques de M. Triboulot, ils ne peuvent – au cours d'une séance – ne représenter qu'un tracé aléatoire sur lequel personne n'aurait relevé d'effet significatif. Ce résultat va à l'encontre même de la démonstration que souhaite effectuer M. Triboulot.

Voici ce que permet d'obtenir la juxtaposition de ces 4 graphiques. On pourra facilement extrapoler à la juxtaposition de 100 graphiques de ce genre.

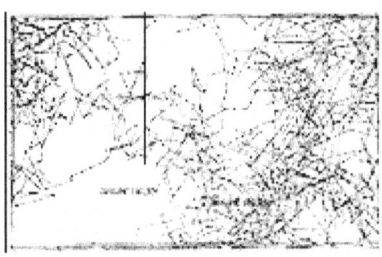

MA SIMULATION STATISTIQUE

Dans un souci de rigueur, j'ai donc repris la simulation sous Excel, réalisée par M. Triboulot. Malheureusement, il devient compliqué d'utiliser ce logiciel pour simuler la méthode utilisée par M. Péoc'h, car — ne se contentant pas d'impression visuelle — celui-ci comptabilise le nombre de cases, de 1 cm de côtés, en bordure du périmètre, parcourues par le tychoscope sur plus de 0.25 mm.

Il s'agit donc là d'un traitement que j'ai renoncé à réaliser sous Excel, au profit d'un petit logiciel en Pascal permettant d'analyser plus facilement le parcours du tychoscope, et de conserver l'ensemble des résultats.

Ces simulations ont été faites sur la base des indications trouvées dans la thèse de Doctorat de René Péoc'h, c'est-à-dire qu'une séance est constituée de 100 essais, chaque essai étant constitué de 150 déplacements du tychoscope. Chaque déplacement est constitué d'une rotation aléatoire de 0 à 2 Pi radians, et d'un parcours rectiligne de 0 à 0.20 m. J'ai par ailleurs utilisé le périmètre défini par M. Triboulot : un rectangle simulé de 1.60 m de long et 1 m de large.

Enfin, en cas de besoin, j'ai arbitrairement choisi de considérer l'emplacement du poussin en haut à gauche du cadre.

Ces résultats sont présentés de la manière suivante :

Pour chaque essai : 1 fichier du type texte, dont le nom indique le numéro de l'essai (de 001 à 100). Il contient les caractéristiques du déplacement du tychoscope, pour une abscisse à l'origine de 800 (le cadre fait 1600 mm de long), et une ordonnée à l'origine de 500 (le cadre fait 1000 mm de large). Ces caractéristiques sont :

Le numéro de l'essai (de 0 — position à l'origine —, à 150 — déplacements —) ;

La longueur du déplacement (en mm) ;

L'angle de rotation (en radians) ;

La position résultante en abscisse ;

La position résultante en ordonnée.

La surface simulée est découpée de la manière suivante :

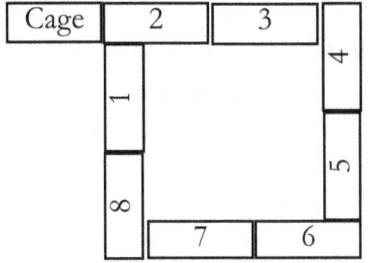

Pour la séance : le fichier (texte) regroupe les résultats des 100 essais.

- Avec, pour chaque essai :
Numéro de l'essai,
Nbre de cases parcourues dans la zone 1
Nbre de cases parcourues dans la zone 2
Nbre de cases parcourues dans la zone 3
Nbre de cases parcourues dans la zone 4
Nbre de cases parcourues dans la zone 5
Nbre de cases parcourues dans la zone 6
Nbre de cases parcourues dans la zone 7
Nbre de cases parcourues dans la zone 8
Le nbre de cases parcourues dans les zones 8 + 1 + 2 + 3 (Surface 1)
Le nbre de cases parcourues dans les zones 4 + 5 + 6 + 7 (Surface 2)
Le rapport (Surface 1) / (Surface 2) (100 si (Surface 2) = 0)
Le nbre de fois (cumulées) où (Surface 1) a été plus parcourue que (Surface 2)
   - En fin de fichier :
Nbre de cases parcourues dans (Surface 1)
Nbre de cases parcourues dans (Surface 2)
Rapport des 2 surfaces
Nbre de fois que (Surface 1) a été parcourue

Le Ki2 correspondant, compte tenu qu'on s'attend à ce que (Surface 1) soit parcourue autant de fois que (Surface 2), c'est-à-dire 50 / 50.

La probabilité associée au Ki2 (on choisit couramment, dans ce genre d'expérimentations, que l'hypothèse du hasard est rejetée au seuil de 5%). Si p est inférieur à 0.05, on pourra estimer que le mouvement du tychoscope n'est pas représentatif d'un comportement au hasard.

Pour cet exemple de séance, le fichier resultat.txt, nous permet de quantifier le comportement du tychoscope.

Simulation Pascal

analyse globale :
nbre cases dans 8, 1, 2, 3 : 1480
nbre cases dans 4, 5, 6, 7 : 1455
rapport = 1.017

nbre de 1/2 surfaces parcourues côté poussins : 54
Ki2 = 0.320
p = 0.572

Cette simulation permet donc d'établir le comportement normal d'un tychoscope lorsqu'il respecte un processus aléatoire, puisque la probabilité qui lui est associée est supérieure à 0.05[5].

Pour en revenir à la simulation de M. Triboulot, M. Péoc'h aurait obtenu des effets significatifs en raison d' "effets de bords" dus à son protocole (le terrain de jeu de l'appareil). De la même manière que dans la critique discutée ici, on pourrait choisir quelques tracés identiques à ceux choisis par M. Triboulot. Mais on se sera aperçu aisément qu'ils sont loin de constituer un tracé type. D'autre part, l'ensemble des 100 tracés montre (et ce sont bien 100 tracés qui constituent un essai, et non pas 4 ou 5 judicieusement choisis), à l'évidence, un comportement au hasard.

LES AFFIRMATIONS DE LA CRITIQUE

Cette simulation permet de reprendre les affirmations de Monsieur Triboulot :

"le mobile rencontrera forcément un bord"

Dès le départ, nous trouvons là une affirmation sans réel fondement. En effet, les tirages (de longueurs et d'angles) étant aléatoires, rien n'autorise à prétendre que le tychoscope touchera "nécessairement" un bord. En fait, tout dépendra des caractéristiques des essais (nombre de déplacements, taille du périmètre) ; ce n'est en aucun cas une nécessité. Voici un exemple, obtenu dans une autre simulation, pour lequel la trajectoire obtenue n'a aucun contact avec le bord de la surface. J'ai même obtenu des

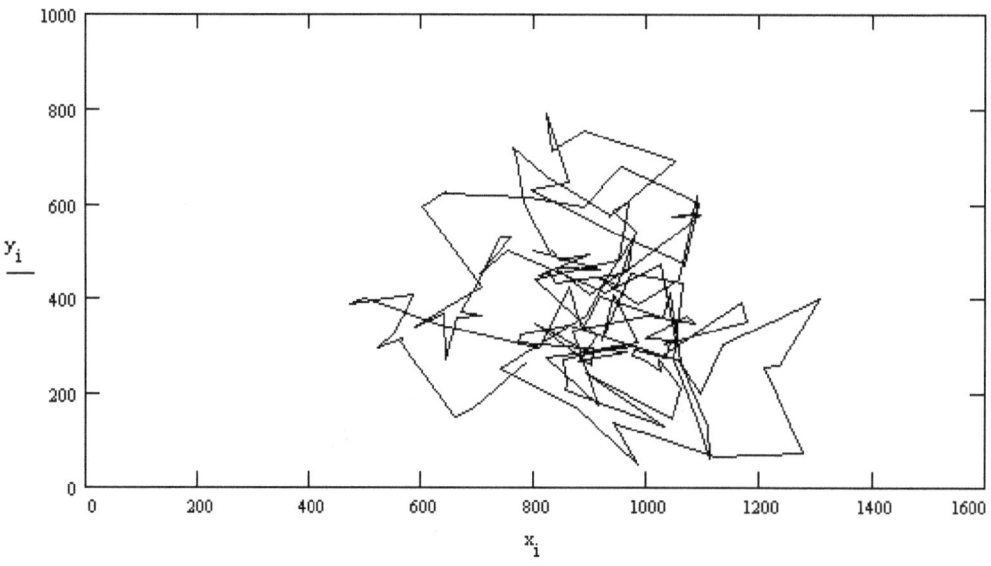

simulations pour lesquelles aucun des 100 tracés n'atteignait l'un des bords.

"Etant stoppé par ce bord et ne pouvant aller plus loin, il sera obligé de rebrousser chemin"

Admettons donc que le tychoscope touche un bord. Là encore, il peut fort bien continuer son chemin sans pour autant "rebrousser" chemin. En voici l'exemple extrait de notre essai.

"Il se crée donc dans cette zone un amas de déplacement …"

Les simulations montrent que c'est loin d'être le cas, le tychoscope simulé pouvant même atteindre plusieurs bords du cadre dans le même essai. Avec le précédent, en voici un deuxième exemple :

On voit nettement que le tychoscope peut se déplacer, après plusieurs contacts avec le bord, sur une longueur sans donner d'impression d'amas.

"… qui donne l'impression que le mobile est attiré par le bord"

Aucune impression de ce genre ne peut se justifier sur la plupart des tracés obtenus (et nous en avons deux centaines en annexes !).

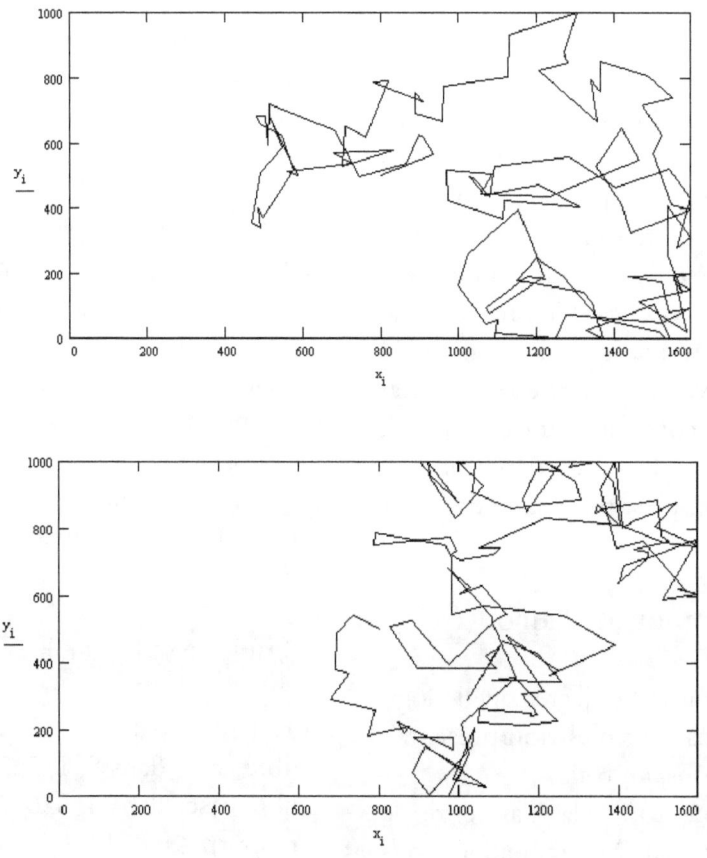

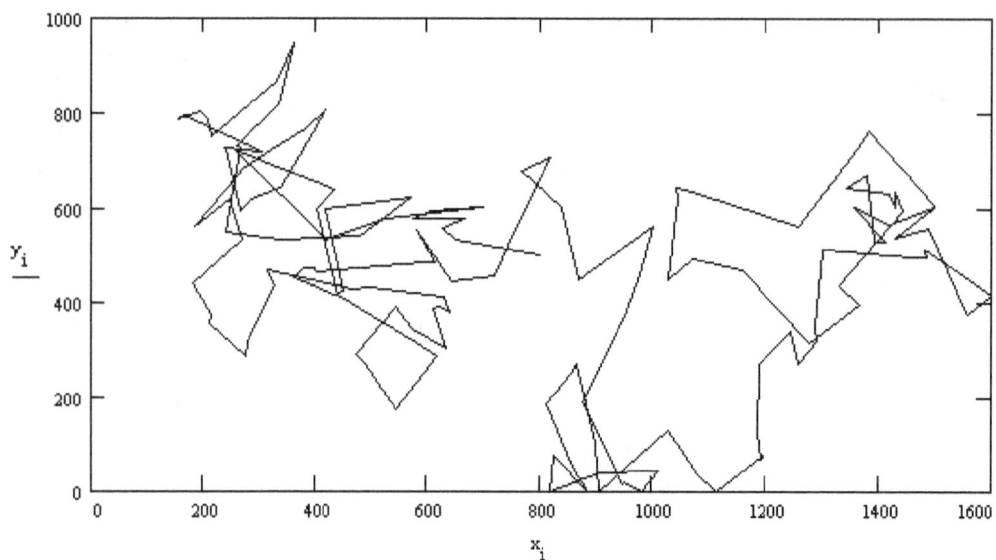

En fait, les affirmations citées ne sont basées que sur du visuel relatif à quelques tracés choisis. Ce n'est pas ce qu'on appelle une statistique. C'est bien sur ce point qu'achoppe le raisonnement présenté par M. Triboulot.

En fait, lorsqu'on simule un déplacement aléatoire en suivant le protocole de M. Péoc'h, ce n'est pas 2 ou 3 tracés qu'il s'agit d'observer, mais 100 essais de 150 déplacements correspondant chacun à 2 tirages aléatoires. Ensuite, si on veut faire une statistique, il est nécessaire de sortir sa calculette.

LA SIMULATION DE M. TRIBOULOT

Mais on pourrait objecter que le logiciel utilisé dans ma simulation présentait lui-même, disons, un biais.

Pour répondre à cela, j'ai repris le logiciel utilisé par M. Triboulot, sous Excel. Son traitement ne présente pas de difficulté puisque, à partir d'un fichier Excel nous pouvons récupérer les positions simulées et leur appliquer le même type d'analyse à l'aide du logiciel précédent (il ne travaille plus sur des tirages aléatoires qu'il peut générer, mais sur les données extraites des fichiers Excel).

Reste donc à effectuer 100 essais successifs pour obtenir la simulation.

Le traitement des données permet d'obtenir les résultats, dont voici la conclusion.

SIMULATION EXCEL

analyse globale :
nbre cases dans 8, 1, 2, 3 : 6539
nbre cases dans 4, 5, 6, 7 : 7478
rapport = 0.874

nbre de 1/2 surfaces parcourues coté poussins : 49

Ki2 = 0.020

p = 0.888

L'obtention de ces tracés, puis de cette probabilité (> 0.05), réalisés à l'aide du logiciel de M. Triboulot (qu'il propose lui-même, sur le site internet, de fournir à la demande), alors qu'elle est utilisée par celui-ci pour montrer un biais introduit par un supposé "effet de bord", met en évidence un comportement normalement aléatoire du tychoscope.

LES PROPOSITIONS D'EXPÉRIMENTATIONS DE M. TRIBOULOT

Pour conclure son article, M. Triboulot se permet quelques suggestions, que nous allons, après avoir joué avec les chiffres, nous permettre de reprendre.

Première proposition : *"même expérience que celle réalisée par le Dr Peoc'h mais sans poussin"*.

Cette proposition est des plus étonnantes. Comment Monsieur Triboulot a-t-il obtenu les données du problème qu'il a voulu traiter ? La thèse de médecine du Dr Péoc'h est pourtant disponible comme tout travail universitaire. Comment a-t-il pu manquer les indications de tracés témoins effectués par Monsieur Péoc'h ? (page 31 de la thèse : *"Un tracé témoin avec la cage vide (sans poussin) est effectué juste après chaque expérience avec poussin"*. De fait, les résultats "témoins" sont présentés au même titre que les tracés "avec poussins" tout au long de la thèse). L'analyse statistique d'un événement n'est pas le fait de s'émerveiller devant cet événement, mais de le comparer à ce que permet d'attendre le hasard. Il était donc indispensable à M. Péoc'h de réaliser ces tracés sans poussins ; ce qu'il a fait.

La raison de cette proposition de M. Triboulot paraît donc évidente : à la rédaction de sa critique, il ne connaissait pas (n'avait pas lu !) la thèse du Dr. Péoc'h, ni aucun autre de ces articles d'ailleurs.

Que peut-on donc faire de cette proposition ?

Deuxième proposition : *"même expérience avec poussin mais dans une salle de dimension très grande (salle de sport par exemple) afin de limiter l'"effet de bord" et en évitant de mettre le poussin au bord."* Troisième proposition : *"expérience en mettant le poussin au milieu du cadre de façon telle qu'il ne puisse pas gêner la progression du mobile ; par exemple en le suspendant au dessus du cadre (si le déplacement du mobile peut être gêné par le poussin, on obtient une singularité du même type que l'effet de bord et un surcroît de déplacement au niveau du poussin)."*

Ces deux propositions peuvent être traitées simultanément. Nous avons vu précédemment, qu'en sortant sa calculette, on peut aisément démontrer que sur une surface, la méthode d'analyse utilisée permettra d'obtenir un comportement normalement aléatoire du tychoscope. Puisqu'il apparaît que ce supposé "effet de bord", base de la critique discutée ici, n'introduit pas de biais, ces propositions n'apportent rien de concret. Ainsi, il serait sans aucun doute préférable de trouver, dans un premier temps, une piste de biais (une critique pertinente) dans l'expérimentation initiale (celle de M. Péoc'h) avant de se lancer dans un nouveau protocole n'apportant pas l'ombre d'une assurance. Ou alors c'est au contradicteur de prendre le risque de ces expérimentations pour le moins hasardeuses.

Conclusion

Trop souvent, sous prétexte de l'affirmation "c'est à celui qui prétend quelque chose, d'apporter la preuve de ce qu'il prétend", nombre de "sceptiques" font l'économie d'une investigation rationnelle du travail qu'ils critiquent. La tirade est assénée, et le dossier refoulé. Reconnaissons ici que Monsieur Triboulot a pris le risque d'aller plus loin que de se contenter d'un jeu de mots.

Cet article ne vise d'ailleurs pas à démontrer qu'un effet de bord n'existe pas. Il vise à montrer, que la critique de M. Triboulot, fondée sur des impressions visuelles sans analyse statistique, n'est aucunement fondée. En effet, ce "supposé effet de bord" — existant ou n'existant pas — ne perturbe pas le caractère aléatoire du déplacement normal du tychoscope dans les expérimentations menées par le Dr Péoc'h, et nous avons vu que la simulation de M. Triboulot lui-même permet de le mettre en évidence.

Notes

1- "Les contes de Péoc'h : le petit poussin", Damien Triboulot, *Les Cahiers Zététiques* n°.5, Hiver 95-96 http://www.zetetique.ldh.org/poussin.html

2- Thèse de doctorat en médecine de René Péoc'h, *"Mise en évidence d'un effet psychophysique chez l'homme et le poussin sur le tychoscope"*, Université de Nantes, U.E.R. de médecine et techniques médicales de Nantes, année 1985-1986. On pourra consulter cette thèse sur internet à l'adresse :

http://psiland.free.fr/savoirplus/theses/theses.html#RenePeoch

3- Depuis, le Dr Péoc'h a été l'auteur de plusieurs publications, dont : *"Psychokinetic Action of Young Chicks on the Path of An Illuminated Source"*, JSE, Volume 9 : Number 2, 1995. Abstract : *"We tested the possible psychokinetic influence of 80 groups of 15 chicks on a randomly moving robot carrying a lighted candle in an otherwise darkened room. In 71% of the cases, the robot spent excessive time in the vicinity of the chicks. In the absence of the chicks, the robot followed random trajectories. The overall results were statistically significant at $p < 0.01$."* JSE : *"Psychokinèse animale et humaine"*, Bulletin de la Fondation Odier, 2, 23.

4- Un tirage aléatoire peut être représenté par un lancé de dés (parfaits). Lorsqu'on lance un dé (parfait), chaque numéro a autant de chance que n'importe quel autre d'être obtenu. De la même manière si on jette une pièce (parfaite), le côté pile a autant de chances de "sortir" que le côté face. Dans un ordinateur, les tirages aléatoires sont constitués de "0" (pile par exemple), et de "1" (face pour notre exemple). Mais dans la machine, le résultat "0" ou "1" est le résultat d'un calcul. Ce résultat est représentatif d'un comportement "au hasard", mais comme il s'agit d'un calcul, on l'appelle "pseudo-aléatoire".

5- Il ne s'agit pas ici de dire que le calcul est plus ou moins proche du seuil défini. On ne peut en aucune manière prétendre que plus "p" est proche de 0.05 et plus il ferait apparaître une anomalie. Ce calcul fait exclusivement référence à un seuil : si on est au-dessous du seuil, le résultat est significatif. Si on est au-dessus du seuil, le résultat n'est pas significatif. On pourra consulter le site : http://rfv.insa-lyon.fr/~jolion/STAT/poly.html

Le Candidat Mandchou
Joan d'Arc

"Comme on le dit au cinéma, le candidat Mandchou est bien vivant et n'a même pas besoin qu'on lui téléphone."
Colonel John B. Alexander, de l'Armée de Terre des États-Unis
(The New Mental Battlefield : 'Beam Me Up, Spock')

Afin de tester diverses méthodes pouvant faciliter l'espionnage, la C.I.A. s'est livrée sur des citoyens américains et canadiens, à des expériences clandestines touchant à l'univers psychédélique, à l'hypnose et à la télépathie, n'hésitant pas à exercer des manipulations mentales. Ce programme (connu sous l'appellation de MK-ULTRA) a, entre les années 1950 et 1970, impliqué plus de 40 lycées et universités aux Etats-Unis et au Canada, ainsi que nombre d'institutions, de groupes de réflexion et d'agences civiles. Avec la complicité de certains Nazis arrivés aux Etats-Unis grâce aux services de renseignements après la Deuxième Guerre Mondiale, MK-ULTRA fut responsable du développement d'une forme particulière de conditionnement post traumatique qui fut cyniquement nommé, en référence au papillon Monarque, le conditionnement "Monarch".

Le lien existant entre MK-ULTRA et les cultes rituels a été révélé au grand public par le truchement d'un film hollywoodien dont Frank Sinatra était la vedette, "*Le Candidat Mandchou.*" Dans ce film, le personnage interprété par Sinatra est conditionné afin de réagir d'une façon spécifique lorsque sa mère — qui est son "manipulateur" — lui tend un jeu de cartes. Ainsi, s'il exécute une patience, certaines cartes dans le paquet lui imposent un comportement particulier. S'il reçoit un appel téléphonique, il est contraint de sortir et commettre un meurtre.

Dans la littérature consacrée au contrôle mental, le terme de "Candidat Mandchou" désigne désormais un sujet souffrant d'un trouble de dédoublement de la personnalité (MPD — Multiple Personality Disorder —) induit psychiatriquement. En s'appuyant sur des documents de la C.I.A. qui n'étaient plus secrets, le docteur Colin Ross, psychiatre canadien, s'est livré à toute une enquête sur la façon dont cette agence est parvenue, peu à peu, à fabriquer des Candidats Mandchous en utilisant des techniques de conditionnement hypnotiques à partir de traumas créés par des psychiatres qu'elle finançait. Comme le remarque le docteur Ross, cette technique de manipulation mentale a fini par atteindre la perfection au moment où l'armée américaine découvrait que les Chinois infligeaient un "lavage de cerveau" (CKLN Mind Control Radio Series) aux prisonniers de guerre US de retour de Corée pour qu'ils acceptent l'allégeance communiste.

L'histoire de cet implacable programme de manipulation remonte au tout début de la Deuxième Guerre Mondiale, lorsque le dr. G. H. Estabrooks parvint à créer, chez un militaire, une "personnalité autre" qui pouvait être activée sans que le sujet en ait conscience. La "personnalité autre" pouvait ainsi être utilisée dans l'espionnage ou le contre-espionnage, tout comme servir de "courrier hypnotique", c'est-à-dire transmettre un message sans en avoir conscience. En cas de capture, l'autre personnalité pouvait être programmée pour se suicider. (Selon Kerry Thornely, un camarade de Lee Harvey Oswald, l'étrange comportement de ce dernier semble bien indiquer qu'il pouvait être un de ces militaires programmés à leur insu.)

Le programme Monarch parvient à créer le MPD en occasionnant un trauma douloureux qui amène l'esprit à "se dissocier", phénomène bien connu des psychiatres. Chez les adeptes des cultes sacrificiels, des enfants sont, dès la naissance, torturés et mutilés afin d'obtenir cette fracture de la personnalité. Brutalisés, drogués, soumis à des électrochocs, privés d'alimentation, d'eau et de sommeil, ils sont soumis ou assistent à des activités rituelles inimaginables : viol, inceste, bestialité et même meurtres ("sacrificiels" bien entendu). Le "manipulateur" de l'enfant crée ainsi plusieurs niveaux de secondes personnalités répondant à des pseudonymes différents et qui, selon les circonstances, seront capables de supporter la douleur ou de se livrer à diverses activités criminelles et sexuelles. La sollicitation de ces "personnalités autres" s'effectue sans que le sujet en ait conscience. Il peut alors, à son insu, avoir des relations sexuelles avec un partenaire imposé tout comme se livrer au trafic de drogue ou commettre un assassinat politique. Cet effet de couches suscite imparablement l'amnésie dans la personnalité primaire.

La réalité de ce cauchemar a été magistralement décrite dans le livre de Beth Goobie, *The Only-Good Heart*. Présenté comme une "fiction", cet ouvrage narre les aventures réelles d'un survivant canadien de Monarch, né dans une secte rituelle au nom fictif de "the Kin" (la Famille). Beth Goobie analyse en détail la façon dont Monarch parvient à désintégrer la personnalité de sa victime :

L'homme m'a nommé Portier. Maintenant, mon travail consiste à créer et à garder toutes les portes. Je surveille chacun à l'intérieur. Quand l'homme a besoin d'un nouvel enfant, il m'appelle dans le Corps. Il insère une aiguille dans la peau et me charge de faire une nouvelle porte. Le Corps doit obéir sans pleurer ni rechigner aussi j'envoie la douleur derrière la porte où vit une fille nommée Klarrenord car l'homme a décrété que c'est Klarrenord qui devait ressentir la souffrance et qu'elle devait pleurer toute seule derrière sa porte sans savoir ce qui lui arrivait, ainsi personne ne peut l'entendre. De cette façon le Corps peut exécuter sa tâche sans se plaindre.

Ensuite l'homme insère une longue aiguille dans le haut de la jambe de Beth qui dirige la douleur vers Klarrenord et va à l'intérieur, "au bout du long vestibule qui mène vers cette jambe", là où se trouvent cinq autres portes. Elle explique : "je bouge mes mains en sens inverse des aiguilles d'une montre autour du bout de l'aiguille... l'homme exige une porte sombre ici." L'homme chante : "portier, fabrique une nouvelle porte," et une nouvelle porte apparaît. Beth poursuit : "je fais surface dans le Corps et trouve le visage." Une "nouvelle porte" a été faite. L'homme explique alors le nom et le but de cette nouvelle porte :

Une nouvelle fille, Sepperintowski, habitera derrière cette porte. Elle fera tout ce que je lui dirai de faire. Sepperintowski aimera particulièrement couper avec des couteaux. Sepperintowski coupera tout ce que je lui dirai de couper. Si je dis à Sepperintowski de couper un chiot, elle coupera un chiot. Si je dis à Sepperintowski de couper un homme, elle coupera un homme. Si je dis à Sepperintowski de se couper, elle se coupera. Mais quand Sepperintowski se coupera elle-même, Sepperintowski ne le sentira pas. Quelqu'un d'autre le sentira à l'intérieur et ce quelqu'un sera Klarrenord. Klarrenord est déjà là et Klarrenord ressent la douleur pour les autres enfants.

Après quelque temps, Beth n'aura plus besoin de créer ses propres "portes", car le Corps apprend "à obéir sans le Portier." Comme elle l'explique : "L'homme insère une aiguille et commande à une porte de lumière blanche d'apparaître. La peur et de la douleur suffisent à former la porte, puis une sorte de courant blanc et sifflant passe par la porte et monte du Corps pour parler avec l'homme. Je ferme tranquillement ma propre porte. Je ne veux pas en voir davantage."

Abus Rituel Générationnel

D'anciens cultes transgénérationnels ont été réactivés via le programme MK-ULTRA que l'on commence à bien connaître de nos jours. La personne chargée de désintégrer le mental est d'habitude décrite comme un "médecin". Certains textes le qualifient de "spychiatrist" (de "spy" : espion) comme s'il s'agissait bien d'un psychiatre travaillant pour des agences "d'espionnage" et de renseignements. On sait qui se cache derrière les faux noms de quelques-uns de ces médecins spécialisés dans le contrôle mental. Le docteur Green n'est autre que Josef Mengele, le Nazi de triste notoriété ; le docteur White, le programmeur de contrôle de l'esprit écossais Ewen Cameron. Quant au docteur Black, c'était le propre père de Cisco Wheeler, le survivant de Monarch. Il est du reste extrêmement fréquent que le principal "manipulateur" d'un enfant soit son père et qu'il soit membre d'un culte intergénérationnel lié aux services de renseignements et à d'autres puissantes organisations patriarcales. Quand l'enfant grandit, il (ou elle) est remis à un autre manipulateur différent auquel on le "marie" souvent. Et les mécanismes d'abus rituel générationnel et de contrôle mental continuent à tourner.

Beaucoup de ces cultes sont basés sur la dualité Christ/Satan. Autrement dit, ces cultes sont des cultes — soit sataniques, soit chrétiens — perpétuant l'antique reconnaissance de la double personnalité Horus/Set. Selon Beth Goobie : "la Famille sert à la fois le Seigneur des Ténèbres et le Seigneur de Lumière, les nourrissant l'un et l'autre par l'énergie des sacrifices rituels de mise à mort afin qu'ils puissent renforcer leurs territoires de Ténèbres et de Lumières dans leur guerre mutuelle." Comme l'écrit William Gray dans *Magical Ritual Methods*, il y a beaucoup "d'écoles de sexe et de meurtre" qui sont actuellement opérationnelles sous des noms divers. Certaines, précise Gray, seraient choquées de se savoir décrites de cette manière. Ainsi, la Messe chrétienne est basée sur un symbolisme de sexe païen et de tuerie. L'eucharistie (boire symboliquement le sang du Christ et manger son corps), la torture et la crucifixion du Christ, son ascension après la mort, sont des images qui peuvent aisément être détournées de leur optique chrétienne et être utilisées par les cultes de mort. Il n'est pas difficile d'imaginer jusqu'où quelques âmes rebelles pourraient aller avec un tel symbolisme.

Sans aucun doute, le plus important de ces cultes antiques toujours pratiqués dans le monde entier est le culte dionysiaque des sacrifices de sang. Comme Dan Russell l'a indiqué, Dionysos est l'alter ego grec de Jésus. Ainsi que Caryn Stardancer (une victime d'abus rituels) l'a exposé dans une réunion-débat (CKLN), les Dionysiens constituaient un mouvement puissant et dont il fallait tenir compte sous la Rome antique et qu'on a voulu interdire. Et elle explique :

Les plus anciennes lois jamais promulguées contre les abus rituels remontent à l'époque du Christ à Rome ; elles visaient les mêmes Sectes Dionysiaques que celles qui demeuraient toujours opérationnelles dans les années quarante et cinquante et, à mon avis, aujourd'hui encore. On savait que ces rituels comportaient des orgies sexuelles, des tortures (sujets écorchés vifs, flagellation), des abus et des viols rituels de femmes et d'enfants. Mais ce n'était pas ces pratiques qui étaient visées, les lois ont été promulguées contre ces groupes pour les empêcher de se servir leurs crimes comme une arme de chantage politique.

En fait, c'est bien le chantage politique qui bloque la révélation des activités incontrôlées et inhumaines des membres de ces cultes rituels générationnels. Il est établi que ces cultes fonctionnent comme des forces secrètes de police à la frontière des organisations publiques ; ces groupes exigent que leurs projets occultes soient financés et parviennent à obtenir ce financement par le chantage politique. Même la Mafia a été impliquée dans ces programmes. Comme Catherine Sullivan, autre rescapée du programme Monarch, l'a indiqué, la Mafia (familles Columbo et Trafficante) a été impliquée dans un programme appelé OMICRON. La Mafia a utilisé ces courriers et ces assassins sous contrôle mental pour la simple raison que ces derniers étaient incapables de désigner leur commanditaire. (CKLN)

Catherine Sullivan se rappelle avoir travaillé sur des projets impliquant de multiples connections entre la C.I.A., la Mafia et d'autres agences fédérales, y compris le Pentagone, et a exposé les racines historiques des rapports entre la Mafia et le programme Monarch. Ainsi qu'elle l'explique, pendant la Deuxième Guerre Mondiale, l'OSS et les militaires ont beaucoup recruté dans les milieux du banditisme, particulièrement en Italie, afin d'espionner divers gouvernements. Quelques amitiés personnelles se sont développées entre les agents secrets et les truands ; ces liens amicaux ont perduré.

Selon Caryn Stardancer, il est bien connu que ce chantage politique s'exerçant jusqu'au "sommet de la hiérarchie" est à la base du système politique malade qui est le nôtre. Bien des mystères de la vie politique en Amérique peuvent en fin de compte s'expliquer par ce style mafieux d'intimidation politique et de chantage organisé avec la complicité de groupes de cultes rituels souterrains, qui sert de couverture à diverses activités criminelles. Et nous pensons que la Russie a un problème de mafia !

Cependant, ces activités sinistres n'auraient pu prendre une telle ampleur si le trafic de pornographie et de pédophilie ne s'était avéré aussi rentable. C'est maintenant devenu un lieu commun de remarquer que le penchant pour le sexe existe à tous les niveaux de la société, "jusqu'au sommet de la hiérarchie." Aussi les fonctionnaires surpris "pantalons baissés" sous l'emprise de la drogue avec des mineurs se transforment tout naturellement en moutons dociles et cèderont immédiatement au chantage. Comme l'indique (CKLN) la thérapeute Gail Fisher-Taylor, les deux armes majeures de ces groupes sont l'implication et l'intimidation : les personnes impliquées dans des activités criminelles parce qu'elles y ont été attirées de façon irrésistibles et qui sont soumises au chantage sous l'influence de drogues et d'autres sortes d'influences parviennent à échapper aux conséquences de leurs actes grâce à tout un système de "connivences" et également grâce à "l'incrédulité ambiante." Et elle développe son propos :

Les structures de pouvoir sont telles que si des membres d'un culte sont à la fois des dirigeants du monde des affaires et, disons des membres de la police ou de la justice criminelle (juges ou avocats), il se crée un "réseau de relations". Des gens protégent d'autres gens de telle façon qu'en cas de révélation de ce genre d'activités, les membres appartenant aux médias participeront aux opération de camouflage du scandale, et sauront comment ridiculiser de telles allégations. Si la police est impliquée (et cela s'est souvent produit, comme au Saskatchewan, par exemple, avec le cas de Martensville) celle-ci n'aura aucune difficulté à diligenter une "enquête" qui amènera à rejeter leur cas entier hors tribunal. Il est très facile aux médias, aux systèmes de police et de justice criminelle de jouer sur l'incrédulité du public, d'autant plus que ce dernier ignore les principes de la dissociation et la façon dont le trauma parvient à conditionner totalement le psychisme humain.

Le Mouvement des Faux Souvenirs

Un retournement des médias qui aide à dissiper "les rumeurs" d'abus rituel / contrôle mental est ce que Fisher-Taylor appelle "la propagande des faux souvenirs." Une fois que les survivants de cette torture rituelle sont parvenus à prendre conscience de ce qui leur est arrivé et que, grâce à une thérapie, les couches de personnalités autres se détachent progressivement, ils s'allient à d'autres survivants pour former un réseau. Dès que ces victimes ont commencé à se regrouper pour guérir et témoigner devant des tribunaux et des commissions d'enquête du gouvernement, "un retour de bâton" s'est déclenché sous la houlette de "la Fondation des Faux Souvenirs."

Selon les revendications du mouvement des Faux Souvenirs, le Désordre du Dédoublement de la Personnalité (MPD) est "iatrogène", ou créé par le médecin. Les gens appartenant à cette organisation soutiennent que de tels souvenirs, (unanimement considérés comme bizarres), ne sauraient être considérés comme une preuve, puisqu'ils ont souvent été obtenus sous hypnose ou via d'autres techniques psycho-thérapeutiques, et que les souvenirs peuvent être mélangés avec des informations assez curieuses et des affirmations extraordinaires. Un autre argument est que le MPD ou le Désordre d'Identité Dissociatif (DID) relève des problèmes d'épilepsie du lobe temporal. Ces deux arguments font partie de ce que le docteur Colin Ross appelle "le Refus du Candidat Mandchou." (CKLN)

Comme le signale aussi le docteur Ross, "l'histoire de la psychiatrie dans la deuxième moitié du 20e siècle est sans aucun doute fortement biaisée — non pas dans un but se rapportant à la recherche universitaire, au meilleur intérêt des patients, ou à l'éthique de la psychiatrie — mais par les desseins des Agences de Renseignement." Et il enfonce le clou, signalant que les psychiatres ont créé "une petite ouverture par laquelle ils peuvent échapper au contrôle éthique normal." Tout cela est passé sous silence, affirme-t-il, "non pas par douze types dans une pièce à Langley ... mais par ce réseau de relations." Selon les recherches du docteur Ross, beaucoup des membres du mouvement des Faux Souvenirs, ont tout intérêt à soutenir le "Refus du Candidat Mandchou" parce qu'ils ont participé à ce sinistre programme.

L'idée que le mouvement des Faux Souvenirs constitue une stratégie de désinformation délibérée, affirme le docteur Ross, s'explique par le fait qu'un grand nombre de personnes se présentant comme victimes d'abus rituels se font maintenant connaître. C'est dire que les "faux souvenirs" servent de contre-stratégie aux personnes risquant peut-être d'être impliquées à un moment ou un autre dans ce programme de manipulation. Comme l'a également exposé Walter Bowart (expert en contrôle mental) dans une interview, "le bureau de cette organisation est composé de beaucoup de membres de la C.I.A., de contacts de la C.I.A., de 'spychiatrists', de pédophiles et de violeurs d'enfants. Ces gens essayent de défendre la pédophilie. Et leur organisation, très procédurière et très agressive, a semé la terreur dans les coeurs des membres de la communauté thérapeutique." (CKLN)

Comme Fisher-Taylor l'explique, des articles vantant le bien fondé de la théorie "des faux souvenirs" apparaissent souvent dans la presse au moment même où sont relatées des découvertes d'activités de cultes rituelles. Une telle simultanéité dans la parution parvient à "diviser" efficacement l'avis des lecteurs sur la question, les forçant à nier la réalité des abus rituels. D'autre part, le conditionnement traumatique permet la production d'informations fantastiques ou erronées, simplement par le déclenchement d'un élément audio/visuel (films, musique ou commandes enregistrées sur bande) utilisé conjointement avec la privation de sommeil, l'électrochoc, le sodium amytal et/ou l'hypnose : une telle manœuvre permet de "brouiller" les souvenirs et de créer des barrières d'amnésie. Cela expliquerait pourquoi certaines des affirmations de victimes du contrôle mental peuvent souvent paraître si ... bizarres.

LA CONNEXION MILITAIRE-INDUSTRIE-SOCIÉTÉ SECRÈTE

Le nombre des victimes du contrôle mental qui se rejoignent et peuvent maintenant comparer leurs notes en Amérique et au Canada est stupéfiant. La plupart affirment que lorsqu'ils étaient enfants, leurs tortionnaires faisaient partie de groupes de cultes sacrificiels auxquels appartenaient leurs parents ainsi que certains "psychiatres" maintenant connus pour leur collaboration au programme MK-ULTRA de la C.I.A.. Il a aussi été établi que nombre de ces activités se sont déroulés dans des établissements (y compris des hôpitaux, des universités, des camps de vacances et des bases militaires) maintenant reconnus comme faisant partie de ce programme abominable. Ainsi on a pu remarquer que les spécialistes des sectes de la C.I.A. ont dans certains cas "sous-traité" avec des cultes rituels, ou étaient déjà liés avec ces cultes auxquels ils demandaient d'élever ces enfants afin de servir la branche renseignement de style maffieux du gouvernement secret. En même temps, cette programmation fournissait le moyen par lequel ces enfants pourraient rendre des services spéciaux au culte lui-même.

Dans des nombreux cas, un lien inter-actif peut être établi entre ces trois secteurs : armée, industrie et sociétés secrètes. Les survivants découvrent qu'ils ont été utilisés pour établir des ponts les points entre des cultes rituels et les forces armées (particulièrement au Canada, près des bases du NORAD), aussi bien qu'avec "des groupes de sociétés secrètes masculines blanches" comme les Maçons et le Ku Klux Klan. Des sectes anciennes — telles la Golden Dawn — ont aussi été impliquées dans ces pratiques. On soutient que de tels groupes sont toujours en activité même à Washington, DC. D'après Sullivan, beaucoup d'adeptes des "religions néo-païennes" sont intéressés par "un Nouvel Ordre Mondial" leur permettant d'adorer publiquement et sans honte leur Seigneur des Ténèbres. Ces religions font partie du passé de leur famille et ils ne veulent pas les laisser disparaître. Sullivan croit que beaucoup de ces groupes ayant des croyances aryennes, se considèrent comme l'élite chargée de débarrasser la société des codes éthiques chrétiens et des lois contre la pédophilie, la bestialité et autres activités sordides qui leur fournissent un indicible pouvoir.

La connexion aryenne est aussi discutée en détail par Cathy O'Brien dans *Trance Formation of America*. Elle prétend que beaucoup des abuseurs de son culte ont adhéré aux principes "Néo-Nazis" qui veulent que l'humanité fasse "un pas de géant dans l'évolution en créant une race supérieure". "Le manipulateur" de Cathy O'Brien soutenait les idées des Nazis et du KKK selon lesquelles il fallait créer génétiquement une "race blonde" parfaite et perpétrer le génocide des races et des cultures déshéritées.

Ainsi que Lynne Moss-Sharman l'explique, ses souvenirs semblent tourner autour de son père, ses oncles et les copains militaires de son père, tous pédophiles. Lynne ne pense pas que son père ait participé à un culte rituel en dehors de ces pratiques. Ayant travaillé pour la General Electric, il avait pu avoir des rapports avec les industries militaires et la C.I.A.. Plus tard, elle a commencé à se rappeler d'autres épisodes ayant eu lieu en des endroits plus éloignés et elle a commencé à se souvenir de "docteurs" et d'équipements électriques compliqués, comprenant des chaises, des casques, des conteneurs, des dispositifs de privation sensorielle et de torture, des combinaisons enveloppant le corps, des équipements de programmation par le téléphone et d'autres ...

La manière dont évolue la victimisation des enfants, d'abord soumis à une sorte de groupe pédophile local, puis au programme Monarch diffère probablement d'un cas à l'autre. Cependant, comme Lynne l'explique, plus de 90 % des survivants croient qu'ils ont été simultanément offerts par leurs propres parents à des cultes d'abus rituels et à des expérimentations de contrôle mental "extérieures". Comme le dit Lynne, les enfants n'ont pas été secrètement emmenés de chez leurs parents pendant le jour ou pour la nuit ou des visites pendant le week-end. Les deux parents savaient pertinemment de quoi il s'agissait et ils ont été "activement impliqués afin d'être sûrs que les enfants arrivent là où ils étaient censés arriver."

Il est clair que l'étroitesse des liens de la C.I.A. avec divers cultes et certains types de criminels permet de telles situations. Comme Walter Bowart l'a expliqué, dans certains cas la C.I.A. est impliquée dans une affaire de pornographie infantile et force les parents "à jouer le jeu" avec eux. Cela a été le cas pour Cathy O'Brien, dont le père a commencé en faisant jouer Cathy et son frère dans des films pornographiques lorsqu'ils étaient enfants. Après son arrestation et juste avant qu'il ne soit jugé, la C.I.A. est intervenue et a fait basculer la vie de Cathy, l'utilisant au service de la cryptocratie, comme trafiquante de drogue, prostituée et courrier sous hypnose.

LA CONNEXION OCCULTE

Après la Deuxième Guerre Mondiale, les États-Unis ont saisi les rapports des expériences nazies de parapsychologie exécutées dans le camp de Dachau et ont abrité des centaines de scientifiques nazis. Longtemps, les parapsychologues américains ont pensé que les Allemands devaient avoir été tout proches de la découverte d'armes psychiques. Les rapports des expériences de Dachau sont toujours classés top secret, mais on sait que le but de certaines expériences à Dachau était de savoir si la torture augmentait les facultés télépathiques. Manifestement, dans ce cas "la télépathie" est hors-du-corps. Les savants nazis essayaient donc de provoquer l'expérience de décorporation grâce à la douleur, ce qui correspond exactement à ce qui se pratique dans les cultes krakens pour obtenir le dédoublement de la personnalité. Comme la survivante de Monarch Beth Goobie écrit dans *The Network of Stolen Consciousness* (in *Paranoïa*, No. 24) :

Dans la quête de l'immortalité, les cultes ont toujours exploré les ouvertures métaphysiques vers ces dimensions autres que la dissociation traumatique permet de rejoindre. Ces expériences hors-du-corps apprennent aux membres des cultes à exister comme de simples fréquences, comme une énergie, dissociée du corps pendant le traumatisme, mais qui demeure dotée de conscience et de connaissance. On peut quitter son corps à beaucoup de fréquences différentes et chaque fréquence ouvre une dimension différente de réalité ou "de mystère", aussi bien qu'une interaction avec les entités qui peuplent ces dimensions.

Le nazisme était un culte pervers institué par l'état qui a exploré une grande partie du territoire "psychique" ; l'appareil de la C.I.A. et du renseignement (autre culte institutionnalisé), a continué sur ces traces dévoyées. Comme Beth Goobie le fait comprendre, en raison de sa formation spéciale basée sur le traumatisme, elle est devenue un "channeler" pour un culte sacrificiel fonctionnant partout au Canada, et son corps est devenu "un mégaphone pour le Seigneur des Ténèbres lui permettant de vociférer depuis l'autre côté." Ainsi qu'elle l'explique, la programmation Monarch est basée sur des principes occultes puisqu'elle apprend à un sujet donné à localiser et marquer des fréquences inter-dimensionnelles, qui sont des entrées vers le monde sombre au-delà du psychisme.

Il n'est pas étonnant que des cultes rituels souterrains et les services secrets de renseignements se soient tellement rejoints dans l'utilisation du lien traumatique, étant donné qu'il est possible d'impliquer dès la naissance un enfant dans cette programmation rituelle. Comme le dit le docteur Ross, "si vous commencez avec *G.I. Joe* à l'âge de 19 ans, il est très difficile de mettre en place des systèmes de défense intensément polyfragmentés ainsi que le système multi-couches." (CKLN) Avec des adultes, explique-t-il, il est peu probable de créer plus d'une personnalité autre. Afin de créer un zombi totalement contrôlé psychiquement et doté de plusieurs personnalités programmées, il faut impérativement qu'une crainte intense et une soumission totale soient induites dans ce sujet grâce à un modèle ritualisé de lien traumatique inculqué dès la naissance. Où trouver une couverture pour un tel enfant ? Comment entretenir heure par heure la maintenance ritualisée que ce conditionnement exige ?

Cependant, le rapport avec un culte demeure étranger à certains survivants d'abus rituels. Jeannette Westbrook n'a découvert aucun souvenir "satanique" ou de culte, elle n'a pas été non plus capable d'établir une connexion entre la C.I.A. ou le contrôle mental militaire et son père, un pédophile sadique. Néanmoins, elle est consciente qu'il existait un modèle d'abus ritualisé et que tout un groupe de gens s'y adonnaient avec lui. En ce qui concerne la création des personnalités multiples de Jeanette, aussi bien que le MPD de sa soeur, Jeannette croit peu probable que son père ait pu découvrir tout seul des techniques aussi complexes. Cependant, elle est sûre que si son père était en rapport avec quelqu'un, ce devait être une sorte d' "organisation", et que s'il s'agissait de Satanistes ou simplement d'un club de pédophiles organisé, ces personnes devait être au courant des techniques de dédoublement de la personnalité pour couvrir leurs traces. Ils en savaient apparemment assez pour "chercher à les créer afin de tenir cachés les abus qu'ils perpétraient sur leur victime."

On ignore si ce groupe a reçu une aide "professionnelle" pour créer le MPD, ou si ces procédures font partie des connaissances des pédophiles et des membres de sectes en général.

La création volontaire du MPD est connue de la C.I.A. depuis les années 1950. La seule notion essentielle étant une connaissance générale de l'hypnose et des principes occultes, il est évident que cette base de connaissance a "transpiré goutte à goutte" parmi ceux qui répondent au "besoin de savoir." Il est aussi bien connu que les femmes dissocient facilement et créent, sous traumatisme, des personnalités autres. En tout cas, Jeannette a efficacement dissociée des souvenirs de ces abus sadiques puisqu'elle a pu "se lever le matin, fonctionner, aller à l'école, rentrer à la maison et vivre avec ces criminels." Cependant, elle et sa soeur se rappellent que leur père les appelait souvent par d'autres noms qui sont spécifiquement mentionnés et correspondant à leurs personnalités autres. Ainsi, si ces deux femmes n'étaient pas à l'origine de leurs personnalités multiples, il est probable que leurs nouvelles facettes ont été créées délibérément et rituellement et que le moment de cette création reste dissimulé sous une autre couche de souvenirs.

La Lignée des Illuminati

En frayant plus avant notre chemin dans ce profond bourbier, nous découvrons que certains de ces cultes intergénérationnels sont composés de familles de lignée Illuminati. Comme l'explique la victime du contrôle mental Cisco Wheeler, la structure des Illuminati est basée sur 13 lignées royales. Ces 13 familles dirigeantes, qui remontent à plusieurs siècles, sont membres d'un culte Luciférien et ont prêté serments afin de voir l'accomplissement "de la Fin des Temps" et "la montée de l'Antéchrist sur son trône." Ces lignées familiales, comme l'expose Wheeler, sont des Satanistes qui ont signé de leur sang leur appartenance à Lucifer et croient que le monde leur appartient. Très loyaux entre eux, ils se considèrent comme des dieux. Wheeler affirme qu' "ils ne reculeront devant rien", et elle ajoute, de façon poignante, "cela n'a rien de récent." Cet état d'esprit qui se transmet d'âge en âge, "touche chaque membre de la famille pendant des générations" ainsi qu'en témoigne, de terrifiante manière, ce survivant :

Ils ont prêté allégeance à Lucifer (que j'appellerai dorénavant Satan). Croyant au Satanisme, il pensent que s'ils règnent comme des dieux et obéissent toute leur vie à l'appel de Lucifer, ils dirigeront le monde et régneront avec lui dans l'enfer (qu'ils ne redoutent aucunement et où ils seront "comme des dieux" et où ils deviendront avec lui des dieux. C'est le grand mensonge. Ils croient cela. C'est la base de la doctrine.)

Plusieurs victimes de Monarch se sont fait connaître et annoncèrent qu'elles avaient subi ce traitement au cours de leur enfance en raison de leur malheureuse appartenance à une lignée Illuminati. Dotés de multi-couches de personnalité, certains de ces enfants ont été programmés pour être des Candidats Mandchous au service du gouvernement secret. Cependant on soupçonne que les enfants de la lignée Illuminati ne sont pas tous utilisables de cette manière. Certains sont au contraire élevés pour devenir des programmeurs, des grands prêtres et prêtresses du culte. On peut penser que les enfants tués dans le cadre des offrandes rituelles ne descendent pas tous des Illuminati et qu'ils sont simplement des enfants innocents, peut-être des orphelins, des enfants placés, adoptés, enlevés, ou indésirables que leurs parents ont donnés ou vendus au culte. Certains d'entre eux pourraient être nos "enfants disparus."

Pour diverses raisons, nous restons dans le déni de la réalité des abus rituels sataniques et du sacrifice d'enfants. Selon Alain Scheflin, il y a des preuves de la réalité de ces crimes mais la fréquence en est inconnue et aucune secte satanique n'a jamais été prise en flagrant délit. Le FBI nie que ce phénomène existe, cependant, quelques départements spécialisés de la police ont tendance à penser différemment. Selon le *Toronto Globe and Mail*, les statistiques de la police de Bogota (Colombie) annoncent qu'environ 15 enfants sont enlevés quotidiennement pour être livrés aux sectes sataniques, obligés à se prostituer, adoptés illégalement, ou pour la récolte de leurs organes. Selon un fonctionnaire de police local, la plupart des enfants sont sacrifiés dans des rituels sataniques. On croit que beaucoup de ces enfants traversent la frontière pour entrer aux États-Unis.

Le point important à noter est que les enfants de ces familles inter-générationelles de lignée Dionysiaque ou Illuminati et qui sont élevés dans un environnement malsain, pervers et violemment abusif, sont aptes à accepter de mettre leurs propres enfants dans cet Enfer sur Terre basé sur la génétique. Comme Cisco Wheeler l'explique, son père était un "multiple", une personnalité double, pris au piège dans cette spirale répétitive. D'après elle : "il y a eu un moment dans la vie de mon père où il a compris ce qu'il était et ce qu'il faisait. Je pense les barrières dans son propre esprit, dans sa propre multiplicité, étaient suffisamment abaissées pour qu'il sache, mais il savait aussi qu'il ne pouvait plus s'en sortir. S'éloigner ou changer de direction lui aurait coûté la vie. Il était trop impliqué."

Fais Ce Que Tu Veux

Curieusement, les Amalriciens (culte sacrificiel rituel ancien de la fin du Moyen Âge) enseignaient que "les vrais croyants n'ont besoin d'obéir à aucune loi" ; puisque toutes les choses viennent de Dieu, le mal ne saurait exister et "ceux qui suivent leurs envies lascives exécutent simplement la volonté de Dieu." Les Amalriciens, ainsi que d'autres groupes hérétiques, croyaient que résister à leurs envies lascives revenait à résister à Dieu. Selon les mots d'un chroniqueur du temps, "si quelqu'un était "dans l'Esprit", même s'il devait commettre la fornication ou être souillé par une autre saleté, il n'y aurait aucun péché en lui, parce que cet Esprit, étant Dieu et entièrement distinct du corps, ne peut pas pécher."

Cette doctrine fait penser à la devise d'Aleister Crowley : "Fais ce que tu veux sera la totalité de la loi." Dans la mentalité de ceux qui ont prêté le serment luciférien, l'idée de péché ou de faire le mal n'est plus une restriction de la "volonté de pouvoir", doctrine reprise avec ardeur par le Troisième Reich. Cisco Wheeler affirme qu' "il n'y a rien qu'ils ne feront pas." Cela inclut torturer et mutiler des enfants innocents, les forcer à se prostituer, à s'accoupler avec des animaux, permettre à des animaux de tuer des enfants et toutes sortes d'autres actes atroces et sexuellement déviants.

Comme nous devons le garder à l'esprit, toute déviance sexuelle est une façon de nier la validité des critères sociaux actuels. Avec des arguments moraux libertaires dûment célèbres, "le code moral" suprêmement égocentrique du pédophile est un défi volontaire à tout ce qui pourrait être considéré comme le code moral de la société au sens large. Les libertaires et les anarchistes peuvent-ils légitimement professer qu'il n'y a AUCUNE raison sacrée ? Ces familles sectaires sont convaincues que la société restera dans le déni et l'incrédulité lorsque ces histoires de survivants seront évoquées puisque, bien que nous soyons assez familiers avec la mesure de l'inhumanité de l'homme pour l'homme, il est trop affligeant de reconnaître l'inhumanité de l'homme pour l'enfant.

BIBLIOGRAPHIE

CKLN 88.1 FM *Mind Control Radio Series*, Toronto, Ontario, phone: (416) 595-1477.

, Beth, *The Only-Good Heart,* Pedlar Goobie Press, P.O. Box 26, Station P, Toronto Ontario, M5S 2S6, 1998.

"The Network of Stolen Consciousness," Issue 24, *Paranoia : The Conspiracy Reader*, P.O. Box 1041, Providence, Rhode Island 02901. (www.paranoiamagazine.com) ($10, prix Europe par numéro)

Gray, William, *Magical Ritual Methods*, Samuel Weiser, York Beach, ME, 1990.

NOTE DE LA RÉDACTION : Nous publions cette étude, dont la teneur peut sembler, à juste titre, un peu excessive, pour son remarquable contenu informatif. Le lecteur intéressé trouvera une approche du problème diamétralement opposée à celle de Joan d'Arc dans l'article de Sherill Mulhern : "Satanisme électronique : le sabbat high-tech", dans *Scientifictions*, n°1, vol.2, Encrage, 1997.

TRIPLE RENCONTRE AVEC UN HOMME REMARQUABLE.
Yves Lignon

120 ans après sa naissance institutionnelle[1] la parapsychologie scientifique est désormais capable sinon de produire à volonté les phénomènes qu'elle étudie du moins de mettre en place des conditions susceptibles de favoriser leur observation en laboratoire. Est-ce pour cela que les chercheurs consacrent maintenant moins de temps à l'étude des phénomènes spontanés, ceux qui ne sont connus qu'à travers des témoignages ? Les journées n'ont que 24 heures et on ne peut tout faire mais le choix (principalement en raison de l'influence des anglo-saxons) d'orientations de recherches surtout expérimentalistes ne va pas sans inconvénients. On devrait peut-être, par exemple, consacrer un peu plus de temps à la "Dame Blanche", la fameuse auto-stoppeuse fantôme, dossier qu'il est trop facile et trop scientiste, à mon sens, de réduire à une simple rumeur ou à une légende urbaine.

Ces phénomènes spontanés sont souvent "fortéens" par essence donc fréquents à l'échelle de l'humanité et beaucoup plus rares à celle de l'individu. Au cours de ma carrière de parapsychologue, qui couvre maintenant près d'un tiers de siècle, j'ai pu étudier plus d'une centaine de cas de "poltergeists" supposés. La plupart se sont révélés non-paranormaux mais quelques-uns échappent toujours, selon moi, aux connaissances scientifiques actuelles. Et si je n'ai jamais eu l'occasion d'être présent lors d'une apparition ou de partager la nuit d'un fantôme, un personnage bizarre a pourtant croisé, à trois reprises en quelques mois, le chemin de ma vie publique. Une explication plutôt banale m'a été proposée un peu plus tard. Banale oui, acceptable peut-être.

Au début de 1977 la France entière a entendu parler des "chirurgiens à mains nues", même le ministre de la Santé de l'époque, Madame Simone Veil, s'est exprimée publiquement à plusieurs reprises sur le sujet. Affaire charlatanesque qui fit assez vite long feu[2] mais dont la mèche avait été allumée dans ma bonne ville. C'est bien à Toulouse qu'un individu douteux, entouré par un staff qui l'était au moins autant, a débuté dans la notoriété (provisoire et de brève durée) en donnant des conférences et en rencontrant la presse[3] pour expliquer qu'il venait de ramener des Philippines une méthode chirurgicale extraordinaire. Selon les promoteurs de cette technique révolutionnaire (le mot est faible) les mains du thérapeute "écartant les molécules" (vous avez bien lu : je cite) pénétraient sans incision dans le corps du malade et en extrayaient une entité ayant l'apparence d'une petite masse de chair sanguinolente mais qui n'était autre que le Mal (avec majuscule).

A partir du 7 janvier Toulouse se mit à discuter tous azimuts à propos de cette forme de soins qui ne s'enseignait pas en fac de médecine et cette situation incita un groupement d'étudiants à prendre une initiative financièrement malheureuse. C'est en tout cas à cause de cela que j'ai rencontré pour la première fois celui que, sur le moment, une réminiscence pagnolesque m'a fait nommer le "vénérable barbu".

L'association des résidents d'une cité universitaire jugea en effet que la chirurgie sans bistouri pouvait avoir un effet secondaire bénéfique : celui de redonner un peu de tonus à une caisse en permanence atteinte de consomption. Rendez-vous fut donc pris pour une conférence-débat qui se tiendrait le 15 janvier en fin d'après-midi dans la cafétéria de la résidence estudiantine. Je devais me retrouver sur la tribune aux côtés du chroniqueur scientifique du quotidien local et d'un médecin.

Hélas pour le trésorier de l'association le 15 janvier, en 1977, tombait un samedi et à l'heure dite les présents sur l'estrade étaient à peine moins nombreux que les présents dans la salle. En jetant les yeux vers le public je ne vis que quatre ou cinq étudiants, venus là certainement par défaut car n'ayant pu trouver une autre occupation, et un bonhomme un peu maigre mais surtout hors d'âge. Enveloppé dans un long manteau fort propre et bien entretenu mais dont la forme et la couleur passée — tirant sur le gris sans être ni claire, ni sombre — montraient bien qu'il n'avait pas été acheté la veille, cet auditeur atypique portait apparemment ses 70 ans bien sonnés. Avec cela une longue barbe grise, des cheveux assortis, un regard peut-être bleu, en tout cas virant vers la quasi-transparence et pour finir un béret sans doute sorti du magasin en même temps que le manteau.

Conférenciers et ceux qui étaient venus les entendre convinrent d'entrée qu'il serait préférable et surtout plus sympathique de ne pas se croire dans une salle de music-hall ultra-remplie à l'occasion du tour de chant d'une star internationale. Nous nous sommes par conséquent rapprochés les uns des autres pour nous installer en cercle et échanger des propos à bâtons rompus, comme on le fait autour d'une table de bistrot. Partant de la "chirurgie à mains nues" nous avons vite élargi le champ de nos échanges et c'est alors que le barbu s'est mis à monologuer étalant, mais en s'exprimant avec une voix calme et modeste, sans la moindre forfanterie, une incroyable érudition en matière de ces médecines de toutes les latitudes qu'on qualifie chez nous d' "alternatives", de "douces" ou de "parallèles".

En quittant la cité universitaire j'étais intrigué mais à peine. A l'époque de mes études, dans les années 60, il y avait encore à Toulouse quelques-uns de ces bohêmes d'âge mûr semblables à ceux qui constituent un élément essentiel du folklore des environs de la Sorbonne et du Panthéon. Philosophes formés sur le tas, scientifiques livresques et autodidactes grâce aux bibliothèques publiques, historiens de l'art sans le moindre diplôme mais ayant su pendant des années profiter du jour où l'entrée dans les musées est gratuite, bavards parfois, plus souvent prolixes parce que sachant réellement beaucoup de choses, on en trouvait encore à l'époque en province comme on en rencontre toujours à Paris. Je me suis donc seulement dit : "Tiens, celui-là tu ne l'avais jamais vu".

Je ne l'avais jamais vu mais je devais le revoir. Après l'hiver vint le printemps et comme cela m'arrive de temps à autre j'allais donner en soirée une conférence dans un centre culturel de la région. Ces réunions, durant lesquelles je parle de parapsychologie scientifique, rassemblent tout au plus (et seulement lorsque je fais un triomphe) une centaine de personnes simplement parce que Toulouse n'est entourée que de villes moyennes ou petites et à la fin de mon exposé je consacre toujours une seconde partie au jeu des questions et des réponses.

Ce jour là c'était à Montauban (Tarn et Garonne), une soixantaine de kilomètres au Nord de Toulouse, un peu plus de 50 000 habitants dont, en gros, un peu moins d'un sur mille (vieillards et nourrissons compris comme d'habitude) avait jugé intéressant de venir m'entendre et, au fond de la salle, le barbu extérieurement identique à ce qu'il était lors de notre rencontre à la cité universitaire. Pour le même prix mon public a eu droit ce jour là à une seconde conférence complétant parfaitement la mienne car, prenant la parole au moment du débat et ne la lâchant pas, le vénérable démontra qu'il ne devait pas lui rester grand'chose à apprendre en matière d'histoire de la parapsychologie, notamment de recherches datant de la première moitié du 20e siècle. En prime mon partenaire imprévu offrit quelques digressions à propos des énergies non polluantes racontant, entre autres, par le menu une histoire de projet de tramway à air comprimé des années 1900, projet avorté pour cause de lobbying intense.

Là je me suis posé des questions. Au moins deux. Comment le bonhomme, supposé toulousain, avait-il pu avoir connaissance d'une conférence annoncée seulement à Montauban et sans excès de publicité qui plus est ? Comment s'était-il déplacé ? Son apparence me donnait à penser qu'il ne devait ni posséder une automobile, ni dépenser sans compter son argent dans les transports en commun.

Printemps... été... automne. En juin 1977 de graves inondations ont dévasté Auch la Gasconne, pas tout à fait 30 000 habitants, 80 kilomètres à l'ouest de Toulouse. En septembre un centre culturel (encore) m'a demandé de donner une conférence au profit des sinistrés et j'ai répondu en mettant sur pied un véritable gala des étoiles de la parapsychologie grâce à quelques autres chercheurs et surtout à une tête d'affiche prestigieuse : le professeur Rémy Chauvin.

À l'époque encore en activité, le biologiste Rémy Chauvin, professeur à la Sorbonne, éminent spécialiste des abeilles et des fourmis était suffisamment connu du grand public pour qu'on puisse espérer, rien qu'avec quelques communiqués de presse, remplir grâce à lui la plus grande salle d'Auch. Ne rappelait-il pas à la moindre occasion, et notamment lors de ses passages à la télévision, qu'il prenait la parapsychologie très au sérieux au point d'être le seul universitaire français à s'être rendu dans un laboratoire spécialisé américain pour y effectuer un stage ? Une fois son accord obtenu, retenir le théâtre municipal n'était pas faire preuve de témérité mais de lucidité. Et le soir dit les quelques centaines de fauteuils, sans compter les strapontins, étaient tous occupés.

Curieuse sensation que celle de se trouver face à une salle archi-bondée sur la scène de l'une de ces salles à l'italienne comme il en existe tant en France. Du parterre au dernier balcon on écouta silencieusement les "acteurs" de complément et religieusement le professeur Chauvin. Quand le grand savant eut parlé longuement de ses expériences de parapsychologie avec ses jeunes neveux ou... des souris, on passa, comme d'habitude, aux questions du public.

Après quelques échanges sans grand intérêt une interrogation fusa de loin, du plus loin possible, de là-bas tout en haut, presque du plafond, en direction de Rémy Chauvin. Quelques phrases bien tournées parlaient de parapsychologie mais aussi de biologie animale. Dès les premiers mots j'ai reconnu la voix et, me tordant le cou, repéré la barbe et le béret, deviné le manteau.

Ce soir là le barbu se garda d'être long et se contenta de quelques échanges pointus avec le professeur Chauvin. Depuis j'ai donné des dizaines et des dizaines de conférences sans plus jamais le reconnaître parmi mes auditeurs ... et j'ai souvent raconté l'histoire, telle que je viens de la raconter, mais sans jamais l'écrire pour de bon comme ici.

Six ou huit années plus tard mes tribulations de parapsychologue m'ont conduit, justement quelque part entre Auch et Montauban, chez un "magnétiseur" qui, ayant déjà beaucoup bourlingué, ne l'était peut-être pas vraiment mais dont la truculence garantissait au moins à ceux venant le consulter la prise en charge psycho-somatique de leurs problèmes. Pourquoi ai-je alors parlé du vénérable barbu à cet homme en qui je n'avais pas tellement confiance ? Peut-être parce que nous nous trouvions entre Auch et Montauban ? Peut-être parce que... Toujours est-il que mon interlocuteur s'exclama : "Mais je le connais, tout le monde le connaît par ici" et de me donner des détails sur ce vieux fou vivant en solitaire dans une maison transformée en bibliothèque aussi riche en livres de tous acabits (ceux que l'université juge sérieux comme ceux dont elle détourne les yeux avec des cris de bigote outragée) que la caverne d'Ali Baba en pièces d'or. "Et, termina le guérisseur (?), il est tellement curieux de tellement de choses qui l'amènent à se déplacer ici ou là qu'il est devenu assez malin pour parvenir à trouver chaque fois un transporteur".

Il y a donc une explication simple à ma triple rencontre, une explication qui s'accorde exactement avec le principe philosophique d'économie des hypothèses. Une explication rationnellement acceptable et que j'accepte pour cela. Mais, au fond de moi-même, suis-je réellement convaincu ?

Notes :

1- C'est en 1882 qu'a été fondée à Londres, par un groupe d'universitaires et d'intellectuels proches de Cambridge, "The Society for Psychical Research" qui est historiquement le premier centre de recherches (au sens le plus académique de cette expression) en parapsychologie. Aujourd'hui on trouve des laboratoires de parapsychologie dans plusieurs établissements universitaires tel le P.E.A.R de la prestigieuse université de Princeton.

2- Le GEEPP-Laboratoire de Parapsychologie de Toulouse a joué alors un rôle actif. Voir *L'autre cerveau*, Albin Michel, 1992.

3- Si le ridicule tuait, notre quotidien local aurait cessé de paraître dans les jours ayant suivi la publication de son premier article consacré à cette histoire et celui qui était alors l'animateur vedette de France Inter se serait retrouvé dans un placard pour le reste de ses jours et même au delà.

John Worrell Keely
Theo Paijmans

Une nouvelle source de pure énergie, illimitée et éternelle. Si ces mots ont aujourd'hui un sens profond et parfois même urgent, au début de l'industrialisation il en allait de même. Loin de la grande histoire de l'industrialisation et de la technologie, dans de petits laboratoires clandestins, dans des repaires alchimiques et des arrière-salles occultistes, on a donné à ces mots une signification différente. Tissé dans la tapisserie de l'histoire de l'innovation technologique et l'essor industriel, on détecte un courant subtil de noms, d'inventions et d'appareils qui ont peu à voir avec la technologie conventionnelle. Nous n'avons qu'à penser à des noms presque oubliés comme Mesmer, le Baron von Reichenbach, John Murray Spear, Hoene Wronski, Nikola Tesla, Johannes Wardenier, Victor Schauberger ou Karl Schappeller pour nous rendre compte que ce courant revêt en lui-même des aspects fort variés avec de multiples facettes, aussi intrigants que les concepts et les philosophies qu'il reflète. Dans ce courant technologique occultiste, toutes les combinaisons entre les philosophies les plus diverses semblent possibles, que cela soit Rose-Croix et télécommunications avancées, cosmogonies occultes comme le "Welteislehre" et science dure de la navigation spatiale, manipulation génétique, évolution et alchimie, rayons cosmiques et arcanes de la Cabale, ou encore l'univers vibrant et les merveilleux dispositifs de John Worrell Keely. De tous les exemples cités ici, ces derniers sont sans doute les plus spectaculaires et les plus mystérieux, bien qu'aujourd'hui ils soient presque complètement oubliés.

Technologie occulte

Bien que cela semble contredire notre propos, de nombreux courants du mouvement occultiste souterrain ne nourrissaient guère de sympathie particulière pour la croissance de l'industrialisation, comme nous pouvons le déduire des études dans ce domaine [1]. Cependant, l'industrialisation rapide des pays occidentaux a évidemment influencé tout ceux qui y vivaient, et on pourrait parler plus particulièrement des courants d'avant-garde, comme en témoignent les peintures Dadaïstes de machines imaginaires, les descriptions Futuristes d'énergies, ou certains mouvements occultes influents du 19e siècle tels la Théosophie et l'Anthroposophie. Il en résultat que des points de vue plus compatibles entre cette nouvelle vague d'industrialisation et de technologie et les concepts occultistes se développèrent dans ces milieux et qu'une vision occultiste de l'histoire de la technologie fit son apparition.

Ainsi le franc-maçon William Wynn Westcot, membre de la Rosicrucian in

Anglia et co-fondateur de la Golden Dawn, écrivait sur les mystères de la lampe éternelle ; des machines volantes étaient décrites par William Wynn-Westcott, Louis Jacolliot, Hélène Petrovna Blavatsky et Guido von List, et certaines vieilles légendes ésotériques étaient reconsidérées à la lumière de ce nouvel éclairage occulto-technologique. On assista aussi à un croisement fertile avec le courant littéraire, naissant à l'époque, de la fiction interplanétaire et de la littérature fantastique, comme dans le cas de Bulwer-Lytton, qui a non seulement écrit de la fiction fantastique mais a aussi manifesté un intérêt profond pour le surnaturel. Des inventeurs et des penseurs innovants, rejetés par les cercles universitaires, ont trouvé refuge dans les mouvements souterrains occultistes. Tesla a reconnu avoir lu *La race à venir* de Bulwer-Lytton et aujourd'hui encore on discute dans certains milieux pour savoir si Tesla a réellement tiré son invention de la téléautomation d'un appareil dans le livre de Bulwer-Lytton. Thomas Alva Edison, qui était Théosophe, essayerait de construire un dispositif avec lequel il pourrait communiquer avec les morts et John Worell Keely s'est frayé un chemin dans les pages de *La Doctrine Secrète*, l'opus magnum de Mme Blavatsky, où sa découverte, une nouvelle force d'énergie, a été entre autres comparée au Vril de Bulwer-Lytton. Un des soutiens financiers de Tesla, John Jacob Astor, a écrit un conte de fiction interplanétaire dans lequel il décrit des voyages vers les autres planètes de notre système solaire avec un vaisseau spatial propulsé par l'a-pergie, une force qui est aussi venue se greffer sur la force d'énergie nouvelle et mystérieuse que Keely a prétendu avoir découverte. Astor avait aussi envisagé de soutenir massivement Keely financièrement. William Colville, qui était Théosophe, clairvoyant et spirite, a décrit dans un livre les plans de Keely pour construire un vaisseau spatial. Bref, le monde occulte a été secoué jusque dans ses racines par les prétentions d'un homme qui, en même temps, n'a rencontré que dédain de la part de la communauté scientifique. Dans le dernier chapitre de son merveilleux livre *Wild Talents*, le tout aussi merveilleux Charles Fort consacre un certain nombre de pages au cas de John Worrell Keely. "Des pierres qui sont tombées dans des maisons où les gens mouraient — les vagabondages d'une casserole de savon doux — des chaises qui se sont déplacées en présence de jeunes filles à poltergeist — mais en présence de John Worrell Keely il y avait là les mouvements disciplinés d'un moteur."[2] Un cas remarquable de technologie occulte, d'une carrière qui a duré pendant plus de 25 ans, d'un homme qui a eu l'honneur douteux d'avoir essuyé des rejets à la fois d'Edison et de Tesla quand il les a invités plusieurs fois à être témoins de ses expériences, un homme qui avait construit un grand dispositif antigravité, et dont on a dit qu'il avait trouvé un moyen de maîtriser la gravitation et de désintégrer la matière. Un cas qui, après plus d'un siècle, n'est toujours pas résolu. Qu'était-ce exactement que Keely disait avoir découvert ? Bien que Keely ait largement suscité l'attention de son vivant, pourquoi rien n'est-il jamais sorti de ses rêves grandioses ? Pour trouver des réponses à ces questions, nous devrons quitter notre époque pour celle d'un autre monde et nous plonger dans une ère dont tant de détails s'estompent, comme sur un vieux sépia ou un daguerréotype qui lentement mais sûrement s'efface avec l'âge.

Qui donc était Keely ?

Du vide et des vibrations

Dès le début, le chercheur sérieux qui s'intéresse à Keely est gêné par une absence de petits détails peut-être cruciaux. Keely est né soit en 1827 soit en 1837 à Philadelphie, a suivi des études jusqu'à sa 12e année et a été élevé dans la pauvreté. Selon des histoires plus tardives, Keely aurait fait sa découverte principale, celle qui l'a mené sur sa voie, quand il n'avait que 12 ans. Cela avait un rapport avec les effets du son : une source décrit comment le jeune Keely marchait sur la plage et écoutait les sons de coquillages appuyés étroitement contre son oreille, une autre comment, alors qu'il était charpentier, il remarqua l'effet de certaines vibrations sur des structures et des carreaux, une autre encore comment un diapason lui a donné son illumination. Les années suivantes sont enveloppées de brouillard ; Keely semble s'être marié deux fois, avoir combattu les Indiens et joué dans un orchestre. Keely a prétendu une fois qu'entre 1857 et 1861 il démasquait les faux médiums, et d'autres sources apocryphes veulent qu'il ait travaillé à un moment dans un cirque.

Des preuves circonstancielles montrent qu'en 1856 il avait construit un petit appareil et que vers cette époque-là, ou peut-être 2 ans plus tôt, Keely expérimentait ce qu'il a appelé un moteur vibratoire réagissant. Cela a conduit ensuite à la construction d'un appareil qui peut être considéré comme le précurseur d'un autre dispositif qu'il a appelé le Globe Motor. À ce moment-là, Keely s'intéressait à une combinaison d'eau, de vide et de vibrations, qui le conduisit à la construction d'un moteur appelé le Hydro Vacuo moteur. Keely essaiera même d'obtenir un brevet d'invention pour cet appareil, brevet qui fut refusé. Alors que cela aurait fait disparaître beaucoup d'inventeurs même des pages intérieures des journaux locaux — souvent les sources originales dans ces affaires —, cela n'a pas dissuadé Keely.

Philadelphie, 10 novembre 1874. Dans son atelier du 1420 North Twentieth Street, où il avait emménagé cette année-là et restera jusqu'à sa mort, Keely a fait la démonstration d'un appareil devant dix témoins. Les comptes rendus contemporains décrivent une pièce éclairée au gaz avec un des appariteurs tenant une bougie. L'appareil en question était appelé un multiplicateur ou générateur et n'était pas présenté comme un moteur mais comme un appareil servant à contenir une substance "vaporique" à haute pression. Il s'agissait d'une substance gazeuse sans goût ni odeur qui pouvait être délivrée sous d'énormes pressions pour propulser les moteurs conçus par

Keely. La substance vaporique était obtenue, d'après Keely, par la désintégration de l'eau : c'était le résultat le plus clair de ses expériences sur l'eau et les vibrations. Puis Keely connecta un moteur, appelé une roue de réaction (Fig. 1), au multiplicateur. La roue-moteur tourna. L'expérience entière dura 17 minutes et fut un succès, à en juger par les comptes rendus contemporains.

Substance vaporique

Avant cette démonstration, le grand public en général n'avait pas entendu

Fig. 1

parler de Keely, bien qu'il soit suggéré dans des sources contemporaines que les Philadelphiens avaient eu vent de rumeurs sur le Globe Motor de Keely dès 1865. Cette année-là cependant, et après sa démonstration, Keely et Charles B. Collier, un avocat-conseil en propriété industrielle bien connu à Philadelphie, fondèrent la Keely Motor Company, qui commença à vendre des actions dans tous les États-Unis. Une partie de ses revenus servait au salaire de Keely, à financer de nouveaux modèles de démonstration et à payer le loyer de son atelier. Non seulement des hommes d'affaires, des spéculateurs et de riches investisseurs achetèrent des actions mais il y eut aussi des milliers d'actionnaires à Philadelphie et dans d'autres villes qui étaient employés de bureau, vendeuses, veuves et orphelins, qui tous attendaient le jour où la valeur augmentée de leurs actions leur donnerait une meilleure chance dans la vie. Ainsi a commencé la carrière incroyable de John Keely, inventeur au total de plus de 2000 moteurs et appareils sans carburant, pour certains le découvreur d'une nouvelle force motrice. Pour d'autres, un filou sans scrupules, un escroc et un mystificateur qui détourna les fonds de personnes assez crédules pour se laisser fourguer ses actions qui se retrouvèrent finalement sans aucune valeur, et accepter ses explications énigmatiques et les démonstrations de tous ses dispositifs étranges comme preuve de ses prétentions. (Fig. 2)

Avec les fonds obtenus par la vente des actions, Keely commença la construction d'un multiplicateur beaucoup plus grand pour décomposer ou désagréger de l'eau, obtenant ainsi la vapeur mystérieuse avec laquelle il promettait de

Fig. 2

faire tourner un moteur. Le multiplicateur devint un moteur énorme qui coûta environ 60000 $. Bien que Keely considérait ce dispositif comme primitif et insatisfaisant, il l'employa pour démontrer ses idées et la valeur des parts de la Keely Motor Company augmentèrent considérablement. En 1874, Keely était devenu l'un des hommes dont on parlait le plus aux États-Unis et des milliers de gens, un mélange d'admirateurs, de partisans, de moqueurs et de chercheurs de sensation, avaient visité son atelier au 1420 North Twentieth Street. Car avec la gloire était venu le dédain, avec la croyance l'incrédulité et le rejet. En 1875 le Scientific American publia un article proclamant que Keely et Collier n'étaient rien d'autre que des fraudeurs et sa force mystérieuse rien plus que de l'air comprimé. Keely répondit par écrit qu'il avait, par "l'introduction d'air atmosphérique dans [sa] machine, une quantité limitée d'eau naturelle directement de la prise d'eau à une pression non supérieure à celle de la prise et la machine elle-même, qui est simplement une structure mécanique" produit , "par une manipulation simple de la machine, une substance vaporique, avec une expulsion d'un volume de dix gallons (40 litres), ayant une énergie élastique de 10000 livres par pouce carré."(3) (Fig. 3)

Collier répondit aussi, ajoutant plusieurs déclarations de témoins ayant assisté aux démonstrations de Keely. Cela en vain. L'emploi d'air comprimé par Keely resterait l'argument principal de ses critiques jusqu'au jour de sa mort et après.

Durant l'hiver 1875-1876, Keely construisit deux sphères métalliques dont une, déclara-t-il, fonctionnerait jusqu'à ce que le dispositif ne soit usé par la friction. Bien que Keely ait refusé de montrer l'intérieur de la machine, la valeur des actions augmenta d'environ 600 pour cent et les actionnaires commencèrent à exprimer leur désir qu'il fasse breveter l'appareil. Keely refusa et la valeur baissa de nouveau. Un an plus tard, en 1877, un comité du Franklin Institute fut témoin d'une des expériences de Keely, sur son invitation. Cependant, ils ne furent pas autorisés à voir plus que les résultats. À cette époque-là, beaucoup de personnes, scientifiques et autres, se retrouvèrent invitées à l'atelier de Keely (Fig. 4), mais il n'y avait aucun accord quant au protocole des expériences. Les machinistes, les ingénieurs et les physiciens n'ont généralement pas cru

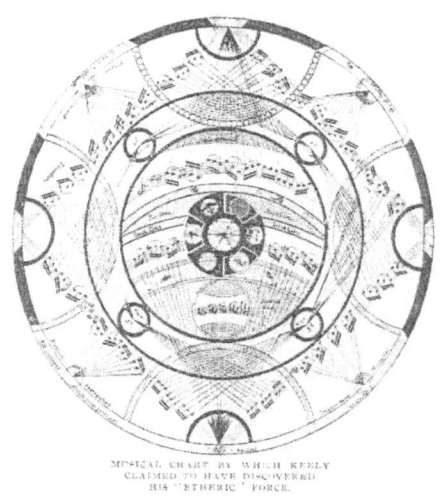

Fig. 3

Fig. 4

que Keely avait démontré l'existence d'une nouvelle force, mais l'immense majorité des témoins autorisés à assister aux expériences en fut convaincue.

Nouvelles machines et tas de ferrailles

En 1878 Keely invita aussi Thomas Alva Edison : "Monsieur, vous avez sans aucun doute entendu parler de mon invention, connue exclusivement grâce aux journaux sous le nom de moteur de Keely. Ma découverte consiste à obtenir, à partir de l'air et de l'eau, par une action vibratoire, une substance élastique de grande énergie et capable des mêmes influences qui ont produit l'absorption dans l'eau, produisant un vide (sic). Pensant que peut-être, grâce à vos expériences approfondies et votre connaissance étendue des forces vibratoires, vous seriez intéressé d'observer mon invention en opération, je prends la liberté de vous inviter à visiter mes locaux à tout moment vous convenant afin que j'ai le plaisir de vous montrer ma machine et de la faire fonctionner pour vous."[4] La réponse d'Edison fut brève. Quelques mois après l'invitation écrite de Keely, il répondit : "Collier vient juste de me rendre visite. Keeley (sic) veut seulement me montrer la pression. Je n'irai pas avant qu'il ne fasse tourner un moteur." Finalement, Edison n'est jamais allé à l'atelier de Keely, ce qui donna naissance à la légende selon laquelle Keely aurait refusé de l'inviter. Il semblerait qu'avec ce geste de rejet de celui qui devint l'un des principaux défenseurs d'une science plus conventionnelle — et nous devons nous souvenir qu'Edison n'eut pas beaucoup de patience non plus avec Tesla —, l'étoile de Keely a commencé à pâlir. Car dans les années suivantes, les actionnaires et les directeurs du conseil de la Keely Motor Company se mirent à exiger qu'il dépose un brevet d'invention, ce que Keely a refusé de faire. Les journaux écriront des articles caustiques sur Keely et ses affirmations. En 1881 Keely se retrouva dans la pire situation. La valeur des actions était tombée très bas, une conférence pour promouvoir ses inventions à New York n'attira aucun participant et Keely s'effaçait rapidement de la conscience du public. Que faisait Keely pendant toutes ces années ? Il semblerait que, excepté pour les démonstrations habituelles dans son atelier, il construisait un appareil après l'autre, détruisant et mettant à la ferraille ceux-ci après avoir construit des prototypes plus récents, tout en essayant de maîtriser ce qu'il prétendait avoir découvert. Au fur et à mesure, Keely inventera et présentera une nouvelle terminologie pour décrire sa découverte et pour certaines parties de ses appareils, complètement différente de tout ce qui avait été entendu auparavant.

VISIONS SOLITAIRES

Et des mois s'écoulèrent ainsi sans que Keely ne soit capable de satisfaire les demandes constantes et urgentes de la Keely Motor Company pour un moteur exploitable commercialement. Au lieu de cela, il semble qu'il se soit acharné à aller toujours plus loin, au-delà des horizons de la science connue, suivant les nouvelles pistes que ses expériences lui indiquaient. Des possibilités illimitées ! Qui peut dire aujourd'hui avec certitude ce qui lui traversait l'esprit et quelles visions il avait la nuit, pendant les heures solitaires dans son atelier, entouré par ses moteurs, ses machines et ses appareils incroyables, au cœur de Philadelphie endormie ? Parfois, lors de ses expériences, se produisirent des accidents ; de temps en temps, des explosions survenaient et il a été dit que pendant une décennie, Keely ne fit aucun progrès. À cette époque, Keely devait faire face à la faillite : n'ayant pas demandé de brevets, des difficultés avaient surgi entre lui et la Keely Motor Company. La société refusa de payer ses factures et il se retrouva pratiquement abandonné. Pendant cette période, Keely fut aidé financièrement par plusieurs personnes dont les noms demeurèrent secrets, comme le docteur William Pepper, Principal de l'Université de Pennsylvanie. Profondément intéressé par les inventions de Keely, il lui fit don de 10000 $. Malgré la générosité de ces gestes, la faillite était une menace constante qui mettait la famille de Keely au bord de la famine. De temps en temps, Keely se trouva dans un tel état de désespoir qu'il détruisit, dans des crises de frustration, plusieurs de ses appareils de recherche représentant des années de travail. On a même dit qu'il songea au suicide. D'autres fois, il vendit ses prototypes comme ferraille pour gagner un peu d'argent. Il mit aussi en gage sa montre et vendit ses instruments scientifiques comprenant un microscope de valeur. Il réussit ainsi à gagner suffisamment d'argent pour payer les mécaniciens qui construisaient les pièces de ses appareils et à acheter des matériaux pour continuer ses travaux.

LA MYSTÉRIEUSE MME BLOOMFIELD-MOORE

Nous n'aurions sans doute plus entendu parler de Keely si il n'avait pas reçu l'aide d'une femme remarquable, Clara Bloomfield-Moore (1824-1899), qui vint à son secours et le soutint jusqu'à sa mort. Il s'agissait d'une riche veuve s'intéressant de manière avisée à un grande variété de sujets intellectuels et disposant d'un remarquable cercle de relations et d'amis. Elle entretenait d'étroites relations avec l'homme d'État anglais Benjamin Disraeli — qui avait, dans sa jeunesse, procédé à plusieurs expériences occultes avec son ami Bulwer-Lytton. Elle connaissait aussi Helena Blavatsky, ses rapports avec la fondatrice du mouvement Théosophique étant décrits comme prolongés et intimes. Mme Bloomfield-Moore était une parente éloignée de John Jacob Astor qu'elle rencontrait régulièrement et elle a échangé plusieurs lettres avec Tesla qui lui rendit visite à de nombreuses occasions. Elle correspondit avec des centaines de scientifiques dans le monde entier, parmi lesquels le pionnier des débuts de l'aviation Hiram Maxim, ainsi que Charles Howard Hinton, qui a écrit abondamment sur l'existence d'une quatrième dimension — et fut un temps l'ami d'Edwin Abbot, l'auteur de *Flatland* (1885), roman célèbre sur les dimensions. Un des essais de Hinton servira de source d'inspiration à *La machine à explorer le temps* de H. G. Wells.

Clara Bloomfield-Moore développa une étroite amitié avec les célèbres poètes Elisabeth Barrett Browning et Robert Browning, avec qui elle discuta des découvertes de Keely. Mme Bloomfield-Moore fut aussi introduite à la cour de la Reine Victoria et sa demeure de Londres était le lieu de rendez-vous des artistes, des auteurs et des intellectuels. Sa personnalité complexe présentait aussi un côté plus sombre. Elle conquit une réputation d'excentricité vis à vis du public, probablement parce que sa maison londonienne reçut aussi la visite de membres des cercles occultes tels Cheiro et Colville — qui ont tous deux écrit sur Keely — et des théosophes Besant et Blavatsky. Il n'existe aucune preuve de cela — je n'ai trouvé aucun rapport contemporain relatant de telles visites par des représentants des mouvements occultistes. Je n'ai pas été capable non plus, jusqu'à maintenant, de localiser ses lettres et il faut toujours compter avec la possibilité qu'elles n'aient pas été conservées. Ce que nous savons avec certitude, c'est que Mme Bloomfield-Moore écrivit abondamment et que plusieurs de ses écrits sont remarquables par leur savoir ésotérique profond.

LA FORCE À VENIR

Quand son livre sur Keely : *Keely and his Discoveries, Aerial navigation*, fut publié en 1893 par l'éditeur Londonien Kegan, Paul, Trench, Trübner and co., elle discutait de sujets comme la Cabale, la Théosophie, l'occultisme templier, les Rose-Croix, Jacob Böhme et d'autres doctrines hermétiques. Nous savons par son petit-fils, à qui nous l'avons demandé spécifiquement, qu'elle n'était pas Théosophe. Cependant, c'est à Mme Bloomfield-Moore que nous devons la mention de Keely dans *La Doctrine Secrète* de Mme. Blavatsky, en 1888, dans le chapitre *La Force à Venir* qui est en soi une référence évidente à *La Race à Venir* de Bulwer-Lytton. Grâce à Mme Blavatsky, qui deviendra l'une des personnes les plus influentes dans le développement du mouvement occultiste au 19e siècle, d'innombrable autres occultistes, théosophes et ésotéristes lirent sur Keely et ses découvertes. Prenons par exemple le cas de William Thomas Stead, ardent avocat du spiritisme, qui édita la publication spiritualiste *Borderland* entre 1893 et 1897.

De cela le Fortéen perplexe pourrait déduire que, dans ce damné univers, il n'y a aucune coïncidence sans ironie dans cette riche tapisserie aux fils aussi nombreux que bizarres. Stead, qui avait reçu son exemplaire de *La Doctrine Secrète* de Mme Blavatsky elle-même, lui écrivit : "J'ai lu seulement votre préface et le chapitre sur Keely, dont les découvertes m'intéressent beaucoup." Stead invita Cheiro, qui avait rendu visite à Keely en 1890, à inspecter une maison hantée. Stead était aussi le rédacteur de la *London Pall Mall Gazette*, qui couvrit largement les horribles meurtres de Jack l'Éventreur. C'est en cette qualité que Stead accepta des articles de Robert Donston Stephenson. Ce personnage sinistre et obsédant poursuivit des études occultes avec Bulwer-Lytton et, rapidement, des rumeurs circulèrent autour de Stephenson, suggérant qu'il était Jack l'Éventreur. Stead connut une fin prématurée sur le Titanic, tout comme John Jacob Astor.

L'un des souhaits de Mme Bloomfield-Moore était que Keely ne se concentre pas sur un appareil commercial mais qu'il apprenne d'abord à maîtriser ce qu'il avait découvert. Son livre de 1893 sur Keely rencontra une réception mitigée ; une critique mentionnait une note préliminaire de Grant Allen (qui ne fut pas incluse dans son livre parce qu'il venait juste de sortir des presses) avec sa remarque mordante : "L'ouvrage, tel que je le considère, est plutôt concerné par les théories de M. Keely et par la philosophie de M. Keely que par ses performances réelles. Aujourd'hui, ce dont le monde a le plus besoin, ce serait plutôt d'une preuve positive et matérielle de l'existence et de la réalité de la puissance inconnue." Un autre critique notait que "La seule évidence soumise au public à ce jour est le témoignage des amis de M. Keely et des quelques hommes de science à qui une révélation partielle de son "secret" a été faite", et concluait sobrement : "Quant au "moteur", son existence et sa nature ne peuvent être établies seulement qu'en le rendant visible et en le faisant fonctionner. C'est l'essai pratique auquel chaque inventeur doit se soumettre."[5] Au mieux, Keely fut considéré d'un œil fatigué par le courant dominant de la civilisation. Dans les sous-sols du 19e siècle, cependant, couvaient d'autres choses.

LE MOUVEMENT OCCULTE SOUTERRAIN

" C'est le fait que Keely travaille avec certaines des forces mystérieuses connues sous le nom d'Akasha qui rend ses découvertes intéressantes pour les théosophes", écrivait R. Harte — lui-même Théosophe — en 1888. Mme Blavatsky a mentionné Keely dans *La Doctrine Secrète*, dans le chapitre "La Force à Venir", et a déclaré que "de l'humble avis des Occultistes, comme de celui de ses proches amis, M. Keely, de Philadelphie, était et est toujours au seuil de certains des plus grands secrets de l'Univers ; c'est de cela qu'est principalement construit tout le mystère des forces physiques et la signification ésotérique du symbolisme de 'l'Oeuf Terrestre'." Elle a aussi soutenu que "les découvertes de M. Keely corroborent merveilleusement les enseignements de l'Astronomie Occulte et d'autres sciences"[6]. Mme Blavatsky disparut le 26 avril 1891, toujours convaincue par les découvertes de Keely, comme un article de sa main, publié après sa mort, le montre clairement : "Ajoutez à cela la venue de la force vibratoire de Keely, depuis longtemps promise, capable de réduire en quelques secondes un bœuf mort en un tas des cendres", a-t-elle écrit, tout en mettant aussi en garde devant les dangers inhérents à une découverte si extraordinaire.[7]

Rudolf Steiner a aussi mentionné Keely dans plusieurs de ses cours et livres. Ce n'est peut-être pas étonnant, car Steiner avait commencé sa carrière d'occultiste avec les théosophes et avait lu les ouvrages de Mme Blavatsky. Steiner modèlera le protagoniste principal de ses *Four Mystery Plays*, le docteur Strader, en partie d'après Keely. Et par Steiner, d'autres découvriront à leur tour Keely, bien que certains en aient pris connaissance par d'autres canaux. C'est par exemple le cas de l'anthroposophe Walter Johannes Stein[8], auteur d'une étude érudite et étrange sur le Graal. Stein a écrit : "M. Dunlop m'a dit qu'il a vu le moteur de Keely, mais il ne l'a pas vu fonctionner." Naturellement, d'autres aussi écriront, feront des conférences ou parleront à voix basse à propos de l'inventeur énigmatique de Philadelphie. Des noms comme celui de Franz Hartmann, membre de l'Ordo Templi Orientis, du célèbre chiromancien Cheiro, du franc-maçon, théosophe et spirite Colville, et de l'ésotériste Stead surgissent dans cette petite histoire compliquée des occultistes intéressés par l'extraordinaire technologie d'avant-garde de Keely.

De plus, des rumeurs étranges commencèrent à circuler. Il a été dit que Keely, à un moment, avait procédé à des expériences sur la désintégration de la matière — ce qu'il a en effet admis — et qu'il était capable d'annuler la gravité avec un appareil complexe comptant près de 2000 pièces. En effet, Keely travaillait sur un moteur qui surmonterait la gravité, mais, comme beaucoup de ses travaux, il ne le termina jamais. Il existe seulement deux photos de ce dispositif qui, à une époque, remplissait une bonne partie de son atelier. On ignore ce qu'il est devenu. (fig. 5)

Évidemment, il y a bien davantage à dire sur ces connexions occultes que ce qui peut être écrit dans cet article sur Keely. Je renvoie à ma biographie de Keely[9] ceux qui voudraient traverser les frontières du terrestre et voyager vers un monde brumeux, rempli d'ordres et de sociétés secrètes, de magiciens, d'occultistes, d'alchimistes, d'inventions étranges, de machines énigmatiques et de rituels bizarres.

LE SECRET DE KEELY (Fig. 6)

En attendant, Keely construira beaucoup d'autres appareils, mais apparemment jamais plus d'un modèle de n'importe quel moteur donné. Plusieurs déclarations faites au cours des années

Fig. 5

montrent ce que cela signifie : "Ses premières machines avaient des dimensions mégalithiques — l'une pesait 22 tonnes. La plupart ont été réalisées par les Atlantic Works et les Delaware Iron Works, à Philadelphie, et ont été abandonnées tour à tour pour être remplacées par des modèles plus petits et plus sophistiqués. Son Générateur de 1878, sans aucun doute le mécanisme le plus puissant du monde, pesait environ trois tonnes et se dressait librement dans un espace de cinq pieds de long et de haut (environ 1m50) sur deux pieds (60cm) de large." À propos d'un autre :" Il a dû employer des tonnes de métal là où d'autres avaient seulement besoin de quelques livres." Cependant, grâce aux longues années de recherches laborieuses menées par Keely, les moteurs qui en ont résulté sont devenus plus petits et, autour de 1896, cela lui a permis de construire des appareils pas plus grands "qu'une montre d'argent à l'ancienne mode."(10)

Mais Keely n'achèvera pas son œuvre grandiose. L'appui financier si gracieusement fourni par Mme Bloomfield-Moore avait cessé des années auparavant. La raison en était qu'en 1888, son fils, Clarence

Fig. 6

Moore, l'avait privée de ses droits légaux et matériels, alors que Keely était aux prises avec les procédures judicaires contre lui. De 1895 à 1898 Keely travailla exclusivement pour la Keely Motor Company. Keely était devenu un vieil homme souffrant de la maladie de Bright et, sur une photo de lui prise à cette époque-là, on distingue deux yeux intenses brûlant dans un visage maigre. Keely est mort le 18 Novembre 1898 à 15.00 heures, dans sa demeure de Philadelphie, après avoir souffert de pneumonie pendant plusieurs semaines. Sa protectrice, Mme Clara Bloomfield-Moore, disparut quelques mois seulement après lui. On a dit que sa mort avait été un choc trop grand pour elle. Immédiatement, la curée a commencé. Clarence Moore verrouilla l'accès à l'atelier de Keely et isola celui-ci. Il s'était toujours opposé à l'appui de sa mère envers Keely et il projetait d'examiner les locaux afin de découvrir la vérité. Keely était-il un charlatan, un escroc, ou avait-il vraiment découvert une nouvelle force d'énergie éternelle ? Au même moment, un mystérieux étranger, T. Burton Kinraide, de Boston, qui s'était lié d'amitié avec Keely, avait emmené presque tous les moteurs de Keely dans son laboratoire, un endroit encore plus mystérieux, décrit par la presse de l'époque comme "grand, creusé dans de la roche solide". Il le fit à la demande de la Keely Motor Company qui se trouvait alors dans un état de total désarroi. Ses membres avaient espéré que Kinraide découvrirait le principe sur lequel les moteurs de Keely fonctionnaient. C'était, après tout, le secret de Keely, la seule chose qu'il avait

Fig. 7

gardé avec un soin extrême, bien qu'il ait sous-entendu plusieurs fois qu'il avait tout écrit. (Fig. 7)

La presse, qui était devenue de plus en plus critique au cours des années et commentait l'affaire Keely sur un ton de plus en plus cynique, n'attendit pas longtemps ses informations. Clarence Moore, aidé d'une équipe de scientifiques et d'ingénieurs, prétendit avoir trouvé la preuve de l'installation de tuyaux cachés ainsi que d'une grande sphère de fer en partie enterrée dans le sous-sol du bâtiment, ce qui pour lui et son équipe indiquait l'utilisation d'air comprimé. Keely était donc un escroc qui avait trompé pendant presque un quart de siècle de nombreux ingénieurs, scientifiques et journalistes avec ses démonstrations. Il n'y avait aucune force nouvelle, aucune source d'énergie éternelle. Il y avait seulement de l'air comprimé. Les journaux parlèrent de la recherche de l'introuvable manuscrit de Keely : ils annoncèrent qu'il devait exister quelque part sous une forme ou sous une autre, mais au bout d'un moment la piste se refroidit et le sujet quitta les pages des journaux. T. Burton Kinraide proclama qu'il avait trouvé les preuves de la tricherie ; parmi d'autres, des ressorts cachés à l'intérieur des moteurs de Keely expliquaient les actions des appareils. La Keely Motor Company exigea que Kinraide ramène les moteurs à Philadelphie, les reportages nous laissent penser que cela n'a jamais eu lieu. Le colonel Olcott, le second et l'ami de Mme Blavatsky, se retrouva dans une position embarrassante. Comment expliquer que Mme Blavatsky, qui avait cru en la réalité des découvertes de Keely — lesquelles étaient une mystification, apprenait-il maintenant —, n'avait pas été abusée ou n'était pas elle-même une mystificatrice ? Ses justifications ultérieures sont d'une lecture amusante et il faudra un autre théosophe pour démontrer que Mme Blavatsky avait eu raison, après tout. N'avait-elle pas écrit que l'on ne permettrait jamais à la découverte de Keely de tomber dans les mains des masses ? Donc tous les détails sordides de l'affaire Keely furent docilement rapportés par la presse et nous avons vu que les nouvelles ont même connu des répercutions dans les mouvements occultes souterrains. L'histoire avait prononcé son verdict et l'affaire se terminait là. Vraiment ?

Aujourd'hui nous faisons face à une possibilité impossible, une énigme fortéenne. Car le verdict était basé sur des circonstances elles-mêmes fort suspectes, dont l'exposé complet dépasserait largement le cadre de cet article — de nouveau, je dois renvoyer ceux qui s'intéressent à ce sombre chapitre de l'histoire de Keely à ma biographie —, presque tous ses moteurs ont disparu (deux seulement se trouvent à des endroits connus de nos jours), ses écrits ont disparu, il a lui-même disparu des pages d'histoire. Presque immédiatement, des rumeurs concernant cette "suppression" et une prétendue sombre conspiration ont fait leur apparition. Un Anglais y a fait allusion dans une lettre à Mme Clara Bloomfield-Moore. Concluons avec Charles Fort : "Ce qui en est véritablement sorti n'a fait aucune différence. Le tabou avait, ou a feint d'avoir, quelque chose sur quoi se baser. Presque tous les gens de toutes les époques sont hypnotisés. Leurs croyances sont des croyances inculquées. Les autorités concernées ont œuvré pour que la croyance appropriée soit inculquée et les gens ont cru correctement."[11]

NOTES :

1-Par exemple : James Webb, *The Occult Establishment, the Occult Underground* ;

Nicholas Goodrick-Clarke, *The Occult Roots of Nazism.*

2-Charles Fort, *Wild Talents,* Claude Kendall, 1932, Chapitre 32, page 342.

3-"The Keely Motor Deception", *Scientific American*, 26 juin 1875. La réponse de Keely est parue dans ce magazine et de là, comme un court article intitulé "What is claimed for the Keely Motor", *New York Daily Tribune*, 9 juillet 1875.

4-Lettre datée du 25 février 1878, dans les Archives d'Edison.

5-Ces citations sont tirées des coupures de presse non datées et non référencées dans l'exemplaire de Clara Bloomfield-Moore de son propre livre, dans lequel elle les avait collées elle-même.

6-*Lucifer*, avril 1889.

7-"The Blessings of Publicity", *Lucifer,* août 1891.

8-Stead est plus connu comme étant l'individu qui a raconté à Trevor Ravenscroft le conte terrifiant des origines occultes d'Hitler, dans *La Lance du destin* de Ravenscroft, un travail de fiction, rappelons-le.

9-*Free Energy Pioneer, John Worrell Keely,* IllumiNet Presse, 1998, ISBN 1-881532-15-1.

10-Blavatsky, *Collected Writings*, vol. XIII, page 385 ; O.M. Babcock, *The Keely Motor, Financial, Mechanical, Philosophical, Historical, Actual, Prospective*, imprimé à titre privé, Philadelphie, 1881, page 20 ; Clara Bloomfield-Moore, *Keely and his Discoveries, Aerial Navigation*, Kegan Paul, Trench, Trübner & Co, 1893, page 87.

11-Charles Fort, *Wild Talents,* Claude Kendall, 1932, Chapitre 32, page 342.

Notes de Lecture :

Jean-Pierre Deloux et Lauric Guillaud :
Atlantide et autres civilisations perdues de A à Z, 2001
ISBN 2-84608-062-3 Editions e-dite, 6 place de la Madeleine, 75008 Paris.

Dissipons tout risque de malentendu : l'amateur de grands mystères se doit d'acquérir cet ouvrage superbement illustré proposé à un prix raisonnable (33,54 euros), car il y trouvera largement son compte. Mais cela ne signifie pas qu'il soit à l'abri de la critique.

Les auteurs ont cherché, sous la forme d'un dictionnaire encyclopédique, à brosser un vaste panorama des mondes perdus, dans les domaines scientifique, pseudo-scientifique, ésotérique, artistique, littéraire, cinématographique, etc. Un dictionnaire du seul mythe de l'Atlantide aurait déjà constitué une tâche immense : s'attaquer d'emblée à l'ensemble des mondes perdus n'était sans doute pas une entreprise raisonnable.

Il en résulte un plan un peu confus, des incertitudes dans les références (dates et titres demandent parfois à être vérifiés), et des entrées souvent frustrantes, voire bâclées, ou même franchement scandaleuses : les auteurs se plaignent, par exemple, que "l'ésotérisme nazi soit un sujet tabou" (p.113, dans la grotesque entrée "Fausse Atlantide"), mais au lieu de le traiter avec sérieux, ils se contentent de répéter les fumisteries que l'on rencontre dans les ouvrages d'ésotérisme populaire de bas étage (p.140, on apprend que "Hörbiger accorda plusieurs entretiens à Hitler qui ne manquait jamais de l'interrompre", sans que les auteurs nous indiquent les sources historiques de cet extraordinaire témoignage, et par pitié, que l'on ne nous ressorte pas à l'appui les cocasses affabulations du *Matin des magiciens*). On ne peut pas à la fois se plaindre qu'un sujet ne soit pas considéré avec sérieux, et le traiter soi-même avec une telle désinvolture.

Ce qu'il nous faut espérer, c'est que Jean-Pierre Deloux et Lauric Guillaud remanient et complètent le travail existant, honorable mais insatisfaisant, et nous offrent dans quelques années une véritable somme, qui pourra enfin servir d'ouvrage de référence.

Joseph Altairac

Renan Pollès : *La momie de Khéops à Hollywood*, 2001
ISBN 2-85917-303-X Les Éditions de l'Amateur, 25 rue Ginoux, 75015 Paris.

Depuis quelques années, les "Fantastic four" (entendons par là ces quatre figures clé de l'univers fantastique que sont le Vampire, la Créature, le Loup-garou et la Momie) ont été l'objet d'études régulières. Au vampire ont été consacrés un cahier de l'Herne, le collectif "Visages du Vampire", 1999 (dir. Barbara

Sadoul) et un colloque de Cerisy (les 2 chez Dervy), à la Créature de Frankenstein une partie d'un récent numéro (11) de la revue *Otrante* sur l'homme artificiel et le n° 12 des cahiers Forell, le loup-garou, quant à lui, a été honoré, encore par Barbara Sadoul, de 2 anthologies (*Gare au garou*, librio, 2000 et *Le Bal des loup-garous,* Denoël, 1999).

La momie serait-elle la parente pauvre du terrible quadrige ? En effet, outre une anthologie dirigée, dans la défunte "Bibliothèque du fantastique" du Fleuve Noir, par Xavier Legrand-Ferronière, personne pour tenter de percer, entre les jalousies délicatement entrebaillées de ses bandelettes jaunies, le mystère de sa confection, la survivance de son mythe.

Enfin Pollès vint.

Documentariste (un film entre autre sur feu Maurice Limat), spécialiste d'Égyptomanie, Renan Pollès vient en effet de consacrer à la funèbre demoiselle un maître-livre, une somme vertigineuse d'érudition que publie les éditions de l'Amateur. Ce qui, outre la masse d'informations et d'illustrations qu'il recèle, fait le prix de ce livre, c'est l'analyse de l'évolution historique du regard sur la momie. On la suit en effet des arrière-boutiques des apothicaires médiévaux jusqu'au studio d'effets spéciaux hollywoodiens, en passant par les cabinets d'archéologie et de curiosité, les salons mondains ; on la voit investie par la littérature puis par ces publications populaires que sont pulps et comics.

Réduite en poudre puis ingérée, la momie est d'abord considérée comme un remède, une entité aux pouvoirs salvateurs. Elle quittera ensuite les officines pour gagner les magasins d'antiquités et accéder au statut décoratif que lui confèrent les égyptomaniaques des Lumières.

Le XIXe siècle sonne l'âge d'or de la momie. En effet, la conquête d'Égypte et la naissance de l'Égyptologie confère à la momie une valeur non seulement esthétique mais également un statut de vestige archéologiques. La littérature romantique s'en empare (Théophile Gautier et son *Roman de la momie* mais aussi Beckford et Poe) , inaugurant une tradition littéraire qui court jusqu'à aujourd'hui (tous les grands auteurs fantastiques et de science-fiction sont venus lui faire des civilités : Stoker, Boothbie, Sax Rohmer, Lovecraft, Bloch, Bradbury, Ann Rice, etc.). Rival dans cette course-poursuite, le cinéma américain, depuis Karl Freund et Boris Karloff jusqu'à la récente séquelle, achève de faire la momie un archétype fantastique.

Ce que montre avant tout Renan Pollès, c'est l'évolution de ce que l'on pourrait appeler, en utilisant le concept malraucien de métamorphose, la métamorphose de la momie, son passage d'objet doté de pouvoir thérapeutique et magique à celle d'entité artistique et d'objet culturel. La momie, passant des mains des médicastres médiévaux à celle des esthètes, puis de celles des fouisseurs de sable à celle des feuilletonistes et des cinéastes, subit une transmutation symbolique réelle. De substance elle devient mythe, perdant en pouvoir ce qu'elle gagne en fascination.

Une maîtresse-somme à acquérir de toute urgence par tous les amateurs de mythologie et de Fantastique.

François Angelier

Michel Meurger :
Histoire naturelle des dragons, 2001
ISBN 2-84362-109-7 Terre de Brume Éditions, Rennes.

Le titre provocateur de l'ouvrage de Michel Meurger est bien fait pour intriguer le curieux, autant que le chercheur, car associer comme il le fait l'histoire naturelle et le dragon, animal mythique par excellence, est une idée pour le moins paradoxale.

Michel Meurger fait partir l'histoire de son dragon du "drakon" des anciens grecs, lequel n'est qu'une grande couleuvre. L'on sait à quel point le serpent est représenté dans l'imaginaire, des serpents d'Esculape, le dieu de la médecine, au serpent de la Genèse en passant par ouroboros le serpent qui est censé représenter l'univers cyclique en se mordant la queue. Ne dit-on pas que la mère d'Alexandre le Grand, reine mais aussi prêtresse, étant épiée par son mari Philippe par un trou de serrure occupée à manipuler un serpent sacré, l'indiscret fut puni par la perte ultérieure de l'œil coupable. Michel Meurger semble privilégier cette piste en helléniste convaincu, et peut-être, par simplification pour l'exposé de sa thèse, car c'en est une. Pour Meurger donc, le mythe se développe à partir du serpent classique dont l'image est déjà très forte dans notre représentation du monde. Le serpent n'a pas de pattes (qu'il a perdues au cours de l'évolution et que l'on va s'empresser de lui redonner sous sa forme dragon), il tue assez mystérieusement ses victimes en leur injectant un venin, qu'il peut aussi cracher à la face de son adversaire comme le fait une variété de cobras, il avale des proies plus grosses que lui en se distendant les mâchoires, il dort sous la terre à la mauvaise saison (et l'on verra que ce refuge souterrain à de l'importance dans notre histoire), il porte écailles en lieu et place de plumes ou de poils, paraît froid au toucher, bref le serpent a tout pour mériter la place privilégiée qu'il occupe dans les mythes du monde entier. C'est précisément là que le lecteur commence à s'interroger... pour quelle raison le dragon chinois, si abondamment représenté dans l'art d'Asie et dont les anciens ont pu prendre connaissance assez tôt avec les objets en provenance du commerce, est-il si peu évoqué dans le livre de Meurger ? D'autre part, le serpent à plumes mexicain, Quetzalcoalt, lui non plus, ne figure pas dans cette étude. La raison la plus probable, en dehors du fait qu'il n'est pas possible d'être exhaustif, réside dans le fait que ces dragons exotiques ne sont pas nécessaires pour la démonstration de Michel Meurger. En effet, celui-ci expose que le dragon occidental s'est formé, au cours des âges, à partir d'éléments pris dans le monde animal pour constituer une chimère au sens vrai du terme, le dragon devenant un animal composite présentant les caractères les plus divers et les plus contradictoires tels que : plumes, poils, écailles, cornes. Il est aptère ou volant, bipède, quadrupède, etc. Le dragon peut être venimeux ou cracher des flammes (ce qui est peut-être une symbolisation de l'effet "brûlant" du venin de certains serpents, on se demande bien à quand remonte cette étrange particularité du dragon ...cracher des flammes), il porte une pierre aux vertus médicinales, la draconite, comme le bézoar issu des entrailles du chamois mais en plus spectaculaire, et il pond des œufs. A ce sujet, on peut ajouter que des oursins fossiles étaient considérés comme des oeufs de serpents par les anciens et figuraient déjà comme objets magiques à l'époque gauloise.

Pour Michel Meurger, il est clair que le dragon correspond à un besoin de merveilleux chez l'homme, et que ce besoin précède la construction de l'animal fabuleux et n'en dérive pas. En effet, Michel Meurger réagit, tout du long de son livre, contre ce qu'il appelle l'"évhemerisme". L'on sait que Evhémère, philosophe grec, créateur de ce que l'on peu appeler le réductionnisme, s'était efforcé de ramener les mythes grecs anciens aux souvenirs déformés, par le temps et l'imagination, de grands hommes ou d'événements des temps passés. Cette démarche précède immédiatement celle du rationaliste moderne qui abouti, pour sa part, à une négation pure et simple du merveilleux, mais aussi du divin. Prosper Alfaric, prêtre défroqué et défunt président de l'union rationaliste ne disait-il pas de Dieu : "Cette chimère qui pétarade dans le vide." Dans cette conception, l'évhemerisme n'est qu'un alibi, rapidement désespéré, de notre besoin de merveilleux pour préserver, à tout prix, le mythe ; car comme le disait un psychanalyste : "Nous avons besoin des monstres".

Soit dit en passant, Meurger fait peut-être un sort trop rapide à l'évhemerisme. Il cite dans son livre Hérodote, qui relate avoir vu du côté de l'Égypte des ossements étranges, lui ayant fait penser que des serpents volants hantaient la région. Hérodote insiste sur les épines dorsales des restes osseux observés. Pour celui que l'on a appelé le Père de l'Histoire, il s'agissait là de restes d'ailes. Sans être nécessairement des os fossiles de ptérodactyles, ces os auraient pu tout aussi bien être ceux d'animaux disparus dont l'épine dorsale arborait une sorte de voile servant de régulateur thermique pour autant que nous le sachions. Des animaux présentant ce type d'ornement fonctionnel ont existé aussi bien à l'ère primaire, qu'à l'ère secondaire. Les spectateurs de la dernière mouture cinématographique de "Jurassique Park" ont pu en admirer un superbe exemplaire, effrayant à souhait. Des fossiles, d'herbivore, comme l'ouranosaure ou de carnivore, comme le spinosaure, sont précisément exhumés des régions dont parlait Hérodote. Le dragon existe de toute antiquité que ce soit dans les récits d'Homère, ceux d'Apollonios de Thyane (selon son biographe: Philostrate) ou les textes bibliques. Le dragon était un emblème militaire romain ; les légions avaient pour enseigne une tête d'argent à gueule ouverte avec une manche d'étoffe flottant et se gonflant au vent. Il est de tous les pays. On le trouve en Inde, en Chine, en Afrique, en Europe. Le besoin qu'a l'homme de recourir à l'animal dans sa représentation du monde, s'exprime particulièrement dans l'animal fantastique dont le dragon est le plus bel exemple.

Pour en revenir à la démonstration de Michel Meurger, celui-ci s'attache particulièrement au dragon suisse, dont il retrace toute l'histoire au cours des siècles en faisant preuve d'un souci de précision rarement égalé, s'appuyant systématiquement sur des références bibliographiques, témoignant d'un travail de recherche considérable et d'une érudition hors pair. Meurger expose comment les naturalistes, à partir de la Renaissance, se sont efforcés pour des motifs aussi divers que la justification des Saintes Écritures, le chauvinisme local ou l'investigation parfaitement légitime du chercheur, d'identifier l'animal mythique dont nombre de chasseurs, voyageurs, saints, héros nationaux, s'étaient fait les témoins prétendus véridiques. Meurger explique fort bien comment une histoire est accréditée par une profusion de détails qui font "vrai" dans la relation d'une rencontre, souvent dramatisée, avec un dragon. Les évhemeristes vont avoir fort à faire pour identifier un animal composite comme le dragon, hantant, lui, une région montagneuse et fraîche comme la Suisse, qui n'est pas semble-t-il le meilleur habitat possible pour un grand reptile inconnu de la science. Il est parfaitement établi que les cavernes de Suisse, Autriche, et autres régions (que l'on pense à la célèbre Colline du Dragon — Choukoutien — en Chine) ont abrité, et abritent encore, des ossements de plantigrades de grande taille comme l'ours des cavernes, mais aussi de bien d'autres animaux, en parfois si grande quantité que l'on a pu les utiliser comme engrais dans le passé. Il est évident que les rares téméraires de l'époque à s'aventurer sous terre ne pouvaient qu'imaginer les êtres fabuleux qu'avaient du être les créatures disparues. De là à les croire encore vivants, cachés quelque part, dans un lac de montagne par exemple ou dans les entrailles d'un monde souterrain, il n'y avait qu'un pas, que de nombreux prétendus témoins et chercheurs spéculatifs ont franchis sans hésiter, et ceci, jusqu'à nos jours. Les savants du temps, comme Athanasius Kircher au 17e siècle, ne pouvaient pas admettre que tant de témoins, souvent réputés fiables, aient pu rapporter autre chose que des faits, plus ou moins déformés certes, mais réels. Si l'on ne tient compte que de l'aspect zoologique, les restes de fossiles : crânes d'ours, mais aussi de rhinocéros laineux en Europe centrale, fossile d'ichtyosaure (dont la grande nageoire dorsale a pu faire penser à une aile), le tout renforcé par la présence de crocodiles empaillés conservés dans les cabinets de curiosités, et de la rencontre avec de grands serpents pouvant atteindre 2 mètres, et plus, dans nos régions ; des récits de voyageurs faisant état de grands lézards terrestres comme le varan que l'on trouve même en Afrique du Nord ou de grands pythons dans des régions plus tropicales, tout ce matériel était propre à accréditer la thèse de l'existence du dragon. Il ne faut pas oublier non plus, les chimères fabriquées par des faussaires plus ou moins habiles à partir de raies entre autres. J'ai eu l'occasion d'acquérir en 1971 deux hommes marins en provenance de Madagascar qui se révélaient, à l'examen, de simples raies découpées de façon à créer l'illusion. Le plus beau, est que l'un de ces hommes marins figurait en bonne place dans un ouvrage de l'Encyclopédie Planète : *Les faits maudits* (1967) en page 152 avec le commentaire "Un spécimen très rare d'homme poisson". J'ai pu admirer en 1979, dans la collection d'un antiquaire de Bourbon Lancy, la sirène présentée au public au 19e siècle par le cirque Barnum. Le spécimen avait été fabriqué avec un corps de thon, associé à un corps de singe.

Il ne faut pas accuser trop vite de crédulité les anciens naturalistes. Les récits de rencontres avec des animaux étranges se rencontrent encore aux 19e et 20e siècles. Le Tatzelwurm, reptile hypothétique des Alpes, trouve toujours crédit auprès de certains cryptozoologues. Que le tatzelwurm puisse être un lézard de type héloderme, venimeux et relativement grand comme le "monstre de gila" au Mexique, n'a rien qui puisse choquer tellement le naturaliste et encore moins le Fortéen. La chimère existe dans le monde animal avec l'ornithorynque d'Australie, animal qui porte un pelage, pond des oeufs, possède un bec de canard, des ergots venimeux, une queue écailleuse, vit dans l'eau, et allaite ses petits. Il n'y a nul doute que si l'ornithorynque atteignait une grande taille, il n'eut trouvé sa place dans le bestiaire fantastique. Cette extraordinaire créature composite n'a pas été acceptée sans réticences par le monde savant. Je me demande ce qu'en dirait Michel Meurger s'il restait encore à découvrir. D'autre part, celui-ci évoque, en passant, l'hypothèse hallucinatoire. Celle-ci mériterait d'être davantage prise en considération. L'absorption d'une certaine liane d'Amazonie, ferait voir à son consommateur des ...serpents, et l'on sait que les singes qui l'absorbent (selon les auteurs de *Les plantes des dieux*, Berger Levrault) se mettent à hurler comme hurlaient les Scythes d'Hérodote après avoir consommé un autre type de drogue. Les guerriers vikings, les fameux berserkirs (chemises d'ours), pouvaient aussi recourir à l'intoxication au moyen de champignons hallucinogènes au point de mordre le bord de leurs boucliers dans des crises de fureur meurtrières, lors des combats. On peut se demander si le drakkar nordique avec sa voile (l'aile du dragon ?), sa figure de proue et son profil bas sur l'eau, n'a pas lui aussi influencé la représentation médiévale du dragon. Une figure rupestre préhistorique trouvée en Suède, représente déjà une barque longue dont l'aspect, ancêtre de celui des drakkars, peut faire penser à quelque serpent fantastique. Le rapprochement est d'autant plus légitime que certains drakkars étaient appelés Snelkja (serpent) ou Drekiskip (dragon). Le grand drakkar d'Olafr Tryggvason, roi de Norvège, s'appelait, lui, Ormen Lang (le grand serpent). Un poème ne dit-il pas, selon la traduction un peu énigmatique de Yves Kodratoff, "Arrive en volant un dragon sombre, serpent brillant, venant d'en bas depuis Nidafjöll ; Il porte sur ses plumes — planant sur la plaine — des cadavres, Nidhöggr. Maintenant elle va se faire rare." Il faut relever que certains érudits contestent l'appellation drakkar qui serait, selon eux, d'origine non scandinave. Le serpent pour les Vikings, c'est l'Ormrr (ver, vermine) et le drakkar, bateau de guerre, à ne pas confondre avec le Knörr, navire de commerce, était généralement et plus simplement appelé langship (bateau long). Il est regrettable que Michel Meurger ne se soit pas attaché au dragon scandinave, ceci d'autant plus qu'il cite des témoignages contemporains, tout à fait étonnants, en provenance de ces régions.

Les naturalistes, vont devoir affronter un aspect beaucoup plus difficile à intégrer que des faits d'une possible nature zoologique : le dragon prend un aspect tempêtaire, c'est-à-dire, qu'il est souvent associé à des manifestations atmosphériques que, avec la meilleure volonté du monde, il est difficile d'attribuer à un animal, à moins d'admettre que celui-ci ne relève d'une tout autre nature — diabolique, celle là. Le diable n'est-il pas appelé serpent ou encore dragon ? Il y a là un pas que quelques-uns uns n'hésiteront pas à franchir, tout comme aujourd'hui certains ufologues en sont arrivés à redécouvrir la démonologie après avoir, eux aussi, connu leur époque évhemeriste avec des explications beaucoup plus prosaïques du phénomène OVNI.

On peut relever également que les ufologues s'intéressent à des récits décrivant des animaux ayant tout l'aspect de chimères comme le chupacabras de Porto Rico. D'autres créatures fabuleuses sont prétendument vues dans des régions allant des jungles indonésiennes aux profondeurs marines. Parmi les plus crédibles, on pourrait citer l'Oiseau de tonnerre en Amérique du Nord, bien connu des lecteurs fortéens avec son envergure pouvant atteindre 7 à 8 mètres, et le requin gigantesque de 15 mètres de long. Ces deux candidats ont l'avantage d'avoir eu des prédécesseurs parfaitement authentiques dans la préhistoire et leur éventuelle survie serait moins surprenante, pour le naturaliste, que celle du cœlacanthe. Pour résumer, l'ouvrage de Michel Meurger comporte tant de références et soulève ou résout, tant de problèmes, qu'il faudrait lui consacrer une étude plus volumineuse que le livre lui-même. Il n'y a pas d'autre recours que de l'acquérir au plus vite et de s'en faire une idée personnelle. Cette œuvre, magistrale, restera un ouvrage de référence pour le chercheur et l'érudit. Elle eût mérité une plus grande diffusion, mais l'obtiendra peut-être un jour. Un paléontologue aussi estimé qu'Éric Buffetaut, du CNRS, lui a consacré un article très élogieux dans la prestigieuse revue scientifique *Pour la Science* de novembre 2001, en ne relevant que deux inexactitudes, sans conséquences, dans les références bibliographiques à propos de paléontologie; ce qui, soit dit en passant, montre assez la rigueur du travail de Michel Meurger qui n'est pas, quant à lui, un paléontologue de métier.

Pour conclure, il n'est pas de meilleure formule que de citer Michel Meurger lui-même (page 11) : "Les ailes du dragon sont trop vastes pour trouver place entre les couvertures d'un seul livre".

Didier Leroux

Patrick Mensior :
L'Extraordinaire Secret des Prêtres de Rennes-le-Château, 2001
ISBN 2-9516149-77. Editions Les 3 Spirales, B.P. 5, 38970 Corps.

Avec cet ouvrage s'achève la production éditoriale de l'année 2001 sur notre Mythe Favori, celui de Rennes-le-Château bien sûr... Et il s'agit d'une grande cuvée, une étude critique à placer aux côtés de celles de Pierre Jarnac [1] et de Vinciane Denis [2]. L'investigation est menée en deux étapes :

- la première, selon un schéma connu (cf notamment Vinciane Denis), consiste à reprendre la "belle histoire", point par point, et de mettre au regard des affirmations des propagateurs du mythe ce que l'on sait effectivement (et ce qui n'a jamais été prouvé). Une typographie adéquate (l'analyse critique est en italique) rend la lecture particulièrement aisée et agréable. Le constat est une nouvelle fois édifiant ; que ce soit au sujet des éléments "romantiques" de la vie de l'abbé Saunière ou au sujet des fameux parchemins découverts par le prêtre, tout est faux ; il ne nous reste que les fruits de l'imagination de Gérard de Sède [3] ou des "mystifications" de Plantard-de Chérisey... Mais ce livre n'est pas seulement un ouvrage de debunking pur et dur !

- la seconde partie, en effet, va reprendre l'étude du seul élément à peu près incontestable de cette saga, à savoir la stèle (verticale) de la tombe de Marie de Nègre Dable ; incontestable parce que reproduite dans un document d'Elie Tisseyre de 1906. Le travail de Patrick Mensior, à base d'observations géométriques, est assez simple à suivre et ne fait appel à aucune considération ésotérique... Et nous lisons avec lui le message suivant : *"le trésor est dans l'église Marie-Madeleine de Rhedae"*...

On l'aura compris, nous sommes sur la piste dite Bigou, prédécesseur de Saunière qui aurait reçu en confession le secret de la Dame de Blanchefort et l'aurait codé, afin de le préserver des ardeurs révolutionnaires et de le léguer à l'un de ses successeurs. L'auteur montre ensuite que toute la réécriture contemporaine de l'histoire de RLC, notamment par le biais des manuscrits de Philippe de Chérisey, fait appel à ce décryptage afin de l'inclure dans une perspective historique beaucoup plus large et assurément fort douteuse. Il nous livre également d'intéressants commentaires sur le cryptogramme de de Sède, dit cryptogramme du Sôt-Pêcheur, document au demeurant peu étudié, et ce pour l'inscrire dans la même démarche. Sont en revanche balayées toutes les interprétations mystiques de la décoration de l'église de RLC (des objets commandés sur catalogue à la maison Giscard de Toulouse), ainsi que tous les travaux visant à voir dans le livre de l'abbé Boudet d'indicibles secrets. *La vraie langue celtique ou le cromlech de Rennes-les-Bains* est considéré comme le travail d'un grand érudit, membre de la Société de Linguistique, et auteur de contributions fort savantes dans la *Revue des Questions Historiques* (beaucoup de documents inédits nous sont présentés, et notamment une étude très fouillée des périodiques espagnols de linguistique)… Erudit, mais original… Il y a peut être un secret caché dans cet ouvrage, mais force est de constater que personne n'a jamais rien trouvé.

Au total, un livre tonique, qui remet utilement les idées en place sans occulter le seul point évident de l'affaire de RLC, puisqu'il est signé de la main même de Saunière : *"Lettre de Granès. Découverte d'un tombeau. Le soir pluie"* (21 septembre 1891).

Je reprends, pour terminer, le résumé des conclusions de l'auteur :

1) Les messages livrés par l'épitaphe de la stèle de Marie de Nègre d'Able nous ont principalement appris que : "Le trésor est dans l'église".

2) Le petit manuscrit nous a livré le même message, obtenu avec la même clé.

3) Dans son journal personnel, l'abbé Saunière a lui-même consigné la découverte d'un tombeau dans son église.

4) Des témoignages de l'époque nous ont appris que le curé était entré en possession de documents découverts au cours de travaux dans l'église.

5) La dernière pièce de notre analyse est le cryptogramme. Il nous dirige, une fois encore, vers l'église Sainte-Marie Madeleine.

Philippe Marlin

NOTES :
1-*Histoire du trésor de Rennes-le-Château*, Belisane, 1998.
2-*Rennes-le-Château, le trésor de l'Abbé Saunière*, Marabout, 1996.
3-*Le trésor Maudit de Rennes-le-Château*, J'Ai Lu, 1967.

Claude-Sosthène Grasset d'Orcet :
Histoire secrète de l'Europe
Tome 1, 2000, ISBN 2-84608-003-8 et Tome 2, 2001, ISBN 2-84608-022-4.
Éditions e-dite, 6 place de la Madeleine, 75008 Paris.

Il faut saluer les Editions e-dite qui ont entrepris de publier les œuvres d'un auteur du 19e siècle bien oublié aujourd'hui, Claude-Sosthène Grasset d'Orcet qui connut la célébrité à son époque, en particulier pour ses travaux d'archéologie à Chypre.

Grasset d'Orcet, né en 1828, appartient à cette lignée de voyageurs aisés et érudits qui redécouvrent, au cours de leurs pérégrinations dans les pays du pourtour méditerranéen, les anciennes civilisations disparues. Il s'établit à Chypre où il procède à des fouilles, il sera même à l'origine du premier fonds cypriote du Musée du Louvre. Lorsqu'il rentre en France en 1865, après 15 ans de voyages, il est ruiné et se met à écrire pour diverses revues. Jusqu'à la fin de sa vie (il meurt en 1900) il écrira plus de 700 articles sur les sujets qui le passionnent : politique, histoire, diplomatie, analyses des idées et surtout les aspects inconnus de l'histoire, que ce soit au niveau des idées ou des hommes.

Dans ces deux premiers tomes, Jean-Pierre Deloux a commencé à réunir les nombreux articles, parus dans diverses revues dont la *Revue Britannique* entre 1880 et 1900, qui représentent l'exposition des idées de l'auteur sur l'histoire secrète de notre continent. Utilisant comme base de ses travaux le langage des oiseaux, cette cabale phonétique qui aurait donné naissance aux divers argots utilisés par les corporations et qui serait la clef de la lecture de l'œuvre de Rabelais, il développe une histoire cachée qui repose sur la lutte pour le pouvoir en Europe, depuis des siècles, entre deux partis/sociétés secrètes, l'un aristocratique, l'autre populaire : ils sont connus selon les époques, d'après Grasset, sous le nom de guelfes et gibelins, de ménestrels de Morvan et de Murcie. En fonction du moment, chacune de ces deux sociétés secrètes crée des organisations afin de servir ses buts : Templiers, Gouliards, Armagnacs et Bourguignons, Jésuites, Maçons etc... La mission de Jeanne d'Arc est un épisode de cette lutte, l'expansion du Portugal et son empire colonial grâce à l'ordre du Christ en est un autre.

Les alliances familiales représentent un autre aspect de cette lutte : les articles de Grasset sur les fiançailles d'Elisabeth d'Angleterre ou le second mariage de Napoléon sont étonnants. Grâce à des étymologies parfois surprenantes, et qui font irrésistiblement penser à celles de l'abbé Boudet dans un autre domaine, il établit des liens généalogiques incroyables : par exemple, Bonaparte était lié par le sang aux grandes dynasties familiales byzantines des Comnènes et des Paléologues ainsi qu'aux Capétiens et aux Bourbons, sans compter dans son ascendance maternelle Attila et Mahomet. Il faut aussi lire ce qu'il écrit sur les Bourbons des Indes ou la survivance de Louis XVII au Canada.

On le voit, Grasset est un auteur provoquant et fascinant, d'une érudition rare. Certes, sa lecture est ardue et l'on peut regretter que les articles ne soient pas publiés par ordre chronologique afin de faciliter la compréhension de l'évolution de sa pensée et de ses idées. Comme le souligne Jean-Pierre Deloux dans sa préface au Tome 2, "Même si certaines des idées émises par Grasset d'Orcet se révèlent fausses ou erronées, il est important qu'elles nous incitent à réfléchir sur la matière même de l'histoire et la fiction qu'elle implique nécessairement." Nous ne pouvons que l'approuver et attendre avec impatience les volumes suivants.

Jean-Luc Rivera

Dans la même collection, tout aussi passionnants, Claude-Sosthène Grasset d'Orcet : *Archéologie Mystérieuse* Tome 1, 2000, ISBN 2-84608-004-6, et Tome 2, 2001, ISBN 2-84608-033-X.

Jean-Paul Ronecker :
B.A.-BA Monstres Aquatiques, 2000, ISBN 2-86714-211-3 ;
B.A.-BA Animaux Mystérieux, 2000, ISBN 2-86714-211-3 ;
B.A.-BA Monstres, 2001, ISBN 2-86714-251-2.
Editions Pardès, 9 rue Jules Dumesnil, 45390 Puiseaux.

Les deux premiers volumes cités constituent une très bonne présentation synthétique de la cryptozoologie. Ils sont destinés à un public qui veut se familiariser avec les différents animaux observés par des témoins sur terre, dans la mer et dans les airs.

Le premier ouvrage aborde le problème des monstres aquatiques. Un long chapitre introduit les nombreuses variétés de serpents de mer et autres animaux étranges qui semblent parcourir les océans : crocodiles géants, cétacés primitifs, survivance du mégalodon, calmars et poulpes géants. L'auteur étudie ensuite les monstres lacustres à travers le monde, y compris le monstre du Loch Ness, puis la question des dinosaures survivants en Afrique et ailleurs. Il choisit, pour illustrer son propos, des témoignages connus et des cas qui le sont beaucoup moins dans le public francophone. Il consacre plusieurs pages aux diverses représentations de dinausoriens qui semblent montrer la coexistence de l'homme et des dinosaures, utilisant les figurines d'Acambaro ou les pierres gravées d'Ica ainsi que l'épée découverte près de Tucson (Arizona).

Le second volume, *B.A.-BA Animaux Mystérieux*, est consacré aux animaux terrestres. Après avoir considéré les varans géants autres que ceux de Komodo et les serpents de taille immense observés dans la jungle amazonienne ou en Afrique, il décrit les différentes "vagues" de "bêtes", principalement françaises, qui ont été rapportées aux 18e, 19e et 20e siècles, sans oublier les innombrables observations de félins mystérieux en Grande-Bretagne. Il passe aussi en revue la survivance possible du mammouth et des paresseux géants ainsi que tous les êtres volants curieux, allant des ptérosauriens aux oiseaux gigantesques. Il termine par un panorama des hominiens de toutes sortes qui peuplent les forêts d'Amérique du Nord et d'Asie ainsi que d'Afrique. Jean-Paul Ronecker n'hésite pas à aborder des sujets presque tabous comme celui de l'hybridation homme-singe, citant des cas malheureusement peu documentés historiquement comme celui de Chine en 1939 ou de Vichy en 1897.

Le troisième livre, *B.A.-BA Monstres*, est le complément indispensable des deux premiers. En effet, l'auteur y passe en revue tous les monstres des différentes mythologies, légendes et démonologies. Il examine aussi tous les produits de la tératologie animale et humaine, sans oublier les "monstres extra-terrestres". Une petite annexe, très distrayante, permet de se familiariser avec les représentations de monstres au cinéma, dans les illustrations de pulps et dans les maquettes. Ce livre permet de réaliser l'ampleur de l'imaginaire humain et les différences de représentation et de description par rapport aux diverses créatures présentées dans les autres ouvrages.

En conclusion, ces trois livres, agrémentés d'une bonne iconographie et de bibliographies permettant au lecteur d'approfondir les points qui l'intéressent, permettent, pour un prix modique, de survoler l'étendue du domaine de la cryptozoologie actuelle.

Jean-Luc Rivera

Dans la même collection, sur un sujet fortéen très différent :
Jean-Paul Ronecker : *B.A.-BA Lutins*, 2000, ISBN 2-86714-232-6
Anne-Laure d'Apremont : *B.A.-BA Fées*, 2001, ISBN 2-86714-191-5

L'ouvrage de Jean-Paul Ronecker est une présentation du Petit Peuple et de ses différentes variétés. Celui d'Anne-Laure d'Apremont se concentre sur les fées, avec deux chapitres particulièrement intéressants sur les observations de fées contemporaines. (JLR)

Autres ouvrages reçus :

Gildas Bourdais : *OVNIS : La levée progressive du secret*, 2001, ISBN 2-912507-38-3 JMG Editions, 8 rue de la Mare, 80290 Agnières.

Comme tous ses ouvrages précédents, une très bonne présentation synthétique et minutieuse de l'état actuel de l'ufologie dans le monde et plus particulièrement en France et aux États-Unis, pays que Gildas Bourdais connaît fort bien. Plusieurs chapitres sont consacrés à la question des crashes d'OVNI et plus particulièrement à celui de Roswell, avec un exposé objectif des arguments pour et contre ainsi que de toutes les questions annexes (MJ-12, film de l'autopsie). Un livre à lire par tous les ufologues, qu'ils soient ou non d'accord avec les conclusions de l'auteur. (JLR)

Sarah Finger :
La mort en direct, Snuff movies, 2001
ISBN 2-86274-866-8
Le Cherche Midi Editeur,
23 rue du Cherche Midi, 75006 Paris.

Le premier ouvrage en français qui fasse le point sur une légende urbaine très répandue : celle des snuff movies, ces films clandestins tournés pour satisfaire de riches pervers, en filmant en direct des scènes de viols et de tortures suivies de meurtres. L'auteur fait un tour complet de toutes les rumeurs, remontant aux sources. (JLR)

Jean Pollion :
UMMO De vrais extraterrestres !, 2002
ISBN 2-940045-11-9
Editions Aldane,
Case Postale 100, CH-1216 Cointrin, Suisse.

Sous un pseudonyme significatif, l'auteur se livre à une étude exhaustive et troublante du langage des Ummites, ces extraterrestres qui seraient arrivés en France en 1950 puis installés en Espagne. Un ouvrage complexe et fascinant sur un sujet qui soulève les passions, accompagné d'un CD comprenant les dictionnaires établis par l'auteur. (JLR)

Jean Roche :
Sauvages et velus, 2000
ISBN 2-911525-45-0
Editions Exergue, Chambéry.

Depuis près de dix ans, il n'y avait plus eu en France de livre disponible sur le sujet controversé des hominidés. Il faut féliciter Jean Roche d'avoir eu le courage d'écrire ce livre qui présente un tour du monde des différents êtres d'apparence plus ou moins humaine observés depuis des siècles et des traces qu'ils ont pu laisser. La dernière partie est consacrée à l'impact du thème dans la littérature et les BD. (JLR)

Présentation des auteurs

Joan d'Arc est la co-éditrice du magazine américain *Paranoia : The Conspiracy Reader*. Elle a écrit deux livres : *Phenomenal World* et *Space Travelers and the Genesis of the Human Form*, tous deux publiés aux U.S.A. par The Book Tree, P.O. Box 724, Escondido, CA 92033, www.thebooktree.com. Elle peut être contactée par le site web de son magazine :
 http://www.paranoiamagazine.com/

Vicente-Juan Ballester Olmos est né à Valence (Espagne) en 1948. Il enquête sur le phénomène OVNI depuis 1966 et a écrit plus de 300 articles et essais dans de nombreuses revues ufologiques espagnoles, britanniques et américaines Il est Vice-Président et Directeur de la Recherche de la Fundación Anomalía (fondée en 1997) et le représentant ou le consultant de diverses organisations ufologiques : MUFON Inc, J. A. Hynek CUFOS, Society for Scientific Exploration, NARCAP, RIAP, *European Journal of UFO and Abduction Studies*, etc. Il est l'auteur de plusieurs livres : *OVNIS: El fenómeno aterrizaje* (1978,1979,1984), *Los OVNIS y la Ciencia* (avec M. Guasp, 1981,1989), *Investigación OVNI* (1984), *Enciclopedia de los encuentros cercanos con OVNIS* (avec J.A. Fernández, 1987), *Expedientes insólitos* (1995). Il peut être joint à : Apartado de Correos 12140, 46080 Valencia, Espagne.
E-mail: ballesterolmos@yahoo.es.

Ricardo Campo Pérez est titulaire d'une licence de philosophie et prépare une thèse de doctorat à l'Université de La Laguna (Tenerife) sur les mouvements millénaristes et les superstitions contemporaines qui inclura une partie consacrée à la croyance dans les visites d'extraterrestres sur la Terre. Il a fait de nombreuses conférences ufologiques et collabore activement avec les médias des Canaries. Il fait partie de la Fundación Anomalía. Il peut être joint à : rcampo@teleline.es

Pascale Catala, licenciée en Psychologie et en Informatique, s'est impliquée depuis une vingtaine d'années dans des associations liées à la parapsychologie (GERP, SAIMI, OR3P, CENCES), a participé à la rédaction de *La revue de Parapsychologie* et de *RFP : La Revue Française de Parapsychologie*.

Loren Coleman est l'un des cryptozoologues les plus connus dans le monde, parcourant tous les états des États-Unis, le Canada, le Mexique, l'Écosse et les Îles de la Vierge pour interroger des témoins. Il a suivi des cours d'anthropologie sociale et de sociologie et travaille avec les services sociaux de l'État du Maine. Outre ses activités de consultant pour des émissions de télévision, il a écrit, depuis 1969, plus de 300 articles et de nombreux livres : *The Unidentified* (avec Jerome Clark, 1975),

Creatures of the Outer Edge (avec Jerome Clark,1978), *Mysterious America* (1983), *Curious Encounters* (1985), *Tom Slick and the Search for the Yeti* (1989), *The Field Guide to Bigfoot, Yeti, and Other Mystery Primates Worldwide* (avec Patrick Huyghe, 1999), *Cryptozoology A to Z : The Encyclopedia of Loch Monsters, Sasquatch, Chupacabras, and Other Authentic Mysteries of Nature* (avec Jerome Clark, 1999), *Mysterious America: The Revised Edition* (2001), *Mothman and Other Curious Encounters* (2002) et *Tom Slick : True Life Encounters in Cryptozoology* (2002). Il a écrit pour le *Fortean Times*, *The Anomalist*, *Fate* et les *Fortean Studies*. Il est Membre à vie de l'International Society of Cryptozoology, membre honoraire du British Columbia Scientific Cryptozoology Club et de plusieurs autres organisations. Il peut être contacté à : PO Box 360, Portland, Maine, 04112, USA, ou par e-mail : Cryptozoology@lorencoleman.com
Site web : The Cryptozoologist, http://www.lorencoleman.com

Scott Corrales est traducteur et écrivain sur les OVNI et le paranormal. Ses recherches sont parues dans de nombreuses publications aux États-Unis, en Europe et au Japon. Il est l'éditeur d'*Inexplicata*, la revue de l'Institute of Hispanic Ufology

Hilary Evans est passionné par les anomalies de toute sorte et a écrit sur beaucoup d'entre elles. Il est particulièrement intéressé par les comportements hors du commun, qu'ils soient individuels ou collectifs, et par les croyances étranges, telles celles concernant la visite de notre planète par des êtres d'autres mondes et nos rencontres avec eux. Il a publié plusieurs livres sur ces sujets : *Intrusions* (1982), *The evidence for UFO's* (1983), *Visions, apparitions, alien visitors : a comparative study of the entity enigma* (1984), *Gods, spirits, cosmic guardians* (1987), *Alternate states of consciousness : unself, otherself and superself* (1989), *Frontiers of reality : where science meets the paranormal* (1991), *From other worlds. The truth about aliens, abductions, UFOs and the paranormal* (1998 ; traduit en français sous le titre : *Mondes d'ailleurs,* 1999). Il a aussi co-édité *UFO's 1947-1987. The 40 years search for an explanation* (avec John Spencer, 1987) et *UFO's 1947-1997. From Arnold to the abductees :fifty years of flying saucers* (avec Dennis Stacy, 1997). Son livre le plus récent est *Seeing Ghosts*, un essai pour établir ce qui arrive réellement lorsque quelqu'un voit un fantôme.

Michel Granger appartient à l'équipe de direction d'une usine chimique et se définit comme un "scientifique fortéen", passionné par la pêche à la ligne. Il se reconnaît trois maîtres principaux : Charles Fort, Jacques Bergier, Maurice Maeterlinck et est passionné par les anomalies scientifiques, les mystères de l'espace et de la terre et les frontières de la science. Il a publié 9 livres à ce jour dont le seul ouvrage exhaustif en français sur les mutilations de bétail, *Le grand carnage* (1986) ; six de ses livres sont sortis dans la fameuse collection "Les Chemins de l'Impossible" (Albin Michel entre 1972 et 1979) avec J. Bergier comme directeur littéraire. Il cultive encore de nos jours un certain réalisme fantastique apaisé mais riche en spéculations et plein de nostalgie. Il peut être joint à : micgranger@aol.com

Richard F. Haines a étudié l'ingéniérie à l'Université de Washington (1955-1957) et obtenu son diplôme de psychologie au Pacific Lutheran College (1960). Il a obtenu à Michigan State University un Master's (M.A.,1962) puis un doctorat (Ph.D.,1964) en psychologie et physiologie expérimentales. Il fut nommé au poste de National Research Council Postdoctoral Resident Research Associate au Ames Research Center de la NASA (1964-1967). Il a été chercheur scientifique à la NASA, de1967 à 1988, lorsqu'il a pris sa retraite en tant que Chief of the Space Human Factors Office. Il a travaillé sur le projet Gemini ainsi que sur le projet lunaire Apollo, sur Skylab, la Station Spatiale et d'autres programmes d'aéronautique. Son intérêt pour les OVNI a toujours été un intérêt extra-professionnel. Il a écrit de nombreux articles et livres sur le sujet : *UFO phenomena and the behavioral scientist* (1979), *Observing UFO's* (1980), *Melbourne episode : case study of a missing pilot* (1987), *Advanced aerial devices reported during the Korean war* (1990), *Project Delta : a study of multiple UFO* (1994), *CE-5, close encounters of the fifth kind* (1999). Il est présentement Chief Scientist du National Aviation Reporting Center on Anomalous Phenomena (NARCAP) dont le site web est : www.narcap.org

Ion Hobana est un écrivain roumain, passionné par la science-fiction et le problème des OVNI. Il est l'auteur de plusieurs livres : *UFO's in Oost en West* (avec Julien Weverbergh, 1971, traduit en français sous le titre : *Les OVNI en URSS et dans les pays de l'Est*, 1976), *Enigma pe cerul istorei* (1992), *Misterul Roswell dupa cincizeci de ani* (1997) et *OZN observatori credibili, relatari incredibile* (2001).

Budd Hopkins est sans aucun doute l'un des chercheurs les plus connus en matière d'enlèvements. Né en 1931, il a une carrière artistique de peintre et de sculpteur distinguée. Après avoir observé un OVNI en 1964, il s'intéresse à la question et commence à enquêter sur le terrain en 1975, faisant œuvre de pionnier en étudiant les " temps manquants " et en utilisant la régression hypnotique comme instrument d'enquête. Les résultats de ses recherches sont présentés dans 3 ouvrages qui feront date : *Missing Time* (1981), *Intruders* (1987) et *Witnessed* (1996), ce dernier consacré au cas de Linda Cortile. Il fait de nombreuses conférences à travers le monde et a fondé l'Intruders Foundation pour continuer ses incessantes recherches.

Il peut être contacté à : IF, P.O. Box

30233, New York, NY 10011, USA.

Didier Leroux est un " érudit " qui publie trop rarement car il est fort occupé par ses travaux personnels et préfère la discrétion. Il est intéressé par les sciences exactes (histoire, préhistoire, paléontologie, cosmologie, sciences naturelles, etc...) mais également par l'ésotérisme et le folklore. Il participe à diverses recherches aussi bien en ufologie qu'en parapsychologie ou en symbolique. Il a publié quelques courts articles sur l'ufologie ou les faits fortéens et met au service de divers auteurs et chercheurs son immense documentation dans ces différents domaines.

Yves Lignon, statisticien et mathématicien avant tout, est un passionné de jazz. Il s'intéresse aussi au cinéma fantastique et est l'auteur de textes et d'articles sur le roman policier et le fantastique. Chasseur de mystères et amateur d'insolite, il a étudié entre autres Nostradamus, l'énigme de Mayerling et celles du Masque de Fer et du trésor de Rennes-le-Château. Il a fondé, en 1974, le seul laboratoire de parapsychologie scientifique existant en France. De septembre 1991 à juin 1999 il a collaboré avec Sud Radio dans l'émission dominicale à succès Le Secret du Mystère. Il a écrit les livres suivants : *L'autre cerveau, la part du vrai dans la parapsychologie* (1992), *Introduction à la parapsychologie scientifique* (1994), *Les phénomènes paranormaux* (1996), *La vie derrière la vie* (avec L. Benhedi, 1998), *Les dossiers scientifiques de l'étrange* (1999) et la nouvelle version, remaniée et complétée de *Quand la science rencontre l'étrange* (2000), sans compter ses livres d'enseignement dont les plus récents sont : *Une introduction aux mathématiques, cours multimédia* (avec F. Adreit, 1998), *Méthodes statistique*s (avec F. Rigal et J. Thiong-Ly, 2000) et ses fascicules sur Sherlock Holmes, le jazz ou le cinéma fantastique. Il a été intronisé dans la Confrérie Pipière de Saint Claude et est membre de la Société Sherlock Holmes de France, de la Louis Armstrong Association et du Groupe des Amis de Jacques Bergier.

Pierre Macias, Technicien supérieur en Électronique et en Mesures Physiques, est informaticien (informatique industrielle) dans le groupe AREVA. Après avoir été membre actif dans une association régionale de parapsychologie, il est à présent membre du comité directeur de l'Institut Métapsychique International (http://www.metapsychique.org/) et Associate Member de la Parapsychological Association (http://parapsych.org). Il peut être contacté sur son site : www.PsiLand.org

Michel Meurger a entrepris, depuis une vingtaine d'années, l'étude des diverses facettes de l'imaginaire scientifique et technologique. Il a notamment publié de nombreux travaux sur la rationalisation des êtres fabuleux dans le champ des sciences naturelles. Son ouvrage *Lake Monsters Traditions, a Cross-Cultural Analysis* (1988) a obtenu la seconde place au prix annuel décerné par la Folklore Society de Londres. Il est le directeur de la collection Scientifictions aux Editions Encrage où il a publié des études sur la genèse des représentations d'extraterrestres ravisseurs dans le cadre de la science-fiction américaine et sur la construction culturelle du mythe du monstre du Loch Ness. Une partie de ses essais sur la zoologie spéculative ont trouvé place dans la revue britannique *Fortean Studies* et il est le correspondant pour la France du *Fortean Times*.

Steven Mizrach, PhD, est professeur adjoint d'anthropologie à Florida International University, consultant indépendant en informatique, et parfois auteur et réalisateur de films. Présentement, il est en train de terminer le manuscrit de *CyberAnthropology*, son premier livre, pour AltaMira Press.

Theo Paijmans fait partie de ces personnes dont le regard se perd rêveusement vers l'horizon, là où le ciel et l'océan se confondent ensemble. Il se considère comme un voyageur solitaire dans les terres des légendes, de la poésie et de l'âme, dans les archives poussiéreuses et les livres oubliés depuis longtemps, ressuscitant les hérésies fortéennes et le sens du merveilleux. Il est l'auteur de deux livres, l'un, publié aux Pays-Bas en 1996, consacré aux OVNI, et l'autre, *Free Energy Pioneer : John Worrell Keely*, publié aux États-Unis en1998. Il habite Amsterdam avec son autre moitié, un lapin noir et deux poissons rouges. Il peut être contacté par e-mail : th.paijmans@wxs.nl

Michel Raynal est né en 1955 et, après des études universitaires en biologie, a été biochimiste pendant 10 ans, avant de devenir cadre à France Télécom, chargé des NTIC (Nouvelles Technologies de l'Information et de la Communication). Depuis plus de 20 ans, il se passionne pour la cryptozoologie, et il a publié plusieurs dizaines d'articles à ce sujet, aussi bien dans des magazines grand public que dans des revues scientifiques. Il a toujours tenté de concilier, dans ses travaux, une grande ouverture d'esprit et une exigence d'extrême rigueur scientifique, qui l'ont amené à étayer certains dossiers cryptozoologiques parmi les plus méconnus (comme celui d'un oiseau aptère inconnu à Hiva-Oa aux Marquises), mais aussi inversement à remettre en cause d'autres dossiers tenus pour acquis par certains : il le prouve encore une fois en passant au crible le cas de l'améranthropoïde, démontant sans concession un canular qui a abusé nombre de chercheurs. Il peut être contacté par son site web : www.cryptozoo.org

Virgilio Sanchez-Ocejo enquête sur les OVNIs depuis1956 lorsqu'il en observa un à l'Université de La Havane (Cuba) où il a obtenu son Doctorat de

Droit en 1960, avant de s'installer aux Etats-Unis. Il est le président du MIAMI UFO CENTER et est l'auteur de nombreux articles et d'un livre : *UFO, Contact from Undersea* (1982, publié par Wendelle C. Stevens). Il peut être contacté à : MIAMI UFO CENTER, P. 0. BOX 960771, Miami, Florida 33296, USA.
E-Mail: ufomiami@prodigy.net
http://www.angelfire.com/fl/ufomiami/index.html (MIAMI UFO CENTER)

François de Sarre, né en 1947 à Saarbrücken (Allemagne), est un zoologiste spécialisé dans les Poissons et l'évolution des Vertébrés. Il a publié de nombreux articles sur l'ichtyofaune méditerranéenne, mais c'est son amitié avec le regretté Bernard Heuvelmans, père de la Cryptozoologie, qui le poussa dès 1985 à orienter ses recherches vers une théorie peu connue du grand public, la théorie de la bipédie initiale. Dans ce modèle évolutif, les tout premiers Mammifères ont été des bipèdes semi-aquatiques, eux-mêmes issus de formes marines antérieures. C'est bien sûr toute une conception de l'évolution des Vertébrés et de l'homme "moderne" qu'il nous faudrait alors changer. Il a écrit de nombreux articles dans diverses revues et est l'éditeur de *Bipedia*, le Bulletin du Centre d'Etudes et de Recherches sur la Bipédie Initiale. Il peut être joint par son site :
http://perso.wanadoo.fr/initial.bipedalism

# INDEX DES NOMS, DES SIGLES & DES LIEUX

A

A.A.S. (Ancient Astronaut Society) 174-179, 182
AAS RA 182-183
Abnakis, indiens 142
Abydos 179
AFIS 274
Afrique 23-24, 27, 29-30, 60, 79-80, 98-99, 101, 153, 157, 231, 234, 299, 354-355, 360-361
Agogino, George 23
Alexander 142
Alexandrescu, Harald 202
Algérie 176, 299
Algonquins, indiens 140, 142
Allemagne 24, 43, 57, 59, 117, 167, 179, 265-266, 268, 278, 282
Alpes 3, 7-8
Alpes suisses 7
Altairac, Joseph 3, 6
Altschuler 204
Amazone 79, 89, 95
Amer-anthropoides loysi 40, 116
Amérique Centrale 24, 66, 76
Ames, Michael M. 146
Andes péruviennes 75, 176
Angleterre 43, 46, 98, 106, 199, 266, 282, 359
Anomalist, the 6, 109
Antarctide 33
Antarctique 138, 176
Anticythère 177-178
Antikythera 177
Antolinez 80, 108
Arc, Joan d' 142, 318
Argentine 43, 66, 106, 119, 130
Arizona 129, 360
Arkansas 144
Arouaques 93-94
Ashley-Montagu 43, 53, 62, 108
Asie 17, 30, 59, 352, 361
ASPR (American Society for Psychical Research 266, 282
Atcen 142
Athènes 178
Atlantide 190, 350
Atlantique 231-232, 238-243, 244, 246
Atshen (cf Windigo) 142, 147
Australie 176-177, 355
Aztèques 127

B

Baalbek 176-177
Bacon, Francis 265
Bald Mountain 144
Ballester Olmos, V. J. 231, 236, 238, 240, 246
Bancroft, Edward (dr) 98-100, 104, 108
Barbeau, C.M. 142, 147
Barbusse, Henri 55
Barle, de (dr) 84-87
Barle (de), Jacqueline 87
Barloy, Jean-Jacques 44, 65, 108
Barrington Brown, Charles 100-102, 107
Beccari, Nello 43, 51, 100-104, 108, 116
Belgique 21, 26, 28
Bender, Hans 266-267, 280
Bergen 9, 10, 15
Bergier, Jacques 5, 6, 174, 178, 181, 190
Bergson, H. 266
Bertin, G. 44, 108, 276
Berton, Pierre 146-147
Blackwood, Algernon 145
Blancou, Lucien 22-23
Blavatsky, H. P. 174, 337, 343-345, 348-349
Bloomfield-Moore, Clara 342-344, 347-349
Blumrich, Joseph 176
Bogota 329
Bohn, Georges 43, 108
Böker, H. 169
Bolivie 66, 94, 105, 137-138
Bolk, L. 169
Bondarev, Alexandre, colonel 231-232
Bonpland 79
Bornéo 53, 99
Borraz, Manuel 238-239, 246
Bougard, Michel 185, 188, 192
Boulenger 43, 108
Bourdelle 43, 108

369

Bowart, Walter 324, 326
Brennan, Lawrence 48-49
Brésil 33, 47, 49, 64, 66, 100, 104, 129, 176
Bruckmann, Franz Ernst 17
Bruxelles 21
Bué, Alfonse 299
Bueno, Ramon 78, 108
Bugue (Dordogne) 23, 86
Bulwer-Lytton 337, 343-344
Burchard, Lucas 120
Burns, J.W. 140
Burton, Maurice, Dr 22, 347-348

C

C.I.A. 318, 324, 326-327
Calama 119-120, 123-126, 128, 130-131, 134, 138
Californie 129, 179, 181, 204-205, 208, 219, 224
Campo Pérez, R. 231, 246
Canada 106, 140-142, 144, 146, 148-149, 249-250, 318, 324-326, 360
Canaries, îles 231-246
Caracas 34, 69, 71, 77, 92, 96, 106-115
Caraïbes 129
Carbondale (Illinois, USA) 47, 106
Castellon, Claudio 135
Catala, Pascale 261
Caucase 58
CFRU (Cercle Français des Recherches Ufologiques) 190
Champlain, Samuel de 144
Chapman, Simon 44, 94, 105, 109
Charroux, Robert 42, 94
Chéops 176
Cherokees, indiens 143-144, 146, 149
Childerhose, R. J. 204-205, 220-221, 225
Chili 66, 119-125, 130, 137-138
Chine 176, 354, 361
Chourinov, Boris 199, 203
Christ 321, 359
Christian II, roi de Danemark 16
Cieza de Leon (de), Pedro 75
Cintract (photographe) 45
CKLN (Mind Control Radio Series) 318, 321-324, 327, 330
CNES 238

Coleman, Bernard (Soeur) 143
Coleman, Loren 109, 140, 145, 147
Colombie 33-34, 46, 63-64, 66, 80, 92, 94, 105, 107, 329
Colombie Britannique 140
Colombo, John Robert 146-147
Colyer 52
Conan Doyle, Arthur 21
Cooper, John 142-143, 147
Copenhague 10, 282
Coppens, Yves 153
Cordillère des Andes 38, 120
Corée 318
Corrales, Scott 119
Côte d'Ivoire 101
Courteville, Roger 80, 82-86, 88-89, 91, 105, 109
Cousins, Don 44, 65-66, 106, 109
Crees, indiens 142-143, 146
Cremo & Thompson 157
Croiset, G. 266
Crowley, Aleister 329
CSICOP 274
Cuvier, Georges 166
Cuzco 176
Cysat, Renward 7, 17

D

Dachau 326
Dambricourt, Anne 169
Dance, Peter 102
Danemark 16, 282
Däniken, Erich von 94, 174-175
Darquier de Pellepoix 58
Dart, Raymond 157
Darwin, Charles 150, 154, 156, 160, 166-167, 169-170, 294
Daumarie, Jacques 92, 105
Davidson 143
De Martino 267
Deloison, Yvette 157, 169
Demarcq, Gérard 169
Devand, Jean-Jacques 71
Dewisme, Charles-Henri 44, 65, 92, 93, 105, 109
Díaz del Castillo, Bernal 127

DID (Désordre d'Identité Dissociatif) 323
190, 257, 328, 355
Dogons 176
Doubt 5
Dubois, Eugène 156
Dugong 26
Durlacher, James 63, 65

E

Edison, Thomas A. 337, 341, 349
El Loa, province chilienne 120
Engels, Claire-Eliane 17
Enki, dieu 176
Erickson, Leif 144
Erikson, E., Dr 53
ESP (Extra sensory perception) 262, 264, 267, 268, 276, 279, 280, 281
Espagne 43, 78, 106, 125, 129, 176, 231, 233, 246, 362
Essequibo, fleuve 102
Estabrooks, G. H. 319
États-Unis 37, 46, 123, 129, 177, 231, 236, 241, 244, 250, 339, 340
Éthiopie 54, 55, 58
Eurasie 30
Europe 37, 92, 182, 190, 193, 241, 268, 282, 330, 354, 355, 359
Evans, Hilary 185, 190, 192
Ewaipanoma 98
Extrême-Orient 37
Ezéchiel 176

F

Fairley 44
Faivre, Tony 18
FBI 123, 329
Fermi, Enrico 175, 180
Ferrer, Jaime 123, 128, 130
Finlande 176
Fisher-Taylor, Gail 322, 323, 324
Flammarion, C. 109, 266, 299, 307
Floride 129
Flynn, John 46
Fogelson, Raymond D. 146
Fontenelle 175

Ford, Susan M. 47, 49, 106, 109
Fort, Charles 5, 26, 178, 180, 194, 337, 348-349
Fortean Society, the 5
Fossey, Dian 73
Fox, les soeurs 265, 270
France 5-6, 23-24, 43, 45-46, 53, 57-58, 71, 80-81, 92, 107-108, 112-113, 116-118, 153, 167, 176, 180-192
Freitas, Robert 181
Freud, S. 266, 293
Friedrich, Horst 167
Fromentin 44, 110
Fuhlrott, J. 156

G

Gaddis, Vincent 5
Gabowitsch, Eugen 167
Gagnebin, Elie 38
Gaïa 273
Gantès 52
Gasser 12
Geley, dr 266, 280
Gênes 185-189, 192
Genève 29, 34, 35, 37-38, 54-55, 106-109, 111, 113, 282
GEPAN 238
GERP 5, 268, 283, 285
Gesner 7
Giglioli, Renzo 102
Gilij, Filippo Salvadore 78-79, 105, 107, 110
Gillmor 204, 225
Gini, Corrado 44, 52, 110
Glozel 41, 42
Goethe 265
Golden Dawn 325, 337
Goldman, E. A 43, 63, 112
Goobie, Beth 319, 321, 326
Gordon, Hartley 80, 105
Gosse, Philip Henry 79, 80, 110
Goulart, Simon 185, 191
Gran Chaco Paraguay, forêt du 49
Grande-Bretagne 47-48, 106, 193, 296, 361
Granger, Michel 173
Grant 44, 110, 344
Grassé, Pierre-Paul 44, 65, 110
Grèce 176

Green, John 146, 148, 320
Gribbin & Cherfas 153, 155
Grison, Benoît 65, 106
Grumley, Michael 44, 48-49, 94, 110
Guatemala 66, 176
Gudmundsen, Vernhardur 10-11
Guinard, Joseph (révérend) 142-143, 148
Gumilla, Jose, frère - 77, 110
Günther, Han F. K. 56-57, 62
Gurlt, Dr 178
Gurney, E. 266, 275
Guyana 33, 66, 97-98, 101, 103-104, 106-108, 112

H

Haines, Richard F. 3, 102, 204, 219-220, 225-226
Hall, Mark A. 44
Halpin, Marjorie 146, 148
Hambourg 24, 54
Hegel 265
Heinemann, Dietrich 44, 110
Heinsohn, Gunnar 167
Hershkovitz, Philip 43, 50, 63, 110
Heuvelmans, Bernard 6, 15-16, 18, **20-32**, 20-26, 28, 33, 37, 39, 44, 47, 49-51, 64-66, 71, 80, 84-87, 92-94, 98, 104, 106-107, 111, 114, 152-155, 163, 170
Heyder, Charlotte 71, 111
Hill, Robert 48
Hillary, Edmund, Sir 23
Himalaya 23-33, 65
Hitching 44
Hitler, Adolf 57, 62, 350
Honduras 66, 177
Honoré, F 42
Hooton, Earnest Albert 43, 63
Hopkins, Budd 247, 255, 288
Horus 321
Houhourougas 49
Humboldt (von), Alexander 79

Hurons, indiens 142
Huxley, Thomas 156

I

Ignesti, Ugo 102
Illig, Heribert 167
Illuminati 328, 329
Inde 17, 38, 73, 176, 354
Indiana 144-145
Indochine 177
Indo-Malaisie 27
Indonésie 24
Inuits 140
Iroquois, indiens 142
Islande 7
Italie 102, 176, 188, 192, 299, 322
Itza 176

J

Jacobs, David 288, 296
James, W. 266
Japon 37, 179, 282
Java 156
Brown, John 18
Joleaud, Léonce 39, 54, 107, 111
Joly, Eric 44, 112
Jung, Carl G. 191

K

Kappeller, Dr 17
Kayapo, indiens 176
Kazakhstan 199
Kazantsev 71
Keel, John 5, 44, 112, 127, 291-292, 296
Keely, John Worrel **336-349**
Keith, Arthur 43, 62
Kellogg 43
Kenya 41
Keymis 97-98, 104, 112
Khazar, empire 58
Khuit Rabboua 178
King-Hele 238
Kirkouk (Irak) 34
Kiwakwe (cf Windigo) 141
Klaatsch (von) 62
Klass, Philip 204, 288
Kluski, F. 266, 280
Koestler, Arthur 58, 117, 268, 282
Konawaruk, rivière 102

Krantz, Grover 140-141, 147-149
Krumbiegel 44, 112
Ku Klux Klan 325

L

La Banda 130
La Paz 137
Labrador 145
Lagarfljót, rivière 11
Lamarck 150
Lambert, R. S. 146, 148
Lausanne 21, 24, 34, 54-55, 69, 84, 92, 104, 110-116, 203
Lebanon 176
Lehn, W.H. 14, 18
Lévy-Bruhl 53
Ley, Willy 44, 112
Liban 176
Libye 177
Lignon, Yves 3, 268, 331
Lima 80
Lindbergh, Alika 20-21, 25
Lindblad, Jan 103-104, 112
Linné, Carl von 160
Lion-Depètre, José 49
Liverpool 48
Loch Ness 24, 33, 39, 360
Londres 5, 54, 282, 302, 335, 343
Lönnberg 52
Lourdes 272
Loys, François de 33-71
Lucerne 7
Lucifer 328, 349
Lyell, Charles 166
Lytton, Edward G.E.B. 190

M

Maccabee, Bruce 204-205, 226
Machu Picchu 176
Macias, Pierre 3, 58, 308
Madère, île de 232
Magnus, Olaus 7, 15-16
Maine 141, 147
Malaisie 24, 60
Mandchou, le candidat **318-330**
Mangiacopra, Gary S. 44, 67-68, 115

Mangiocopridae (sic) 67-68
Maracaibo, lagune de 35
Maria Elena, camp minier de 130, 132, 134, 135, 137-138
Marlin, Philippe 4, 6
Maroc 231
Marseille 54
Martensville 322
Martinez-Mendoza, Jeronimo 70
Masai 41
Mathis, Maurice 44, 113
Mattos, H. 43, 113
May 44
Maya 76, 81, 176, 177, 179
McCook, Stuart 68, 116
McDonald, James (dr) 204
McNabb, Scott 144
Méditerranée 60, 178, 359
Meheust, Bertrand 267, 285
Mengele, Joseph 75, 320
Ménier, Pierre 185-191
Mer de Gennes 185
Mer Morte 177
Merida, montagnes de 79
Mesmer, Anton 289
Mesnard, Joël 188
Mésopotamie 128, 178
Meurger, Michel 3, 6, 7, 17-18, 189, 352-357
Mexique 76, 128-129, 175-177, 355
Miami 134, 138
Michigan 144-145
Micmacs, indiens 141-142, 144, 147
Miller, Marc 44, 94, 105, 113
Minnesota 143, 145, 147, 149
Mir, station 232
Mizrach, Steven 3, 287
MK-ULTRA, programme 318, 320, 324
Monarch, conditionnement 234, 318-328
Montadon, James-Henri 46
Montandon, George-Alexis 34-87, 105-118
Montardit (pseudonyme de Montandon) 56, 118
Moody, Raymond 299-302, 305, 307
Moss-Sharman, Lynne 325
Motilones, indiens pygmées 34, 36, 69, 72, 81, 92-93
Moyen-Orient 34, 127

Mozambique 28
MPD (multiple personality disorder) 292, 297, 318-319, 323, 327
Myers, F. 266, 275

N

NASA 123-124, 134, 176, 226, 237, 240-241
Navia, Luis E. (Dr) 174
Nazca 176
NDE 264, 285, 288, 291, 296-297, 301
Nestourkh 43
Neuchâtel 55
New York 5
Nicaragua 66
Nice 171, 185-189, 192
Ninive 178
nittaewo de Ceylan 65
Nolane, Richard D. 180
NORAD, bases du 325
Norvège 7
Nouvelle-Zélande 27
Nuremberg 191

O

O'Brien, Cathy 325-326
OBE 264, 289, 296-297
Oberg, James 240-241, 246
Oberth, H. 174
Océanie 27
Oeil du Sphinx, L' 6
Oklahoma 46, 148
Ólafsson, Eggert 10-18
Olivieri, Guido 68, 113
OMICRON, programme 171, 322
Orénoque 33, 75, 77-79, 95-97, 110
Osman Hill, William C. 44, 46, 50, 54, 65
Osty, dr 266
Oswald, Lee Harvey 319
Otterdal (d'), pasteur de (cf. Gudmundsen) 10-11
OVNIVISION 124

P

Paez, M. E. 44, 114
Paijmans, Theo 3, 336
Pallas, Peter Simon 17

Palm Springs 204
Palmer, Ray 5
Pálsson, Bjarni 10, 17-18
Panama 66
Pâques, île de 176
Paraguay 66
Parques 22, 26
Parsons, Elsie Clews 141, 148
Paviot de Barle, Olga Eugénie (cf. Barle (de)) 86-93, 105, 107, 114
Pennsylvanie 144-145, 342
Pentagone 322
Péoc'h, René, dr **308-317**, 308-310, 312, 314-316
Pérou 66, PB 81
Persinger, Michael 289-290, 294, 296
Philippines 331
Phillips, Gene 181-182
Picasso 44, 77, 106, 114
Piens, Christiane 188, 192
PK 262-264, 26-268, 270, 277-278, 280-281
Poher, Claude 238
Pologne 267
Polynésie 176
Pontoppidan, Erik Ludvgsen 7, 9-11, 14-18
Porchnev, Boris F. 28, 170
Potato, fleuve 102
Preston, Richard J. 146
Puységur 265

Q

Québec 143

R

Radomiro Tomic, mine de 124
Rainey, Carol 255
Raleigh, Walter 97-98, 104, 114
Raynal, Michel 29, 33, 109
Reclus, Elisée 102, 107, 114
Reichenbach, Werner 24, 336
Reinach, Salomon 41-43, 106, 111
Rhine, J.B. 261, 267
Richet, Charles 261, 266-267
Rickard, Bob 5
Riffo, Cristian 124
Riga 37

rio Catatumbo 35
Rio de Janeiro 80
rio Tarra 35
Rivera, Jean-Luc 4, 6, 165, 360-361
Rivero, Juan 76, 105
Rivet, Paul 76
Robbins, Peter 141, 148, 247
Rode, Paul 43, 114, 116
Rome 321
Romero, Liliana (Pr) 121
Rosa, Daniele 60, 118
Rose-Croix 336, 343
Ross, Colin 146, 318, 323, 327
Roumanie 3, 177, 193, 200-202
Rousseau, Jean-Jacques 8
Rubtsov, Vladimir 177, 181
Russie 24, 38, 55, 177, 198-199, 203, 232, 238, 267, 322
Russo, Edoardo 188

S

Sagan, Carl 174
Sahara 176, 235
Saint-Pétersbourg 12
Salzbourg 151
Samuels, Gary 104-105, 114
Sanchez, Juan Ignacio 78
Sanchez-Ocejos, Virgilio 3, 130, 137
Sanderson, Ivan T. 22-23, 44, 64, 103, 114, 140, 146, 148, 178
Santiago du Chili 123
Saqqarah 178
Sargasses, les 17
Sarre (de), François 150, 171
Sartori, Cesar 64, 114
Saskatchewan 322
Satan (666) 128
Scandinavie 7, 10
Scheflin 329
Scheuchzer 7-10, 17
Schobinger 119
Schopenhauer 265
Schrenck-Notzing 265, 280
Schroeder 14, 18
Schultz 44, 52-53, 115, 155-156, 171
Set 321

SETA, projet 181
SETI, projet 179, 181-182
Shipp, Steven 47
shiru 66
Shoemaker 44, 115
Shuker, Karl P.N. 16, 44, 46-48, 67, 106, 115
Sibérie 27, 37-38
Sierra de Perija 34
Silésie 12
Silva, Carlos 135
Silverberg, Robert 52
Sinatra, Frank 318
Singer, Claude 59, 118
Sitchin, Zecharia 179
Slick, Tom 23
Smith, Dwight G. 44, 67
SOQUIMICH Cie 130
Soudan 176
Speck, Frank 141-143, 148
SPR (Society for Psychical Research) 266, 282
Steiner, Rudolf 152, 345
Stevens, Ray 44, 115
Stevenson, Emma Reh 76
Stoczkowski, Wiktor 153, 155, 172-176, 180-181, 190
Suède 7, 14, 282, 356
Suisse 7, 21, 33-35, 38, 45, 52, 54-56, 59, 64, 68-69, 71-72, 74, 84, 95, 101, 106, 181, 183, 282, 354, 362
Sumatra 53

T

Taguieff, Pierre-André 58, 117
Takknefjord 11
Tarade, Guy 185, 188, 192
Tarzan 73, 85
Tate 44, 115
Taylor, Troy 145, 149
TCI (transcommunication instrumentale) 264, 271
Teilhard de Chardin 173
Tejera, Enrique 34, 54, 65, 70-71, 73, 75, 107, 109, 111, 115
Tekax 76, 81
Tenhaeff, professeur 266
Teotihuacan 176

Tesla 337
Texas 129
Thayer, Tiffany 5
Thouless 262
Thulé 10
Thurn (im), Everard Frederick 101-102, 107
Thurston, Herbert 298, 305, 307
Tohoku 179
Tomas, Andrew 179
Torrejón, Jorge 122
Trénet 58
Triboulot, Damien 309-310, 312, 314-316
Tula 176-177
Tulcea 195, 197, 201
Turolla, Pino (comte) 44, 94, 105, 116
Turquie 80, 177
Tyskebryggen 15

U

Ukraine 177
Ungern-Sternberg (von), Roderich 56
Union Soviétique 38, 240
Uppsala 15-16, 18
Urbani, Bernardo 68-69, 106, 116
Urbani 35, 68, 116

V

Val Camonica 176
Vâlcea 197
Valéry, Paul 43
Vallée, Jacques 292-293
Vallois, H. V. 43, 116
Vallot, Charles 17
Vaugh Greene 179
Vawst 12
Vénézuéla 33-39, 41, 62-63, 66, 69, 70, 77, 79-80, 92, 94-96, 100, 105-107, 111-112
Vénus 201-202
Verne, Jules 21, 190
Verschuer (von), Otmar 62
Victoria, lac 143
Viloria 34-35, 68-69, 116
Vladivostok 37, 55

W

Waal, Frans B. M. (de-) 47
Wagner 7
Waisbard, Simone 79, 116
Walker, Ernest P. 72, 116
Warren Smith 96-97
Washington, D.C. 23
Waterton, Charles 102
Watson, Nigel 194, 202
Watteau, Monique 21
Wehrmacht 57
Weinert 43, 62, 116
Welfare, Simon 44, 116
Wells, H.G. 343
Wendt, Herbert 44, 71, 116
Westcot, William Wynn 337
Wheeler, John 293, 320
Wiesner 262
Williamson, Bob 247, 249, 250, 254
Wood Jones, F. 152, 172
Wood, Bernard 146, 160
Wyandots, indiens 142

X

Xénoglossie 263

Y

Yucatan 75-76, 81, 105, 113
Yuco 92

Z

Zettl, Helmut 177
Ziehr, Wilhelm 127
Zuloaga Tovar, Nicomedes 70
Zurich 54, 57

Index thématique

A

abominable homme des neiges (voir homme des neiges)
aardvark (Orycteropus afer) 21
abus rituels 321, 323-325, 327, 329
Achaches, les esclaves-démons 128
achi 66, 79
aéronef 3, 193-194, 199, 202
aéroplane 194-200
Agogwé 28
Aïnou 37, 55
Aiud, objets de 177
Akasha, forces d' 344
alchimie 270, 336
aliens 185, 192, 288, 296
Amalriciens 329
âme 186, 264, 266-267, 270, 282
améranthropoïde **33-119**, 36-37, 40-77, 80, 84-107, 113
Amer-anthropoides Loysi 40, 116
amnésie 319, 324
Amphibiens 151, 160-161
Amphioxus 163
animal fantôme 10
anomalies 52, 74, 264, 272, 287, 290, 298
Antéchrist 328
anthropoïde 33-34, 37, 40, 44, 49, 60, 62, 66, 68-70, 72-73, 76-77, 87, 89, 97, 99, 101, 106-108, 113
anthropologie 21, 37, 45, 47, 53, 92, 113, 116-118, 150-151, 273
Anthroposophie 336, 345
antigravité 337
Antiquité 173, 354
antisémitisme 43, 58, 80, 117
apergie 337
apparitions 12-13, 124, 145, 187-189, 191, 194, 199-200, 264, 266, 272, 276, 290-291
Ardipithecus ramidus 155, 359
ardipithèques 157
Arouaques 93, 94
artefact 42, 140, 177, 180-182, 306
astéroïdes 166-167

astrologie 265, 269
atèle 36, 39-40, 46, 50-54, 62-64, 66, 68, 70, 74, 83, 92, 94-96, 98, 100, 105
Atshen (cf Windigo) 142, 147
australopithèque 157, 160, 164
Autoscopie 263
avions fantômes 193
Aztèques 127

B

bigfoot (cf Windigo) 33, 39, 94, 105, 107, 140-141, 145, 147-148
biologie 26, 117, 133, 277-278, 334
bipédie 44, 52-53, 80, **150-172**, 151-153, 157, 163-165, 168, 171
bodhisattva 307
bolides 223
bouddhisme 21, 273
brachytèle 36, 52

C

Cabale 336
calmar géant 14, 23
cannibalisme 141-143, 146
carugua 66
catarhinien 39
Cebidae 68, 111
céphalopode 14
cerveau 44, 51-52, 150, 152-153, 158, 160, 162-164, 167, 285, 287, 289-291, 293-294, 304, 318, 335
cétacé 14
chaman 119
chauve-souris 125-126
Chenoo (cf Windigo) 141-143
cheval des eaux 14
cheval lacustre islandais 10
Chickly Cudly (cf Windigo) 144
chiens de mer géants 14
chimpanzé 28, 44, 48-50, 60, 65, 83, 94, 98-99, 154-155, 158, 170
chirurgie à mains nues 332

Chupacabras **119-129**, 119-120, 122-127, 129, 130, 147
civilisations disparues 5, 359
clairvoyance 261, 263, 269-270, 279
colubridés 8, 14
comètes 166, 168
conditionnement 306, 318, 324, 327
conscience, états altérés de 13, 146, 250, 264, 272-273, 278, **287-297,** 284-289, 292-296, 302-303, 305, 319, 323, 326, 341
conspiration 5, 123
Contactés 130, 190
contre-espionnage 319
contrôle mental 318, 320-325, 327-328
Cro-Magnon, homme de 56, 166
Crossoptérygiens 163
cryptides 24
cryptocratie 326
cryptozoologie 5-6, 15-16, 21-24, 31, 33, 44, 50, 64-66, 84, 86-87, 92, 94, 106, 111, 360-361 (pré-cryptozoologique 14)
cultes rituels 318-328

D

Dadaïstes 336
Dame Blanche 331
démiurges 142
démons 128, 173, 271
déshominisation 153
désinformation 323
di-di (ou dai-dai) 66, 97, 100-102, 104, 106
Dieu 79, 127, 176, 180, 186, 272, 303, 329, 352-353
dieux 119, 127-128, 173-174, 176, 180, 187, 190, 257, 328, 355
Dinosaures 22-23, 27-28, 166, 360
Dionysiaque, secte 321, 329
Divinations 265, 269
Djenu (cf Windigo) 141
Dragon 7-9, 11, 17, 28-29, 299, 353
drogue 303, 319, 322, 326, 355

E

ectoplasmes 263, 280
embryologie 152

endothermie 164
enlèvement ufologique 78, 249, 252-255, 258-260, 287-288
épilepsie 323
ésotérisme 270, 350
espionnage 196, 200, 285, 318-319
esquimau 142
éthique 323
ethnologie 54-56, 117-118, 273
ethnozoologie 15
être polymorphe 10
eucharistie 321
évolution 17, 21, 106, 111, 141, 150-154, 157-158, 161, 163-168, 194, 263, 294, 325, 336, 351-352, 360
Ewaipanoma 98
exobiologie 168
expérience génétique 123-124, 126, 138
ex-pongidés 157
extraterrestre 126, 168, 173, 175, 177, 179, 180-182, 185, 190, 192, 253, 271, 292, 361-362

F

fakirisme 264
fantôme 16, 146, 193, 199, 202, 264, 290, 294, 331
Faux Souvenirs, mouvement des 323-324
foetalisation 151
fœtus 150-151, 155
folklore 5, 10, 14-15, 18, 77, 101, 140, 148-149, 292, 298, 332
fossiles 23, 88, 153-155, 157, 160, 163, 167-168, 353-355
franc-maçonnerie 336, 345

G

Géants de Pierre (cf Windigo) 142
Génétique 26, 60, 124, 160, 325, 329, 336
génie des eaux 10
Globe Motor 338-339
Goatsucker (ou Chupacabras) 129
Gougou (cf Windigo) 144
Graal 345
Grands Singes 40-41, 44, 49, 65, 95, 106-108, 150, 153, 155, 157-158

Gugwes (cf Windigo) 141

H

hallucinations 289, 298
Hantises 264
Havmand homme marin 9, 17
Hemo Predator 130
herpétofaune 8
hippos manquants 30
Hominien Marqué 140
Hominiens Velus 66, 140-141, 145-147
Homme Congelé du Minnesota 24
homme des neiges 27
hommes marins 7, 9, 16, 355
Hommes-singes 27, 33, 48-49, 85, 111
Homo erectus 51, 87, 148, 157-158, 169
Homo pongoides 28
Homo sapiens 41, 150, 152-154, 156-158, 160, 167
homoncule marin 161, 163-164
hybridation 40
Hyperanthropus 160
hyperesthésies 265
Hypnose 265, 267, 281, 287-289, 301, 318, 323-324, 326-327
hypnothérapie 287

I

iatrogène 323
ichtyologiste 163
imaginaire 14, 17, 76, 244, 295, 304, 336, 352, 361
inceste 319
Indiens 34, 69, 72, 77-78, 81-83, 85, 88-89, 92-93, 95, 99-104, 109, 140-144, 147, 176, 338

K

Kamtchatka 80
kanimas 66
Kiwakwe (cf Windigo) 141
Koakwes (cf Windigo) 141
Kokotshc (cf Windigo) 142
Kraken 9, 14, 27, 29

kubê-rop 66

L

lamantin (tribechus ou water-mama) 26, 101
lémuriens 27
lévitation 264
licorne 28, 112
Lindorm, ophidien géant 14
liticayo 66
Loup-garou 350-351
Lubaantun, crâne de cristal maya de 177
Luciférien, culte 328-329
Luminance 211-217, 220, 225, 227-228
Lurchreptil (cf stade aquatique antérieur) 151

M

Mafia 321-322, 324
magie 269, 353
magnétisme 272, 334
Mandchou, le candidat **318-330**
mandrill 124-126
Mangiocopridae (sic) 67-v68
manipulation 68, 318-319, 324, 336, 340
mapinguary 66
marabout 269, 358
maribunda, l'atèle roux 95
Marmenill 10-11
Maya 76, 81, 176-177, 179
Médecines douces 271
médiumnité 264, 266-267, 270, 275-276, 280, 285, 293, 338
Memegwesi (cf Windigo) 143
Mesmérisme 265, 289
métapsychique 266
météores 8
météorites 168, 223
millénarisme 272
mimétisme 193, 202
missiles 3, 229, 231-232, 237-245
Momie 3, 350-351
Momo (cf Windigo) 145
Monarch, conditionnement 234, 318-322, 325-328
monstres fossiles 27
monstres lacustres 14, 29, 33, 360
monstres marins 7, 9, 15, 27, 29
multibosse 14

multiplicateur de Keely 340
Muskegoes (cf Wintigo) 141
mutilations 120, 122, 129
mystification 204, 223, 348, 357
mysticisme 264, 289, 294, 358
mythologie 5, 352, 361

N

naturalisme 7, 8
Nazisme 56-58, 318, 325-326, 349
Néanderthal, homme de 23, 28, 65, 111, 155-156, 170
néo-darwinisme 167
Néo-Nazis 325
New-Age 272
nittaewo de Ceylan 65
Nouvel Ordre Mondial 325
Nykur, cheval des eaux 10

O

obscurantisme 128
occulte 275, 321, 326-327, 336-337, 343-345, 348-349, 358
œufs 124
offrande 127, 328
Oh-Mah (hominien velu) 140
oiseaux fossiles 27
ologenèse 37, 56, 59-61, 74, 117-118
ontogenèse 151, 155, 160
ophidien 8, 14
Oryctérope 26
ours 8, 18, 36, 38-39, 77, 79-81, 93-94, 105-106, 141, 144, 354-355
ovipare 124
OVNI (cf. UFO) 3, 5, 97, 120, 126, 130-132, 134-135, 138-139, 168, 175, 188, 190, 192-193, 202, 204, 208, 222, 229, 231-232, 236-237, 239-240, 244, 246-247, 249-250, 252-254, 258-260, 289-292, 356, 362

P

paléovisitologie 181
Paléozoïque 166
PANI 204, 206-208, 210-215, 217-224, 227-228
paranormal 3, 125, 185, 192, 261, 268-269, 272-274, 283, 287, 289, 295
parapsychologie 5, **261- 286**, 308, 326, 331, 333-335
Parques 22, 26
pe de garrafa 66
pédophilie 322, 324-325, 327
pentadactylie 151
pétroglyphes 176
Phaïstos, disque de 177
phylogenèse 160-161
Physique quantique 285
pinnipèdes 14
Pithecanthropus 87, 150, 157
pithécanthrope 51, 81-87, 89, 109, 111, 114, 158
PK 262-264, 267-268, 270, 277-278, 280-281
planeur Mini-Nimbus/C 205
platyrhinien 39
Pléistocène 156, 159, 167
Plio-Pléistocène 158
poils 52, 77-78, 83, 88, 92, 98, 100, 104, 126, 130, 135-137, 141, 143-144, 352-353
poisson marcheur 163
poltergeists 267, 280, 331
polygénisme 56
pongidé 66
Pongo pygmaeus 53
pornographie 322, 326
positivisme 266, 273
possession 38, 135, 198, 205, 264, 287, 358
poulpe colossal 27
Ppi 225
pré-australopithèque 158
précognition 261, 263, 268-269, 279, 284-285
Prédateurs de Sang **130-139**, 130-131, 134-135, 137-139
préhistoire 173, 181
primates 29, 39, 46, 53, 72, 94, 98-99, 103, 107, 111, 115, 140-141, 145, 147, 151-152, 154, 155, 157, 158, 165, 169, 171
Prorastoma veronense, cas de 26
psychanalyse 267, 286
psychisme 51, 261-264, 270, 272, 282, 284-285, 323, 327
psychokinèse 261, 263, 316
psychologie 146, 266-267, 273, 276-277, 282-283, 291, 308

Psychométrie 263
Psycho-photographie 264
Psychotronique 262
Ptéodactyles 30, 31
Puységur 265
Pygmées 41, 65, 69

Q

quadrumane 53
quadrupédie 151, 153
Quaternaire 166, 168
quato 66

R

racisme 56, 58-59, 72, 117
Radiesthésie 263, 294
Ramapithèque 164
récentiste, courant   167
reptile ailé 7
Rétrocognition 263
Rituel 320
Rose-Croix 336, 343
rumeurs 66, 79, 94, 100, 120, 123, 256, 323, 339, 344-345, 348, 362
runes 265

S

sacrifice 119, 127-128, 187, 321, 329
sacrifice 319, 324
sang 96-97, 119-121, 124, 127-128, 131, 133, 135, 137-138, 164, 185-188, 321, 328, 359
Sasquatch (hominien velu) 140
satanisme 321, 327-329
Scepticisme 106, 274, 299
Science Fiction 271
Secondes Vues 3, **287-297**
Sectes 269, 321, 324-325, 327, 329
serpent à crinière 15
Serpent de Mer, le 15, 18, 23, 28-29, 86
serpent du lac Mjösa 16
sexe 39, 42, 44, 53-54, 70, 73, 101, 276, 321-322, 330
shiru 66
silhouette aux " trois tubercules " 14
singe aquatique 164
singes marins 9
singes-araignées 36

sirènes 8
siréniens 26
sisemite 66
sisimici 66
site d'atterrissage d'OVNI 134-135, 177
Société secrète 324
Sociologie 273, 278
sokqueatl (géant velu) 140
somnambulisme 265, 267, 276, 285
sons 100, 111, 280, 338
sorcières 265
soss-q'tal (géant velu) 140
spiritisme 265, 267, 270-271, 344
stade aquatique antérieur 151
statues simiesques du Yucatan 75
Strendu (cf Windigo) 142
superstition 8, 9, 128, 265
surnaturel 222, 275, 303, 337
Synchronicités 265, 292

T

talismans 270
taoïsme 273
tarma 66
taxonomie 123
tectites 177
télépathie 261, 263, 266, 268-269, 279, 281, 285, 293, 318, 326
témoin 8-9, 89, 126, 131-132, 137-138, 193, 204-205, 207, 219, 220, 222, 229, 233, 235, 237, 252, 253, 266, 298, 308, 315, 340
tétrapodes 163
thanatose 264
théories conspirationnistes 126
théosophie 174, 336-337, 343-345, 348
Tiahuanaco, Soleil de 176
Tornit (cf Windigo, esquimau) 142
torture 321, 323, 325- 326, 329, 362
tranco 66, 92
transcendantalisme 273
Troisième Reich 329
tychoscope 268

U

ufologie 124, 139, 188, 239, 252
UFO (cf. OVNI) 185, 192, 208, 223, 226, 255, 296, 297

ukumar 66
ultra-terrestre 292

V

vampire 12, 18, 271-272, 350
Vashka, objets de 177
vasitri (cf hominien velu) 66
védas (légendes de Ceylan) 65
vibration 294, 338, 339
Vision à distance 263, 293
visiteurs 3, 168, 173, 175, 181, 185

W

water-mama 101
Weetekow 146
Weetigo (cf Windigo) 140
Wehrmacht 57
Wendigo, cf Windigo 140
Wetiko (cf Windigo) 140
Windigo **140-149**, 140-143, 145-147
Witiko (cf Windigo) 142
Wittiko (cf Windigo) 140

X

Xénoglossie 263

Y

Yahoo (cf Windigo) 144
Yeti 23, 27, 147, 148, 290
Yi-King 265

Z

Zététique, Cercle 274
zombi 327
zoologie 9, 10, 14-15, 17-18, 24, 33-34, 39-41,
49, 53, 64, 66- 68, 71-73, 79, 86, 96, 105, 116,
151, 160, 165, 170, 354, 356

Collection La Gazette Fortéene

Collection Les Cahiers Fortéens

POURQUOI ADHERER A L'ODS

En plus de rassembler toute une « faune de l'espace » passionnée de littératures de l'imaginaire, science-fiction, fantastique, fantasy, etc et tant de chercheurs érudits des univers de l'étrange, l'ODS est une association active qui organise ou coordonne de nombreux événements dans les domaines qui nous intéressent.

C'est un fait que l'activité de publication de fanzines qui était son expression principale à ses débuts a dû être transférée vers notre maison d'édition, EODS, faute de lecteurs assidus dans un secteur qui s'est peu à peu reporté vers le web. Certaines revues ont disparu, d'autres sont nées à cette occasion. Force est de nous adapter au potentiel du lectorat d'aujourd'hui, et nous voilà au XXIe siècle !

Toutefois, tout en nous adaptant, nous tenons, à l'ODS, à préserver cette convivialité qui fut toujours la première motivation de notre existence associative. C'est pourquoi nous poursuivons avant tout l'organisation de rencontres, conférences, congrès, dîners thématiques et autres missions scientifiques autour des thèmes qui nous sont chers. Participer à ces nombreuses activités, les organiser ou permettre à certains invités de venir y présenter leurs travaux, voilà aujourd'hui la vocation de l'ODS. Ainsi, tout au long de l'année, vous êtes conviés à nous rejoindre lors de dîners informels, comme celui du Nouvel Eon en janvier, et toutes sortes de rencontres à thèmes intitulées « on the spot », selon le calendrier de la venue d'auteurs en région parisienne, ainsi qu'à des colloques de haute teneur dont ceux organisés à Rennes-le-Château (ARTBS) ou à Paris comme le Congrès Fortéen, les journées Heuvelmans ou Jacques Bergier, etc, mais aussi à nous rendre visite sur les stands des nombreuses conventions auxquels nous participons.

L'organisation de ces événements et la participation de l'association à ceux organisés par d'autres sont aujourd'hui devenus notre activité principale, car c'est ce qui fait vivre notre univers littéraire et préserve ce caractère unique qui nous plaît. Si certains supports de lecture disparaissent petit à petit au profit de medias plus modernes – du fanzine au webzine, des listes de discussions aux réseaux sociaux, etc. – il reste que nous sommes tous attachés aux livres originaux au format papier, non seulement à l'objet que l'on peut aujourd'hui commander en trois clics, mais surtout à ce qui va autour, c'est-à-dire les rencontres, les discussions, le partage et les possibles collaborations qui s'improvisent au gré des initiatives de nos membres les plus passionnés et, bien entendu, au plaisir de lire !

La participation de chacun à cette fourmillante activité littéraire et autour de la littérature se coordonne le plus simplement possible par le moyen de notre association, et c'est la raison d'être de l'ODS. En y adhérant, et surtout en participant par votre présence et votre concours à ces rencontres, ainsi qu'à la naissance et la réalisation de nouveaux projets, vous nous aidez à prolonger la vie de notre multivers littéraire. Bienvenue à tous et merci pour votre présence !

Emmanuel Thibault, membre du Conseil de AODS

LES ÉDITIONS DE L'ŒIL DU SPHINX

SARL au capital de 15.245 €
R.C.S. Paris B 432 025 864 (2000 B11249)

36-42 rue de la Villette
75019 PARIS

Mail ods@oeildusphinx.com
http://www.œildusphinx.com
http://boutique.œildusphinx.com

Tél 09.75.32.33.55
Fax 01.42.01.05.38

Toutes nos parutions sont sur :
boutique.oeildusphinx.com